JN451542

[제2판]

중국 특허법

이기성 · 김수진 저

세창출판사

▪ 중국 특허법 제2판을 내면서 ▪

중국 특허법 초판이 발간된 지도 어느덧 10년이 넘었습니다. 그 사이 2020년에는 중국 특허법이, 2024년에는 중국 특허법 실시세칙이 개정되었습니다. 초판을 발행할 당시에는 개정에 맞추어 곧바로 개정판을 내겠다고 다짐했으나, 바쁜 실무를 핑계로 차일피일 미루다 보니 시간이 훌쩍 흘러 버렸습니다. 부족한 초판을 아껴 주시고 오랜 시간 개정판을 기다려 주신 독자 여러분께 개정판이 늦어진 점 진심으로 사과드립니다.

초판은 여러모로 미흡했지만, 예상보다 많은 분들께 성원을 받았습니다. 이는 중국 특허에 관한 참고 자료가 여전히 많지 않고, 특히 한국 변리사의 실무적 시각에서 중국 특허를 소개한 자료가 더욱 드물었기 때문이라 생각합니다. 우리나라의 지식재산 역량 강화를 위해 현업에서 헌신하시는 많은 분들께 이 책이 조금이나마 도움이 되기를 바랍니다.

이번 개정판을 준비하면서 가장 큰 고민은 중국 판례를 어떻게 반영할 것인가 하는 것이었습니다. 중국 특허법은 실무적으로 판례법적 성격을 일부 띠고 있기에 판례의 중요성이 크지만, 특이하거나 논란이 있는 사례를 섣불리 소개하면 오해를 불러일으킬 수 있다는 우려가 있었습니다. 이에 필자들은 중요성이 높고, 논쟁 없이 확립된 판례 위주로 선별하여 핵심적인 내용을 반영하였습니다.

최대한 검토를 거쳤으나 여전히 부족한 부분이 있을까 걱정됩니다. 잘못된 점이나 미비한 부분이 있다면 기탄없는 질책을 부탁드리며, 이를 토대로 앞으로 더 나은 개정 작업을 이어 가겠습니다.

마지막으로, 개정판을 준비하느라 주말에 함께 놀아 주지 못했음에도 늘 밝고 씩씩하게 지내 준 아이들, 사랑하는 가족, 그리고 이 책의 완성을 위해 도움을 주신 모든 분들께 진심으로 감사의 말씀을 드립니다.

2025년 10월

변리사 이기성, 김수진

■ 중국 특허법을 펴내며 ■

일본이 미국에 이은 세계 2위의 GDP를 자랑하던 시절 그 누구도 일본을 G2라고 칭하지 않았습니다. 그러나 2010년 중국이 일본을 제치고 세계 2위의 경제대국으로 올라섰을 때 세계는 중국에 G2라는 칭호를 붙이는 데 주저하지 않았습니다. 이는 세계 경제에 있어 중국의 영향력을 보여주는 상징이라고 할 수 있습니다. 중국 경제가 성장함에 따라, 미국에서 주로 발생하던 특허분쟁이 점점 중국으로 옮겨가고 있습니다. 실제로 중국에서 지적재산권 관련 소송은 매년 가파르게 증가하고 있습니다. 중국 최고인민법원의 통계에 따르면, 특히 2012년 중국에서 발생한 지적재산권 관련 소송은 87,419건으로 이는 2011년에 비하여 약 46% 증가한 것입니다. 비록 현재 중국의 지적재산권 관련 소송 대부분은 중국 기업들 간의 분쟁이나, 소송에 대한 경험이 축적된다면 이후 외국 기업에 대한 소송으로 그 불길이 확대될 것임은 분명해 보입니다.

수출주도형 산업구조를 갖고 있는 우리나라에게 중국 시장의 중요성은 말로 설명할 수 없습니다. 중국은 이미 2010년 우리나라의 가장 큰 무역 대상국이 되었으며, 이에 따라 한국기업이 중국으로 특허를 출원하는 건수도 계속하여 증가하고 있습니다. 따라서 중국 시장을 선점하고 중국에서의 분쟁을 대비하기 위하여 한국기업이 중국에서 강한 특허를 확보하는 것이 무엇보다도 중요해졌습니다. 그러나 필자들이 중국 특허실무를 수행하면서 늘 아쉽게 생각한 것은 중국 특허실무에 대한 참고서적이 부족하다는 것이었습니다. 이는 중국어로 인한 언어의 장벽과 중국의 입법체계 상 이곳 저곳에 산재해 있을 수밖에 없는 특허 관련 조문들, 그리고 사회주의국가의 특색으로 인한 중국 특유의 특허제도 운영으로 인한 이해의 어려움 등으로 중국 특허를 일목요연하게 설명하기가 쉽지 않았기 때문입니다.

이에 필자들은 지난 몇 년 동안 지속적으로 중국 특허법을 연구하여 왔습니다. 특히 2012년부터 시작한 중국 유학생활을 통하여 중국 특허법과 관련 법률들을 부족하게나마 유기적으로 이해하게 되었고 이를 바탕으로 한국 특허실무 종사자들에게 도움이 될 수 있는 내용을 정리하여 비로소 세상에 내놓을 수 있게 되었습니다. 이 책을 집필함에 있어 필자들이 중점을 둔 부분은 실제 중국 특허 실무를 수행하는 데 이 책을 바로 활용할 수 있도록 각 조문의 의미 및 실무상 의미를 상세히 밝히는 것이었습니다. 또한 한국 특허법에는 없는 제도이거나 중국에서의 실무적 활용을 이해하기 위하여 그 제도의 연혁 및 함의를 깊이 이해할 필요가 있는 경우에는, 이를 명확하고 자세하게 설명하기 위하여 노력하였습니다.

한편, 이 책을 집필할 당시에는 본래 출원, 심사, 등록, 특허권, 심판, 소송 등 중국 특허법과 관련된 모든 분야를 다룰 예정이었습니다. 다만 소송 부분과 관련해서는, 2013년 현재 중국 특허법 개정안에 대한 논의가 진행 중이어서 향후 소송 관련 부분이 개정될 것이라는 점, 최근 중국에서 특허 소송의 증가로 인하여 다양한 소송 관련 쟁점들이 부각되고 있으며 현재는 이에 대한 정리가 이루어지고 있는 과도기적 상황이라는 점, 그리고 필자들의 중국 소송에 대한 경험이 부족하여 자칫 잘못된 지식을 전달할 염려가 있다는 점을 고려하여 집필한 내용을 검토하는 과정에서 관련 내용을 부득이하게 삭제하였습니다. 이에 양해의 말씀을 드리며 해당 내용은 향후에 보충해 나가도록 하겠습니다.

이 책을 집필하면서 필자들의 식견이 부족하여 이 책의 내용 중 혹시 잘못된 부분이 있지는 않을까 많은 걱정이 있었습니다. 이에 김용하 중국 변리사님을 비롯하여 많은 중국 변리사님들 및 중국 변호사분들과 이 책의 내용과 관련하여 의견을 나누었지만 아직도 혹시 잘못된 부분이 있지는 않을까 걱정이 앞섭니다. 이에 중국 특허에 관심이 있으신 분들의 질타를 바라 마지않으며, 잘못되거나 부족한 부분은 향후 개선해 나갈 것을 약속드립니다.

2013년 12월
중국 상해에서
변리사 이기성, 김수진

■ 차 례 ■

제1편 중국 특허제도 개관

제2편 특허 요건

제3편 명세서 기재요건

제4편 특허 출원 시 고려할 제도

제5편 심사절차

제6편 심 판

제7편 PCT 국제특허출원

제8편 특허권

부 록

제1편

중국 특허제도 개관

제1장

중국의 법률체계

제1절 서 설

중국 학계에 의하면 중국 법제의 역사는 약 4000년에 걸쳐 이어지고 있다. 중국의 고대법률제도는 기원전 2000년경 하(夏)왕조의 건립을 기점으로 시작되며, 춘추시대 중엽에 이르러 성문화된 제정법이 출현하였다. 이후, 중국 문명의 발전에 따라 체계적인 고대의 법률체계를 형성하게 되었다. 1840년 아편 전쟁 이후 내 · 외적인 환경의 변화로 인하여 고대의 전통법률제도는 근 · 현대의 법률제도로 전환되었다.

중국의 현행 특허제도는 중국의 개혁개방과 그 역사를 같이한다. 중국은 1978년 12월 제11기 중국 공산당 중앙위원회 제3차 전체회의에서 개혁개방의 노선을 대외적으로 발표하였다. 이에 따라 1979년 3월부터 중국 국가과학위원회에서 특허법 제정 작업을 시작하였으며, 1984년 3월 12일 제6차 전국인민대표대회 상무위원회에서 「중화인민공화국특허법」이 통과되어, 1985년 4월 1일부터 시작되었다.

중국 특허법은 지금까지 총 4차례에 걸쳐 개정되었다. 제1차 개정은 1992년 9월 4일 제7차 전국인민대표대회 상무위원회에서 개정되었으며, 이는 미국과의 지적재산권 보호협정에 따른 것이었다. 제1차 개정에 따라 중국 특허법은 약품, 농약 등과 관련된 화학발명을 특허법의 보호범위에 포함하게 되었다. 제2차 개정은 2000년 8월 25일 제9차 전국인민대표대회 상무위원회에서 개정되었으며, 이는

2001년 중국의 WTO 가입을 대비하기 위함이었다. 제2차 개정에 따라 중국 특허법은 침해에 대한 손해배상 기준 및 임시보호조치를 규정하였다.

미국의 압력 및 WTO 가입이라는 외부적 요인에 의한 제1차 및 제2차 개정과 달리, 제3차 개정 및 제4차 개정은 특허권의 보호 수준을 높여 경제 발전 구조의 질적 전환을 꾀하려는 중국 정부의 의지에 따라 수행되었다. 제3차 개정은 2008년 12월 27일 전국인민대표대회 상무위원회를 통과하여 2009년 10월 1일부터 시행되었다. 제3차 개정에서는 섭외 대리기구 제도의 폐지, 이중출원의 허용 등을 통하여 출원인의 편의를 도모하고 특허요건을 강화하여 특허권의 질을 제고하였으며, 동시에 공지기술항변 규정의 법제화, 실용신안의 평가보고서 제도의 개정, 특허권 임시보호 제도 개선 등을 통하여 권리의 안정성을 도모하고 특허권 보호를 강화하였다. 제4차 개정은 2020년 10월 17일 전국인민대표대회 상무위원회를 통과하여 2021년 6월 1일부터 시행되었다. 제4차 개정은 특허권자의 입증책임완화, 법정 손해배상금액의 상향, 징벌적 손해배상의 도입, 존속기간연장제도 도입 등 주로 특허권자의 권리보호 강화에 중점을 두었다.

4차례에 걸친 특허법의 개정에 의하여, 현행 중국 특허법은 한국의 특허제도와 법 조문상으로는 큰 차이는 없다. 그러나 특허실무를 수행함에 있어서 중국은 한국과 여러 가지 측면에서 차이를 보이는데, 이는 중국의 정치, 경제, 문화 등의 특유의 색채가 반영되기 때문이다. 이러한 차이는 중국 특허법이 아닌 중국 특허법 실시세칙, 중국 특허심사지침, 최고인민법원의 사법해석 등에서 찾아볼 수 있다. 따라서 중국 특허 및 그 실무를 정확하게 이해하기 위해서는 중국 특허법뿐만 아니라 그 관련 규정들에 대한 종합적인 이해가 필요하다.

제2절 중국 특허법률체계

민주주의 입법체제에 의한 한국의 법 체계와는 달리 중국의 입법체제는 중국 특색의 사회주의국가의 본질에 기초하며, 전국인민대표대회제도, 통일된 다민족 국가의 국가구성형식에 의하여 결정된다. 따라서 중국에서 특허제도와 관련된 법규의 입법절차와 각 법규의 강제력은 한국과 다소 차이가 있다. 특허제도와 관련된 중국의 법 체계는 다음과 같다.

1. 헌법(宪法)

헌법은 전국인민대표대회에서 제정, 개정하는 것으로서 국가의 근본법이다. 중국에서 헌법은 최고의 법률지위와 효력을 가지고 있으며 국가의 모든 법의 제정 사업의 기초와 근거로 되고 있다. 모든 법률, 법규, 규정은 헌법의 규정과 어긋나서는 안 된다.

2. 법률(法律)

협의의 의미에서의 법률을 말하며, 전국인민대표대회 및 그 상무위원회에서 법률이라고 제정한 규범적 법률문건들을 의미한다. 법률의 법적 효력은 헌법 다음이다. 법률은 기본법률과 기본법률 이외의 법률로 나뉜다. 기본법률은 전국인민대표대회에서 제정하며, 「중화인민공화국 민법전(中华人民共和国民法典)」 등이 이에 속한다. 기본법률 이외의 법률은 전국인민대표대회의 상무위원회에서 제정한다. 「중국 특허법(中华人民共和国专利法)」 및 「중국 상표법(中华人民共和国商标法)」 등이 이에 속한다.

3. 행정법규

행정법규는 국무원에서 제정하는 것으로서 그 법적 효력은 헌법과 법률 다음이다. 국가최고권력기관의 집행기관으로서 국무원은 국가최고행정관리직책을 이행하기 위하여 일부 행정법규들을 제정한다. 「중국 특허법 실시세칙(中华人民共和国专利法实施细则)」 및 「중국 상표법 실시조례(中华人民共和国商标法实施条例)」가 이에 속한다. 중국 특허출원 실무상, 행정법규인 중국 특허법 실시세칙의 법적 지위는 법률인 중국 특허법과 큰 차이가 없다.

4. 사법해석(司法解释)

(1) 의 의

사법해석이란 법률의 해석 또는 적용에 있어서 최고인민법원이 규범성 있는 문건의 형태로 작성하여 공포하거나, 특정 사안에 대하여 하급심 법원의 질의에 대한 답변 형태로 작성하여 공포하는 문건을 말한다. 최고인민법원은 입법기관이 아니기 때문에 최고인민법원에 의하여 작성되는 사법해석은 원칙적으로 법률에 해당하지 않는다. 그러나 중국 사법 실무에서 사법해석은 실질적으로 법률과 동일한 기능을 수행한다. 사법해석의 근원에 대해서는 다소 논란이 있으나, 일반적인 견해는 다음과 같다.

(2) 사법해석의 근원

중국은 1978년 개혁개방정책에 의해 각종 법률제도가 정비되기 시작했고, 단시간 동안 각 법률을 상세하게 규정하는 것은 곤란하였기 때문에 '입법은 간결하게', '익숙한 것부터 하나씩 제정한다'라는 입법사상을 채택하였다. 따라서 법원의 사건 심리에 충분히 대응할 수 있을 정도로 상세히 입법할 수 없었기 때문에 법률의 해석 등에 관해서 최고인민법원의 법석위원회(法释委员会)에서 작성하여 문서로서 공포하는 사법해석이란 제도가 생기게 되었다. 참고로, 중국인민법원조직법(中华人民共和国人民法院组织法) 제18조[1]에 "최고인민법원은 재판의 과정에 있어서 법률, 법령을 어떻게 구체적으로 적용해야 하는가에 대해 해석한다"라고 규정하여 사법해석의 법적 근거를 제공한다.

(3) 사법해석의 목적 및 종류

사법해석의 목적은 법률 조항의 의미를 명확히 하고, 법률의 부족한 부분을 보충하며, 전국적 법률해석의 통일을 기함에 있다. 사법해석은 '규범형 사법해석'과 '개별사안형 사법해석'으로 나눌 수 있다. 최고인민법원은 새로운 법률이 제정되거나 개정되는 경우에 장래 문제가 될 수 있는 조문의 해석을 규범성을 가지는 문서의 형태로 공포하여 하급법원의 재판관의 심리(审理)를 지도한다. 이러한 사

1) 또한 2018년 개정된 동 조의 제2항에서는 최고인민법원은 가이드라인으로 삼을 수 있는 안건을 공포할 수 있다고 규정되어 있다.

법해석은 '규범형 사법해석'이라 칭해지며, 일반 법률과 동일한 형식으로 작성된다. 또한 하급법원의 재판관은 구체적인 사건의 심리에 적용하려고 하는 법률의 조문에 대한 이해가 곤란하거나 명확한 규정이 없는 경우에 그 법률의 적용에 관해 최고인민법원에 질의하며, 최고인민법원은 그것에 대한 답신을 문서의 형태로 공포한다. 이러한 사법해석은 '개별사안형 사법해석'이라 칭해진다.

규범형 사법해석은 재판관의 심리 과정에서 실질적으로 관련 법률로서의 기능을 수행한다. 예를 들어 2009년과 2016년에 공포된 「특허권 침해분쟁 사건 심리에 적용하는 법률에 관한 약간의 문제해석(关于审理侵犯专利权纠纷案件应用法律若干问题的解释)」은 다수의 조문으로 구성되어 있으며, 특허분쟁사건에서 실무상 법률과 동일한 지위를 갖는다. 개별사안형 사법해석은 해당 사안에 대해서는 실질적으로 관련 법률로서의 기능을 수행하며, 다른 유사 사안에 대해서는 참고적 가치를 가진다. 예를 들어, 2003년에 공포된 「미국 이래리리사와 창저우 화성제약사의 특허침해분쟁 사건의 지정관할에 대한 통지(关于美国伊莱利利公司与常州华生制药有限公司专利侵权纠纷案件指定管辖的通知)」는 해당 사건의 하급심에 대해서는 법률과 동일한 지위를 가지며, 유사 사안에 대해서는 참고적 가치를 가진다.

(4) 지식재산권 관련 사법해석의 예시

최고인민법원은 필요에 따라 사법해석을 공포하므로 중국의 사법해석은 그 수가 많고 통일된 체계를 갖추고 있지 못하다. 그러나 중국의 법 실무에서는 사법해석이 실질적으로 법률의 기능을 수행하므로, 중국의 사법 실무를 위해서는 이에 대한 이해가 필수적이다. 최고인민법원에 의하여 공포된 사법해석 중 중국 특허법 및 기타 지식재산권과 관련되어 의미를 가지는 사법해석은 다음과 같다.

사법해석 명칭	통과일	시행일
특허권 침해분쟁 사건 심리에 적용하는 법률에 관한 약간의 문제해석 (关于审理侵犯专利权纠纷案件应用法律若干问题的解释)	2009.12.21	2010.1.1
특허권 침해분쟁 사건 심리에 적용하는 법률에 관한 약간의 문제해석2 (关于审理侵犯专利权纠纷案件应用法律若干问题的解释(二))	2016.1.25	2016.4.1

지식재산권 침해 민사사건 심리에서 징벌적 배상 적용에 관한 해석 (关于审理侵害知识产权民事案件适用惩罚性赔偿的解释)	2021.2.7	2021.3.3
제1심 지식재산권 민사 및 행정사건 관할에 대한 약간의 규정 (关于第一审知识产权民事, 行政案件管辖的若干规定)	2021. 12.27	2022.5.1
특허분쟁사건 심리의 법률적용 문제에 대한 약간의 규정 (关于审理专利纠纷案件适用法律问题的若干规定)	2015. 1.29	2001.7.1
특허분쟁사건 심리의 법률적용 문제에 대한 약간의 규정 (关于审理专利纠纷案件适用法律问题的若干规定) 1차 개정	2013. 2.25	2013.4.15
특허분쟁사건 심리의 법률적용 문제에 대한 약간의 규정 (关于审理专利纠纷案件适用法律问题的若干规定) 2차 개정	2020. 12.23	2015.2.1
제소 전 특허권 침해행위의 정지의 법률적용 문제에 관한 약간의 규정 (关于对诉前停止侵犯专利权行为适用法律问题的若干规定)	2001.6.5	2001.7.1
상표사건 심리에 관한 관할 및 법률적용 범위문제의 해석 (关于审理商标案件有关管辖和法律适用范围问题的解释)	2001. 12.25	2002.1.22
제소 전 상표전용권 침해행위의 정지 및 증거보전에 관한 법률적용 문제의 해석 (关于诉前停止侵犯注册商标专用权行为和保全证据适用法律问题的解释)	2001. 12.25	2002.1.22
상표 민사분쟁사건 심리의 법률적용 문제에 관한 약간의 해석 (关于审理商标民事纠纷案件适用法律若干问题的解释)	2002. 10.12	2002. 10.16
컴퓨터 네트워크 관련 저작권 분쟁사건의 법률적용 문제에 관한 약간의 해석 (关于审理涉及计算机网络著作权纠纷案件适用法律若干问题的解释)	2003. 12.23	2004.1.7
컴퓨터 네트워크 관련 저작권 분쟁사건의 법률적용 문제에 관한 약간의 해석 2 (关于修改《最高人民法院关于审理涉及计算机网络著作权纠纷案件适用法律若干问题的解释》的决定(二))	2006. 11.20	2006.12.8
식물신품종권 침해 분쟁사건 심리 문제에 관한 약간의 규정 (关于审理侵犯植物新品种权纠纷案件具体应用法律问题的若干规定)	2006. 12.25	2007.2.1
민사소송 증거에 관한 약간의 규정 (关于民事诉讼证据的若	2001.	2002.4.1

干规定)	12.6	
행정소송 증거의 문제에 관한 약간의 규정 (关于行政诉讼证据若干问题的规定)	2002.6.4	2002.10.1
지식재산권 침해 형사사건처리의 구체적 법률적용 문제에 관한 약간의 해석 (关于办理侵犯知识产权刑事案件具体应用法律若干问题的解释)	2004. 11.2	2004. 12.22
불법 출판물 형사사건의 법률적용 문제에 관한 약간의 해석 (最高人民法院关于审理非法出版物刑事案件具体应用法律若干问题的解释)	1998. 12.11	1998. 12.23
컴퓨터 네트워크 도메인 관련 민사분쟁사건의 심리의 법률적용 문제에 관한 약간의 해석 (最高人民法院关于审理涉及计算机网络域名民事纠纷案件适用法律若干问题的解释)	2001. 6.26	2001.7.24
저작권 민사분쟁사건의 심리의 법률적용 문제에 관한 약간의 해석 (最高人民法院关于审理著作权民事纠纷案件适用法律若干问题的解释)	2002. 10.12	2002. 10.15
전국법원 지식재산권 심판업무회의의 기술계약 분쟁사건의 심리 문제에 관한 약간의 기요 (全国法院知识产权审判工作会议关于审理技术合同纠纷案件若干问题的纪要)	2001. 6.15	2001.6.19
기술계약분쟁사건의 법률적용 문제에 관한 약간의 해석 (最高人民法院关于审理技术合同纠纷案件适用法律若干问题的解释)	2004. 11.30	2005.1.1

제3절 한 · 중 지식재산권 용어 비교표

중국의 지식재산권 용어를 지칭할 때 한국식 표현을 사용하는 방식과 중국식 표현을 사용하는 방식이 있다. 이 책에서는 지식재산권 관련 용어를 사용할 때 가능한 한 한국식 표현을 사용하였다. 다만 중국식 표현을 사용하는 것이 이해에 더 도움이 되는 경우에는 예외적으로 중국식 표현을 그대로 사용하였다. 또한 필요에 따라 괄호를 사용하여 한국식 표현에 중국식 한자를 병기함으로써, 독자의 혼란을 최소화하고자 하였다.

중 국	한 국	이 책의 용어
专利法 (전리법)	특허법, 실용신안법, 디자인법	중국 특허법
专利法实施细则 (전리법실시세칙)	–	중국 특허법 실시세칙
专利审查指南 (전리심사지남)	심사지침	중국 특허심사지침
发明创造 (발명창조)	발명	발명
发明专利 (발명전리)	특허	특허
实用新型专利 (실용신형전리)	실용신안	실용신안
外观设计专利 (외관설계전리)	디자인	디자인
专利申请 (전리신청)	특허출원	특허출원
初步审查 (초보심사)	방식심사(형식심사)	방식심사
实质审查 (실질심사)	실질심사(실체심사)	실질심사
新颖性 (신영성)	신규성	신규성
创造性 (창조성)	진보성	진보성
实用性 (실용성)	산업상 이용가능성	산업상 이용가능성
抵触申请 (저촉출원)	확대된 선출원주의	확대된 선출원주의
说明书 (설명서)	명세서	명세서
摘要 (적요)	요약서	요약서
附图 (첨부도)	도면	도면
权利要求书 (권리요구서)	청구범위	청구범위
权利要求 (권리요구)	청구항	청구항
独立权利要求 (독립권리요구)	독립항	독립항
从属权利要求 (종속권리요구)	종속항	종속항

现有技术 (현유기술)	선행기술(공지기술)	선행기술(공지기술)
优先权 (우선권)	우선권	우선권
分案申请 (분안신청)	분할출원	분할출원
修改 (수개)	보정	보정
复审 (복심)	거절결정불복심판	거절결정불복심판
专利无效宣告 (특허권무효선고)	특허무효심판	특허무효심판
驳回 (박회)	거절결정	거절결정
撤销 (철소): 법적인 효력발생 뒤에 그 청약을 철회	취소	취소
撤回 (철회): 법적인 효력발생 전에 그 청약을 철회	취하 또는 철회	취하 또는 철회
放弃 (방치)	포기	포기
专利复审委员会 (전리복심위원회)	심판관합의체	특허복심위원회
权利用尽 (권리용진)	권리소진	권리소진

제2장

중국 특허제도 일반

제1절 중국 특허제도 관련 법률

중국 특허제도와 관련이 있는 법률 또는 법규로는 중국 특허법(专利法), 중국 특허법 실시세칙(专利法实施细则), 사법해석(司法解释), 기타 관련 법률 등이 있다.

중국 특허법은 전국인민대표 상무위원회에서 제정되며, 중국에서는 「전리법(专利法)」[1]이라고 칭해진다. 중국 특허법은 중국 특허제도의 근간이 되는 법률로써 원칙적이며 포괄적인 내용들로 구성되어 있다. 중국 특허법의 각 조문에 대한 구체적인 내용은 중국 특허법 실시세칙, 최고인민법원의 사법해석, 그리고 민법전(民法典), 민사소송법(民事诉讼法) 등의 관련 법률에 의하여 보충 해석된다.

중국 특허법 실시세칙은 국무원에서 제정되며, 특허의 출원, 심사, 등록 등의 행정절차에 관하여 자세히 규정하고 있다. 중국 특허법 실시세칙은 원칙적으로 중국 특허법에 대한 하위 법령에 속한다. 그러나 중국 특허법 실시세칙의 조문들은 중국 특허법과 함께 특허출원의 거절 및 특허권의 무효사유를 구성하고 있어,

---

1) 본래 중국에서 전리(专利)라 함은 특허, 실용신안, 디자인을 모두 포함하는 개념이다. 따라서 특허, 실용신안, 디자인을 각각 특허법, 실용신안법, 디자인보호법의 보호대상으로 하는 한국과 달리, 중국은 발명전리(发明专利), 실용신안전리(实用新型专利), 외관설계전리(外观设计专利) 모두를 전리법(专利法) 내에서 규정하고 있다. 이 책에서는 혼란을 피하기 위하여 전리법 대신 중국 특허법이라는 용어를 사용하였으며, 발명전리, 실용신안전리, 외관설계전리라는 용어 대신 각각 특허, 실용신안, 디자인이라는 용어를 사용하였다.

실무상 양자의 법적 지위 및 중요성에는 큰 차이가 없다.

최고인민법원의 사법해석은 사법기관인 최고인민법원에서 제정하며, 특허권 보호범위의 해석방법, 관할의 결정방법 등 주로 특허분쟁 시 논란이 될 수 있는 중국 특허법 각 조문의 해석기준을 제시한다. 다만, 최고인민법원의 사법해석은 이에 한정되지 않고, 소송중지에 관한 해석기준, 증거제출에 관한 해석기준 등 필요에 따라 다양한 내용을 제정하여 공포한다. 최고인민법원은 입법기관이 아니기 때문에 최고인민법원의 사법해석은 원칙적으로는 법률에 해당하지는 않는다. 그러나 중국 사법실무에서 최고인민법원의 사법해석은 실질적으로 법원(法源)으로의 기능을 수행한다.

제2절 중국 특허법상 특허의 개념

1. 특허를 받을 수 있는 발명

중국 특허법 제2조 제2항에 의하면, 특허를 받을 수 있는 발명이란 제품, 방법 또는 그 개량에 대해 제출한 새로운 기술방안을 말한다. 여기서 제품은 ⅰ) 부품, 부속, 기구, 기계 등 물품성이 있는 것과 ⅱ) 조합물, 화합물 등 물품성이 없는 것을 포함하며, ⅲ) 서로 다른 제품의 상호 결합에 의한 시스템[2]도 이에 해당한다. 또한 방법에는 ⅰ) 물건을 생산하는 방법발명과, ⅱ) 통신방법, 측량방법과 같이 물건의 생산을 수반하지 않는 방법발명이 있으며, 중국 특허법상 발명은 이 모두를 포함한다.

2) 예를 들어, 인공위성과 그것의 지면 발사체, 그리고 지면 발사체의 지지장치를 포함하는 시스템이 이에 해당한다. 참고로, 우주항공기술에 관한 발명은 중국의 발달된 우주항공기술의 보호를 위하여 특허의 보호대상으로 보는 것이 중국학계의 일반적인 견해이다.

2. 기술방안(技术方案)

중국 특허법 제2조 제2항에 따르면, 특허를 받을 수 있는 발명은 제품 또는 방법의 "기술방안(技术方案)"을 말한다. 여기서 "기술방안"은 중국 특허법의 보호객체를 정의한다는 점에서 중요한 의미가 있다. 중국 특허심사지침 및 중국 학계의 논의를 바탕으로 기술방안이 내포하고 있는 의미를 살펴보면 다음과 같다.

(1) 기술방안은 적극적이며 유익한 효과를 가져야 한다.

먼저 "기술문제를 해결한다"는 측면에서 살펴보면, 기술방안은 기술문제에 대하여 적극적인 효과(积极效果)와 유익한 효과(有益效果)를 가져야 한다. 여기서, 적극적인 효과는 중국 특허법 제22조 제4항 규정에 근거한 산업상 이용가능성을 의미하며, 유익한 효과는 중국 특허법 실시세칙 제20조 제1항의 선행기술과 대비한 유익한 효과를 의미한다. 일반적으로 선행기술에 비하여 생산성이 뛰어나거나(多), 속도가 빠르거나(快), 성능이 향상되거나(好), 비용이 절약되거나(省), 편의성이 제고(方便,便宜)되면 적극적이며 유익한 효과가 있는 것으로 간주된다.

(2) 기술방안은 기술수단의 집합을 의미한다.

중국 특허심사지침에 의하면, 기술방안은 해결하고자 하는 기술문제에 대하여 채택한 자연법칙을 이용한 기술수단의 집합을 의미하며, 기술방안은 일반적으로 기술 특징에 의하여 구현된다. 예를 들어, 제품발명의 기술 특징은 부품, 부속, 재료 등일 수 있으며, 방법발명의 기술 특징은 순서, 절차, 단계 및 이에 차용된 설비, 도구 등일 수 있다.

제3절 중국 특허출원 및 심사일반

1. 중국 출원서류

중국에서 출원일을 인정받기 위해서는 출원 시 특허출원신청서(发明专利请求

书), 명세서(说明书), 도면(附图, 필요한 경우), 청구범위(权利要求书)를 제출하여야 한다. 참고로, 실무상 한국은 하나의 명세서에 청구범위 및 도면이 모두 포함된 격식을 사용하나, 중국은 명세서, 청구범위, 도면 등에 대하여 각각 별도의 격식을 제공하고 출원 공개 시에 이를 취합한다.[3)]

2. 중국 출원 준비 시 주의사항

중국 특허법은 한국 특허법과 출원 절차에서 다소 차이가 있는데, 일반적으로 이하의 사항에 대하여 주의를 기울여야 한다.

(1) 중국어 서류

중국 특허법 실시세칙 제3조에 따르면, 중국 특허청에 제출해야 하는 각종 서류는 중국어를 사용해야 하며, 외국인명 · 지명 및 과학기술용어에 통일된 중문 번역어가 없을 경우에만 예외적으로 원문의 기재를 허용한다. 만약 출원서류가 중국어로 작성되지 않은 경우에 중국 특허청은 중국 특허법 실시세칙 제44조에 따라 해당 출원서류를 불수리하고 이를 출원인에게 통지한다.[4)] 또한 중국어는 표의문자(表意文字)에 해당하여 청구항 해석 시에 청구항에 기재된 한자(汉字) 하나하나가 엄격하게 해석되는 경우가 있으므로, 이에 대한 주의가 필요하다.

(2) 공지예외의 적용

한국 특허법 제30조와 유사하게, 중국 특허법 제24조는 출원인의 발명이 그 출원 전에 공개되더라도 특정 사유에 해당하는 경우에는 해당 공개에 의하여 신규성이 상실되지 않은 것으로 본다. 그러나 양국의 규정은 ⅰ) 한국이 포괄적으로 공지예외의 사유를 인정하고 있는 데 반하여 중국은 제한열거적인 사유에 대해서만 인정하고 있으며, ⅱ) 한국이 12개월의 공지예외기간을 인정하는 데 반하여 중국

---

3) 한편 실용신안을 출원하는 경우에는 반드시 도면을 첨부하여야 하며, 그렇지 않은 경우에는 불수리된다.

4) 참고로, 미국 · 유럽 · 대만 등의 국가에서는 외국어로 된 출원서류를 먼저 제출하고 이후 해당 국가의 번역문을 제출하더라도 외국어 서류의 제출일을 출원일로 인정해 주는 제도를 운영하고 있다. 이에 반하여, 중국은 아직까지 엄격한 중문주의를 채택하고 있다. 따라서 중국에 출원하고자 하는 자는 출원 전에 중국어로 번역된 명세서를 준비하여야 한다.

은 6개월의 기간만을 인정한다는 점 등에서 차이가 있다.

(3) 중국에서 완성된 발명에 대한 비밀유지심사

중국 특허법 제19조는 중국에서 완성한 발명을 외국에 출원하고자 하는 경우에 먼저 중국 국무원 특허행정부서에 이를 보고하여 비밀유지심사를 받을 것을 요구하고 있다. 이는 중국에서 완성된 발명이 국가의 안전 또는 중대한 이익과 관련된 경우에 해당 발명을 비밀로 유지하기 위함이다. 중국 특허법 제19조를 위반하여 보고 없이 먼저 외국에 출원을 한 발명에 대하여는 향후 이를 중국에 출원하더라도 특허를 받을 수 없다.

(4) 이중출원

중국 특허법 제9조는 동일한 발명에 대하여 동일한 날에 실용신안과 특허를 동시에 출원하는 것을 허락하는 이중출원 제도를 규정하고 있다. 이는 심사주의를 취하는 특허제도와 무심사주의를 취하는 실용신안제도의 장점을 조합하여 발명을 좀더 효율적으로 보호하기 위함이다. 따라서 출원인은 이중출원 제도를 통하여 실용신안권을 조기에 확보하고, 추후 동일한 발명에 대한 특허권을 획득할 때 해당 실용신안권을 포기함으로써 특허심사에 따른 권리의 공백을 최소화할 수 있다.

(5) 한중 특허심사하이웨이

2012년 3월 1일부터 한국 특허청(KIPO)과 중국 특허청(SIPO) 사이에 특허심사하이웨이(PPH)가 실시되었다. 이에 따라 출원인은 한국 특허청(KIPO)의 심사결과를 기초로 중국에 특허심사하이웨이를 신청함으로써 중국에서 빠른 특허등록을 꾀할 수 있다.

3. 중국의 심사절차의 진행 순서

중국의 실사절차는 한국과 유사하게 방식심사(初步审查)와 실질심사(实质审查)로 나뉜다. 방식심사결과 특허출원이 중국 특허법의 규정에 부합된다고 판단되면 해당 특허출원은 공개되며, 이후 출원인의 신청에 따라 실질심사 단계에 진입한다. 실질심사결과에 따라 출원된 내용이 특허성이 없다고 판단되는 경우에 심사관은 1회 또는 복수 회에 걸쳐 심사의견통지서(审查意见通知书)를 발행한다. 심사관의 심사의견통지서에 대한 대응으로 출원인은 보정을 진행하거나 의견을 제출할 수 있다. 만약 출원인의 의견진술 또는 보정에도 불구하고 특허출원이 여전히 특허성이 없다고 판단되는 경우, 심사관은 특허출원을 거절할 수 있다. 심사관의 거절결정에 불복하여, 출원인은 통지서를 받은 날로부터 3개월 내에 거절결정불복심판(复审)을 청구할 수 있다. 거절결정불복심판에서 여전히 해당 특허출원의 거절결정이 유지된다면, 출원인은 이후 행정소송을 제기할 수 있다.

제2편

특허 요건

제1장 특허 수여 요건

제1절 산업상 이용가능성(实用性)

> 중국 특허법 제22조 제4항 【특허의 수여요건】
> 산업상 이용가능성(실용성)이란 당해 발명과 실용신안을 제조 또는 사용할 수 있고, 적극적인 효과가 나타날 수 있는 것을 말한다.
>
> 专利法第二十二条第四款: 实用性,是指该发明或者实用新型能够制造或者使用,并且能够产生积极效果。

Ⅰ. 서 언

"산업상 이용가능성"이란 발명이 산업에서 실제로 사용될 수 있는 것을 의미하며, 중국 특허법에서는 이를 "실용성(实用性)"이라 칭한다. 산업상 이용가능성은 중국 특허법상 특허를 받기 위한 필수요건 중 하나로, 중국 특허법 제22조 제4항에 규정되어 있다. 중국 특허법은 한국 특허법과 달리 산업상 이용가능성의 판단 시에 "적극적인 효과"가 있을 것을 추가로 요구한다는 점에서 다소 차이가 있다.[1)]

1) 다만 실무에서의 적용은 중국과 한국 모두 유사한 것으로 보인다.

II. 산업상 이용가능성의 판단

중국 특허법에서 산업상 이용가능성의 판단은 i) 산업 분야에서, ii) 제조 또는 이용 가능해야 하며, iii) 적극적인 효과가 있는지의 여부를 기준으로 한다.

1. 산 업

중국 특허법상 산업은 광의로 해석되는 개념이다. 중국 특허심사지침에 의하면, 산업은 공업, 임업, 수산업, 목축업, 교통 운수업, 문화체육, 생활용품, 의료기기 등의 업종을 포함한다.

2. 제조 또는 이용가능성

"제조 또는 이용가능성이 있다"는 것은 실제로 산업에서 응용(应用)될 수 있어야 하는 것을 의미하며, 추상적인 것, 단순 이론적인 것은 제조 또는 이용가능성이 없는 것으로 본다. 중국 특허심사지침은 산업상 제조 또는 이용 가능한 기술방안의 예로 기계설비를 사용하거나 물품을 제조하는 것뿐만 아니라, 안개를 제거하는 방법 또는 에너지를 한 가지 형식으로부터 다른 한 가지 형식으로 변환하는 방법도 포함하는 것으로 본다. 판례에 따르면, 특허출원이 중국 특허법 제22조 제4항을 만족하기 위해서는 실질적으로 응용이 가능하며 공업화 재현이 가능해야 한다.[2)3)]

3. 적극적인 효과

"적극적인 효과를 구비한다"는 것은 발명이 출원일을 기준으로 유익한 효과를 발생한다는 것을 의미한다. 이러한 효과는 기술효과뿐만 아니라 경제적 및 사

2) 최고인민법원(2016)최고법행신789호.

3) 다만, 해당 판례에 따르면, 중국 특허법 제22조 제4항의 "공업화 재현 가능"과 중국 특허법 제26조 제3항의 "실현할 수 있음"의 판단 기준은 서로 상이하며 서로 간에 필연적인 관련성이 있는 것은 아니다.

회적 효과를 모두 포함한다. 예를 들어, 상품 생산량의 증가, 상품 품질의 개선, 상품 기능의 추가, 원료의 절감, 노동 조건의 개선, 환경오염의 방지, 사회풍조의 개선 등을 가져오는 발명은 모두 적극적 효과를 구비하는 것으로 본다. 다만 여기서 적극적인 효과를 구비한다는 것이 발명에 결점이 없어야 한다는 것을 의미하는 것은 아니다. 판례에 따르면, 발명에 존재하는 결함이 그 기술방안을 실시할 수 없을 정도로 중대하지 않다면, 산업상 이용 가능성을 부정해서는 안 된다.[4] 중국 특허심사지침에 의하면, 유익한 점이 없으면서 사회적 필요와 관련 없는 발명은 적극적인 효과가 없는 것으로 본다.

4. 출원일에 제출된 명세서 기준

산업상 이용가능성의 구비여부는 출원일에 제출된 명세서에 기재된 내용을 기준으로 판단하며, 출원된 발명이 현재 실시되고 있는지 여부, 출원된 발명이 어떻게 창출되었는지 여부는 산업상 이용가능성의 판단과 무관하다.

[산업상 이용가능성에 대한 한 · 중 비교표]

	한국 특허법	중국 특허법
용 어	산업상 이용가능성	실용성 (이 책에서는 "산업상 이용가능성"으로 표기)
조 문	한국 특허법 제29조 제1항 (신규성과 함께 규정)	중국 특허법 제22조 제4항 (단독으로 규정)
효 과	적극적 효과 구비 요구 없음	적극적 효과가 있을 것을 요구

4) 최고인민법원(2022)최고법지행종68호.

Ⅲ. 산업상 이용가능성이 없는 것으로 보는 경우

1. 반복 재현할 수 없는 발명

발명의 내용은 해당 분야의 기술자가 특허출원에서 기술문제를 해결하기 위하여 채용한 기술방안을 반복 실시할 수 있도록 해야 한다. 이러한 반복 실시는 임의적 요소에 의존해서는 안 되며 그 실시 결과는 동일해야 한다. 반복 실시할 수 없는 발명은 산업상 이용가능성이 없는 것으로 본다.[5]

2. 자연법칙을 위반하는 발명

자연법칙에 부합하지 않는 발명은 산업상 이용가능성이 없는 것으로 간주된다. 이는 자연법칙을 위반하는 발명은 실시할 수 없기 때문이다.

3. 특수한 자연조건에 의하여 한정되는 발명

특수한 자연조건을 이용하는 발명은 산업상 이용가능성이 없는 것으로 본다. 예를 들어, 특정 항구를 겨냥하여 설계된 항구의 설계 방안은 다른 장소에서는 실시 불가능하기 때문 산업상 이용가능성이 없는 것으로 본다. 다만 자연조건에 의하여 한정되는 발명이 산업상 이용가능성을 구비하지 못한다 할지라도, 해당 발명의 구성 요소는 산업상 이용가능성을 구비할 수도 있다.

4. 의료업의 경우

의료업은 특허를 통해 특정인의 재산적 이익을 도모하기보다 인류의 생명과 건강에 기여한다는 점에서 일반적으로 특허를 허여하지 않는다. 다만, 특정한 경우에는 예외적으로 산업상 이용가능성이 있는 것으로 보아 특허를 허여하기도 한

---

5) 한편, 반복 실시가 불가능한 기술 방안은 해당 분야의 기술자가 실시할 수 있을 정도로 발명을 명확하고 완전하게 설명하지 않은 것으로 보아 중국 특허법 제26조 제3항에 의하여 거절될 수 있다.

다. 중국은 의료업의 경우에 ⅰ) 중국 특허법 제22조 제4항(산업상 이용가능성), 또는 ⅱ) 중국 특허법 제25조(불특허사유)를 통하여 규율하고 있다.

(1) 인체 또는 동물체에 대한 비치료 목적의 외과수술방법

생명이 있는 인간 또는 동물을 대상으로 한다는 점에서 인체 또는 동물체에 대한 외과수술방법은 치료목적이 아니라 할지라도 산업상 이용가능성을 구비하지 못한 것으로 본다. 중국 특허심사지침은 미용을 위해 실시하는 외과수술방법, 살아 있는 동물에서 물질을 추출하는 방법 등은 산업상 이용가능성이 없는 것으로 본다.

(2) 인체 또는 동물체에 대한 치료목적의 외과수술방법

인체 또는 동물체에 대한 치료목적의 외과수술방법은 중국 특허법 제25조의 불특허사유 중 질병의 진단 및 치료방법에 해당하여 특허를 받을 수 없다. 다만 이미 사망한 인체 또는 동물체에 대하여 실시하는 외과수술방법은 그 방법이 중국 특허법 제5조의 공서양속을 위반하는 경우가 아니라면 특허를 받을 수 있다.

(3) 인체 또는 동물체를 간접적인 구성요소로 하는 경우

인체 또는 동물체를 간접적인 구성요소로 하는 경우에는 중국 특허법 제22조 제4항의 산업상 이용가능성을 구비하며 동시에 중국 특허법 제25조의 불특허사유에 해당하지 않는 것으로 보아 특허를 받을 수 있다. 예를 들어, 질병의 진단 및 치료방법을 실시하기 위한 기기 또는 장치, 그리고 질병의 진단 및 치료방법에 사용되는 물질 또는 재료는 특허를 받을 수 있는 객체에 해당한다.

Ⅳ. 흠결 시 처리

산업상 이용가능성 규정(중국 특허법 제22조 제4항)에 위반하는 경우, 등록 전에는 거절사유(중국 특허법 실시세칙 제59조)에 해당하며 등록 후에는 무효사유(중국 특허법 실시세칙 제69조)에 해당한다.

제2절 선행기술(现有技术)

중국 특허법 제22조 제5항 【특허의 수여요건】 이 법 규정의 선행기술(현유기술)이란 출원일 이전 국내외에서 공중이 알고 있는 기술을 말한다. 专利法第二十二条第五款: 本法所称现有技术,是指申请日以前在国内外为公众所知的技术。

Ⅰ. 서 언

중국 특허법 제22조 제5항에 따르면, 선행기술이란 출원일 이전에 국내외에서 공중이 알고 있는 기술을 말한다. 중국에서는 선행기술이라는 용어를 대신하여 현유기술(现有技术)이라는 용어를 사용한다. 현재의 선행기술에 대한 정의는 2008년 특허법 개정 시에 개정된 것이다. 2008년 이전에는 국외에서 실시된 발명은 선행기술로 인정하지 않았으나, 2008년 특허법 개정을 통하여 선행기술을 "출원일 전에 국내외에서 공중이 알고 있는 발명"이라 정의함으로써, 선행기술의 범위를 국내주의에서 국제주의로 전환하였다.[6)][7)]

6) 중국 특허법상 선행기술에 대한 정의는 2008년 특허법 개정을 전후로 큰 차이가 있다. 2008년 이전의 중국 특허법은 "선행기술은 출원일 전에 국내외 출판물에 의하여 공개되거나 중국에서 사용 혹은 기타 방식에 의하여 공개된 기술을 말한다"라고 규정하였었다. 따라서 해외에서 전시 또는 실시 등의 방식으로 공개된 기술은 중국 특허법의 선행기술에 해당하지 않아 해당 기술을 해외에서 지득한 자가 중국에서 악의로 특허를 신청하는 경우에 이를 막을 수 없는 문제가 있었다. 중국은 2008년 특허법 개정을 통하여 선행기술을 "출원일 전에 국내외에서 공중이 알고 있는 발명"이라 새롭게 정의함으로써, 선행기술의 범위를 국내주의에서 국제주의로 전환하였고, 이에 따라 실무상 한국과 큰 차이가 없어졌다.

7) 아울러 중국은 2008년 개정 시에 제62조의 규정을 신설하면서 "특허권의 침해분쟁 중 피소된 침해자가 그가 실시하는 기술 또는 디자인이 공지기술 또는 공지디자인에 속한다는 것을 증거를 들어 증명하는 경우에 특허권 침해행위를 구성하지 아니한다"라고 규정하여 실무상 인정되던 공지기술의 항변을 특허법의 체계로 편입하였다.

II. 선행기술의 판단 기준

1. 시간적 기준

선행기술의 시간적 기준은 “출원일”이며, 우선권 주장이 있는 경우에는 그 우선일을 가리킨다. 따라서 출원일 이전에 공개된 기술내용은 모두 선행기술에 해당한다. 출원일에 공개된 기술내용의 경우, 한국 특허법은 “출원 시”를 기준으로 하므로 출원일과 선행기술의 공개일이 동일(同日)인 경우에 시 · 분 · 초까지 고려한다. 이에 반하여, 중국 특허법은 “출원일”을 기준으로 하므로, 중국 특허심사지침에 의하면 출원일에 공개된 기술내용은 선행기술에 해당하지 않는 것으로 본다.

2. 지역적 기준

선행기술의 지역적 기준은 “국내외”이다. 따라서 중국 국내에서의 출판 · 전시 · 사용 등에 의한 공개뿐만 아니라 국외에서의 공개 역시 선행기술의 범위에 포함된다. 또한 공개장소뿐만 아니라 공개언어에 대해서도 특별한 제한이 없다.

3. 공개방식

중국 특허법에 의하면, 선행기술의 공개방식에는 제한이 없으며 “공중이 알고 있는 기술”이면 족하다. 여기서 공중이 알고 있는 기술이란 출원일 이전에 기술의 내용을 공중이 알 수 있는 상태를 말하며,[8] 이 중 “공중”과 “알 수 있는 상태”의 해석이 문제된다.

(1) “공중”의 의미

“공중”이란 비밀유지의무가 없는 자를 말한다. 비밀유지의무가 있는 자의 구체적인 예로는 ⅰ) 법률상 인정되는 경우(예: 변리사, 변호사), ⅱ) 사회관념 및 비즈

---

8) 최고인민법원(2015)지행자제356호.

니스 관습상 인정되는 경우(예: 출판물 편집자), iii) 계약상 인정되는 경우 등이 있다. 중국 특허심사지침에 의하면, 비밀유지의무가 있는 자에 의하여 비밀상태를 유지하고 있는 기술은 선행기술에 속하지 않는다. 그러나 비밀유지의무가 있는 자가 비밀유지의무를 위반하여 해당 기술내용을 공개하여 공중이 알 수 있게 된 경우에는, 민형사상 책임과는 별도로, 이러한 기술은 선행기술로 인정된다.[9)]

(2) "알 수 있는 상태"의 의미

"알 수 있는 상태"란 공중이 기술내용을 알 수 있는 상태에 놓여 있으면 족하며, 기술내용을 공중이 알고 있을 것을 요구하는 것은 아니다. 예를 들어, 출판을 목적으로 원고가 출판물 편집자에게 전달된 경우, 출판물 편집자는 비밀유지의무가 있으므로 해당 원고는 공중이 알 수 있는 상태에 놓인 것이라 할 수 없다. 해당 원고의 내용이 출판물에 개재되어 배포된 경우에 비로소 공중이 알 수 있는 상태에 놓인 것이라 할 수 있다.

Ⅲ. 공개 방식의 구체적 태양

1. 출판물을 통한 공개

중국 특허심사지침에 의하면, 출판물은 기술 내용을 담고 있는 독립적으로 존재하는 매체를 의미하며, 발행된 시간을 명시하거나 다른 증거에 의하여 이를 입증할 수 있는 매체를 의미한다. 중국 특허법상 출판물은 각종 인쇄 문헌(특허문

9) 한편, 한국에서는 발명의 공지란 비밀유지상태가 해제된 것으로 보아 1인에게라도 비밀유지상태가 해제된 경우에 공지된 상태로 취급됨이 일반적이나, 중국에서는 이에 대한 의견이 나뉜다. 1인에게라도 비밀유지상태가 해제된 경우에 선행기술로 보아야 한다는 견해는 발명의 내용을 지득한 1인에 의하여 해당 발명이 기타 공중에게 전파될 것이며, 발명자는 중국 특허법 제24조의 공지예외적용의 규정으로 보호될 수 있다고 본다. 1인에게 비밀유지상태가 해제된 경우에 반드시 선행기술로 볼 수는 없다는 견해는 소수에게 공개된 발명의 내용이 반드시 다른 사람들에게 전파된다고는 볼 수 없으며, 선행기술 및 신규성의 규정은 이미 공개된 기술을 대중으로 하여금 자유롭게 사용할 수 있도록 함으로써 공중의 피해를 방지하고자 하는 것이지 발명자의 무지로 인하여 극소수에게 공개된 기술내용까지 자유사용을 담보하는 것은 아니라는 본다.

헌, 학술잡지, 학술논문, 신문, 카탈로그 등) 또는 전기, 광, 마그네틱 등의 방법으로 제작한 시청각 자료(영화, 사진, 마이크로필름 등)는 물론 인터넷 또는 온라인 데이터베이스 등의 형식으로 존재하는 서류를 포함한다.

(1) 인쇄 문헌 및 시청각 자료

종이 출판물과 시청각 자료는 지리적 위치, 언어 등의 제한을 받지 않으며, 발행량과 공중의 열람여부에 영향을 받지 않는다. '내부 자료', '내부 배포' 등의 문구가 인쇄되어 있고, 특정 범위 내에서만 발행되어 비밀 유지가 요구되었다면, 해당 종이 출판물과 시청각 자료는 공개된 것으로 간주되지 않는다. 기타 증거로 그 공개일을 증명할 수 있는 경우를 제외하고, 일반적으로 인쇄 문헌의 인쇄일 또는 시청각 자료의 발행일이 공개일로 간주된다. 인쇄일 또는 발행일이 월 또는 연도만으로 기재된 경우에는 해당 월의 마지막 날 또는 해당 연도의 12월 31일이 공개일로 간주된다.

(2) 인터넷 또는 온라인 데이터베이스에 존재하는 자료

인터넷 또는 온라인 데이터베이스에 존재하는 자료는 합법적인 경로를 통해 획득할 수 있어야 한다. 다만, 자료의 획득은 비밀번호 여부나 유료 여부에는 영향을 받지 않는다. 기타 증거로 그 공개일을 증명할 수 있는 경우를 제외하고, 인터넷 또는 온라인 데이터베이스에 존재하는 자료의 공개일은 그 게시일이 공개일로 간주된다. 웹페이지에 명확한 게시일이 없거나, 그 게시일이 의심스러운 경우, 로그 파일에 기록된 게시일과 수정일, 인터넷 아카이브 서비스 일자 등을 참고하여 공개일이 결정될 수도 있다. 게시일이 월 또는 연도만으로 명시된 경우에는 해당 월의 마지막 날 또는 해당 연도의 12월 31일이 공개일로 간주된다.

2. 사용에 의한 공개

사용에 의한 공개 방식은 그 기술내용을 알 수 있게 하는 제조, 사용, 판매, 수입, 교환, 증여, 시범, 전시 등을 포함한다. 사용에 의하여 공중이 그 기술내용을 알 수 있는 상태에 놓이게 되면 공중이 실질적으로 그 기술내용을 알았는지의 여부와는 무관하게 해당 기술내용은 선행기술로 인정된다. 제품의 전시에 의한 사

용 공개의 경우, 기술 내용에 대한 설명이 전혀 제공되지 않아서 제품의 구조, 기능 또는 재료의 성분을 알 수 없는 경우, 그 제품의 전시는 해당 기술의 공개로 간주되지 않는다. 그러나 제품의 판매에 의한 사용 공개의 경우, 구매자는 해당 물품에 대하여 조사할 권리가 있으므로 설령 물품이 파괴되어야만 그 기술의 구성 및 성능을 알 수 있다고 하더라도 해당 기술은 공개된 것으로 본다.

3. 실물에 의한 공개

판례에 따르면, 실물로 선행기술을 주장하는 경우에는 마땅히 그 주장하는 선행기술, 그리고 해당 선행기술과 실물의 대응 관계를 명확히 하여야 한다. 또한 공중이 직관적으로 해당 실물로부터 선행기술을 획득할 수 있음을 증거로 증명하거나, 충분히 설명하여야 한다.[10)]

4. 명세서상의 배경기술(背景技术)

중국 특허실시세칙 제20조 제1항에 따르면, 명세서의 배경기술(背景技术)란에는 발명에 대한 이해 · 검색 · 심사에 유용한 배경기술을 기재하여야 한다. 다만 명세서의 배경기술에 기재된 내용은 당연히 선행기술로 인정되는 것은 아니며,[11)] 구체적인 증거로 그 출처를 인정할 수 있는 경우에만 선행기술로 인정된다. 따라서 배경기술에서 구체적인 문서를 인용하는 경우와 정확한 출처를 제시하는 경우를 제외하고는, 일반적으로 중국 심사 실무에서는 배경기술에 기재된 내용으로 신규성 및 진보성을 판단하지는 않는다.[12)]

10) 최고인민법원(2019)최고법지행종1호.

11) 최고인민법원(2014)자행자제6호

12) 참고로, 한국 법원은 명세서 또는 의견서 등에서 그 종래기술이 출원 전에 공지되어 있음을 인정하는 경우에는 이를 인용발명으로 하여 청구항에 기재된 발명의 신규성 및 진보성을 판단할 수 있다는 취지의 판결을 내린 바 있다(특허법원 98허10017, 대법원 2001후2757, 2013후37).

[선행기술 판단에 대한 한・중 특허법 비교표]

선행기술의 판단	한국 특허법	중국 특허법
시간적 기준	출원시	출원일
지역적 기준	유사	
공개의 태양 및 판단 방법	유사	
비밀유지의무 있는 자의 판단	유사	
비밀유지상태 해제 여부	1명에게라도 공개되면 비밀유지상태 해제된 것으로 간주	학설 대립
명세서의 배경기술	출원 전에 공지되어 있음을 인정하는 경우에 배경기술로 특허성 판단	배경기술에서 구체적 문서를 인용하는 경우에 배경기술로 특허성 판단

제3절 신규성(新颖性)

중국 특허법 제22조 제2항 전단 【특허의 수여요건】

(전단, 신규성) 신규성이란 당해 발명 또는 실용신안이 선행기술(현유기술)에 속하지 않아야 하며, (후단, 확대된 선출원주의) 어떤 단위 또는 개인이 동일한 발명 또는 실용신안에 대하여 출원일 이전에 국무원 특허행정부서에 출원하지 않아야 하고, 출원일 이후 공개된 특허출원서류 또는 공고된 특허서류 중에 기재되지 않은 것을 말한다.

专利法第二十二条第二款: 新颖性,是指该发明或者实用新型不属于现有技术;也没有任何单位或者个人就同样的发明或者实用新型在申请日以前向国务院专利行政部门提出过申请,并记载在申请日以后公布的专利申请文件或者公告的专利文件中。

Ⅰ. 서 언

"신규성"이란 발명의 내용이 공중에게 알려지지 않은 상태에 있는 것을 말한다. 중국 특허법은 제22조 제2항에서 발명이 선행기술(现有技术)에 속하지 않아야 한다고 하여 신규성에 대하여 규정하고 있다. 2008년 중국 특허법 개정 시에 선행기술의 정의가 국내주의에서 국제주의로 전환되었기 때문에, 실무상 신규성에 대한 판단방법은 한국과 큰 차이가 없다.

Ⅱ. 신규성 및 확대된 선출원주의의 구별

중국 특허법 제22조 제2항은 한국의 "신규성"에 대응하는 규정과 "확대된 선출원주의"에 대응하는 규정을 "신영성(新颖性)"이라는 이름으로 함께 규정하고 있다. 따라서 중국 심사관의 심사의견통지서(审查意见通知书)에 표기된 중국 특허법 제22조 제2항의 신영성 위반이란 한국의 신규성 또는 확대된 선출원주의 중 어느 하나를 위반하고 있음을 가리킨다. 중국에서는 강학상 이를 구분하기 위하여, 중국 특허법 제22조 제2항의 전단(한국의 신규성에 대응)은 "선행기술 관련 신영성", 중국 특허법 제22조 제2항의 후단(한국의 확대된 선출원주의에 대응)은 "저촉출원(抵触申请)[13] 관련 신영성"으로 구분한다. 이 책에서는 한국 특허법의 체계에 따라 중국 특허법 제22조 제2항의 전단 및 후단을 각각 신규성 및 확대된 선출원주의라고 칭하며, 확대된 선출원주의는 이 장의 제6절에서 논의된다.

[신규성에 대한 한국 및 중국의 법체계 비교]

<table>
<tr><th></th><th>한국 특허법</th><th>중국 특허법</th></tr>
<tr><td>신 규 성</td><td>제29조 제1항</td><td rowspan="2">제22조 제2항(전단, 후단)</td></tr>
<tr><td>확대된
선출원주의</td><td>제29조 제3항</td></tr>
</table>

13) 저촉출원(抵触申请)이란 확대된 선출원주의에서 인용문헌의 지위를 갖는 선출원을 말한다.

Ⅲ. 신규성 판단 기준

1. 시기적 기준

신규성은 "출원일"을 기준으로 판단한다.[14] 즉, 출원일 이전에 공개된 기술만이 선행기술로 인정되며, 출원일 또는 출원일 이후에 공개된 기술은 선행기술로 인정되지 않는다. 한편 조약우선권주장 또는 국내우선권주장이 있는 경우에는 "우선일"을 기준으로 판단하며, 분할출원인 경우에는 "모출원(또는 모출원의 우선일)"을 기준으로 판단한다.

2. 객체적 기준

청구항의 기술방안과 출원일 전에 공개된 선행기술이 실질적으로 동일한지의 여부를 기준으로 판단한다. 만약 청구항의 기술방안과 선행기술이 ⅰ) 실질적으로 동일한 기술방안을 채택하였으며, ⅱ) 동일한 기술분야에 사용할 수 있고, ⅲ) 동일한 기술문제를 해결하며, ⅲ) 동일한 효과를 갖는다면 양자는 실질적으로 동일한 기술로 인정된다.

3. 단독대비의 원칙

신규성을 판단할 때는 특허출원의 각 청구항을 각 선행기술과 단독으로 비교하여야 하고, 복수의 선행기술의 조합 또는 하나의 선행기술 내의 복수의 기술방안의 조합을 각 청구항과 비교해서는 안 된다.

---

14) 이에 반하여 한국은 "출원시"를 기준으로 판단한다. 즉, 한국은 기술의 공개일과 출원일이 동일한 경우에 양자의 선후를 비교하기 위하여 시 · 분 · 초까지 고려하나, 중국은 기술의 공개일이 동일한 경우에 해당 기술은 선행기술로 인정되지 않는다.

4. 구체적 판단방법

(1) 동일내용 또는 단순한 문자변환의 경우

청구항의 기술방안과 선행기술이 동일내용이거나 단순한 문자변환인 경우에는 그 발명은 신규성을 구비하지 않는다. 여기서 동일내용은 선행기술로부터 직접 그리고 아무런 의심 없이 확정할 수 있는 기술내용을 포함한다.

(2) 상 · 하위 개념으로 표현된 경우

① 청구항의 기술방안이 상위개념이고 선행기술이 하위개념인 경우

이 경우에 해당 발명은 신규성이 없는 것으로 판단된다. 예를 들어, 청구항의 기술방안이 "금속"으로 제조된 물품이고 선행기술이 "구리"로 제조된 물품인 경우에 해당 청구항은 신규성이 없는 것으로 판단된다. 다만, 청구항의 기술방안이 "구리" 이외의 다른 구체적인 금속으로 제조된 물품인 경우, "구리"로 제조된 물품인 선행기술에 의하여 신규성을 상실하지는 않는다.

② 선행기술이 상위개념이고 청구항의 기술방안이 하위개념인 경우

이 경우에 해당 발명은 신규성이 있는 것으로 판단된다. 예를 들어, 청구항의 기술방안이 "구리"로 제조된 물품이고 선행기술이 "금속"으로 제조된 물품인 경우에 해당 청구항은 신규성이 있는 것으로 판단된다.

(3) 관용수단의 직접치환

만일 보호받으려는 발명이 선행기술과 비교할 때 관용수단의 직접치환에 불과할 때는 해당 발명은 신규성이 없는 것으로 판단된다. 예를 들어, 선행기술이 나사를 사용하여 체결하는 장치가 개시되어 있고, 청구항의 기술방안이 "나사 체결 방식"을 "볼트 체결 방식"으로만 대체하였다면, 해당 청구항은 신규성이 없는 것으로 판단된다.

(4) 수치 범위의 한정

중국 특허심사지침을 참조하면, 선행기술 및/또는 청구항이 연속적인 수치범위를 갖는 경우에 다음의 기준이 적용된다.[15)]

① 선행기술의 수치범위가 발명의 수치범위에 포함되는 경우(선행기술〈청구항)

선행기술에 공개된 수치범위가 발명의 수치범위에 포함되는 경우에 해당 발명은 신규성이 없는 것으로 판단된다.

[중국 특허심사지침의 ① 케이스에 대한 예]

	선행기술	청구항
기술 내용	20%의 아연과 5%의 알루미늄을 포함하는 형상기억 합금	10~35%의 아연과 2~8%의 알루미늄을 포함하는 형상기억 합금
신규성	신규성 없음	
해 설	선행기술에서 공개된 20%의 아연과 5%의 알루미늄은 청구항의 수치범위에 포함되므로 해당 청구항은 신규성이 없다.	

② 선행기술의 수치범위와 발명의 수치범위가 부분적으로 중첩되는 경우

선행기술에 공개된 수치범위와 발명의 수치범위가 부분적으로 중첩되는 경우에 해당 발명은 신규성이 없는 것으로 판단된다.

[중국 특허심사지침의 ② 케이스에 대한 예]

	선행기술	청구항
기술 내용	질화규소 세라믹스의 생산방법에서 소성시간이 4~12시간	질화규소 세라믹스의 생산방법에서 소성시간이 1~10시간
신규성	신규성 없음	
해 설	선행기술과 청구항의 소성시간이 4~10시간 범위에서 중첩되므로 해당 청구항은 신규성이 없다.	

③ 선행기술의 수치범위의 일단과 발명의 수치범위의 일단이 동일한 경우

선행기술에 공개된 수치범위의 일단과 발명의 수치범위의 일단이 동일한 경우에 해당 발명은 신규성이 없는 것으로 판단된다.

15) 다만, 연속성을 갖지 않는 수치범위는 이와 다른 기준이 적용될 수 있다[최고인민법원(2021) 최고법지행종349호].

[중국 특허심사지침의 ③ 케이스에 대한 예]

	선행기술	청구항
기술 내용	플라즈마 분사 방식에서 출력이 50kW~80kW	플라즈마 분사 방식에서 출력이 20kW~50kW
신규성	신규성 없음	
해 설	선행기술과 청구항의 수치범위의 일단이 50kW로 동일하므로 해당 청구항은 신규성이 없다.	

④ 발명의 수치범위가 선행기술의 수치범위에 포함되는 경우(선행기술>청구항)

선행기술에서 공개된 수치범위 내에 발명의 수치범위가 포함되며 동시에 선행기술 수치범위의 양단 또는 일단과 발명 수치범위의 양단 또는 일단이 동일하지 않는 경우에 해당 발명은 신규성이 있는 것으로 판단된다.

[중국 특허심사지침의 ④ 케이스에 대한 예]

	선행기술	청구항
기술 내용	중합도가 50~400인 에틸렌프로필렌의 공중합물	중합도가 100~200인 에틸렌프로필렌의 공중합물
신규성	신규성 있음	
해 설	청구항의 수치범위(100~200)가 선행기술의 수치범위(50~400)에 포함되며, 수치범위의 어느 일단도 서로 공통되지 않으므로 해당 청구항은 신규성이 있다.	

⑤ 청구항의 수치범위가 이산수치인 경우

청구항의 수치범위가 이산수치인 경우, i) 선행기술에 공개된 수치범위의 양 단점(断点)과 청구항의 이산수치가 일치하는 경우에 해당 청구항은 신규성이 없으나, ii) 청구항의 이산수치가 선행기술에 공개된 수치범위 사이의 임의의 수치인 경우는 해당 청구항은 신규성이 있는 것으로 판단된다.

[중국 특허심사지침의 ⑤ 케이스에 대한 예]

	선행기술	청구항 1	청구항 2
기술 내용	건조온도가 40~100℃인 이산화티탄 광촉매의 제조방법	건조온도가 40℃, 100℃인 이산화티탄 광촉매의 제조방법	건조온도가 58℃, 75℃인 이산화티탄 광촉매의 제조방법
신규성	청구항 1은 신규성이 없으나 청구항 2는 신규성이 있음.		
해 설	청구항 1의 건조온도(40℃, 100℃)는 선행기술에 공개된 수치범위의 양단과 일치하므로 신규성이 없다. 그러나 청구항 2의 건조온도(58℃, 75℃)는 선행기술에 공개된 수치범위 중 임의의 수치에 불과하므로 신규성이 있다.		

(5) 제조방법 특징을 포함하는 물품 청구항

제조방법 특징을 포함하는 물품 청구항의 경우, 해당 제조방법으로 인해 특정 구조 및/또는 구성을 구비하게 되는지 여부를 고려해야 한다. 만약 해당 제조방법으로 인하여 청구항의 물품이 대비 문헌과 다른 특정 구조 및/또는 구성을 구비하게 된다면, 해당 청구항은 신규성이 있는 것으로 판단된다. 반대로, 제조방법이 서로 다를지라도 청구항의 물품과 대비 문헌의 물품이 동일한 구조 및 구성을 갖는다면, 해당 청구항은 신규성이 없는 것으로 판단된다.

Ⅳ. 흠결 시 처리

신규성 규정(중국 특허법 제22조 제2항)에 위반하는 경우에 등록 전에는 거절사유(중국 특허법 실시세칙 제59조)에 해당하며 등록 후에는 무효사유(중국 특허법 실시세칙 제69조)에 해당한다.

Ⅴ. 공지예외의 적용

중국 특허법 제24조에 따르면, 출원일 전에 공개된 선행기술이 존재한다고 할지라도 해당 특허출원이 중국 특허법 제24조의 각 호에 해당하는 경우에 해당 특허 출원은 신규성을 상실하지 않는다.

제4절 진보성(创造性)

중국 특허법 제22조 제3항 【특허의 수여요건】

진보성(창조성)이란 선행기술(현유기술)과 비교하여 당해 발명은 특출한 실질적 특징과 현저한 진보를 구비하고 있고, 당해 실용신안은 실질적 특징과 진보를 구비하고 있는 것을 말한다.

专利法第二十二条第三款: 创造性,是指与现有技术相比,该发明具有突出的实质性特点和显著的进步,该实用新型具有实质性特点和进步。

Ⅰ. 서 언

"진보성"이란 발명이 선행기술(현유기술)과 비교하여 특출한 실질적 특징과 현저한 진보를 구비하고 있는 것을 말한다. 중국에서는 진보성이라는 용어 대신 창조성(创造性)이라는 용어를 사용한다. 중국 특허법은 2008년 개정을 통하여 진보성 판단의 기준이 되는 선행기술의 범위를 국내주의에서 국제주의로 전환하였다. 이에 현재 중국 특허법의 진보성에 관한 규정은 한국과 유사하다.

Ⅱ. 진보성 판단의 기준

1. 시기적 기준

"출원일"을 기준으로 판단한다.[16] 즉, 출원일 이전에 공개된 기술만이 선행기술로 인정되며, 출원일 또는 출원일 이후에 공개된 기술은 선행기술로 인정되지

16) 이에 반하여 한국은 "출원시"를 기준으로 판단한다. 즉 기술의 공개일과 출원일이 동일한 경우에 양자의 선후를 비교하기 위하여 시 · 분 · 초까지 고려하나, 중국은 기술의 공개일이 동일한 경우에 해당 기술은 선행기술로 인정되지 않는다.

않는다. 한편 조약우선권주장 또는 국내우선권주장이 있는 경우에는 “우선일”을 기준으로 판단하며, 분할출원인 경우에는 “모출원(또는 모출원의 우선일)”을 기준으로 판단한다.

2. 객체적 기준

청구항의 기술방안과 출원일 전에 공개된 선행기술을 비교하여 판단한다. 이 경우에 청구항이 한정하는 기술방안 전체에 대하여 평가하여야 하며 어느 하나의 기술특징이 진보성을 구비하였는지를 평가해서는 안 된다. 또한 신규성과 달리, 진보성은 복수의 선행기술을 상호 조합하여 판단할 수 있다. 만약 독립항이 진보성이 있는 것으로 판단된다면, 일반적으로 그 독립항의 종속항에 대해서는 별도로 심사하지 않는다.

3. 주체적 기준

해당 분야의 기술자의 입장에서 판단한다. 이는 진보성에 관한 한국 특허법 제29조 제2항의 “그 발명이 속하는 기술분야에서 통상의 지식을 가지는 자”와 실질적으로 동일한 개념이다.

Ⅲ. 진보성의 구체적 판단 방법

중국 특허법 제22조 제3항에 의하면, 발명이 선행기술과 비교하여 “특출한 실질적 특징”과 “현저한 진보”를 구비하는 경우에 해당 발명은 진보성이 있는 것으로 판단된다. 여기서 “특출한 실질적 특징”과 “현저한 진보”의 구체적 판단 방법이 문제된다.

1. 특출한 실질적 특징의 판단 방법

“특출한 실질적 특징”을 구비한다는 것은 발명이 선행기술에 비하여 자명하지 않아야 한다는 것을 의미한다. 중국 특허심사지침은 ① 먼저 가장 근접한 선행기술을 확정하고, ② 이 후 가장 근접한 선행기술과 대비되는 발명의 구별되는 기술 특징 및 발명이 실질적으로 해결하고자 하는 문제를 확정하며, ③ 이 후 발명이 해당 분야의 기술자에게 자명한지의 여부를 판단하는 3단계 판단 방법에 따라 발명이 특출한 실질적 특징을 구비하는지 판단한다.[17]

① 제1단계: 가장 근접한 선행기술의 확정

가장 근접한 선행기술은 보호를 요구하는 발명과 가장 밀접하게 관련된 기술방안을 의미한다. 예를 들어, 보호를 요구하는 발명과 ⅰ) 기술분야가 동일하며, ⅱ) 해결하고자 하는 기술문제가 근접하고, ⅲ) 기술효과 또는 용도가 유사하며, ⅳ) 발명의 기술특징이 가장 많이 기재된 선행기술이 "가장 근접한 선행기술"로 확정된다.[18] 이 경우에 기술분야가 동일하거나 유사한 선행기술을 먼저 고려하여야 하고, 그중에서도 발명이 해결하고자 하는 과제와 관련된 선행기술을 우선적으로 고려해야 한다.[19]

② 제2단계: 발명의 구별되는 기술특징 및 발명이 실질적으로 해결하고자 하는 문제를 확정

제1단계에서 확정된 가장 근접한 선행기술과 발명을 비교하여 "발명의 구별되는 기술특징"을 확정한다.[20] 이후 확정된 "본 발명의 구별되는 기술특징"에 의하여 발현되는 기술효과를 기초로 "발명이 실질적으로 해결하고자 하는 문제"를 재확정한다. 이러한 의미에서, "발명이 실질적으로 해결하고자 하는 문제"는 더 좋은 기술효과를 얻기 위해 가장 근접한 선행기술을 개선해야 하는 기술과제를 지칭한다. 만일 심사관이 확정한 "발명이 실질적으로 해결하고자 하는 문제"와 명세

17) 진보성 판단을 위한 3단계 접근법은 중국 특유의 판단방법이라기보다는 세계 각국에서 일반적으로 사용하고 있는 방식을 중국에서도 차용한 것이라 보는 것이 중국학계의 일반적 견해이다.

18) 최고인민법원(2011)지제자제8호, 최고인민법원(2012)지행자제3호, 최고인민법원(2014)자행자제6호 등.

19) 개정 전 중국 특허심사지침은 "기술분야의 동일성"을 먼저 고려하는 것으로 규정하였으나, 2024년 개정 중국 특허심사지침은 그중에서도 "발명이 해결하고자 하는 과제"와 관련된 선행기술이 가장 우선적으로 고려되어야 한다고 추가로 규정하였다.

20) 최고인민법원(2013)지행자제77호 등.

서에 기재된 기술문제가 다르다면, 심사관이 재확정한 "발명이 실질적으로 해결하고자 하는 문제"를 기준으로 한다.

[제2단계 판단의 예시]

	본 발명	가장 근접한 선행기술
내용	청구항은 사용자에게 계정 권한을 부여하는 생체 인증 유닛을 포함하며, 생체 인증 유닛은 손바닥 문양, 홍채, 눈의 밑부분, 얼굴 특징 중 적어도 하나의 인증 방법을 조합하여 인증 수행 명세서에는 최소 2가지 인증 방법을 조합하면 사용자 인증을 더욱 안전하게 수행 가능하다고 기재	지문을 이용한 생체 인증 유닛을 포함하는 전자 장치
해설	1) 발명의 구별되는 기술특징은 적어도 2개의 생체 특징을 통해 인증을 수행한다는 것이다. 2) 발명의 구별되는 기술특징으로 볼 때, 발명이 실질적으로 해결하고자 하는 기술 문제는 "사용자 계정의 안정성을 어떻게 향상시킬 것인가"에 대한 것이다. 3) 발명이 실질적으로 해결하고자 하는 기술 문제는 발명의 구별되는 기술특징이 달성할 수 있는 기술효과와 일치해야 하며, 구별되는 기술특징 자체로 확정되거나 구별되는 기술특징에 대한 지시 또는 암시를 포함해서는 안 된다. 예를 들어, 본 케이스에서, 발명이 실질적으로 해결하고자 하는 기술 문제를 "손바닥 문양 등의 적어도 하나의 생체 인증 방법을 어떻게 추가할 것인가"로 재확정해서는 안 된다.	

③ 제3단계: 발명이 해당 분야의 기술자에게 자명한지 판단

제2단계에서 확정된 "발명의 구별되는 기술특징"을 제1단계에서 확정된 "가장 근접하는 선행기술"에 적용함으로써 "발명이 실질적으로 해결하고자 하는 문제"를 해결하는 것이 해당 분야의 기술자에게 자명한지의 여부를 판단한다. 이 경우에 자명성 여부는 상술한 내용(즉, 발명의 구별되는 기술특징을 가장 근접하는 선행기술에 적용함으로써 재확정된 기술문제를 해결한다는 내용)에 대한 "암시"가 선행기

술에 있는지의 여부로 판단된다.

예를 들어, i) 발명의 구별되는 기술특징이 공지상식이면서, 상기 공지상식이 재확정된 기술문제를 해결하는 경우, ii) 발명의 구별되는 기술특징이 가장 근접한 선행기술의 다른 부분과 관련된 기술수단이면서, 동시에 상기 기술수단이 상기 다른 부분에서 수행하는 작용과 발명의 구별되는 기술특징이 재확정된 기술문제를 해결하기 위하여 수행하는 작용이 서로 동일한 경우, 그리고 iii) 발명의 구별되는 기술특징이 가장 근접한 선행기술과는 다른 선행기술에 기재된 기술수단이면서, 동시에 상기 기술수단이 상기 다른 선행기술에서 수행하는 작용과 발명의 구별되는 기술특징이 재확정된 기술문제를 해결하기 위해 수행하는 작용이 서로 동일한 경우에 상기의 "암시"가 있는 것으로 판단된다.

[제3단계 판단의 예시]

	본 발명	선행문헌	공지상식
내용	청구항은 알루미늄을 사용하여 제조된 건축 구조	청구항과 동일한 건축 구조를 개시하고 있으며, 건축 구조가 경량 재료로 되어 있음을 설명하고 있음. 단, 알루미늄의 사용에 대해서는 언급하고 있지 않음.	건축 표준에 의하면, 알루미늄은 경량 재료로, 건축 구조에 사용될 수 있음.
해설	발명의 구별되는 기술특징은 '알루미늄을 사용'한다는 것이고, 이로부터 발명이 실질적으로 해결하고자 하는 기술 문제는 건축 구조를 어떻게 경량화할 것인지 여부이다. 공지상식에 해당하는 건축 표준의 내용은 이러한 건축 구조의 경량화의 기술문제를 해결하므로, 해당 청구항은 경질인 알루미늄의 공지된 성질을 응용한 것으로 선행문헌 내에 암시가 있는 것으로 볼 수 있다.		

2. 현저한 진보의 판단

"현저한 진보"를 구비했는지의 여부는 발명이 선행기술에 비하여 유익한 효과를 구비했는지를 고려하여 판단한다. 예를 들어, i) 발명이 선행기술에 비하여 더욱 좋은 기술효과를 갖는 경우, ⅱ) 발명이 선행기술과는 다른 기술방안을 제공하면서 동시에 기술효과가 선행기술의 수준에 이른다고 인정되는 경우, ⅲ) 발명이 새로운 기술 발전의 추세를 대표하는 경우, ⅳ) 발명이 일부 측면에서는 부정적인 효과가 있더라도 다른 측면에서 명백히 긍정적인 효과가 있는 경우에는 현저한 진보가 있는 것으로 판단한다.

3. 진보성 판단 시 참고자료

발명의 진보성은 특출한 실질적 특징과 현저한 진보를 구비하였는지의 여부로 판단함이 원칙이나 진보성을 긍정하는 참고자료로 사용될 수 있는 경우가 있다. 예를 들어, ⅰ) 인간이 오랫동안 해결을 갈망해 왔으나 성공하지 못한 기술적 난제를 해결한 발명인 경우, ⅱ) 해당 분야에서 특정 기술과제에 대한 연구 및 개발을 방해하는 기술편견으로 인해 포기한 기술수단을 채용하면서 그 기술과제를 해결한 발명인 경우, ⅲ) 예측하지 못한 기술효과를 얻은 발명인 경우,[21] ⅳ) 발명이 상업적 성공을 거두었으며 이러한 성공이 발명의 기술특징에 의하여 직접 이루어진 경우라면 이는 진보성 판단의 근거로 될 수 있다.[22]

4. 사후적 고찰의 금지

한편 발명자가 발명과정에서 어떠한 노력을 기울였는지의 여부는 진보성 판단의 고려대상이 아니며, 발명의 내용을 파악한 후에 진보성을 판단함으로써 발명의 진보성을 낮게 평가하는 사후적 고찰을 하여서는 안 된다.

21) 최고인민법원(2013)지행자제77호, 최고인민법원(2021)최고법지행종119호.

22) 참고로, 앞서 설명된 '3단계 판단 방법'을 적용한 결과 진보성이 있다고 판단된다면 참고자료를 이용하여 다시 심사할 필요가 없고, '3단계 판단 방법'을 적용한 결과 진보성이 없다고 판단된다면 참고자료를 심사한다[최고인민법원(2021)최고법지행종119호].

Ⅳ. 흠결 시 처리

진보성 규정(중국 특허법 제22조 제3항)에 위반하는 경우에 등록 전에는 거절사유(중국 특허법 실시세칙 제59조)에 해당하며, 등록 후에는 무효사유(중국 특허법 실시세칙 제69조)에 해당한다.

제5절 중복수권금지원칙 및 선출원주의 (禁止重复授权原则和先申请原则)

중국 특허법 제9조 【중복수권금지원칙 및 선출원주의】

① (중복수권금지원칙) 동일한 발명에 대해서는 하나의 특허권만을 수여한다. (이중출원) 다만, 동일 출원인이 동일한 날 동일한 발명에 대하여 실용신안과 특허를 출원하여, 먼저 취득한 실용신안특허권이 아직 종료하지 않았고, 출원인이 당해 실용신안특허권의 포기를 성명한 경우, 발명특허권을 수여할 수 있다.

② (선출원주의) 둘 이상의 출원인이 각자 동일한 발명에 대하여 특허를 출원한 경우, 특허권은 가장 먼저 출원한 자에게 수여한다.

专利法第九条: 同样的发明创造只能授予一项专利权。但是,同一申请人同日对同样的发明创造既申请实用新型专利又申请发明专利,先获得的实用新型专利权尚未终止,且申请人声明放弃该实用新型专利权的,可以授予发明专利权。

两个以上的申请人分别就同样的发明创造申请专利的,专利权授予最先申请的人。

중국 특허법 실시세칙 제47조 제1항 【동일자 출원의 경우】

2 이상의 출원인이 동일한 날(출원일을 말하며, 우선권이 있는 경우 우선권일을 가리킨다) 동일한 발명에 대하여 각각 특허를 출원한 경우, 국무원 특허행정부서의 통지를 받은 후 스스로 협상하여 출원인을 확정해야 한다.

专利法实施细则第四十七条第一款: 两个以上的申请人同日(指申请日; 有优先

> 权的,指优先权日)分别就同样的发明创造申请专利的,应当在收到国务院专利行政部门的通知后自行协商确定申请人。

Ⅰ. 서 언

“중복수권금지원칙”이란 동일한 발명에 대하여는 하나의 특허만을 수여하여야 하는 것을 의미하고, “선출원주의”란 둘 이상의 출원인이 동일한 발명에 대하여 각각 특허를 출원한 경우에 가장 먼저 출원한 자에게 특허를 수여하는 것을 의미한다. 선출원주의의 큰 틀 안에서 중복수권금지원칙을 규정하는 한국 특허법 제36조의 규정과 달리, 중국 특허법은 선출원주의가 중복수권금지원칙에 포함되는 것으로 본다.[23] 이 책에서는 이해의 편의를 위하여 한국 특허법의 체계에 따라 중복수권금지원칙과 선출원주의를 모두 “선출원주의”라는 용어로 통일하였으며, 오해의 염려가 있는 부분에만 중복수권금지원칙이라는 용어를 병행하여 사용하였다. 참고로, 중국 특허법의 선출원주의에 대한 규정은 한국 특허법의 선출원주의에 대한 규정과 대체로 유사하나, 중국은 선출원주의에 대한 예외로 특허와 실용신안을 동시에 신청할 수 있는 “이중출원”에 대하여 규정하고 있음에 다소 차이가 있다.

[선출원주의에 대한 한국 특허법 및 중국 특허법의 법체계]

<table>
<tr><th>한국 특허법</th><th>중국 특허법</th><th>이 책</th></tr>
<tr><td rowspan="2">선출원주의(제36조)</td><td>중복수권금지원칙
(제9조 제1항)</td><td rowspan="2">선출원주의</td></tr>
<tr><td>선출원주의
(제9조 제2항)</td></tr>
</table>

23) 이에 따라 선출원주의 위반 시 실무상 보통 중국 특허법 제9조 제1항의 중복수권금지원칙 위반의 거절이유가 통지된다. 참고로, 심사의견통지서(审查意见通知书)에는 중국 특허법 제9조 제1항을 이유로 거절이유를 통지하도록 되어 있을 뿐, 제9조 제2항을 이유로 거절이유를 통지하도록 되어 있지는 않다. 그러나 법문의 규정 상 중국 특허법 제9조 제1항 및 제2항 모두 거절 및 무효사유에 해당한다.

II. 선출원주의의 판단 기준

1. 시기적 기준

"출원일"을 기준으로 판단하며, 우선권 주장이 있는 경우에는 우선일을 기준으로 판단한다. 즉 출원일을 기준으로 2 이상의 출원에 대한 선후를 판단하며, 출원일이 동일한 경우에는 2 이상의 출원 중 어느 하나에 대한 선택 요구 또는 서로 다른 출원인 사이의 협의를 통하여 조율한다.

2. 객체적 기준

(1) 청구항을 기준으로 판단

"청구항의 기술방안"을 기준으로 판단한다.[24] 즉 하나의 특허출원의 청구항에 기재된 기술방안과 다른 하나의 특허출원의 청구항에 기재된 기술방안을 비교하여 그 보호범위가 동일한 경우에는 동일한 발명으로 판단한다. 그러나 2건의 특허출원의 명세서에 기재된 내용은 동일하지만 청구항의 보호범위가 동일하지 않으면 동일하지 않은 발명으로 판단한다. 한편, 청구항의 보호범위가 부분적으로만 중첩되는 경우에는 동일하지 않은 발명으로 판단한다.

(2) 선출원의 지위가 없는 경우

명문으로 규정되어 있지는 않으나, 중국학계는 일반적으로 어느 하나의 출원이 취하(撤回) 또는 포기(放弃)되는 경우, 다른 하나의 출원은 선출원주의에 위반되지 않는 것으로 본다. 이는 중국 특허법 제9조 제1항 및 제2항의 목적이 하나의 발명에 대하여 둘 이상의 특허권을 수여하지 않는 것이므로, 어느 하나의 출원이 취하 또는 포기되었다면 중복수권이 더 이상 문제되지 않기 때문이다.[25]

---

24) 한편, 중복수권금지원칙을 포괄적으로 이해하여 확대된 선출원주의(저촉출원)도 중복수권금지원칙에 속하는 것으로 보는 중국학계의 견해가 있다. 이 견해에 따르면 선출원의 청구범위와 후출원의 청구범위를 비교하는 방법뿐만 아니라 선출원의 명세서의 내용과 후출원의 청구범위를 비교하는 방법도 중복수권금지원칙의 판단방법으로 사용될 수 있다. 그러나 중복수권금지원칙 및 선출원주의는 "청구항"을 기준으로 판단한다는 것이 중국 특허심사지침의 태도이다.

Ⅲ. 선출원주의의 구체적 판단 방법

1. 서로 다른 출원인이 동일한 날에 2건의 특허출원을 한 경우

이 경우, 중국 특허법 실시세칙 제47조 제1항의 규정에 따라 출원인에게 자체적으로 협의하여 출원인을 확정하도록 통지한다. 출원인이 지정된 기간 내에 답변하지 않는 경우에 그 출원은 취하된 것으로 본다. 협의가 이루어지지 않았거나 출원인이 의견진술 또는 보정을 한 후에도 여전히 선출원주의(중복수권금지원칙)의 규정에 부합하지 않는 경우에 2건의 특허출원 모두가 거절된다.

2. 동일한 출원인이 동일한 날에 2건의 특허출원을 한 경우

이 경우, 2건의 출원에 대하여 출원인에게 선택 또는 보정할 것을 각각 통지한다. 출원인이 지정된 기간 내에 답변을 하지 않는 경우에는 해당하는 출원은 취하된 것으로 간주한다. 출원인이 의견진술 또는 보정을 한 후에도 여전히 선출원주의(중복수권금지원칙)의 규정에 부합하지 않는 경우에 2건의 출원을 모두 거절한다.

3. 서로 다른 출원인이 서로 다른 날에 2건의 특허출원을 한 경우

이 경우, 중국 특허법 제9조 제2항의 규정에 따라 먼저 출원한 출원인에 대하여만 특허를 수여한다. 또한 중국 특허심사지침에 의하면, 선출원이 공개 전이라면 후출원은 확대된 선출원주의 위반으로 거절될 수 있고, 선출원이 이미 공개되었다면 후출원은 신규성 또는 진보성 위반으로 거절될 수 있다.

4. 동일한 출원인이 서로 다른 날에 2건의 특허출원을 한 경우

중국 특허심사지침에 의하면, 선출원이 공개 전이라면 후출원은 확대된 선출

25) 이와 유사하게, 한국 특허법 제36조 제4항은 선출원이 무효 · 취하 · 포기 · 거절결정되는 경우에는 후출원이 선출원주의 위반으로 거절되지 않는 것으로 본다.

원주의 위반으로 거절될 수 있다. 또한, 선출원이 이미 공개되었다면 후출원은 신규성 또는 진보성 위반으로 거절될 수 있다.

[선출원주의의 적용 태양]

	이인(異人)의 이일(異日)출원	이인(異人)의 동일(同日)출원	동일인(同一人)의 이일(異日)출원	동일인(同一人)의 동일(同日)출원
심사	협의제	선택 및 보정요구	후출원은 선출원주의 등 위반	후출원은 확대된 선출원주의 등 위반
비고	협의 불성립 시 모두 거절	보정 후에도 거절 이유 존재 시 모두 거절		

Ⅳ. 선출원주의의 예외 및 보완

1. 이중출원

중국 특허법 제9조 제1항 후단 및 중국 특허법 실시세칙 제47조는 선출원주의의 예외로 "이중출원"에 대하여 규정하고 있다. 이중출원이란 특허와 실용신안을 동시에 출원하더라도 소정 조건하에서는 중복수권금지원칙 및 선출원주의에 반하지 않는 것으로 보는 것이다. 이는 2008년 개정 특허법에서 도입된 것으로, 실질적인 무심사주의를 채택하고 있는 실용신안제도를 이용하여 실용신안권을 먼저 조기에 획득하면서, 추후 특허권의 획득을 통하여 발명에 대한 20년의 보호기간을 향유하기 위한 것이다. 이중출원에 이용하기 위해서는 ⅰ) 동일한 출원인이 ⅱ) 동일한 날에 ⅲ) 동일한 발명에 대하여 ⅳ) 실용신안과 특허를 신청하여야 하며 ⅴ) 특허권 수여 시 먼저 취득한 실용신안권의 포기를 선언하여야 한다.

2. 선사용권(先用权)

중국 특허법 제75조 제2호는 선출원주의의 보완으로 "선사용권"에 대하여 규정하고 있다. 선사용권이란 ⅰ) 특허출원일 전에 ⅱ) 이미 동일한 제품을 제조, 동일한 방법을 사용, 또는 이미 제조 · 사용에 필요한 준비를 완료하고 iii) 원래의 범위 내에서 계속 제조 · 사용하는 경우에는 특허권 침해에 해당하지 않는 것으로 보는 것을 말한다. 이는 동일한 발명에 대하여 먼저 출원한 자에게는 특허권을 허여하되, 먼저 발명한 자에 대하여는 실시권을 보장하여, 선출원주의와 선발명주의의 조화를 꾀하는 것이다.[26]

Ⅴ. 흠결 시 처리

선출원주의 규정(중국 특허법 제9조 제1항 및 제2항)에 위반하는 경우에 등록 전에는 거절사유(중국 특허법 실시세칙 제59조)에 해당하며 등록 후에는 무효사유(중국 특허법 실시세칙 제69조)에 해당한다.

제6절 확대된 선출원주의(抵触申请)

> 중국 특허법 제22조 제2항 후단 【특허의 수여요건】
> (신규성, 전단) 신규성이란 당해 발명 또는 실용신안이 선행기술(현유기술)에 속하지 않아야 하며, (확대된 선출원주의, 후단) 어떤 단위 또는 개인이 동일한 발명 또는 실용신안에 대하여 출원일 이전에 국무원 특허행정부서에 출원하고 출원일 이후 공개된 특허출원서류 또는 공고된 특허서류 중에 기재되지 않은 것을 말한다.
>
> 专利法第二十二条第二款: 新颖性,是指该发明或者实用新型不属于现有技术;也没有任何单位或者个人就同样的发明或者实用新型在申请日以前向国务院专利行政部门提出过申请,并记载在申请日以后公布的专利申请文件或者公告的专利文件中。

26) 선사용권에 대한 자세한 내용은 제8편 제4장 제3절 참조.

Ⅰ. 서 언

"확대된 선출원주의"란 당해 출원(후출원)의 출원일 이전에 출원되어 당해 출원의 출원일 이후 공개된 타출원(선출원)에 기재된 내용과 당해 출원의 청구항에 기재된 내용이 동일한 경우에는 사실상 새로운 기술을 공개하는 것이 아니므로 특허를 받을 수 없도록 하는 것을 말한다. 중국에서는 확대된 선출원주의를 중국 특허법 제22조 제2항 후단에서 "신규성(신영성, 新颖性)"의 한 태양으로 규정하고 있으며,[27] 이를 중국 특허법 제22조 제2항 전단과 구분하기 위하여 "저촉출원(抵触申请) 관련 신규성"이라 칭하기도 한다. 이 책에서는 독자의 오해를 최소화하기 위하여 한국 특허법의 용어인 "확대된 선출원주의"를 일관되게 사용하였다. 한편 선출원과 후출원의 출원인이 동일한 경우에 있어서 중국 특허법의 규정은 한국과 차이가 있으므로, 이에 대한 주의가 필요하다.

Ⅱ. 확대된 선출원주의의 판단기준

1. 시기적 기준

타출원이 당해 출원에 대한 인용문헌으로 사용되기 위해서는 ⅰ) 당해 특허의 "출원일 이전"에 타출원이 출원되어야 하며, ⅱ) 당해 특허의 "출원일 또는 출원일 이후"에 타출원이 공개 또는 공고되어야 한다.

(1) 당해 출원의 출원일 이전에 타출원이 출원될 것

당해 출원의 출원일 이전에 타출원이 출원되어야 한다. 만약 당해 출원의 출원일과 타출원의 출원일이 동일하다면 확대된 선출원주의가 적용되지 않는다.

---

27) 실무상 확대된 선출원주의 위반의 경우, 중국 심사관은 심사의견통지서(审查意见通知书)에서 중국 특허법 제22조 제2항의 위반을 통지한다. 중국 대리인들은 이를 "novelty"라 번역하는 경우가 있으나, 이는 한국의 확대된 선출원주의 위반을 가리키는 것이다.

(2) 당해 출원의 출원일 또는 출원일 이후에 타출원이 공개 또는 공고될 것

당해 출원의 출원일 이후에 타출원이 공개된 경우뿐만 아니라, 당해 출원의 출원일과 타출원의 공개일이 동일한 경우에도 확대된 선출원주의가 적용된다. 이는 당해 출원의 출원일과 타출원의 공개일이 동일한 경우에 시 · 분 · 초까지 고려하여 양자의 선후를 판단하는 한국 특허법과는 다소 상이한 것이다.[28)]

[확대된 선출원주의의 시기적 기준]

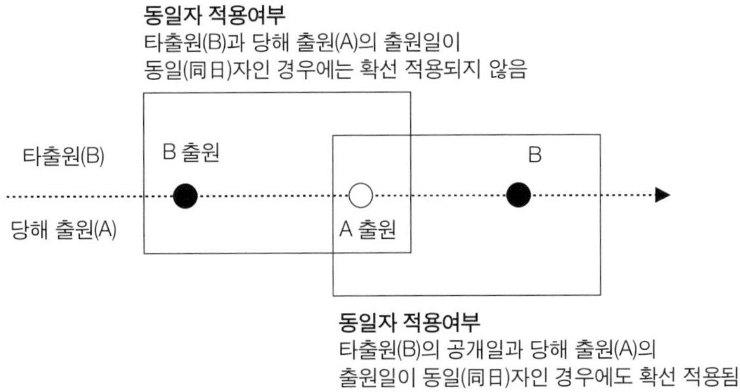

2. 객체적 기준

(1) 당해 출원의 청구항과 타출원의 전문(全文) 비교

당해 출원의 청구항에 기재된 내용과 타출원의 전문의 내용을 비교하여 판단한다. 즉, 심사관은 당해 출원의 청구항에 기재된 기술방안이 타출원의 발명의 상세한 설명(说明书), 도면(附图), 특허청구범위(权利要求书)에 공개되어 있는지의 여부를 판단한다.

(2) 타출원의 유효성 불요(不要)

타출원은 공개만 되면 족하며, 공개된 이후에 유효하게 등록될 필요는 없다.

28) 한국은 확대된 선출원주의 적용을 위한 타출원의 요건으로 "당해 출원일 전에 출원되어 당해 출원 후에 공개"될 것을 요구하고 있다(한국 특허법 제29조 제3항).

예를 들어, 타출원이 등록 전 거절 또는 취하되거나 등록 후 포기 또는 무효로 된다고 하더라도 일단 공개 또는 공고가 되었다면, 타출원은 확대된 선출원주의의 인용문헌으로의 지위를 갖는다.

3. 구체적 판단방법

중국 특허법상 확대된 선출원주의는 신규성의 한 태양으로 규정되어 있다. 따라서 타출원이 확대된 선출원주의의 인용문헌으로의 지위를 갖는다면, 특허출원과 타출원 사이의 동일성 여부에 대한 구체적 판단방법은 신규성에 대한 판단기준과 동일하다.[29)]

Ⅲ. 출원인이 동일한 경우의 취급

한국과 달리, 중국 특허법의 확대된 선출원주의는 타출원과 당해 출원의 출원인이 동일한 경우에도 적용된다. 즉 한국은 타출원과 당해 출원의 발명자가 동일하거나 타출원의 출원인과 당해 출원의 출원시 출원인이 동일할 경우에 확대된 선출원주의가 적용되지 않지만(한국 특허법 제29조 제3항 단서 규정), 중국 특허법에는 이러한 확대된 선출원주의의 예외 규정이 없다.[30)] 따라서 실무적으로는 본인의 선출원에 의하여 후출원이 거절될 수 있다. 예를 들어, 유사한 기술내용에 대한 시리즈 발명(series patent)을 일정 시간 간격으로 연속적으로 출원하는 경우에 본인의 선출원에 의하여 후출원이 확대된 선출원주의 위반으로 거절될 수 있다.

---

29) 신규성 판단기준은 이 책의 제2편 제1장 제3절 참조.

30) 2008년 개정 이전의 중국 특허법에는 확대된 선출원주의는 한국과 마찬가지로 "동일인"에 대하여는 적용되지 않았다. 그러나 하나의 발명에 대하여는 하나의 특허만을 허여한다는 중복특허금지의 원칙을 선출원과 후출원의 청구항이 동일한 경우뿐만 아니라, 선출원의 명세서에 기재된 내용과 후출원의 청구항이 동일한 경우에도 포함하는 것으로 그 해석을 확장함으로써, 2008년 개정 특허법에서는 "동일인"에 대하여도 확대된 선출원주의가 적용되는 것으로 개정되었다.

[동일 출원인에 대한 확대된 선출원주의의 적용]

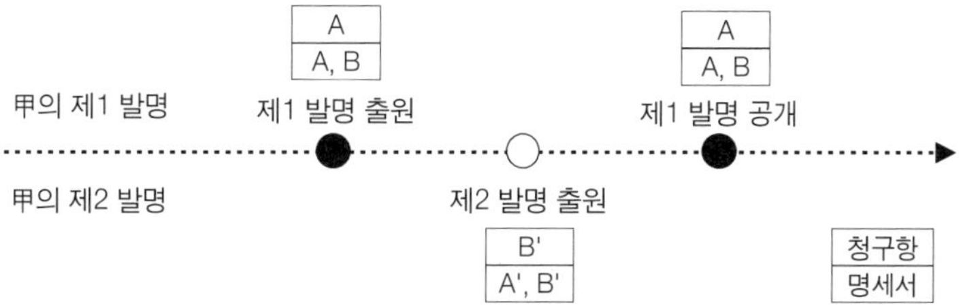

동일인의 시리즈 발명과 확대된 선출원주의
甲이 제1 발명과 제2 발명을 연속으로 중국에 출원하는 경우, 만약 제2 발명의 청구항의 B'와 제1 발명의 명세서의 B가 동일한 범주에 속한다면 제2 발명은 중국 특허법 제22조 제2항에 의하여 특허를 받을 수 없다.

Ⅳ. 기타 관련문제

1. 타출원이 진보성의 인용문헌으로 사용될 수 있는지 여부

확대된 선출원주의의 타출원은 중국 특허법 제22조 제2항 후단의 인용문헌에만 해당할 뿐, 중국 특허법 제22조 제5항의 선행기술에 해당하는 것은 아니다. 따라서 확대된 선출원주의의 타출원은 중국 특허법 제22조 제3항의 진보성의 인용문헌으로는 사용될 수 없다.

2. 타출원이 우선권 주장을 수반하는 경우의 취급

타출원이 조약우선권주장출원 또는 국내우선권주장을 수반하는 경우에, 최초출원(타출원의 모출원)의 출원일과 타출원의 출원일(중국 출원일) 사이에 출원된 당해 출원이 확대된 선출원주의를 이유로 거절될 수 있는지의 여부가 문제된다. 확대된 선출원주의의 지위는 우선권의 효력으로 인하여 최초출원(타출원의 모출원)의 출원일로 소급되는 것으로 해석되므로, 당해 출원은 확대된 선출원주의 위반으로 거절된다.[31]

31) 참고로, 이는 타출원이 우선권주장을 수반하는 경우의 확대된 선출원주의의 적용여부에 대

V. 흠결 시 처리

확대된 선출원주의는 중국 특허법 제22조 제2항의 신규성의 한 태양으로 규정되어 있다. 따라서 확대된 선출원주의 위반 시 실무상 중국 특허법 제22조 제2항의 신규성 위반으로 처리된다. 이 경우 등록 전에는 거절사유(중국 특허법 실시세칙 제59조)에 해당하며 등록 후에는 무효사유(중국 특허법 실시세칙 제69조)에 해당한다.

[확대된 선출원주의에 대한 한·중 비교표]

	한국 특허법	중국 특허법
시기적 기준	타출원과 당해출원의 출원일이 동일자인 경우 적용되지 않음	한국과 유사
	타출원의 공개일과 당해 출원의 출원일이 동일자인 경우에 시·분·초 고려	타출원의 공개일과 당해 출원의 출원일이 동일자인 경우에도 적용됨
객체적 기준	타출원의 명세서와 당해 출원의 청구항 비교	한국과 유사
출원인 동일인 경우	타출원과 당해 출원의 출원인이 동일인인 경우에 적용되지 않음	출원인이 동일인인 경우에도 적용됨
타출원의 지위	공개만 되면 족하며 유효할 것을 요구하지 않음	한국과 유사
타출원 우선권 수반하는 경우	최초출원을 기준으로 판단	한국과 유사

한 한국 특허법 제29조 제3항의 해석방법과 실질적으로 동일하다.

제2장 특허를 받을 수 없는 발명

제1절 발명의 정의 위반

중국 특허법 제2조 제2항 【발명의 정의】
발명이란 제품 · 방법 또는 그 개량에 대하여 제안된 새로운 기술방안을 말한다.

专利法第二条第二款: 发明,是指对产品、方法或者其改进所提出的新的技术方案。

Ⅰ. 서 언

중국 특허법 제2조 제2항에 따르면, 발명이란 제품, 방법 또는 그 개량에 대하여 제출한 새로운 기술방안을 의미한다. 이는 특허 보호를 신청할 수 있는 발명의 대상을 일반적으로 정의한 것이다.

II. 발명의 정의

1. 제품 또는 방법의 의미

제품은 부품, 부속, 기구, 기계 등 물품성이 있는 것과, 조합물, 화합물 등 물품성이 없는 것을 포함한다. 또한 서로 다른 제품의 상호 결합에 의한 시스템도 제품에 해당한다. 방법은 물건을 생산하는 방법발명과, 통신방법, 측량방법과 같이 물건의 생산을 수반하지 않는 방법발명을 모두 포함한다.

2. 기술방안의 의미

중국 특허법 제2조 제2항에 따르면, 특허를 받을 수 있는 발명은 제품 또는 방법의 "기술방안(技术方案)"을 말한다. 중국 특허심사지침에 따르면, "기술방안"은 해결하고자 하는 기술문제에 대하여 채택한 자연법칙을 이용한 "기술수단의 집합"을 의미하며, 기술수단은 보통 기술특징에 의하여 구현된다. 따라서 기술수단을 이용하지 않고 자연법칙에 부합하는 기술 효과를 얻는 발명은 중국 특허법 제2조 제2항의 기술방안에 해당하지 않는다. 아울러 냄새, 소리, 빛, 전기, 자기, 파동 등과 같은 신호 또는 에너지도 중국 특허법 제2조 2항의 기술방안에 해당하지 않는다. 다만, 이러한 신호 또는 에너지의 특성을 이용하여 기술문제를 해결하는 경우에는 중국 특허법 제2조 제2항의 기술방안에 해당할 수 있다.

3. 한국 특허법상 발명의 정의와의 비교

한국 특허법상 발명은 "기술적 사상"을 의미하며, 기술적 사상이란 기술과 같이 현실적으로 구체성을 띤 것이 아니라 장차 기술로서 실현가능성이 있으면 되는 것을 의미한다. 이와 대비하여, 중국 특허법에서의 발명인 "기술방안"은 기술문제에 대해 채택한 기술수단의 집합을 의미한다. 따라서, 사견임을 전제로, 중국 특허법상 발명의 정의(즉, 기술방안)는 한국 특허법상 발명의 정의(즉, 기술적 사상)보다 좀더 구체성을 띠는 것으로 이해될 수 있다.

Ⅲ. 흠결 시 처리

발명의 정의 규정(중국 특허법 제2조 제2항)에 위반하는 경우에 등록 전에는 거절사유(중국 특허법 실시세칙 제59조)에 해당하며 등록 후에는 무효사유(중국 특허법 실시세칙 제69조)에 해당한다. 이는 발명의 정의 규정은 거절 또는 무효사유에 해당하지 않아 산업상 이용가능성 등을 이유로 우회적으로 거절하는 한국 특허법과 다소 차이가 있다.

[발명의 정의에 대한 한 · 중 비교표]

	한국 특허법	중국 특허법
법문상 정의	기술적 사상	기술방안
해 석	기술의 실현 가능성	기술수단의 집합
흠결 시 처리	거절 및 무효사유 아님	거절 및 무효사유
비 고	실무상 중국 특허법의 "기술방안"은 한국 특허법의 "기술적 사상"에 비하여 구체성을 띠는 것으로 해석되는 경향이 있음.	

제2절 법률 또는 사회공공도덕 위반의 발명

중국 특허법 제5조 제1항 【법률 및 공공도덕 위반의 발명】

법률 또는 사회공공도덕에 위반되거나 공공이익을 방해하는 발명에 대해서는 특허권을 수여하지 아니한다.

专利法第五条: 对违反法律、社会公德或者妨害公共利益的发明创造,不授予专利权。

중국 특허법 실시세칙 제 10조 【법률이 실시만을 금지하는 경우】

중국 특허법 제5조 규정의 법률을 위반하는 발명은 단지 그 실시가 법률이 금지하는 발명을 포함하지 아니한다.

专利法实施细则第十条: 专利法第五条所称违反法律的发明创造,不包括仅其实施为法律所禁止的发明创造。

Ⅰ. 서 언

중국 특허법 제5조 제1항은 법률 또는 사회공공도덕에 위반되거나 공공이익을 방해하는 발명에 대해서는 특허를 수여하지 않는다고 규정하고 있다. 법률, 사회공공도덕, 공공이익은 지역 및 시기에 따라 변하는 개념이므로, 중국 특허법 제5조 제1항은 하나의 총괄적인 원칙을 규정하였음에 그 의의가 있다.[1)]

Ⅱ. 중국 특허법 제5조 제1항의 구체적 내용

1. 법률에 위반하는 발명

중국 특허법 제5조 제1항의 "법률"이란 전국인민대표대회 및 그 상무위원회에서 제정 및 반포한 법률을 가리키며 행정법규와 규칙 등은 이에 포함되지 않는다. 예를 들어, 「중국 민법전」 및 「중국 환경보호법(环境保护法)」은 각각 전국인민대표대회 및 상무위원회에서 제정한 법률로 중국 특허법 제5조 제1항의 법률에 해당한다. 그러나 「중국 환경보호법규해석관리방법(环境保护法规解释管理办法)」은 환경보호총국이 제정한 행정법규이므로 중국 특허법 제5조 제1항의 법률에 해당하지 않는다.

발명이 법률을 위반하는 경우에는 특허를 받을 수 없다. 예를 들어, 「중국 형법」 등에 의하면, 도박이나 마약의 사용이 금지된다. 따라서 도박에 사용되는 장비, 또는 마약 사용 기구는 법률을 위반하는 발명에 해당하여 특허를 받을 수 없다.[2)]

---

1) 한국 특허법 제32조 역시 이와 유사하게 "공공의 질서 또는 선량한 풍속에 어긋나거나 공중의 위생을 해칠 우려가 있는 발명에 대하여는 제29조 제1항에도 불구하고 특허를 받을 수 없다"고 하여 포괄적 원칙을 규정하고 있다.

한편, 중국 특허법 실시세칙 제10조는 "중국 특허법 제5조의 법률을 위반하는 발명은 단지 그 실시를 법률이 금지하는 발명을 포함하지 않는다"라고 규정하고 있다. 이는 물품의 생산, 판매 또는 사용 등의 실시행위만이 법률에 의하여 제한 또는 구속되는 경우에 그 물품 자체에 관한 발명 또는 그 물품의 제조방법에 관한 발명은 중국 특허법 제5조에 해당하지 않는다는 것을 의미한다. 예를 들어, 국방에 사용되는 각종 무기의 생산 및 판매는 법률의 제한을 받지만 무기 자체는 특허로 보호받을 수 있는 객체에 해당한다.

2. 사회공공도덕에 위반하는 발명

사회공공도덕은 대중이 정당하다고 인정하며 받아들이는 윤리도덕 및 행위준칙을 의미한다. 중국 특허법상 사회공공도덕은 중국 경내로 한정된다.[3)]

3. 공공이익을 방해하는 발명

발명의 실시 또는 사용이 공중 또는 사회에 위해를 초래하거나 정상적인 질서에 영향을 미치는 경우에는 특허를 받을 수 없다. 예를 들어, 심각한 환경오염을 초래하거나, 에너지 또는 자원을 심각하게 낭비하거나, 중국의 정치사건 또는 종교신앙 등에 관련되어 공공의 이익을 해치는 경우에는 특허를 받을 수 없다.

4. 중국 특허법 제5조 제1항을 부분적으로 위반하는 출원의 취급

발명의 일정 부분이 중국 특허법 제5조 제1항을 위반하지만 다른 부분은 적

2) 다만, 발명 자체가 법률을 위반하지 않았으나, 그 발명이 남용되어 법률을 위반한 경우에는 중국 특허법 제5조 제1항에 해당하지 않는다. 예를 들어, 의료용 진정제를 남용하는 경우가 그러하다.

3) 예를 들어, 사람과 동물의 교배 방법, 인간 생식계 유전 동일성 변환 방법 또는 생식계 유전 동일성을 변환한 사람, 인간 태아의 공업 또는 상업 목적의 이용, 동물의 고통을 초래할 수 있으나 사람 또는 동물의 의료에 실질적인 이익이 없는 동물의 유전 동일성 변환 방법 등은 사회공공도덕에 위반되어 특허권을 받을 수 없다. 다만, 개정법에 따르면, 만일 발명이 체내 발육을 거치지 않은 수정 14일 이내의 인류 배아를 이용하여 줄기세포를 분리 또는 취득한 경우, 사회공공도덕 위반을 이유로 특허권 수여를 거절해서는 안 된다.

법한 경우에, 심사관은 출원인에게 통지하여 중국 특허법 제5조 제1항을 위반하는 부분을 삭제하는 보정을 하도록 한다. 출원인이 해당 부분의 삭제에 동의하지 않는 경우에 해당 발명은 특허를 받을 수 없다.

Ⅲ. 흠결 시 처리

중국 특허법 제5조 제1항의 규정을 위반하는 경우 등록 전에는 거절사유(중국 특허법 실시세칙 제59조)에 해당하며 등록 후에는 무효사유(중국 특허법 실시세칙 제69조)에 해당한다.

제3절 불법 취득한 유전자원(遗传资源)을 이용한 발명

중국 특허법 제5조 제2항【불법 취득한 유전자원의 취급】

법률 또는 행정법규의 규정에 위반하여 유전자원을 획득·이용하고 해당 유전자원에 의존하여 완성한 발명은 특허권을 수여하지 아니한다.

专利法第五条: 对违反法律、行政法规的规定获取或者利用遗传资源,并依赖该遗传资源完成的发明创造,不授予专利权。

중국 특허법 제26조 제5항【유전자원의 출처표시】

유전자원에 의존하여 완성한 발명은 출원인이 특허출원서류에 해당 유전자원의 직접출처와 원시출처를 설명해야 하고, 출원인이 원시출처를 설명할 수 없는 경우에 그 이유를 설명하여야 한다.

专利法第二十六条: 依赖遗传资源完成的发明创造,申请人应当在专利申请文件中说明该遗传资源的直接来源和原始来源;申请人无法说明原始来源的,应当陈述理由。

중국 특허법 실시세칙 제29조 【유전자원의 정의 및 표시 형식】

① 특허법 규정의 유전자원이란 인체, 동물, 식물 또는 미생물 등으로부터 채취한 유전기능의 단위를 함유하고 있는 실질적 또는 잠재적 가치를 구비한 재료 및 이러한 재료를 이용하여 생성된 유전 정보를 말하며, 특허법 규정의 유전자원에 의하여 완성한 발명이란 유전자원의 유전기능을 이용하여 완성한 발명을 말한다.
② 유전자원에 의하여 완성한 발명에 대하여 특허를 출원할 경우 출원인은 청구서에 설명을 하고 국무원 특허행정부서가 제정한 형식을 작성해야 한다.

专利法实施细则第二十九条: 专利法所称遗传资源,是指取自人体、动物、植物或者微生物等含有遗传功能单位并具有实际或者潜在价值的材料和利用此类材料产生的遗传信息; 专利法所称依赖遗传资源完成的发明创造,是指利用了遗传资源的遗传功能完成的发明创造。
就依赖遗传资源完成的发明创造申请专利的,申请人应当在请求书中予以说明,并填写国务院专利行政部门制定的表格。

중국 특허법 실시세칙 제126조 【국제특허출원의 특례】

국제출원에 관련된 발명이 유전자원에 의존하여 완성한 경우, 출원인은 국제출원이 중국 국내단계에 진입하는 서면성명(声明) 중에 설명을 하고 국무원 특허행정부서가 제정한 형식을 작성하여야 한다.

专利法实施细则第一百二十六条: 国际申请涉及的发明创造依赖遗传资源完成的,申请人应当在国际申请进入中国国家阶段的书面声明中予以说明,并填写国务院专利行政部门制定的表格。

Ⅰ. 서 언

중국 특허법 제5조 제2항은 불법적인 수단으로 획득한 유전자원에 대하여는 특허를 수여하지 않음을 규정하고 있다. 또한 유전자원이 정상적인 출처에 의한 것임을 판단하기 위하여, 중국 특허법 제26조 제5항은 출원 시에 출원인에게 해당 유전자원의 출처를 명시하도록 요구하고 있다. 이는 중국 특유의 규정으로, 유전자원에 관한 발명을 중국에 출원하고자 하는 출원인은 이 규정을 주의할 필요가 있다.

Ⅱ. 도입 배경

중국은 인도 및 브라질 등과 함께 풍부한 유전자원을 보유한 대표적 국가이다. 그러나 유전자원을 이용하여 신기술을 개발하고 이를 특허화하는 능력은 선진국에 비하여 떨어지는 편이다. 또한 유전자원의 중요성이 증대됨에 따라, 선진국이 중국의 유전자원을 불법적인 방법으로 취득하는 생물자원 해적행위(bio-pirate) 역시 증가하였다.[4] 이에 중국 내에서는 선진국이 불법 취득한 중국의 유전자원을 이용하여 완성한 기술에 대하여 특허를 획득함으로써 발생할 문제에 대한 우려가 고조되었다. 이에 따라 중국은 2008년 특허법 개정 시에 중국 특허법 제5조 제2항 및 중국 특허법 제26조 제5항의 규정을 신설하여, 자국의 유전자원 및 관련 기술을 보호하기 위한 조치를 취하였다.[5] 나아가 중국은 2024년 1월 중국 특허법 실시세칙의 개정을 통하여, 유전자원의 정의를 “인체, 동물, 식물 또는 미생물 등으로부터 채취한 유전기능의 단위를 함유하고 있는 실질적 또는 잠재적 가치를 구비한 물질”에서 “이러한 물질을 이용하여 생성된 유전정보”까지 확장하였다.

Ⅲ. 중국 특허법 제5조 제2항의 의미 및 판단

중국 특허법 제5조 제2항에 따르면, “법률 또는 행정법규의 규정에 위반하여 유전자원을 획득 · 이용하고, 당해 유전자원에 의존하여 완성한 발명은 특허권을 수여하지 아니한다”라고 규정하고 있다. 따라서, “유전자원” 및 “유전자원에 의존

4) 2001년 4월 6일 미국의 몬사토(Monsato)사는 중국을 포함한 101개의 국가에 개량된 대두(soy bean) 및 이에 대한 재배 및 검측방법에 대한 특허를 신청하였는데, 조사결과 해당 대두는 중국 상해 부근의 야생 대두를 이용한 것으로 밝혀졌다. 이는 중국에서 불법적으로 획득한 유전자원을 이용한 기술의 특허등록을 저지하기 위한 실질적인 논의를 촉발하였다.

5) 참고로, 대부분의 선진국들은 유전자원을 특별법 등을 통하여 보호할 뿐이며, 불법적인 루트를 통하여 유전자원을 획득하였다고 하더라도 이를 이용하여 완성된 발명에 대한 특허성까지 부정하지는 않는다. 이에 중국 특허법 제5조 제2항 등은 중국 특유의 규정이라 할 수 있다.

하여 완성한 발명"의 의미와 이를 규제하는 "법률 또는 행정법규"가 무엇인지가 문제된다.

1. "유전자원"의 의미

중국 특허법 실시세칙 제29조 제1항 전단의 규정에 따르면, "유전자원"이란 인체, 동물, 식물 또는 미생물 등으로부터 채취한 유전기능의 단위를 함유하고 있는 실질적 또는 잠재적 가치를 구비한 물질 및 이러한 물질을 이용하여 생성된 유전정보를 말한다. 중국 특허심사지침에 의하면, 여기서 유전기능이란 생물체가 복제할 수 있는 능력을 가리키며,[6] 유전기능의 단위는 생물체의 유전자 또는 유전기능을 구비하는 DNA 단편 또는 RNA 단편을 가리킨다. 유전자원은 생물체 자체일 수 있으며 생물체의 일부일 수도 있다. 예를 들어, 생물체의 조직, 기관, 혈액, 체액, 유전자, DNA 절편, RNA 절편 등은 모두 유전자원에 해당한다.[7]

2. "유전자원에 의존하여 완성한 발명"의 의미

지구상의 모든 생물체는 유전자를 포함하고 있기 때문에 생물체를 이용한 발명은 필연적으로 유전자를 포함하게 된다. 따라서 어디까지가 "유전자원에 의존하여 완성한 발명"의 범위에 속하는지가 문제가 된다. 이에 대하여 중국 특허법 실시세칙 제29조 제1항 후단은 "유전자원에 의존하여 완성한 발명이란 유전자원의 유전기능을 이용하여 완성한 발명을 말한다"라고 규정하여 "유전기능의 이용여부"가 판단의 기준이 됨을 규정하고 있다.

중국 특허심사지침에 의하면, 발명이 유전자원의 유전기능을 이용한다는 것은 유전기능 단위를 분리, 분석, 처리하거나, 그 유전기능 단위에서 생성된 유전정

6) 중국 특허 심사지침에 따르면, 생물체의 복제는 생물체가 번식하려 하는 성질, 어떤 특징을 후손에 유전하려 하는 성질, 또는 당해 생물체 전체를 이용함으로써 획득될 수 있다.

7) 참고로, 중국은 "유전자원"의 포괄적인 정의에 대하여는 중국 특허법 실시세칙 제29조 제1항 전단을 통하여 규정하고 있으며, 이에 대한 구체적인 개념은 중국 특허법 심사지침을 통하여 규정하고 있다. 유전자원의 구체적인 개념을 중국 특허법 실시세칙이 아닌 중국 특허법 심사지침을 통하여 규정한 것은 유전자원에 대한 규정들이 중국 특유의 제도이기 때문에 이에 대한 심사과정에서의 변화 가능성을 고려하여 심사의 탄력성을 주기 위한 것으로 이해된다.

보를 분석하고 이용하여 발명을 완성하고 유전자원의 가치를 실현하는 것을 말한다. 예를 들어, 중국의 중약(中药)에 관한 발명은 대부분 생물체를 이용하나 일반적으로 중약에 관한 발명이 유전기능을 이용하여 완성한 것으로 보지는 않는다. 다른 예로, 목재를 이용하는 건설자제에 관한 발명은 목재(생물체)를 이용하나 일반적으로 이를 유전기능을 이용한 발명으로 보지 않는다. 이와 같이, 생물체를 이용한 발명이라 하더라도 "유전기능의 이용여부"가 중국 특허법 제5조 제2항에 속하는지의 판단 기준이 된다.[8)]

3. "법률" 또는 "행정법규 위반"의 의미

중국 특허법 제5조 제2항은 유전자원이 법률 또는 행정법규에 위반하여 획득·이용한 것이 아닐 것을 요구한다. 여기서 "법률"은 전국인민대표대회 및 그 상무위원회에서 제정 및 공포한 법률을 가리키며, "행정법규"는 법률의 집행기관으로서의 국무원이 제정한 행정법규를 가리킨다. 예를 들어, 중국 특허법 제5조 제2항에 적용되는 법률로는 「중화인민공화국축산법(中华人民共和国畜牧法)」, 「중화인민공화국생물안전법(中华人民共和国生物安全法)」 등이 있다. 또한 중국 특허법 제5조 제2항에 적용되는 행정법규로는 「중화인민공화국 축산유전자원의 출원국 및 대외 협력 연구 이용 승인방법(中华人民共和国畜禽遗传资源进出境和对外合作研究利用审批办法)」, 「중화인민공화국 인류 유전자원 관리 조례(中华人民共和国人类遗传资源管理条例)」 등이 있다.[9)]

---

8) 참고로, 중국 특허심사지침의 "유전기능의 이용여부"에 대한 정의가 불분명하기 때문에 실무상 어느 정도까지 유전기능을 이용하여야 출원 시 그 출처를 표시해야 하는지 혼란이 있을 수 있다. 다만, 중국 특허법 제26조 제5항의 유전자원에 대한 출처표시의무는 거절이유에 해당할 뿐 무효사유에 해당하는 것은 아니므로, 출원인의 오해로 인하여 출처표시의무를 이행하지 않은 출원이 등록된다 하더라도 이후 무효로 되지는 않는다.

9) 한편, 통설에 의하면, 중국 특허법 제5조 제2항의 법률 또는 행정법규는 "중국의 법률 또는 행정법규"를 가리키며 다른 국가의 법률 또는 행정법규를 가리키는 것은 아닌 것으로 해석된다. 따라서 중국 특허법 제5조 제2항의 법률 또는 행정법규에 위반하는 유전자원이란 "중국의 유전자원"만을 의미하며 다른 나라의 유전자원을 의미하지는 않는다. 즉, 다른 나라의 유전자원을 불법으로 취득하였다고 하더라도 이는 중국 국내의 법률 또는 행정법규의 문제가 아니므로, 해당 발명은 중국 특허법 제5조 제2항에 의한 거절 및 무효사유에 해당하지 않는다.

4. 흠결 시 처리

중국 특허법 제5조 제2항에 위반하는 경우에 등록 전에는 거절사유(중국 특허법 실시세칙 제59조)에 해당하며 등록 후에는 무효사유(중국 특허법 실시세칙 제69조)에 해당한다.

[중국 특허법 제5조 제1항 및 제5조 제2항의 비교]

	중국 특허법 제5조 제1항	중국 특허법 제5조 제2항
불법행위의 판단 범위	법률	법률 또는 행정법규
내 용	법률에 위반하는 발명은 특허권을 수여하지 않음	법률 또는 행정법규를 위한하여 획득한 유전자원에 의존한 발명은 특허를 수여하지 않음
흠결 시 처리	거절 및 무효 사유	거절 및 무효 사유

Ⅳ. 중국 특허법 제26조 제5항의 유전자원의 출처표시의무

중국 특허법 제26조 제5항은 "유전자원에 의존하여 완성한 발명은 출원인이 특허출원서류에 해당 유전자원의 직접출처와 원시출처를 설명해야 하고, 출원인이 원시출처를 설명할 수 없는 경우에는 그 이유를 설명하여야 한다"고 하여 유전자원의 출처표시의무를 규정하고 있다.

1. 본 조항의 성격

중국 특허법 제26조 제5항은 발명이 중국 특허법 제5조 제2항에 해당하는지의 여부를 확인하기 위한 보충적 성질의 규정이다. 따라서 중국 특허법 제5조 제2항이 출원 시 거절이유 및 등록 후 무효사유에 해당함에 비하여, 중국 특허법 제26조 제5항에 위반하는 경우에는 출원 시 거절이유에 해당하지만 등록 후 무효사유에는 해당하지 않는다.

2. 유전자원의 범위

중국 특허법 제5조 제2항의 유전자원이 "중국의 유전자원"만을 의미함에 반하여, 중국 특허법 제26조 제5항의 유전자원은 "중국의 유전자원"뿐만 아니라 "외국의 유전자원"을 포함한다. 다시 말하면, 유전자원에 의존하여 완성한 발명은 그 유전자원의 출처가 중국인지의 여부에 상관없이 모두 중국 특허법 제26조 제5항의 규정에 따라 그 출처를 설명하여야 한다. 이는 유전자원의 출처가 실제로 중국임에도 불구하고 출원인이 유전자원의 출처가 중국 이외의 지역이라고 고의적으로 주장하는 것을 방지하기 위함이다.

3. 직접출처와 원시출처의 의미

유전자원의 "직접출처(直接来源)"란 유전자원을 취득한 직접경로를 의미한다. 출원인은 유전자원의 직접출처를 설명할 때에 유전자원의 취득 시간, 취득 지역, 취득 방식, 제공자 등의 정보를 제공하여야 한다.

유전자원의 "원시출처(原始来源)"란 유전자원이 속하는 생물체의 원생환경(原生环境)의 채집장소를 의미한다. 여기서 원생환경이란 해당 생물체의 자연적인 성장 환경, 배양 장소, 그 특질 또는 특징을 형성한 환경을 의미한다. 출원인은 유전자원의 원시출처를 설명할 때에 유전자원이 속하는 생물체의 채집 시간, 채집 지역, 채집한 사람 등의 정보를 제공하여야 한다.

4. 구체적인 유전자원의 출처 표시 방법

(1) 특허출원신청서의 표시 및 유전자원출처표의 작성

중국 특허법 실시세칙 제29조 제2항는 "유전자원에 의하여 완성한 발명에 대하여 특허를 출원할 경우에 출원인은 청구서(请求书)에 설명을 하고 국무원 특허행정부서가 제정한 형식을 작성해야 한다"고 규정하고 있다. 여기서 "청구서"는 특허출원신청서를 의미하며,[10] "국무원 특허행정부서가 제정한 형식"이란 중국

10) 중국 출원 시에 특허출원신청서(발명전리신청서, 发明专利请求书)의 제17항목에 본 출원이 유전자원에 의존하여 완성한 발명인지의 여부를 체크하는 부분이 마련되어 있다.

특허청이 반포한 유전자원출처등기표(遗传资源来源披露登记表)를 의미한다. 주의할 점은 “유전자원출처등기표”는 명세서의 일부분이 아니므로, 별도의 서류를 추가 제출하여야 한다.

(2) 유전자원을 반복적으로 사용해야 하는 발명의 경우

유전자원에 의존하여 완성한 발명은 크게 i) 일단 유전자원을 이용하여 완성한 후에는 해당 유전자원을 더 이상 이용하지 않는 발명과, ii) 유전자원을 반복적으로 이용하여야 하는 발명이 있다. 이 경우에 후자의 발명은 명세서에도 유전자원의 출처를 표시하여야 한다. 유전자원을 반복적으로 이용하여야 하는 발명은 해당 유전자원의 취득 여부가 당업자가 해당 발명을 실시하는 데 있어서 필수불가결한 요소이기 때문이다. 따라서 유전자원을 반복적으로 이용하여야 하는 발명이 해당 유전자원의 출처를 명세서에 기재하지 않은 경우에 중국 특허법 제26조 제3항의 기재불비에 해당하여 출원 시 거절 사유 및 등록 후 무효 사유에 해당할 수 있다.

(3) 원시출처를 설명할 수 없는 경우

중국 특허법 제26조 제5항 후단에 따르면, 출원인은 원시출처를 설명할 수 없는 경우 이유를 설명하여야 한다.[11] 이 경우에 필요하다면 해당 증거를 함께 제출하여야 한다. 예를 들어, 출원인이 식물 종자를 어떤 기관으로부터 취득하였는데 해당 기관이 해당 식물 종자에 대한 원시 출처의 기록을 보관하지 않는 경우에 출원인은 이에 대한 설명을 하고 해당 기관으로부터의 증명서를 함께 제출하여야 한다.

5. 유전자원의 출처심사 및 보정

심사관이 유전자원에 의존하여 완성한 발명이라고 판단한 출원에 대하여 i) 출원인이 유전자원출처등기표를 제출하지 아니하였거나, ii) 유전자원출처등기표의 기재가 불명확한 경우에 심사관은 출원인에게 이에 대한 보정을 수행할 것을

11) 한편, 중국 특허법 제26조 제5항 후단의 규정은 법문상 “직접출처”는 언급하지 않으므로, 반대 해석상 직접출처는 반드시 설명하여야 하는 것으로 이해된다.

요구할 수 있다. 만약 기간 내에 출원인이 보정을 수행하지 않는 경우에, 심사관은 중국 특허법 제26조 제5항의 규정을 이유로 출원을 거절할 수 있다.

6. 흠결 시 처리

중국 특허법 제26조 제5항은 중국 특허법 제5조 제2항에 대한 보충적 성격의 규정이다. 따라서 위반 시 등록 전에는 거절사유(중국 특허법 실시세칙 제59조)에 해당하지만, 등록 후에는 이를 이유로 무효로 되지는 않는다.

7. 국제특허출원의 특례

중국 특허법 실시세칙 제126조의 규정에 따라, 국제출원에 관련된 발명이 유전자원에 의존하여 완성한 경우, 출원인은 국제출원이 중국 국가단계에 진입하는 서면성명(声明) 중에 설명을 하고 국무원 특허행정부서가 제정한 형식을 작성하여야 한다.

[중국 특허법 제5조 제2항 및 제26조 제5항의 비교]

	중국 특허법 제5조 제2항	중국 특허법 제26조 제5항
내 용	불법 취득한 유전자원에 기초한 발명의 특허 불허	유전자원의 출처표시의무
유전자원의 범위	중국의 유전자원만 해당	중국 및 외국의 유전자원 모두 포함
흠결 시 처리	등록 전 거절 사유, 등록 후 무효 사유	등록 전 거절 사유

제4절 특허를 수여하지 않는 발명의 객체

중국 특허법 제25조 【특허를 수여하지 않는 발명의 객체】

① 아래에 열거된 각 호에 대하여 특허권을 수여하지 아니한다.

1. 과학발견
2. 지적 활동의 규칙과 방법
3. 질병의 진단 및 치료 방법
4. 동물 및 식물의 품종
5. 원자핵 변환방법 및 원자핵 변환방법을 이용하여 획득한 물질
6. 평면인쇄품의 도안 · 색채 또는 양자를 결합하여 만들어진 주로 표지작용을 하는 설계

② 전항 제4호에 열거한 제품의 생산방법에 대해서는 이 법의 규정에 의거하여 특허권을 수여할 수 있다.

专利法第二十五条 对下列各项,不授予专利权:
(一)科学发现;
(二)智力活动的规则和方法;
(三)疾病的诊断和治疗方法;
(四)动物和植物品种;
(五) 原子核变换方法以及用原子核变换方法获得的物质;
(六) 对平面印刷品的图案、色彩或者二者的结合作出的主要起标识作用的设计。
对前款第(四)项所列产品的生产方法,可以依照本法规定授予专利权。

Ⅰ. 서 언

중국 특허법 제25조는 특허를 수여하지 않는 발명의 객체에 대한 제한열거적인 사유를 규정하고 있다.[12] 중국 특허법 제25조에서 규정하는 특허를 수여하지

12) 참고로, 한국 특허법 제32조의 불특허 발명에 대한 규정은 수 차례의 개정을 통하여 그 제한열거적 사유가 모두 삭제되었으나, 이와 반대로 중국 특허법 제25조는 지난 2008년 특허

않는 발명의 객체는 한국 특허법과 다소 차이가 있으므로, 이에 대한 주의가 필요하다.

II. 특허를 수여하지 않는 발명의 객체의 구체적 내용

1. 과학발견

과학발견은 자연계에 객관적으로 존재하는 물질, 현상, 변화 및 그 특성과 법칙을 드러내 보이는 것을 말한다. 과학발견은 인간의식의 연장에 해당하며 객관적 세계를 개량하는 기술방안과는 다르므로 특허를 받을 수 없다.[13)]

2. 지적 활동의 규칙과 방법

지적 활동은 인간의 사고활동을 가리킨다. 이는 기술수단을 채용하거나 자연법칙을 이용하지 않으며 기술문제를 해결하거나 기술효과를 발생하지 않으므로 기술방안에 해당하지 않아 특허를 받을 수 없다. 다만 하나의 청구항을 한정하는 내용 전체가 모두 지적 활동의 규칙과 방법에 해당하는 경우에는 특허를 받을 수 없지만, 하나의 청구항이 지적 활동의 규칙과 방법 이외에 기술특징도 포함하고 있으면 해당 청구항은 전체적으로 볼 때 지적 활동의 규칙 및 방법이 아니므로 특허를 받을 수 있다.[14)] 아울러 청구항이 추상적인 알고리즘 또는 단순한 영업방법과 관련되며 어떠한 기술특징도 포함하지 않는 경우, 해당 청구항은 지적활동의 규칙과 방법에 불과하므로 특허를 받을 수 없다.[15)]

개정법에서 오히려 디자인 설계에 관한 1항 6호의 사유를 추가하였고, 2020년 특허 개정법에서는 1항 5호에서 "원자핵 변환방법"을 추가하였다.

13) 한편, 한국 특허법에서는 과학발견은 발명의 성립성 및 산업상 이용가능성에 위반하는 것으로 보아 특허를 받을 수 없다.

14) 한편, 한국 특허법에서는 지적 활동의 규칙 및 방법은 발명의 성립성 및 산업상 이용가능성에 위반하는 것으로 보아 특허를 받을 수 없다.

15) 자세한 내용은 이 책의 제2편 제4장 참고.

3. 질병의 진단 및 치료방법

세계 대부분의 국가에서 의료업 관련 발명은 특허를 통해 특정인의 재산적 이익을 도모하기보다는 인류의 생명과 건강에 기여해야 한다는 점에서 일반적으로 특허를 허여하지 않는다. 질병의 진단 및 치료방법은 인도주의적 관점에서 의사는 진단과 치료과정에서 각종 방법 및 조건을 선택할 자유를 가져야 하므로 중국 특허법 제25조 제1항 제3호에 의하여 특허를 받을 수 없다. 여기서, “질병의 진단방법” 및 “질병의 치료방법”의 해석이 문제된다.

(1) 질병의 진단방법

질병의 진단방법은 생명이 있는 인체 또는 동물체의 병인(病因) 또는 병소(病灶)를 식별, 연구 및 확정하기 위한 과정을 가리킨다.[16] 다만 생명이 있는 인체 또는 동물체를 대상으로 하지 않거나, 질병의 진단결과를 획득하는 것을 직접적인 목적으로 하지 않는 경우에는 질병의 진단방법에 해당하지 않는 것으로 본다. 예를 들어, 사망한 인체를 대상으로 하는 병리해부방법 또는 직접적인 목적이 진단결과의 획득이 아닌 단지 중간 결과가 되는 정보를 획득하는 것인 경우에는 질병의 진단방법에 해당하지 않는 것으로 본다.

(2) 질병의 치료방법

질병의 치료방법은 생명이 있는 인체 또는 동물체가 건강을 회복하게 하거나 고통을 감소하게 하기 위하여 병인 또는 병소를 저지, 완화, 제거하는 과정을 가리킨다. 질병의 치료방법은 치료를 목적으로 하거나 또는 치료 성질을 구비한 각종 방법을 포함한다. 만약 방법이 치료 목적을 포함할 수도 있고 비치료 목적을 포함할 수도 있다면, 그 방법이 비치료 목적에 사용된다는 것을 명확히 설명하여야 중국 특허법 제25조의 질병의 치료 방법에 해당하지 않는다.

(3) 인체 또는 동물체에 대한 치료목적의 외과수술방법

인체 또는 동물체에 대한 치료목적의 외과수술방법은 중국 특허법 제25조의

---

16) 혈압 측정법, 진맥 방법, 엑스레이 진단법, 초음파 진단법, 위장촬영 진단법, 내시경 진단법, 질병치료효과 예측방법 등이 이에 해당한다.

질병의 치료방법에 해당하여 특허를 받을 수 없다. 다만 이미 사망한 인체 또는 동물체에 대하여 실시하는 외과수술방법은 그 방법이 중국 특허법 제5조를 위반하는 경우가 아닌 한 특허를 받을 수 있다.

(4) 인체 또는 동물체에 대한 비치료목적의 외과수술방법

인체 또는 동물체에 대한 비치료목적의 외과수술방법은 치료를 목적으로 하지 않는다는 점에서 중국 특허법 제25조의 질병의 치료방법에 해당하지는 않는다. 그러나 생명이 있는 인간 또는 동물을 대상으로 한다는 점에서, 인체 또는 동물체에 대한 비치료목적의 외과수술방법은 산업상 이용가능성을 구비하지 못한 것으로 본다. 중국 특허심사지침은 미용을 위해 실시하는 외과수술방법, 외과수술을 통하여 소의 신체로부터 우황을 채취하는 방법, 관상동맥사진촬영 전에 이용하는 보조진단을 위한 외과수술방법 등은 산업상 이용가능성이 없는 것으로 본다.

(5) 인체 또는 동물체를 간접적인 구성요소로 하는 경우

인체 또는 동물체를 간접적인 구성요소로 하는 경우에는 중국 특허법 제22조 제4항의 산업상 이용가능성을 구비하며 동시에 중국 특허법 제25조의 질병의 치료 및 진단방법에 해당하지 않는 것으로 보아 특허를 받을 수 있다. 예를 들어, 질병의 진단 및 치료방법을 실시하기 위한 기기 또는 장치, 그리고 질병의 진단 및 치료방법에 사용되는 물질 또는 재료는 특허를 받을 수 있다.

4. 동물 및 식물의 품종

WTO/TRIPS 제27조 제3항은 "미생물에 관한 발명을 제외하고 동물 및 식물, 그리고 동물 및 식물의 생물학적 생산방법에 대하여는 각 회원국은 특허를 허여하지 않을 수 있다. 단, 비생물학적 방법에 따른 방법은 예외로 한다"라고 규정하고 있다. 이 규정에 의거하여, 중국은 중국 특허법 제25조를 통하여 동물 및 식물의 품종[17]을 특허법의 보호대상에서 제외하였다.[18]

---

17) 참고로, 식물의 품종에 대해서는 특허법을 통하여 보호하는 대신 「식물신품종보호조례(植物新品种保护条例)」를 통하여 보호하고 있다.

18) WTO/TRIPS 제27조 제3항의 규정을 좁게 해석하여 동물 및 식물의 품종에 관한 특허성을

또한 중국 특허법 제25조 제2항은 "전항 제4호에 열거한 제품의 생산방법에 대해서는 이 법의 규정에 의거하여 특허권을 수여할 수 있다"라고 하여, 동물 및 식물 품종에 대한 생산방법은 특허를 받을 수 있는 것으로 규정하였다. 다만 여기서 "생산방법"은 비생물학적인 방법을 말하며, 주로 생물학적 방법으로 동물 및 식물을 생산하는 방법은 포함하지 않는다. 여기서 비생물학적 방법과 생물학적 방법의 구분은 인간의 기술개입 정도에 따라 판단하며, 인간의 기술개입이 그 방법이 달성하고자 하는 목적에 결정적인 작용을 한다면 이는 비생물학적 방법에 해당한다.[19]

5. 원자핵 변환방법 및 원자핵 변환방법을 이용하여 획득한 물질[20]

원자핵 변환방법 및 원자핵 변환방법을 이용하여 획득한 물질은 중국의 경제, 국방, 과학연구 및 공공생활의 중대한 이익과 관련되므로, 중국은 이를 개인이 독점하는 것이 적법하지 않은 것으로 보아 특허를 받을 수 없는 대상으로 규정하였다.

원자핵 변환방법은 하나 또는 여러 개의 원자핵이 분열하거나 융합하여 하나 또는 여러 개의 새로운 원자핵을 형성하는 것을 가리키며, 이러한 원자핵 변환방법은 특허를 받을 수 없다. 다만, 원자핵 변환방법을 구현하기 위해 입자의 에너지를 증가시키는 입자 가속 방법, 그리고 원자핵 변환방법을 구현하기 위한 기기, 설비 등은 특허권을 수여받을 수 있는 객체에 해당한다. 또한, 원자핵 변환방법으로 획득한 물질은 주로 가속기, 반응로 및 핵반응장치를 이용하여 생산, 제조한 각종 방사선동위원소를 가리키며, 이러한 동위원소는 특허를 받을 수 없다. 다만 동위

최대한 부정하는 중국과 달리, 한국은 WTO/TRIPS 규정을 가능한 넓게 해석하고 있다. 즉, 한국은 구법 제31조를 삭제함으로써 동물 및 식물의 품종뿐만 아니라 동물 및 식물의 생물학적 방법도 원칙적으로 특허대상의 범위에 포함시켜, 동물 및 식물 관련 발명의 특허성을 최대한 긍정하고 있다.

19) 참고로, 미생물에 관한 발명은 WTO/TRIPS 규정에 의거하여 중국에서도 특허를 받을 수 있는 객체에 해당한다.

20) 참고로, 2020년 특허법 개정 전 중국 특허법 제25조 제1항 제5호에서는 "원자핵 변환방법"을 규정하고 있지 않았으나, 중국 특허심사지침 및 중국 학계의 통설은 "원자핵 변환방법"도 불특허 대상으로 보았다. 이러한 실무 및 통설을 반영하여, 2020년 개정법에서는 "원자핵 변환방법"을 명문의 규정으로 명확히 하였다.

원소의 용도 및 사용되는 기기, 설비는 특허권을 수여받을 수 있는 객체에 해당한다.[21]

Ⅲ. 흠결 시 처리

특허를 수여하지 않는 발명의 객체(중국 특허법 제25조 제1항)에 위반하는 경우에 등록 전에는 거절사유(중국 특허법 실시세칙 제59조)에 해당하며 등록 후에는 무효사유(중국 특허법 실시세칙 제69조)에 해당한다.

[특허를 수여하지 않는 발명의 객체에 대한 한·중 비교표]

사 유	중국 특허법	한국 특허법	비 고
과학발견	제25조 제1항 1호	발명의 성립성 및 산업상 이용가능성	양국 모두 불특허
지적활동의 규칙과 방법	제25조 제1항 2호	발명의 성립성 및 산업상 이용가능성	양국 모두 불특허
질병의 진단 및 치료방법	제25조 제1항 3호	발명의 성립성 및 산업상 이용가능성	양국 모두 불특허 사유이나 예외 존재
동물 및 식물의 품종	제25조 제1항 4호	-	한국은 원칙적으로 특허 가능
원자핵 변환방법 및 원자핵 변환방법을 이용하여 획득한 물질	제25조 제1항 5호	-	한국은 원칙적으로 특허 가능

21) 참고로, 한국은 1995년 특허법 개정 시에 "원자핵 변환방법에 의하여 제조될 수 있는 물질의 발명"을 특허법 제32조의 불특허대상에서 삭제하여, 중국과 달리 특허의 대상으로 본다.

제5절 신의성실의 원칙 위반

> **중국 특허법 실시세칙 제11조【신의성실의 원칙】**
> 특허출원은 신의성실의 원칙에 기초해야 한다. 각종 특허출원은 실제 발명창조활동을 기초로 해야 하며, 허위 행위는 허용되지 않는다.
>
> 专利法实施细则第十一条: 申请专利应当遵循诚实信用原则。提出各类专利申请应当以真实发明创造活动为基础,不得弄虚作假。
>
> **중국 특허법 실시세칙 제100조【벌금】**
> 출원인 또는 특허권자가 본 세칙 제11조 및 제88조의 규정을 위반한 경우 현급 이상 특허 집행 담당 부서에서 경고하고 10만 위안 이하의 벌금을 부과할 수 있다.
>
> 专利法实施细则第一百条: 申请人或者专利权人违反本细则第十一条、第八十八条规定的,由县级以上负责专利执法的部门予以警告,可以处10万元以下的罚款。

Ⅰ. 서 언

2024년 개정된 중국 특허법 실시세칙에서는 신의성실의 원칙을 법문에 도입하였다. 중국 특허법 실시세칙 제11조의 신의성실의 원칙은 거절사유이자 무효사유로서, 자세한 내용은 2023년 12월 공포된 「특허출원행위의 규범규정(规范申请专利行为的规定)」에서 규정하고 있다. 이에 대해 살펴보면, 다음과 같다.

Ⅱ. 비정상적 출원 행위의 종류

중국 특허법 실시세칙 제11조에 적용되는 비정상적 출원 행위는 다음과 같다.

1) 복수의 특허출원에서 발명 내용이 명백하게 서로 동일하거나, 실질적으로 서로 다른 발명의 특징과 요소의 간단한 조합으로 형성된 경우
2) 특허출원에 발명 내용, 실험 데이터 또는 기술 효과에 대한 조작, 위조 또는 변조가 존재하거나, 선행 기술 또는 선행 디자인에 대한 표절, 단순한 대체, 짜집기와 같은 상황이 존재하는 경우
3) 특허출원의 발명 내용이 주로 컴퓨터 기술을 이용하여 임의로 생성된 경우
4) 특허출원의 발명이 기술개량과 설계 상식에 현저히 부합하지 않거나, 퇴보하거나 중복되거나 보호범위가 불필요하게 좁아진 경우
5) 출원인이 실제 연구개발 활동 없이 다수의 특허출원을 진행하였으나, 이에 대해서 합리적으로 설명할 수 없는 경우
6) 실질적으로 특정 단위, 개인 또는 주소 관련성이 있는 복수의 출원을 의도적으로 분산시키거나, 또는 서로 다른 지역에서 제출하는 경우
7) 특허를 출원할 수 있는 권리를 부정당한 목적으로 양도 또는 양수하거나, 허위로 발명자를 변경하는 경우
8) 기타 신의성실의 원칙에 반하고, 특허업무의 정상적인 질서를 방해하는 비정상적인 특허출원 행위

Ⅲ. 발견 시 조치

국무원 특허행정부서는 비정상적인 출원 행위가 발생하였다고 예비적으로 판단한 경우, 전문 심사조직을 구성하거나 심사관이 전문 심사절차를 개시하도록 권한을 부여하고, 출원인에게 지정된 기간 내에 의견을 진술하고 증거자료를 제출하도록 통지하거나, 관련 특허출원을 주동적으로 철회하고 관련 법적 절차 요청을 철회하도록 요구할 수 있다. 또한, 중국 특허심사지침에 의하면, 심사관은 출원 과정에서 비정상적인 출원 행위가 존재한다고 믿을 만한 증거가 있거나 충분한 이유가 있는 경우에, 이에 대한 심사를 실시해야 한다.

Ⅳ. 흠결 시 처리

출원인이 정당한 이유 없이 기한 내에 답변하지 않는 경우, 해당 출원은 취하된 것으로 간주되며, 관련 법적 절차 요청은 제출되지 않은 것으로 간주된다. 또한 신의성실의 원칙에 위반한 특허출원은 등록 전에는 거절사유(중국 특허법 실시세칙 제59조)에 해당하며 등록 후에는 무효사유(중국 특허법 실시세칙 제69조)에 해당한다. 아울러, 현급 이상의 특허집행담당부서는 이에 대해 경고하고 10만 위안 이하의 벌금을 부과할 수 있다(중국 특허법 실시세칙 제100조).

제3장

비밀유지가 필요한 발명

제1절 국가의 안전 또는 중대한 이익과 관련된 발명

중국 특허법 제4조 【국가의 안전 또는 중대한 이익과 관련된 발명】
특허를 출원한 발명이 국가의 안전 또는 중대한 이익에 관련되어 비밀유지가 필요한 경우, 국가의 관련규정에 의하여 처리한다.

专利法第四条: 申请专利的发明创造涉及国家安全或者重大利益需要保密的,按照国家有关规定办理。

Ⅰ. 서 언

중국 특허법 제4조에 따르면, 특허를 출원한 발명이 국가의 안전 또는 중대한 이익에 관련되어 비밀유지가 필요한 경우에는 국가의 관련규정에 의하여 처리된다고 규정하고 있다. 이는 발명이 국가의 안전 또는 중대한 이익과 관련되는 경우에는 이를 비밀로 유지하기 위함이다. 중국 특허법 제4조는 중국 특허법이 제정된 이래로 한 번도 개정된 적이 없는 포괄적인 규정으로서, 그 구체적인 태양은 중국 특허법 실시세칙 제7조 및 중국 특허법 제19조 등에 규정되어 있다.

II. 국가의 안전 또는 중대한 이익과 관련된 발명의 의미

중국 특허법 제4조의 "국가의 안전 또는 중대한 이익과 관련된 발명"은 i) 국방이익과 관련된 발명 또는 ii) 국방이익 이외의 국가의 안전 또는 중대한 이익과 관련된 발명을 의미한다. 여기서 i) 국방이익과 관련된 발명은 주로 군사기술 및 방위산업분야의 발명을 말하며, ii) 국방이익 이외의 국가의 안전 또는 중대한 이익과 관련된 발명은 주로 국가 경제 측면에서의 국가의 안전 또는 중대한 이익과 관련된 발명을 말한다. 예를 들어, 국가 금융 시스템에 대한 해킹을 방지하기 위한 방화벽에 관련된 발명이 이에 해당한다.

III. 국가의 관련 규정의 의미

중국 특허법 제4조는 비밀유지가 필요한 경우에 국가의 관련 규정에 의하여 처리한다고 규정하고 있어, "국가의 관련 규정"이 무엇인지가 문제된다. 실무상 국가의 관련 규정은 「국가비밀보호법(保守国家秘密法)」, 「국가비밀보호실시법(保守秘密法实施办法)」, 「중국 특허법(专利法)」, 「중국 특허법 실시세칙(专利法实施细则)」, 「중국 특허심사지침(专利审查指南)」, 「국방특허조례(国防专利条列)」 등을 말한다. 이 중 발명의 비밀유지가 필요한지의 여부에 대한 판단은 주로 「국가비밀보호법」 및 「국가비밀보호실시법」에 규정되어 있으며, 「국방특허조례」는 주로 국방상 필요한 발명에 대하여 규정한다.

IV. 발명의 비밀유지 관련 두 가지 태양

발명의 비밀유지와 관련된 중국 특허법 및 중국 특허법 실시세칙의 규정들은 해외출원의 여부를 기준으로 두 가지의 태양으로 구분될 수 있다. 이 중 일 태양은 발명을 "중국에 출원"하는 경우에 있어서 해당 발명을 비밀로 유지하는 경우에 대한 것으로, 이는 중국 특허법 실시세칙 제7조에서 규정하고 있다. 다른 하나의 태양은 중국에서 완성된 발명을 "해외에 출원"하고자 하는 경우에 해당 발명을 비밀로 유지하는 경우에 대한 것으로, 이는 중국 특허법 제19조 그리고 중국 특허법 실시세칙 제8조 및 제9조에서 규정하고 있다. 양자의 차이는 전자는 중국에 출원하는 것으로 별도의 비밀유지심사 청구를 필요로 하지 않으나, 후자는 해외에 출원하고자 하는 것으로 별도의 비밀유지심사 청구를 하여야 한다는 것이다.

전자는 이 책의 제2편 제3장 제2절의 "중국에서 완성된 발명의 중국 출원 시 취급"에서, 후자는 이 책의 제2편 제3장 제3절의 "중국에서 완성된 발명의 해외 출원 시 취급"에서 좀더 자세히 설명된다.

[비밀유지 관련 두 가지 출원의 태양]

	발명의 중국 출원 시	중국에서 완성된 발명의 해외 출원 시
비밀유지심사 신청의 필요성	불필요	필요
관련 규정	중국 특허법 제4조, 중국 특허법 실시세칙 제7조	중국 특허법 제4조, 중국 특허법 제19조, 중국 특허법 실시세칙 제8조 및 제9조
비 고	양자는 서로 보완적인 규정임.	

Ⅴ. 한국 특허법과의 비교

한국 특허법 제41조가 "국방상 필요한 경우"에 비밀취급 명령 또는 비밀 취급 명령을 내릴 수 있는 것으로 그 사유를 한정함에 비하여, 중국 특허법 제4조는 "국가의 안전" 또는 "중대한 이익"에 관련된 경우에 비밀취급을 할 수 있다고 규정하여 중국 특허법 제4조가 한국 특허법에 비하여 그 사유를 넓게 인정하고 있다. 예를 들어, 발명이 중국 금융 시스템의 해킹 방지 방화벽에 관한 것이어서 국가의 중대한 이익에 관련된다고 인정되는 경우에, 한국과 달리 중국은 해당 발명을 비밀로 취급할 수 있다.

또한 중국 특허법 제19조는 중국에서 완성된 발명을 해외에 출원하고자 하는 경우에 비밀유지심사신청을 할 것을 강제하고 있으며, 이를 위반할 경우에는 해당 발명이 실제로 비밀유지가 필요한지의 여부와는 관계없이 중국에서는 특허권을 허여받을 수 없는 것으로 규정하고 있다. 따라서 중국에서 완성된 발명을 중국 및 중국 이외의 국가(한국, 미국 등)에 모두 출원하고자 하는 경우에는 반드시 비밀유지심사신청을 하여야 한다.

[비밀유지에 관한 한국 특허법 및 중국 특허법의 비교]

	한국 특허법	중국 특허법
비밀유지사유	국방상 필요한 발명	국방이익에 관련된 발명, 국방이익 이외의 국가의 안전 또는 중대한 이익과 관련된 발명
국내에서 완성된 발명의 국내출원 시	비밀유지심사신청 필요 없이 비밀유지여부의 필요성 심사	
국내에서 완성된 발명의 해외출원 시	비밀유지심사신청 불필요	비밀유지심사신청 필요
비밀취급명령 시 보상	보상금 지급	국방특허권, 비밀특허권 수여

제2절 중국에서 완성된 발명의 중국 출원 시 취급

중국 특허법 실시세칙 제7조【국방이익 또는 중대한 이익에 관련된 발명】

① 특허출원이 국방이익에 관련되어 비밀유지가 필요한 경우에 국방지식재산권국이 수리하여 심사하며, 국무원 특허행정부서가 수리한 특허출원이 국방이익에 관련되어 비밀유지가 필요한 경우에는 즉시 국방지식재산권국에 이송하여 심사하게 해야 한다. 국방지식재산권국이 심사하여 거절이유를 발견하지 못한 경우 국무원 특허행정부서는 국방특허권 수여를 결정한다.

② 국무원 특허행정부서는 수리한 특허출원 또는 실용신안출원이 국방이익 이외의 국가안전 또는 중대한 이익에 관련되어 비밀유지가 필요하다고 판단한 경우, 즉시 비밀유지 특허출원에 의하여 처리할 것을 결정하고 출원인에게 통지해야 한다. 특허

출원의 비밀유지 심사, 거절불복 및 비밀유지 특허권의 무효선고의 특수절차는 국무원 특허행정부서가 규정한다.

专利法实施细则第七条: 专利申请涉及国防利益需要保密的,由国防专利机构受理并进行审查; 国务院专利行政部门受理的专利申请涉及国防利益需要保密的,应当及时移交国防专利机构进行审查。经国防专利机构审查没有发现驳回理由的,由国务院专利行政部门作出授予国防专利权的决定。
国务院专利行政部门认为其受理的发明或者实用新型专利申请涉及国防利益以外的国家安全或者重大利益需要保密的,应当及时作出按照保密专利申请处理的决定,并通知申请人。保密专利申请的审查、复审以及保密专利权无效宣告的特殊程序,由国务院专利行政部门规定。

Ⅰ. 서 언

법문상 명확하게 규정되어 있지는 않으나, 중국 특허법 실시세칙 제7조는 실무상 출원인이 "중국에서 완성된 발명"을 "중국"에 출원하는 경우에 적용된다. 즉, "외국에서 완성한 발명"을 "중국"에 출원하는 경우는 본 조항의 제약을 받지 않으나, "중국에서 완성한 발명"을 "중국"에 출원하는 경우에는 본 조항의 적용을 받을 수 있다. 발명을 중국에 출원하는 경우에 있어서 비밀유지가 필요한 경우는 ⅰ) 국방이익과 관련된 발명인 경우, 그리고 ⅱ) 국방이익 이외에 국가의 안전 또는 중대한 이익에 관련된 발명인 경우가 있다.

Ⅱ. 국방이익과 관련되어 비밀유지가 필요한 발명

1. 국방이익과 관련된 발명의 의미

중국 특허법 실시세칙 제7조 제1항은 중국 특허법 제4조의 국가의 안전 또는 중대한 이익과 관련된 발명의 일 태양으로 중국의 "국방이익"과 관련된 발명을 규정하고 있다. 여기서 국방이익과 관련된 발명이란 주로 군사기술 및 방위산업분야의 발명을 말한다.

2. 국방지식재산권국의 심사 및 국방특허권의 수여

중국 특허법 실시세칙 제7조 제1항에 따르면, 특허출원이 국방이익과 관련되어 비밀유지가 필요한 경우에는 국방지식재산권국이 수리하여 심사한다. 만약 국무원 특허행정부서가 수리한 특허출원이 국방이익에 관련된 경우에는 즉시 국방지식재산권국에 이송하여 심사한다. 국방지식재산권국이 심사하여 거절이유를 발견하지 못한 경우 국무원 특허행정부서는 국방특허권 수여를 결정한다.

Ⅲ. 국방이익 이외에 비밀유지가 필요한 발명의 취급

1. 국방이익 이외의 국가의 안전 또는 중대한 이익과 관련된 발명의 의미

중국 특허법 실시세칙 제7조 제2항은 중국 특허법 제4조의 국가의 안전 또는 중대한 이익과 관련된 발명의 다른 태양으로 "국방이익 이외의 국가의 안전 또는 중대한 이익"과 관련된 발명을 규정하고 있다. 여기서 "국방이익 이외의 국가의 안전 또는 중대한 이익과 관련된 발명"이란 주로 국가 경제 측면에서의 국가의 안전 또는 중대한 이익과 관련된 발명을 말한다. 예를 들어, 국가 금융 시스템에 대한 해킹을 방지하기 위한 방화벽에 관련된 발명이 이에 해당한다.

2. 비밀유지심사 및 비밀특허권의 수여

중국 특허법 실시세칙 제7조 제2항에 따르면, 국무원 특허행정부서는 수리한 특허출원이 국방이익 이외의 국가안전 또는 중대한 이익에 관련되어 비밀유지가 필요한 경우에 즉시 비밀유지 특허출원에 의하여 처리할 것을 결정하고 출원인에게 통지한다. 이 경우 해당 특허출원은 국무원 특허행정부서가 규정한 비밀유지 심사절차에 따라 심사가 진행되며, 거절이유가 없는 경우에 비밀특허권이 수여된다.

Ⅳ. 출원인이 외국기업인 경우에 중국 특허법 실시세칙 제7조의 적용여부

실무상 외국기업이 중국에 특허를 출원하는 태양으로는 ⅰ) 외국기업이 외국에서 완성한 발명을 중국에 출원하는 경우, ⅱ) 외국기업이 중국 내 자회사에서 완성된 발명을 양도받은 후에 이를 중국에 출원하는 경우, ⅲ) 외국기업의 중국 자회사가 직접 중국에서 완성한 발명을 중국에 출원하는 경우가 있다. 이 중 ⅲ)과 같은 경우는 중국기업이 중국에서 완성된 발명을 중국에 출원하는 것이므로 중국 특허법 실시세칙 제7조가 적용됨에는 의심의 여지가 없다. 그러나 ⅰ)과 ⅱ)의 경우에는 중국 특허법 실시세칙 제7조의 적용여부가 문제될 수 있다.

1. 외국기업이 "외국"에서 완성한 발명을 중국에 출원하는 경우

이 경우에 해당 출원은 중국 특허법 실시세칙 제7조에 해당하지 않는 것으로 본다. 이는 외국기업에 의하여 외국에서 완성된 발명은 해당 국가의 법률에 귀속되는 것으로 보는 것이 타당하기 때문이며, 또한 외국기업에 의하여 외국에서 완성된 발명이 중국에 출원되는 경우에는 해당 발명이 이미 외국에서 공개되었을 가능성이 크기 때문이다. 따라서 설령 해당 출원이 국방이익 등에 관련된 것이라 할지라도, 해당 출원은 중국 출원 시에 일반적인 특허심사 절차에 의하여 처리된다.

2. 외국기업의 중국 자회사가 "중국"에서 완성한 발명을 양도받아 중국에 출원하는 경우

이 경우에 해당 출원은 중국 특허법 실시세칙 제7조에 해당할 수 있다. 만약 해당 출원이 국방이익과 관련된 발명이라면 중국 특허법 실시세칙 제7조 제1항의 규정에 따라 처리되고, 만약 해당 출원이 국방이익 이외에 국가의 안전 또는 중대한 이익과 관련된 발명이라면 중국 특허법 제7조 제2항의 규정에 따라 처리된다.[1)]

---

1) 한편, 중국에서 완성한 발명을 외국에 출원하고자 한다면, 외국에 출원을 하기 전에 중국 특허법 제19조에 따라 비밀유지심사를 청구하여야 한다. 만약 국방이익 또는 국방이익 이외의

제3절 중국에서 완성된 발명의 해외 출원 시 취급

중국 특허법 제19조 【중국에서 완성된 발명의 해외 출원 시 취급】

① 어떤 단위 또는 개인은 중국에서 완성한 발명 또는 실용신안을 외국에 특허출원할 경우에, 먼저 국무원 특허행정부서에 보고하여 비밀유지심사를 거쳐야 한다. 비밀유지심사의 절차, 기한 등은 국무원의 규정에 따라 집행한다.
② 중국의 단위 또는 개인은 중국이 참가한 관련 국제조약에 근거하여 특허국제출원을 할 수 있다. 출원인이 특허국제출원을 할 경우, 전항의 규정을 준수하여야 한다.
③ 국무원 특허행정부서는 중국이 참가한 관련 국제조약 · 이 법 및 국무원 관련 규정에 의하여 특허국제출원을 처리한다.
④ 제1항 규정을 위반하여 외국에 특허를 출원한 발명 또는 실용신안에 대하여 중국에 특허를 출원한 경우, 특허권을 수여하지 아니한다.

专利法第十九条: 任何单位或者个人将在中国完成的发明或者实用新型向外国申请专利的,应当事先报经国务院专利行政部门进行保密审查。保密审查的程序、期限等按照国务院的规定执行。
中国单位或者个人可以根据中华人民共和国参加的有关国际条约提出专利国际申请。申请人提出专利国际申请的,应当遵守前款规定。
国务院专利行政部门依照中华人民共和国参加的有关国际条约、本法和国务院有关规定处理专利国际申请。
对违反本条第一款规定向外国申请专利的发明或者实用新型,在中国申请专利的,不授予专利权。

중국 특허법 실시세칙 제8조 【중국에서 완성된 발명의 정의 및 비밀유지심사신청】

① 특허법 제19조 규정의 중국에서 완성한 발명 또는 실용신안이란 기술의 실질적 내용이 중국 내에서 완성된 발명 또는 실용신안을 말한다.
② 누구든지 중국에서 완성한 발명 또는 실용신안을 외국에 특허출원을 할 경우, 아래 방식 중의 하나에 의하여 국무원 특허행정부서에 비밀유지 심사를 청구하여야 한다.

국가의 안전 또는 중대한 이익과 관련되어 비밀유지가 필요한 것으로 판단되면, 해당 출원은 외국에 출원할 수 없다. 이는 이 책의 제2편 제3장 제3절에서 좀더 자세히 설명된다.

1. 직접 외국에 특허를 출원하거나 또는 관련 외국기구에 특허국제출원을 하는 경우에, 먼저 국무원 특허행정부서에 청구하고 그 기술방안에 대한 상세한 설명을 제출해야 한다.
2. 국무원 특허행정부서에 특허출원을 한 후 외국에 특허를 출원하거나 또는 관련 외국기구에 특허국제출원을 할 경우에, 외국에 특허를 출원하거나 또는 관련 외국기구에 특허국제출원을 하기 전에 국무원 특허행정부서에 청구해야 한다.

③ 국무원 특허행정부서에 국제특허출원을 한 경우, 비밀유지심사를 청구한 것으로 간주한다.

专利法实施细则第八条: 专利法第十九条所称在中国完成的发明或者实用新型,是指技术方案的实质性内容在中国境内完成的发明或者实用新型。
任何单位或者个人将在中国完成的发明或者实用新型向外国申请专利的,应当按照下列方式之一请求国务院专利行政部门进行保密审查:
(一)直接向外国申请专利或者向有关国外机构提交专利国际申请的,应当事先向国务院专利行政部门提出请求,并详细说明其技术方案;
(二)向国务院专利行政部门申请专利后拟向外国申请专利或者向有关国外机构提交专利国际申请的,应当在向外国申请专利或者向有关国外机构提交专利国际申请前向国务院专利行政部门提出请求。
向国务院专利行政部门提交专利国际申请的,视为同时提出了保密审查请求。

중국 특허법 실시세칙 제9조【비밀유지심사의 절차】

① 국무원 특허행정부서는 이 세칙 제8조 규정에 의한 청구를 받은 후 이를 심사하여 그 발명 또는 실용신안이 국가의 안전 또는 중대한 이익에 관련되어 비밀유지가 필요한 것으로 판단한 경우, 청구를 받은 날로부터 2개월 내에 출원인에게 비밀유지 심사를 통지해야 한다. 상황이 복잡한 경우, 2개월 연장할 수 있다.
② 국무원 특허행정부서는 전항의 규정에 의하여 비밀유지심사를 통지한 경우에 청구를 제출한 날로부터 4개월 내에 비밀유지가 필요한지 여부에 대해 결정하고, 출원인에게 통지해야 한다. 상황이 복잡한 경우, 2개월 연장할 수 있다.

专利法实施细则第九条: 国务院专利行政部门收到依照本细则第八条规定递交的请求后,经过审查认为该发明或者实用新型可能涉及国家安全或者重大利益需要保密的,应当在请求递交日起2个月内向申请人发出保密审查通知; 情况复杂的,可以延长2个月。

国务院专利行政部门依照前款规定通知进行保密审查的,应当在请求递交日起4个月内作出是否需要保密的决定,并通知申请人; 情况复杂的,可以延长2个月。

Ⅰ. 서 언

중국 특허법 제19조는 중국에서 완성된 발명에 대한 비밀유지심사청구의무에 대하여 규정하고 있다. 이는 중국에서 완성된 발명이 중국의 안전 또는 중대한 이익과 관련된 경우에 이를 비밀로 유지하고 해당 발명의 해외 출원을 금지하기 위한 것이다. 특히 중국 특허법 제19조는 중국기업뿐만 아니라 외국기업에 대해서도 적용되며, 위반 시 비밀유지가 실제 필요한지의 여부와는 관계없이 해당 발명의 중국특허는 거절 및 무효로 되는 불이익이 있으므로 이에 대한 각별한 주의가 요구된다.

Ⅱ. 비밀유지심사청구의무의 대상

1. 어떤 단위 또는 개인

중국 특허법 제19조에 따르면, "어떤 단위 또는 개인"은 비밀유지심사청구의무를 갖는다. 여기서 어떤 단위[2] 또는 개인은 중국의 단위 또는 개인은 물론이고 외국의 단위 또는 개인을 포함하는 개념이다. 예를 들어, 외국기업인 한국기업이 중국에서 발명을 완성한 후에 이를 한국 등에 출원하고자 하는 경우에 해당 기업도 중국 특허법 제19조에 따라 비밀유지심사청구의무를 갖는다. 이는 2008년 개정 특허법에 의하여 개정된 사항으로, 2008년 개정 특허법 이전에는 "중국의 단위 또는 개인"이라 규정하여 외국기업은 해당하지 않는 것으로 보았으나, 2008년 개정 특허법을 통하여 그 범위를 외국기업에까지 확대하였다. 한편, 중국기업이 완

2) 참고로, 중국 법률에서 "단위(单位)"는 보통 우리의 "법인"을 의미하며, 이는 계획경제체제하에 통용되던 법률 용어이다.

성한 발명을 외국기업에게 양도한 경우에도 중국 특허법 제19조가 적용된다.[3)]

2. 중국에서 완성한 발명

중국 특허법 제19조에 따르면, "중국에서 완성한 발명"에 대하여 비밀유지심사청구의무가 발생한다. 여기서 "중국에서 완성한 발명"의 판단 방법이 문제된다.

(1) 판단 기준

중국 특허법 실시세칙 제8조 제1항에 따르면, 중국 특허법 제19조 규정의 중국에서 완성한 발명 또는 실용신안이란 기술의 실질적 내용이 중국 내에서 완성된 발명 또는 실용신안을 말한다고 규정하고 있다. 따라서 중국에서 완성한 발명인지의 여부에 대한 판단은 "기술의 실질적 내용"이 중국에서 완성되었는지의 여부를 기준으로 판단한다.

(2) 기술의 실질적 내용의 판단 방법

"기술의 실질적 내용"은 ⅰ) 발명자[4)]와 ⅱ) 독립항[5)]을 기준으로 판단한다. 예를 들어, 출원 시 발명자로 기재된 자가 중국에서 연구를 수행하여 발명을 완성하고, 해당 발명이 독립항의 권리범위에 포함되는 경우에 "기술의 실질적 내용"이 중국에서 완성된 것으로 판단될 수 있다.

---

3) 2008년 개정 이전의 중국 특허법 제19조는 "기업이 중국에서 완성한 발명을 해당 기업이 해외에 출원하고자 하는 경우"에 적용된다고 하여, 법문상 해당 발명이 다른 기업으로 양도된 경우에 중국 특허법 제19조의 적용되지 않는 것으로 해석될 염려가 있었다. 이에 2008년 개정 중국 특허법은 중국에서 완성한 발명을 양도받은 기업이 해외에 출원하는 경우에도 중국 특허법 제19조가 적용되는 것을 명확히 하도록 그 법문의 표현을 수정하였다.

4) 발명자가 "기술의 실질적 내용"에 대한 판단기준이 되는 근거는 중국 특허법 실시세칙 제14조의 규정이다. 중국 특허법 실시세칙 제14조는 발명자란 발명의 실질적 특징에 대하여 창조적 공헌을 한 자를 말한다고 규정하고 있다. 여기서 발명자에 대한 중국 특허법 실시세칙 제14조의 "실질적 특징(发明创造的实质性特点)"이 중국 특허법 실시세칙 제8조 제1항의 "기술의 실질적 내용(技术方案的实质性内容)"과 상응하는 개념이기 때문이다.

5) 독립항이 "기술의 실질적 내용"에 대한 판단기준이 되는 근거는 중국 특허법 실시세칙 제24조 제1항의 규정이다. 중국 특허법 실시세칙 제24조 제1항은 "독립항의 특징부분은 가장 가까운 선행기술과 구별되는 특징"을 기재하여야 한다고 규정하고 있는데, 이는 중국 특허법 실시세칙 제8조 제1항의 "기술의 실질적 내용"과 상응하는 개념이기 때문이다.

3. 중국 특허청의 태도

중국 특허심사지침에 의하면, 중국 특허청은 심사단계에서 발명이 중국에서 완성되었는지의 여부에 대한 실질적인 판단을 하지 않으며, 비밀유지의 필요성에 대해서만 판단한다. 즉, 중국 특허청은 중국 특허법 제8조 제1항에 따라 비밀유지 심사청구가 있는 경우에 해당 발명은 중국에서 완성된 것으로 추정한다.

4. 실무적 고찰

교통 및 통신 수단의 발달에 따라 각국 연구원들이 왕래 및 협업이 빈번하게 이루어지는 상황에서, 해당 발명이 중국에서 완성되었는지의 여부를 판단하는 것은 기업 입장에서 쉽지 않은 일이다. 그러나 중국 특허법 제8조 제1항에 위반하여 중국에서 완성한 발명을 해외로 출원하는 과정에서 비밀유지심사를 청구하지 않은 경우, 해당 출원은 그 발명이 국가의 안전 또는 중대한 이익과 관련되어 비밀유지의 필요성이 실제로 있었는지의 여부와 관계없이 등록 전에는 거절사유에 해당하고 등록 후에는 무효사유에 해당한다. 따라서 발명이 중국에서 완성되었을 가능성이 큰 것으로 판단되는 경우(예: 중국 자회사 소속 연구원의 발명)에는, 반드시 비밀유지심사를 청구하여야 해당 발명의 중국특허에 대한 법적 안정성을 도모할 수 있다.

Ⅲ. 비밀유지심사의 청구

1. 중국 특허출원 후에 외국에 특허를 출원하고자 하는 경우

중국 특허법 실시세칙 제8조 제2항 제2호에 따르면, 중국에 특허출원을 한 후에 외국에 특허를 출원하고자 할 때는 외국에 특허를 출원하기 전에 국무원 특허행정부서에 비밀유지심사청구서를 제출하여야 한다. 예를 들어, 중국에서 완성한 발명을 중국에 먼저 출원하고, 이 후에 중국 출원에 기초하여 외국에 우선권주장 출원을 진행하고자 하는 경우가 이에 해당할 수 있다.

2024년 개정된 중국 특허법 실시세칙 및 특허심사지침에 따라, 출원인은 "외국 출원 전"에 비밀유지심사청구서를 제출하여야 하고, "비밀유지심사의 결과를 수신한 이후"에 외국에 특허출원을 진행할 수 있다.[6] 중국 특허법 실시세칙 제9조에 의하면, 출원인이 비밀유지심사의 결과를 받아 보기까지는 통상 4개월에서 6개월이 필요하며, 만약 비밀유지심사청구서에 형식상의 오류가 있는 경우에는 그 이상의 시간이 필요하다.[7] 따라서 우선권 주장 기간이 1년이라는 점을 고려한다면, 중국 출원을 기초로 우선권 주장을 하고자 하는 출원인은 중국 출원 완료 후에 가급적 빨리 비밀유지심사청구서를 제출하는 것이 바람직하다.

2. 외국에 직접 출원을 진행하고자 하는 경우

중국 특허법 실시세칙 제8조 제2항 제2호에 따르면, 직접 외국에 특허를 출원하거나 또는 관련 외국기구에 특허국제출원을 하는 경우에, 먼저 국무원 특허행정부서에 청구하고 그 기술방안에 대한 상세한 설명을 제출해야 한다고 규정하고 있다. 예를 들어, 중국에서 완성한 발명을 중국에 먼저 출원하지 않고 외국에 먼저 출원을 진행하고자 하는 경우가 이에 해당한다.[8] 이 경우에 외국에 출원하기 전 국무원 특허행정부서에 ⅰ) 비밀유지심사청구서 및 ⅱ) 기술방안 설명서를 제출하여야 하며, 기술방안 설명서는 중국 명세서를 작성하는 것과 동일한 방식으로 작

---

6) 개정 전 중국 특허법 실시세칙에서는 비밀유지심사청구일로부터 4개월 내에 비밀심사통지서를 접수하지 못하였거나, 비밀유지심사청구일로부터 6개월 내에 비밀유지심사결과를 접수하지 못한 경우에 출원인이 외국에 특허 출원을 진행하는 것을 허용하였다. 그러나, 2024년 개정 중국 특허법 실시세칙에서는 해당 조문이 삭제되었다.

7) 2024년 개정된 중국 특허심사지침에 의하면, 비밀유지심사청구서에 형식적인 오류가 있는 경우에 심사관은 출원인이 청구서를 제출한 날로부터 2개월 내에 비밀유지심사청구서를 제출하지 않은 것으로 간주한다고 출원인에게 통지할 수 있으며, 사안이 복잡한 경우에는 최대 4개월 내에 출원인에게 통지할 수 있다. 이 경우, 출원인은 다시 비밀유지심사청구서를 제출하여야 한다. 따라서, 만약 비밀유지심사청구서에 형식적인 오류가 있다면, 비밀유지심사 결과를 받아 보기까지 최대 10개월(형식심사 최대 4개월+비밀심사 최대 6개월)까지 소요될 수 있다.

8) 예를 들어, 미국 특허법 제184조 및 제185조는 FFL(foreign filing license)를 규정하고 있으며, 이에 따라 미국에서 완성된 발명은 미국에 먼저 출원하는 경우가 많다. 따라서 발명이 중국 및 미국 회사의 협업에 의하여 완성되어 미국에서의 FFL 및 중국에서의 비밀유지심사청구가 필요한 경우가 이에 해당할 수 있다.

성하여 제출하여야 한다.

3. 중국 특허청을 수리관청으로 하여 국제특허출원을 진행하는 경우

중국 특허법 실시세칙 제8조 제3항의 규정에 의하면, 중국 특허청을 수리관청으로 하여 국제특허출원을 한 경우에는 비밀유지심사청구서를 제출한 것으로 간주한다. 비밀유지심사의 결과, 비밀유지가 필요한 경우에는 출원일로부터 3개월 내에 국제조사보고서를 발송하지 않는다는 통지를 하고, 국제출원으로 취급하지 않고 국제단계절차를 종료함을 통지한다.

4. 기타 - 향후 중국 출원의 계획 없이 외국 출원만을 진행하고자 하는 경우

이 경우 해당 발명이 국가기밀의 누설에 해당되어 형사 처벌의 대상이 되지 않는 한, 비밀유지심사청구를 할 필요는 없다. 다만 비밀유지심사를 청구하지 않은 것으로 인하여 향후 중국에서 특허를 받을 수 있는 권리가 소멸될 뿐이다.

Ⅳ. 비밀유지심사의 진행 절차

1. 비밀유지심사 통지

중국 특허청은 비밀유지심사청구서를 심사하여 그 발명이 국가의 안전 또는 중대한 이익에 관련되어 비밀유지가 필요할 수 있다고 판단한 경우, 청구서를 받은 날로부터 2개월 내에 출원인에게 비밀유지심사를 진행할 것임을 통지한다. 만약 사안이 복잡하다면, 중국 특허청은 그 기간을 2개월 연장할 수 있다(중국 특허법 실시세칙 제9조 제1항).

2. 비밀유지 필요여부 결정의 통지

중국 특허청은 출원인에게 중국 특허법 실시세칙 제9조 제1항의 비밀유지심사를 통지한 경우, 청구서를 받은 날로부터 4개월 내에 비밀유지가 필요한지 여부에 대하여 심사를 통하여 결정하고 그 결과를 출원인에게 통지하여야 한다. 만약 사안이 복잡하다면, 중국 특허청은 그 기간을 2개월 연장할 수 있다(중국 특허법 실시세칙 제9조 제2항).

3. 국방특허권 또는 비밀특허권의 수여

비밀유지심사의 결과, 해당 발명이 국가의 안전 또는 중대한 이익에 관련되는 것으로 인정되는 경우에 해당 발명은 외국에 출원할 수 없으며, 단지 중국 특허법 제4조 및 중국 특허법 실시세칙 제7조에 의하여 국방특허 또는 비밀특허를 허여받을 수 있다.[9)]

Ⅴ. 흠결 시 처리

중국에서 완성된 발명에 대한 비밀유지심사청구의무(중국 특허법 제19조)를 위반하는 경우에는 해당 발명이 실제로 비밀유지의 필요성이 있는지의 여부와는 무관하게 등록 전에는 거절사유(중국 특허법 실시세칙 제59조)에 해당하며, 등록 후에는 무효사유(중국 특허법 실시세칙 제69조)에 해당한다. 또한 중국 특허법 제19조의 규정에 위반하여 외국에 출원한 특허가 국가의 비밀누설에 해당하는 경우에 형사처벌의 대상이 될 수 있다.

---

9) 중국 특허법 제19조와 중국 특허법 제4조 및 중국 특허법 실시세칙 제7조는 상호보완적인 규정으로 봄이 통설이다. 따라서 중국 특허법 제19조 등에 규정되지 않은 사항은 중국 특허법 제4조 등에 의하여 규정될 수 있다.

제4절 알고리즘 및 BM 발명

Ⅰ. 서 언

인공지능, 빅데이터 등 새로운 분야에 대한 특허출원이 급속히 증가함에 따라, 중국은 2020년과 2024년에 중국 특허심사지침의 개정을 통하여 관련 내용을 정비하였다. 중국 특허심사지침의 관련 내용을 살펴보면 다음과 같다.

Ⅱ. 중국 특허심사지침의 규정

1. 심사대상

인공지능, '인터넷+', 빅데이터 및 블록체인 등과 관련된 특허출원은 일반적으로 알고리즘 또는 영업방법 등의 지적활동 규칙과 방법 특징이 포함된다. 중국 특허심사지침에 따르면, 이 경우에 심사관은 보호를 요구하는 해결방안, 즉 청구범위에 한정된 해결방안을 대상으로 심사를 진행해야 한다. 심사관은 심사과정에서 기술특징과 알고리즘 특징(또는 영업방법 특징)을 단순하게 분리해서는 안 되며, 청구범위에 기재된 모든 내용을 하나의 전체로 보고, 그중에서 관련된 기술수단, 해결하고자 하는 기술문제와 획득한 기술효과를 분석해야 한다.

2. 중국 특허법 제25조 제1항 제2호(지적 활동의 규칙과 방법)의 적용 여부

청구범위가 추상적인 알고리즘 또는 단순한 영업방법과 관련되며 어떠한 기술특징도 포함하지 않는 경우, 해당 청구범위는 중국 특허법 제25조 제1항 제2호에 규정된 지적활동의 규칙과 방법에 불과하므로 특허를 받을 수 없다.

예를 들어, 추상적 알고리즘을 기초로 하는 어떠한 기술특징도 포함하지 않는 수학모델 구축 방법은 중국 특허법 제25조 제1항 제2호 규정에 따라 특허를 받을 수 없다. 다른 예로, 고객의 소비 금액에 따른 캐시백 방법으로서 해당 방법에 포함된 특징이 모두 캐시백 규칙과 관련된 영업 규칙에 대한 것일 뿐 어떠한 기술특징도 포함하지 않는다면, 해당 캐시백 방법은 중국 특허법 제25조 제1항 제2호 규정에 따라 특허를 받을 수 없다. 다만, 청구범위에 알고리즘 특징 또는 영업규칙 외에 기술특징도 가지고 있고 청구범위가 전체적으로 지적 활동의 규칙과 방법이라고 볼 수 없는 경우에는, 다른 거절이유가 존재하지 않는 한 특허를 받을 수 있다.

3. 중국 특허법 제2조 제2항(발명의 정의) 적용 여부

중국 특허심사지침에 따르면, 청구범위가 중국 특허법 제25조 제1항 제2호에 속하지 않는 경우에, 심사관은 알고리즘 특징 또는 영업방법 특징을 포함하는 청구범위가 중국 특허법 제2조 제2항의 발명의 정의 규정, 즉 발명의 성립성을 만족하는지 심사한다. 이 경우, 심사관은 청구범위에 기재된 모든 특징을 전체적으로 고려해야 한다.

예를 들어, 청구범위가 해결하고자 하는 기술문제에 대해 자연법칙을 이용한 기술수단을 사용했고, 이로 인해 자연법칙에 부합하는 기술효과를 획득하였다면, 해당 청구범위가 한정하고 있는 해결방안은 중국 특허법 제2조 제2항에서 규정한 기술방안에 속한다. 또한 다른 예로, 청구범위 중에 알고리즘의 각 단계가 해결하고자 하는 기술문제와 밀접한 관계가 있고, 알고리즘이 처리하는 데이터가 기술분야에서 확실한 기술적 의미를 가진 데이터이며, 알고리즘의 수행이 자연법칙을 이용하여 기술문제의 해결과정을 구현하여 기술효과를 획득하였다는 내용을 포함한다면, 해당 청구범위가 한정하고 있는 해결방안은 중국 특허법 제2조 제2항이 규정한 기술방안에 속한다.

[특허심사지침의 예시: 신경망 모델의 트레이닝 방법]

특허 출원 내용
특허 출원의 해결방안은 각 컨볼루션 레이어에서 트레이닝 이미지에 대해 컨볼루션 작업과 맥스 풀링(max pooling) 작업을 진행한 후, 맥스 풀링 작업으로 얻은 특징 이미지에 대해 에버리지 풀링(average pooling) 작업을 진행함으로써, 트레이닝된 CNN 모델이 이미지 유형을 식별할 때 임의 사이즈의 인식 대상 이미지를 식별할 수

있도록 하는 것이다.
청구항
트레이닝해야 하는 CNN 모델의 초기 모델 파라미터를 취득하는 단계; -상기 초기 모델 파라미터는 각 컨볼루션 레이어의 초기 컨볼루션 커널, 상기 각 컨볼루션 레이어의 초기 바이어스 행렬, 전체 연결 레이어의 초기 가중치 행렬과 상기 전체 연결 레이어의 초기 바이어스 벡터를 포함함-; 복수 개의 트레이닝 이미지를 취득하는 단계; 상기 각 컨볼루션 레이어에서 각 컨볼루션 레이어의 초기 컨볼루션 커널과 초기 바이어스 행렬을 사용하여 각 트레이닝 이미지에 대해 각각 컨볼루션 작업과 맥스 풀링 작업을 진행하여, 각 트레이닝 이미지의 상기 컨볼루션 레이어 상의 제1 특징 이미지를 획득하는 단계; 각 트레이닝 이미지의 적어도 1개 컨볼루션 레이어 상의 제1 특징 이미지에 대해 에버리지 풀링 작업을 진행하여, 각 트레이닝 이미지의 컨볼루션 레이어 상의 제2 특징 이미지를 획득하는 단계; 각 트레이닝 이미지의 각 컨볼루션 레이어 상의 제2 특징 이미지에 기초하여 각 트레이닝 이미지의 특징 벡터를 확정하는 단계; 상기 초기 가중치 행렬과 초기 바이어스 벡터에 따라, 각 특징 벡터에 대해 처리를 진행하여, 각 트레이닝 이미지의 클래스 확률 백디를 획득하는 단계; 상기 각 트레이닝 이미지의 클래스 확률 벡터 및 각 트레이닝 이미지의 초기 클래스에 기초하여 클래스 오차를 계산하는 단계; 상기 클래스 오차에 기초하여, 상기 트레이닝 대상 CNN 모델의 모델 파라미터를 조정하는 단계; 상기 조정 후의 모델 파라미터와 상기 복수 개의 트레이닝 이미지에 기초하여, 모델 파라미터 조정 과정을 반복 횟수가 미리 설정한 횟수에 도달할 때까지 반복적으로 진행하는 단계; 및 반복 횟수가 미리 설정한 횟수에 도달할 때 얻은 모델 파라미터를 트레이닝이 완료된 CNN 모델의 모델 파라미터로 결정하는 단계를 포함하는, 컨볼루션 신경망 CNN 모델의 트레이닝 방법.
발명의 성립성의 판단
여기서, 해결방안은 일종의 컨볼루션 신경망 CNN 모델의 트레이닝 방법으로, 트레이닝 방법의 각 단계에서 처리하는 데이터는 모두 이미지 데이터이고, 각 단계에서 이미지 데이터를 어떻게 처리하는지를 명확히 기술하여 신경망 트레이닝 알고리즘과 이미지 정보 처리의 밀접한 관계를 구현하였다. 이러한 기술방안은 종래 CNN 모

> 델이 단지 고정 사이즈의 이미지만을 식별할 뿐이라는 기술 문제를 해결하는 것으로, 상이한 컨볼루션 레이어에서 이미지에 대해 상이한 처리 및 트레이닝 수단을 이용하였으며, 자연법칙을 따르는 기술수단을 이용하여 트레이닝이 완료된 CNN 모델이 임의 사이즈의 인상 대상 이미지를 식별할 수 있는 기술 효과를 얻었다. 따라서 해당 특허 출원의 기술방안은 중국 특허법 제2조 제2항에서 규정한 기술방안에 속하며, 특허 보호 대상에 해당한다.

4. 신규성 및 진보성

(1) 신규성

알고리즘 특징 또는 영업방법 특징을 포함한 특허출원에 대해 신규성을 심사할 때에는, 청구범위에 기재된 모든 특징을 고려해야 한다. 이때 모든 특징은 기술특징, 알고리즘 특징 또는 영업 규칙 및 방법 특징을 포함한다.

(2) 진보성

기술특징과 알고리즘 특징 또는 영업방법 특징을 모두 포함하는 특허출원에 대해 진보성을 심사할 때에는, 기술특징과 기능적으로 상호 지지하고 상호 작용관계에 있는 알고리즘 특징 또는 영업방법 특징과 해당 기술특징을 하나의 전체로서 고려해야 한다. 여기서, "기능적으로 상호 지지하고 상호 작용관계가 있다"는 것은 알고리즘 특징 또는 영업방법 특징이 해당 기술특징과 긴밀히 결합되어 어떤 기술문제를 해결하기 위한 기술수단을 공동으로 구성하고 이에 상응하는 기술효과를 취득할 수 있다는 것을 의미한다.

예를 들어, 청구범위 중의 알고리즘이 구체적인 기술분야에 응용되어 세부적인 기술문제를 해결할 수 있을 경우, 해당 알고리즘 특징은 기술특징과 기능이 상호 지지하고 상호 작용관계가 있다고 인정된다. 이러한 알고리즘 특징은 사용된 기술수단의 구성요소로 볼 수 있으므로, 진보성 심사를 진행할 때에는 해결방안에 대한 알고리즘 특징의 기여도를 고려해야 한다. 다른 예로, 청구범위 중의 영업 방법 특징의 구현에 있어 기술수단의 조정 혹은 개선이 요구되는 경우, 해당 영업방법 특징은 기술특징과 기능적으로 상호 지지하고 상호 작용관계가 있다고 인정할 수 있으므로, 진보성 심사를 진행할 때에는 해결방안에 대한 영업방법 특징의 기여도를 고려해야 한다.

5. 명세서 및 청구항의 작성

(1) 명세서의 작성

알고리즘 특징 또는 영업방법 특징을 포함하는 특허출원의 명세서는 해당 발명이 해결하고자 하는 기술문제를 해결하기 위해 채택한 해결방안을 명확하고 완전하게 기재해야 한다. 해당 해결방안은 기술특징을 포함하는 것을 기본으로 하며, 추가적으로 기술특징과 기능적으로 상호 지지하고 상호 작용관계에 있는 알고리즘 특징 또는 영업방법 특징을 포함할 수 있다.

명세서에는 기술특징 및 해당 기술특징과 기능적으로 상호 지지 및 상호 작용관계를 가지는 알고리즘 특징 또는 영업방법 특징이 어떻게 함께 작용하여 유익한 효과를 발생시키는지를 기재해야 한다. 예를 들어, 알고리즘 특징이 포함되는 경우, 추상적인 알고리즘이 특정 기술분야와 어떻게 결합되는지를 설명해야 하며, 최소한 하나의 입력 파라미터 및 그와 관련된 출력 결과의 정의가 해당 기술분야의 구체적인 데이터와 연결됨을 명확하게 기술해야 한다. 다른 예로, 영업 규칙 및 방법 특징이 포함되는 경우, 기술문제를 해결하는 전체 과정을 상세하게 설명해야 하며, 이를 통해 당업자가 명세서의 기재 내용을 바탕으로 발명의 해결 방안을 구현할 수 있도록 해야 한다.

또한 명세서에는 해당 발명이 기존 기술과 비교하여 가지는 유익한 효과를 명확하고 객관적으로 기재해야 한다. 예를 들어 품질, 정밀도 또는 효율성 향상, 시스템 내부 성능 개선 등의 기술적 효과가 있을 경우에는, 이를 기재해야 한다. 만약 사용자 관점에서 객관적으로 사용자 경험(UX)이 향상되었다고 판단될 경우, 명세서에서 이를 설명할 수 있어야 하며, 이러한 사용자 경험의 향상이 발명을 구성하는 기술특징 및 그와 기능적으로 상호 지지하고 상호 작용관계를 가지는 알고리즘 특징 또는 영업방법 특징에 의해 어떻게 발생하는지를 함께 설명해야 한다.

(2) 청구범위의 작성

알고리즘 특징 또는 영업방법 특징을 포함하는 특허출원의 청구범위는 명세서에 근거하여 명확하고 간결하게 권리보호의 범위를 한정해야 한다. 청구범위에는 기술특징 및 해당 기술특징과 기능적으로 상호 지지하고 상호 작용관계에 있는 알고리즘 특징 또는 영업방법 특징을 기재해야 한다.

제3편

명세서 기재요건

제1장

출원 시 필요한 서류(发明专利申请文件)

중국 특허법 제26조【출원 시 필요한 서류】

① 발명 또는 실용신안특허를 출원할 경우, 특허출원신청서, 명세서, 요약서 및 청구범위 등의 서류를 제출하여야 한다.

② 특허출원신청서는 발명 또는 실용신안의 명칭, 발명자 또는 설계자의 성명, 출원인 성명 또는 명칭 · 주소 및 기타 사항을 명확하게 기재하여야 한다.

③ 명세서는 발명 또는 실용신안에 대하여 명확 · 완전한 설명으로 작성하여야 하고, 해당 기술영역의 기술자가 실현할 수 있음을 기준으로 하며, 필요한 경우 도면을 첨부해야 한다. 요약은 발명 또는 실용신안의 기술요점을 간략하게 설명하여야 한다.

④ 청구범위는 명세서에 근거하여야 하며, 명확 · 간단하게 특허보호를 요구하는 범위를 한정하여야 한다.

⑤ 유전자원에 의존하여 완성한 발명창조는 출원인이 특허출원서류에 당해 유전자원의 직접출처와 원시출처를 설명해야 하고, 출원인이 원시출처를 설명할 수 없는 경우 이유를 설명하여야 한다.

专利法第二十六条: 申请发明或者实用新型专利的,应当提交请求书、说明书及其摘要和权利要求书等文件。

请求书应当写明发明或者实用新型的名称,发明人的姓名,申请人姓名或者名称、地址,以及其他事项。

说明书应当对发明或者实用新型作出清楚、完整的说明,以所属技术领域的技术人员能够实现为准;必要的时候,应当有附图。摘要应当简要说明发明或者实用新型的技术要点。

权利要求书应当以说明书为依据,清楚、简要地限定要求专利保护的范围。
依赖遗传资源完成的发明创造,申请人应当在专利申请文件中说明该遗传资源的直接来源和原始来源; 申请人无法说明原始来源的,应当陈述理由。

Ⅰ. 서 언

"특허출원"은 특허를 받을 수 있는 권리를 가진 자가 그 발명을 공개함을 전제로 특허청에 특허권을 받고자 하는 의사를 표현하는 행위를 의미한다. 중국은 "중문(中文)"주의[1]를 채택하고 있으며, 특허출원 시에 중국어로 작성된 특허출원 신청서, 명세서, 요약서 및 청구범위[2] 등의 서류를 제출하여야 한다. 출원 시에 중국에서 제출해야 하는 서류는 한국과 유사하나, 유전자원에 의존하여 완성한 발명의 경우에 그 출처를 설명하는 유전자원출처등기표(遗传资源来源披露登记表)를 함께 제출하여야 하는 등 약간의 차이가 있다.

---

1) 한국 역시 한국어로 문서를 작성해야 하는 국문주의를 채택하고 있으나, 실무상 중국의 중문주의는 한국의 국문주의에 비하여 엄격한 것으로 평가된다. 예를 들어, 도면의 작성 시에 한국은 도면의 용이를 영문으로 표기하는 경우에 실무상 허용되는 경우가 많으나, 중국의 경우에는 대부분 허용되지 않는다.

2) 다만, 이 책에서 사용하는 용어는 이해의 편의를 위하여 한국 특허법의 용어를 차용한 것으로, 중국 특허법의 본래 용어는 다음과 같다.

중국 특허법	한국 특허법	본 서
发明专利要求书 (발명전리청구서)	특허출원신청서	특허출원신청서
说明书(설명서)	명세서	명세서
摘要(적요)	요약서	요약서
附图(첨부도)	도면	도면
权利要求书(권리요구서)	청구범위	청구범위
权利要求(권리요구)	청구항	청구항
独立权利要求(독립권리요구)	독립항	독립항
从属权利要求(종속권리요구)	종속항	종속항

II. 특허출원신청서(发明专利请求书, 발명전리청구서)

1. 특허출원신청서의 형식

중국 특허법 실시세칙 제19조에 따라, 특허출원신청서에는 ⅰ) 발명의 명칭, ⅱ) 출원인에 관한 정보, ⅲ) 발명자의 이름, ⅳ) 출원인이 특허대리기구에 위임한 경우에는 특허대리기구에 관한 정보, ⅴ) 우선권을 요구하는 경우에 선출원의 출원일, 출원번호 그리고 원수리기구의 이름을 기재하여야 한다.

2. 구체적인 기재사항

(1) 발명의 명칭

특허출원신청서의 발명의 명칭과 명세서의 발명의 명칭은 일치하여야 한다. 발명의 명칭은 특허출원이 보호를 요구하는 주제 및 그 유형을 간결하고 정확하게 표시하여야 한다. 발명의 명칭은 일반적으로 25자를 초과할 수 없으나, 필요한 경우에는 최대 60자까지 허용될 수 있다.[3)]

(2) 출원인에 관한 정보

A. 출원인이 중국인인 경우

출원인이 중국의 단위[4)](또는 개인)인 경우에 그 명칭(또는 성명)을 기재하여야 하며, 주소, 우편번호, 신분증 번호 등을 기재하여야 한다(중국 특허법 실시세칙 제19조). 중국 특허법 제6조에 의하면, 직무발명에 대한 특허를 출원할 권리는 해당 단위에 속하며, 비직무발명에 대한 특허를 출원할 권리는 발명자에 속한다. 다만 심사관은 일반적으로 출원서에 기재한 출원인의 자격을 심사하지 않으며 출원인이 개인인 경우에는 그 발명을 비직무발명으로 보고, 출원인이 단위인 경우에는 그 발명을 직무발명으로 본다.

---

3) 개정 전 중국 특허심사지침에서는 "화학 발명 등과 같은 특별한 경우에는 최대 40자까지 허용된다"고 규정하였으나, 2024년 개정 중국 특허심사지침에서는 "화학 발명" 등의 사유를 삭제하고, 최대 범위를 "60자"로 확대하였다.

4) 중국 특허법상 "단위(单位)"는 한국의 "법인"에 대응하는 개념이다.

B. 출원인이 외국인인 경우

출원인이 외국인, 외국기업 또는 외국의 기타 조직인 경우에 그 성명(또는 명칭) 및 국적(또는 등록된 국가나 지역)을 기재하여야 한다(중국 특허법 실시세칙 제19조). 중국 특허법 제18조에 따라, 중국에 주소 또는 영업소가 없는 외국인, 외국기업 또는 외국의 기타 조직이 중국에서 특허를 출원하는 경우에는 그 소속 국가와 중국이 체결한 협정 또는 공동으로 가입한 국제조약에 근거하거나 또는 호혜의 원칙에 근거하여 처리한다.

(3) 발명자의 이름

발명자는 개인이어야 하며, 단위 또는 집단을 기재해서는 안 된다.[5)] 발명자는 발명의 실질적 특징에 대하여 창조적 공헌을 한 자를 말하며 발명의 완성과정에서 단지 조직의 업무를 책임진 자, 물질기술조건의 이용을 위하여 편리를 제공한 자 또는 기타 보조업무에 종사한 자는 발명자가 아니다(중국 특허법 실시세칙 제14조). 다만 심사절차에서 심사관은 출원서에 기재한 발명자가 상기 규정에 부합하는지에 대하여는 심사하지 않는다.

(4) 특허대리기구에 관한 정보

출원인이 특허대리기구에 위임한 경우에 위임기구의 명칭, 기구번호 및 그 기구가 지정한 특허대리인 성명, 자격증 번호, 연락번호를 기재하여야 한다. 참고로, 2008년 개정 특허법 이전에는 섭외사건은 반드시 중국 특허청이 지정한 특허대리기구에 위임하어야 했으나, 2008년 개정 특허법에서는 이를 폐지하였다.

3. 흠결 시 처리

특허출원신청서의 형식적 기재사항의 적법여부는 방식심사(初步审查) 단계에서 심사된다. 특허출원신청서에 관한 중국 특허법 실시세칙 제19조의 규정에 부합하지 않는 경우에 심사관은 심사의견을 출원인에게 통지하고 지정기한 내에 의견을 진술하거나 보정하도록 요구한다. 기한 내에 답변이 없을 경우 그 출원은 취

5) 2024년 개정 중국 특허심사지침에 의하면, 인공지능의 명칭도 발명자의 이름으로 기재해서는 안 된다.

하한 것으로 간주한다. 출원인의 의견을 진술하거나 보정한 후에도 여전히 중국 특허법 실시세칙 제19조의 규정에 부합하지 아니하는 것으로 인정하는 경우에 심사관은 해당 특허출원을 거절해야 한다(중국 특허법 실시세칙 제50조 제2항).

Ⅲ. 명세서(说明书, 설명서)

1. 명세서의 형식

(1) 명세서는 중국 특허법 실시세칙 제20조의 규정에 따라 발명의 명칭, 기술영역, 배경기술, 발명내용, 첨부도면의 설명, 구체적인 실시방법을 포함하여야 한다.

(2) 명세서의 제1 페이지의 첫째 줄에는 발명의 명칭을 기재하여야 하며, 그 명칭은 출원서의 발명의 명칭과 일치해야 한다. 발명의 명칭 앞에는 "발명의 명칭" 또는 "명칭" 등을 덧붙이지 말아야 한다. 명세서는 기술영역(技术领域), 배경기술(背景技术), 발명의 내용(发明内容), 첨부도면의 설명(附图说明), 구체적인 실시방법(具体实施方式)을 포함하여야 한다.

(3) 특허출원이 하나 또는 여러 개의 아미노산 또는 뉴클레오시드 배열을 포함하고 있는 경우, 명세서에는 국무원 특허행정부서의 규정에 부합하는 서열표가 포함되어야 한다. 전자 출원의 경우, 출원인은 규정에 부합하는 컴퓨터 판독 가능한 형식의 서열표를 명세서의 단독부분으로 제출해야 한다. 서면 출원의 경우, 출원인은 별도의 페이지 번호가 포함된 서열표와 해당 서열표와 일치하는 컴퓨터 판독 가능한 서열표의 부본을 제출해야 한다.[6]

---

6) 개정 전 중국 특허심사지침에서는 전자 출원과 서면 출원의 구분 없이 모두 서열표의 부본을 제출할 것을 요구하였으나, 2024년 개정 중국 특허심사지침에서는 서면 출원의 경우에만 별도의 부본을 제출하는 것으로 변경되었다.

2. 명세서의 실질적 기재요건

명세서는 발명에 대하여 명확하고 완전한 설명으로 작성하여야 하며, 해당 영역의 기술자가 실현할 수 있음을 기준으로 한다(중국 특허법 제26조 제3항). 명세서의 실질적 기재요건은 실질심사단계에서 심사되며, 이에 대한 자세한 설명은 제3편 제2장 제1절 명세서의 작성방법에서 자세히 설명된다.

3. 흠결 시 처리

명세서의 형식적에 기재사항은 방식심사 단계에서 심사된다. 명세서의 형식에 관한 중국 특허법 실시세칙 제20조의 규정에 현저하게 부합하지 않는 경우에 심사관은 심사의견을 출원인에게 통지하고 지정기한 내에 의견을 진술하거나 보정하도록 요구한다. 기한 내에 답변이 없을 경우 그 출원은 취하한 것으로 간주한다. 출원인의 의견을 진술하거나 보정한 후에도 여전히 중국 특허법 실시세칙 제20조의 규정에 부합하지 아니하는 것으로 인정하는 경우에 심사관은 해당 특허출원을 거절해야 한다(중국 특허법 실시세칙 제50조 제2항).

Ⅳ. 도면(附图, 첨부도)[7)]

1. 도면의 형식

특허출원의 도면들은 "도1, 도2, …" 순서에 따라 번호를 배열하여야 한다. 발명의 명세서에서 언급되지 않은 도면의 표기는 도면 중에 나타나서는 안 되며, 도면 중에 나타나지 아니한 표기는 명세서에 언급되어서는 아니 된다. 출원서류 중 동일한 구성부분을 표시하는 도면 표기는 일치해야 한다. 한편, 첨부도면 중 필수적인 단어를 제외하고는 기타 주석을 포함하고 있지 않아야 한다(중국 특허법 실시세칙 제21조). 도면은 일반적으로 검은색 잉크로 작성되어야 하나, 필요한 경우에

7) 참고로, 중국은 명세서에 도면이 포함되는 것으로 보아, 법문상 보통 "첨부도면(附图)"이라는 용어를 주로 사용한다.

기술내용을 명확하게 설명하기 위하여 컬러 도면을 제출할 수도 있다.

2. 흠결 시 처리

(1) 도면과 명세서의 기재가 일치하지 않는 경우

명세서에 도면에 관한 설명은 있으나 첨부된 도면이 없는 경우에 심사관은 출원인에게 명세서의 도면에 관한 설명부분을 삭제하거나 지정된 기간 내에 도면을 추가 제출할 것을 통지한다. 출원인이 도면을 추가 제출하는 경우에는 도면을 추가 제출한 날이 출원일이 된다. 출원인이 명세서에서 도면에 관한 설명을 삭제한 경우에는 원출원일이 유지된다(중국 특허법 실시세칙 제46조).

(2) 방식심사

도면의 형식의 적법여부는 방식심사 단계에서 심사된다. 도면의 형식에 관한 중국 특허법 실시세칙 제21조의 규정에 현저하게 부합하지 않는 경우에 심사관은 심사의견을 출원인에게 통지하고 지정기한 내에 의견을 진술하거나 보정하도록 요구한다. 기한 내에 답변이 없을 경우 그 출원은 취하한 것으로 간주한다. 출원인이 의견을 진술하거나 보정한 후에도 여전히 중국 특허법 실시세칙 제21조의 규정에 부합하지 아니하는 것으로 인정하는 경우에 심사관은 해당 특허출원을 거절해야 한다(중국 특허법 실시세칙 제50조 제2항).

V. 청구범위(权利要求书, 권리요구서)

1. 청구범위의 형식

청구범위에 다수의 청구항들이 있는 경우에는 아라비아숫자 순서로 번호를 부여하여야 하며, 번호 앞에는 "권리요구" 또는 "청구항" 등의 용어를 부가해서는 안 된다. 청구항에는 화학식 또는 수학식이 있을 수 있으며, 필요한 경우에는 도표가 있을 수 있다. 다만 청구항에는 도면을 삽입해서는 안 된다(중국 특허법 실시세칙 제22조).

2. 청구범위의 실질적 기재요건

청구범위는 명세서에 근거하여야 하며, 명확 · 간단하게 특허보호를 요구하는 범위를 한정하여야 한다(중국 특허법 제26조 제4항). 또한 독립항은 전체적으로 발명의 기술방안을 반영해야 하고 기술문제를 해결하는 데 필요한 기술특징을 기재하여야 한다(중국 특허법 실시세칙 제23조 제2항). 청구범위의 실질적 기재요건은 실질심사단계에서 심사되며, 이에 대한 자세한 설명은 제3편 제2장 제2절 청구범위의 작성방법에서 자세히 설명된다.

3. 흠결 시 처리

청구범위의 형식의 적법여부는 방식심사 단계에서 심사된다. 청구범위의 형식에 관한 중국 특허법 실시세칙 제22조 등의 규정에 현저하게 부합하지 않는 경우에 심사관은 심사의견을 출원인에게 통지하고 지정기한 내에 의견을 진술하거나 보정하도록 요구한다. 기한 내에 답변이 없을 경우 그 출원은 취하한 것으로 간주한다. 출원인이 의견을 진술하거나 보정한 후에도 여전히 형식적 기재요건에 부합하지 아니하는 것으로 인정하는 경우에 심사관은 해당 특허출원을 거절해야 한다(중국 특허법 실시세칙 제50조 제2항). 한편, 청구범위의 실질적 기재요건은 거절사유이자 무효사유로, 이에 대한 자세한 설명은 제3편 제2장 제2절 특허청구범위의 작성방법에서 자세히 설명된다.

VI. 요약서(摘要)

1. 요약서의 형식

요약서는 발명을 공개하는 내용의 개요, 즉 발명의 명칭 및 소속 기술영역을 명확히 기재하고, 해결하고자 하는 기술문제, 그 문제를 해결하려는 기술방안의 요점 및 주요 용도를 명확하게 반영해야 한다. 요약서에는 발명을 가장 잘 설명할 수 있는 화학식을 포함할 수 있으며, 첨부도면이 있는 특허출원은 해당 발명의 기술특징을 가장 잘 설명할 수 있는 대표도면을 지정해야 한다. 요약 중에는 상업성 선전용어를 사용해서는 안 된다(중국 특허법 실시세칙 제26조).[8)]

2. 흠결 시 처리

요약서의 형식의 적법여부는 방식심사 단계에서 심사된다. 요약서의 형식에 부합하지 않는 경우에 심사관은 심사의견을 출원인에게 통지하고 지정기한 내에 의견을 진술하거나 보정하도록 요구한다. 기한 내에 답변이 없을 경우 그 출원은 취하한 것으로 간주한다.

Ⅶ. 유전자원의 경우

유전자원에 의존하여 완성한 발명의 경우에 출원인은 해당 유전자원의 출처를 나타내는 유전자원출처등기표(遗传资源来源披露登记表)를 제출하여야 한다. 이에 대한 자세한 내용은 제2편 제2장 제3절에서 자세히 설명된다.

8) 개정 전 중국 특허법 실시세칙에는 도면의 크기 및 요약의 글자 수에 대한 제약이 있었으나, 전자 출원이 일반화됨에 따라 2024년 개정 중국 특허법 실시세칙에서는 이러한 내용이 삭제되었다.

제2장

명세서 및 청구항의 작성방법

제1절 명세서(说明书)의 작성방법

중국 특허법 제26조 제3항 【명세서의 실질적 기재요건】

명세서는 발명 또는 실용신안에 대하여 명확·완전한 설명으로 작성하여야 하고, 해당 기술영역의 기술자가 실현할 수 있음을 기준으로 하며, 필요한 경우 도면을 첨부해야 한다. 요약은 발명 또는 실용신안의 기술요점을 간략하게 설명하여야 한다.

专利法第二十六条第三款: 说明书应当对发明或者实用新型作出清楚、完整的说明,以所属技术领域的技术人员能够实现为准;必要的时候,应当有附图。摘要应当简要说明发明或者实用新型的技术要点。

중국 특허법 실시세칙 제20조 【명세서의 작성방식】

① 특허출원 또는 실용신안출원의 명세서에는 발명 또는 실용신안의 명칭을 명확히 기재해야 하고, 그 명칭은 청구서 중의 명칭과 일치해야 한다. 명세서에는 아래의 내용이 포함되어야 한다.

1. 기술영역: 보호를 요구하는 기술방안이 속하는 기술영역을 명확히 기재
2. 배경기술: 발명 또는 실용신안에 대한 이해·검색·심사에 유용한 배경기술을 명확히 기재하고, 가능한 경우 이러한 배경기술을 반영하는 서류를 인용하여 증명
3. 발명내용: 발명 또는 실용신안이 해결하고자 하는 기술문제 및 그 기술문제를 해결하는 데 채용한 기술방안을 명확히 기재하고, 선행기술과 대비하여 발명 또는

실용신안의 유익한 효과를 명확히 기재

4. 첨부도면 설명: 설명서에 첨부도면이 있는 경우, 각 도면에 대한 간략한 설명

5. 구체적인 실시방법: 출원인이 발명 또는 실용신안을 실현하는 데 알고 있는 최적의 방법을 상세하고 명확하게 기재하고, 필요 시 예를 들어 설명하고, 첨부도면이 있을 경우 첨부도면을 대조

② 발명 또는 실용신안 특허출원인은 전항에 규정된 방식과 순서에 따라 표제를 명확히 기재해야 한다. 그러나 그 발명 또는 실용신안의 성질이 기타 방식 또는 순서를 이용하여 작성하면 설명서의 지면을 절약할 수 있고, 타인이 그 발명 또는 실용신안을 정확하게 이해할 수 있을 경우는 제외한다.

③ 발명 또는 실용신안의 명세서에는 규범적 단어를 사용해야 하고 어구가 명확해야 하며, "권리요구에 … 설명한 … 바와 같이"와 같은 인용어를 사용해서는 안 되고, 영업성 선전용어를 사용해서는 아니 된다.

④ 특허출원이 하나 또는 여러 개의 아미노산 또는 누클레오시드 배열을 포함하고 있는 경우, 명세서에 국무원 특허행정부서의 규정에 부합하는 서열표가 포함되어야 한다.

专利法实施细则第二十条: 发明或者实用新型专利申请的说明书应当写明发明或者实用新型的名称,该名称应当与请求书中的名称一致。说明书应当包括下列内容:

(一)技术领域: 写明要求保护的技术方案所属的技术领域;

(二)背景技术: 写明对发明或者实用新型的理解、检索、审查有用的背景技术; 有可能的,并引证反映这些背景技术的文件;

(三)发明内容: 写明发明或者实用新型所要解决的技术问题以及解决其技术问题采用的技术方案,并对照现有技术写明发明或者实用新型的有益效果;

(四)附图说明: 说明书有附图的,对各幅附图作简略说明;

(五)具体实施方式: 详细写明申请人认为实现发明或者实用新型的优选方式; 必要时,举例说明; 有附图的,对照附图。

发明或者实用新型专利申请人应当按照前款规定的方式和顺序撰写说明书,并在说明书每一部分前面写明标题,除非其发明或者实用新型的性质用其他方式或者顺序撰写能节约说明书的篇幅并使他人能够准确理解其发明或者实用新型。

发明或者实用新型说明书应当用词规范、语句清楚,并不得使用"如权利要求 … 所述的 …"一类的引用语,也不得使用商业性宣传用语。

发明专利申请包含一个或者多个核苷酸或者氨基酸序列的,说明书应当包括符合

> 国务院专利行政部门规定的序列表。申请人应当将该序列表作为说明书的一个单独部分提交,并按照国务院专利行政部门的规定提交该序列表的计算机可读形式的副本。
> 实用新型专利申请说明书应当有表示要求保护的产品的形状、构造或者其结合的附图。

Ⅰ. 서 언

"명세서(说明书)"는 출원인이 그 발명내용을 대중에게 공개하기 위한 문헌이다. 명세서는 해당 기술영역의 기술자가 실시할 수 있을 정도로 명확하고 완전하게 설명하여야 하며, 명세서의 기재내용은 청구범위의 해석의 기초 및 근거가 된다. 중국 특허법 제26조 제3항은 명세서의 실질적 기재요건을 규정하고 있으며, 중국 특허법 실시세칙 제20조는 명세서의 작성방식에 대하여 규정하고 있다. 한편, 실무상 심사의견통지서(审查意见通知书)의 전용서식 부분에는 명세서가 중국 특허법 제26조 제3항뿐만 아니라 중국 특허법 실시세칙 제20조의 규정에 부합하지 않음을 이유로 심사의견을 통지할 수 있도록 되어 있으나, 원칙적으로는 중국 특허법 제26조 제3항만이 등록 전 거절사유 및 등록 후 무효사유에 해당할 뿐이며, 중국 특허법 실시세칙 제20조의 규정은 거절 및 무효사유에 해당하지 않는다.

Ⅱ. 명세서의 실질적 기재요건

중국 특허법 제26조 제3항은 "명세서는 발명을 ⅰ) 명확하고 ⅱ) 완전하게 설명하여야 하며, 이는 ⅲ) 해당 기술영역의 기술자가 실현할 수 있음을 기준으로 한다"고 규정하고 있다.

1. 발명을 "명확"하게 설명할 것의 의미

(1) 명세서는 해당 기술영역의 기술자가 그 발명이 보호를 요구하는 주제(主

題)가 확실하게 이해할 수 있도록 하여야 한다. 즉 명세서는 발명이 해결하고자 하는 기술문제 및 그 기술문제를 해결하는 데 사용되는 기술방안을 명시하고 선행기술과 비교하여 발명의 유익한 효과를 명시하여야 한다.

(2) 명세서는 해당 기술분야의 기술용어를 사용하여 발명의 기술내용을 정확하게 표현하여야 한다. 명세서는 모호하거나 불명확하여 해당 기술영역의 기술자가 그 발명을 정확하게 이해할 수 없어서는 안 된다. 중국에 통일된 기술용어가 있는 경우에는 해당 기술용어를 사용하여야 한다. 출원인이 새로운 용어를 창립(创立)할 수는 있으나 해당 용어에 대하여 명세서에 명확(明确)하고 명료(清楚)하게 정의를 하여야 한다.

2. 발명을 "완전"하게 설명할 것의 의미

발명을 완전(完整)하게 설명한다는 것은 명세서가 중국 특허법 및 중국 특허법 실시세칙이 요구하는 사항들을 포함하며, 기술내용의 설명이 부족하여 발명을 이해하고 실현하는 데 부족해서는 안 된다는 것을 의미한다. 일반적으로 하나의 완전한 명세서는 ⅰ) 발명을 이해하는 데 도움을 주는 필수적인 내용(예: 기술영역, 배경기술), ⅱ) 발명의 신규성, 진보성 및 산업상 이용가능성을 확정하는 데 필요한 내용(예: 해결하고자 하는 기술문제, 기술문제의 해결에 이용되는 기술방안, 유익한 효과), ⅲ) 발명의 구현에 필요한 내용(예: 구체적인 실시방식, 정성 및/또는 정량 데이터[1])을 포함한다.

3. 당업자의 "실현 가능성"의 의미

당업자의 실현 가능성이란 해당 기술영역의 기술자가 명세서에 기재한 내용에 따라 그 발명의 기술방안을 실현하여 그 기술문제를 해결하며, 아울러 예측된 기술효과를 발생할 수 있는 것을 의미한다.[2] 즉, 명세서는 해당 기술분야의 기술

1) 최고인민법원(2015)지행자제352호, 최고인민법원(2014)지제자제8호.

2) 참고로, 판례에 따르면, 실현 가능성과 기술효과의 발생을 평가하는 것에는 선후(先后) 순서의 논리 관계가 존재한다. 즉, 명세서에 기재된 내용에 기초하여 기술방안이 실현 가능한지

자가 창조적 노동(创造性劳动)을 하지 않고도 그 발명을 실현할 수 있을 정도로 발명의 기술내용을 공개하여야 한다.

4. 실무상 적용

(1) 중국 특허법 제33는 “보정은 원명세서 및 청구범위에 기재된 범위를 초과할 수 없다”고 규정하고 있다. 따라서 출원인의 명세서가 해당 기술분야의 기술자가 그 발명을 실현할 수 있을 정도로 명확하고 완전하게 기재하지 않아 중국 특허법 제26조 제3항을 이유로 거절된다면, 명세서에 새로운 내용을 추가하는 것은 보정의 범위를 위반하는 것으로 허용될 수 없다.

(2) 한편, 2024년 개정 중국 특허실시세칙 제45조에 의하면, 우선권 주장을 수반하는 출원의 명세서의 일부를 누락한 경우에 선출원을 인용하는 방식으로 이를 보완할 수 있는 제도가 도입되었다. 다만, 이는 방식심사 단계에서 최초 서류 제출일로부터 2개월 내에 또는 국무원특허행정부서가 지정한 기한 내에 제출하여야 하는 시기적 제한이 있어 실무상 적용에 한계가 있다.

5. 흠결 시 처리

명세서의 실질적 기재요건에 관한 중국 특허법 제26조 제3항은 등록 전에는 거절사유(중국 특허법 실시세칙 제59)에 해당하며, 등록 후에는 무효사유(중국 특허법 실시세칙 제69조)에 해당한다.

Ⅲ. 명세서의 작성방식

중국 특허법 실시세칙 제20조에 따르면, 명세서는 ⅰ) 발명의 명칭, ⅱ) 기술영역, ⅲ) 배경기술, ⅳ) 발명의 내용, ⅴ) 도면의 설명, ⅵ) 구체적인 실시방법을

먼저 확인하고, 이후에 기술문제의 해결 및 기술효과의 발생 여부를 확인한다[최고인민법원(2014)행제자제8호].

포함하여야 한다.

1. 발명의 명칭(发明的名称)

명세서의 발명의 명칭은 특허출원신청서의 발명의 명칭과 일치하여야 한다. 발명의 명칭의 글자수는 일반적으로 25자를 초과해서는 안 되나, 필요한 경우에 최대 60자까지 허용될 수 있다.[3)]

2. 기술영역(技术领域)

기술영역에는 보호를 요구하는 기술방안이 속하는 기술영역을 명확하게 기재하여야 한다.

3. 배경기술(背景技术)

배경기술에는 발명에 대한 이해, 검색, 심사에 유용한 배경기술을 명확히 기재하고, 가능한 경우에 이러한 배경기술을 반영하는 문서를 인용하여 증명하여야 한다. 한편 배경기술은 당연히 선행기술(现有技术, 공개기술)로 인정되는 것은 아니며 해당 출원의 배경기술로 신규성 또는 진보성을 판단하지는 않는 것이 중국 특허청의 태도이다. 다만 배경기술에서 구체적인 문서를 인용한 경우는 제외된다.

4. 발명의 내용(发明内容)

발명의 내용에는 i) 발명이 해결하고자 하는 기술문제 및 ii) 그 기술문제를 해결하는 데 사용한 기술방안을 명확히 기재하고, iii) 선행기술과 대비한 발명의 유익한 효과를 명확히 기재하여야 한다. 일반적으로 발명의 내용 부분 중 기술방안에 관한 부분은 먼저 독립항의 기술방안을 기재하며, 이 경우 독립항의 기술용어와 동일 또는 유사한 기술용어를 사용한다.[4)] 이후 발명의 추가적 기술특징에

3) 2024년 개정 중국 특허심사지침에 의하여 최대 40자에서 60자로 확대되었다.

4) 실무상 "발명의 내용" 부분은 일반적으로 독립항 및 종속항의 기술방안을 평서문의 형식으

대한 서술을 통하여 개량된 종속항의 기술방안을 나타낼 수 있다. 유익한 효과는 발명의 기술특징이 직접 발생하거나 그 기술특징이 필연적으로 발생하는 기술효과를 가리키며, 발명이 중국 특허법 제22조 제3항의 "진보성"을 구비하는지를 확정하는 데 중요한 근거가 된다.

5. 도면의 설명(附图说明)

설명서에 첨부도면이 있는 경우에 각 도면에 대하여 간략한 설명을 하여야 한다. 도면이 둘 이상인 경우에는 모든 도면에 대하여 설명하여야 한다.

6. 구체적인 실시방법(具体实施方式)[5]

(1) 구체적인 실시방법 부분에는 출원인이 발명을 실현하는 데 알고 있는 최적의 방법을 상세하고 명확하게 기재하여야 한다. 또한 필요한 경우에는 예를 들어 설명하여야 하고, 첨부도면이 있는 경우에는 첨부도면과 대조하며 설명하여야 한다.

(2) 구체적인 실시 예는 기술문제를 해결하기 위하여 채용한 기술방안을 구현하여야 하며, 청구항의 기술특징에 대하여 상세한 설명을 함으로써 청구항을 뒷받침하여야 한다. 또한 해당 기술영역의 기술자가 그 발명을 실현할 수 있을 정도로 상세하게 기재하여야 한다.

(3) 하나의 실시 예로 청구항이 포괄하는 기술방안을 충분하게 뒷받침할 수 있는 경우에는 구체적인 실시방법 부분에 하나의 실시 예만을 기재할 수 있다. 그러나 독립항의 보호범위가 넓고 그 포괄 내용이 하나의 실시 예에 의하여 뒷받침되지 않는 경우에는 보호범위를 뒷받침하기 위하여 둘 이상의 서로 다른 실시 예를 기재하여야 한다.

로 기재하며, 이는 한국 명세서의 "과제해결 수단"에 대응한다.

5) 중국 명세서의 "구체적인 실시방법" 부분은 한국 명세서의 "발명의 상세한 설명"에 대응한다.

(4) 구체적인 실시방법 부분에는 발명과 가장 근접하는 선행기술이나 가장 근접하는 선행기술과 공유하는 기술특징에 대하여는 일반적으로 상세하게 기술하지 않아도 된다. 그러나 발명이 선행기술과 구별되는 기술특징 및 종속항의 추가적 기술특징에 대해서는 해당 기술영역의 기술자가 그 기술방안을 실현할 수 있을 정도로 상세하게 기재하여야 한다.

(5) 중국 특허법 제26조 제3항을 만족하게 하기 위한 필수적인 내용은 기타 문서를 인용하는 방식을 채용하여 기재할 수 없으며, 그 구체적인 내용을 명세서에 기재하여야 한다.

7. 흠결 시 처리

명세서의 작성방식에 관한 중국 특허법 실시세칙 제20조는 거절사유 및 무효사유에 해당하지 않는다. 다만 실무상 심사의견통지서(审查意见通知书)의 전용서식 부분[6]에는 중국 특허법 실시세칙 제20조 위반을 이유로도 심사관이 심사의견을 통지할 수 있도록 되어 있다.[7]

---

6) 6. 审查的结论性意见:
关于说明书:
□ 申请的内容属于专利法第5条规定的不授予专利权的范围。
□ 说明书不符合专利法第26条第3款的规定。
□ 说明书的修改不符合专利法第33条的规定。
□ 说明书的撰写不符合专利法实施细则第17条的规定。

7) 다만, 실무상 중국 특허법 실시세칙 제20조에 해당하더라도 중국 특허법 제26조를 이유로 거절 이유를 통지하는 것으로 보인다. 한편, 중국 특허법 실시세칙 제20조에 현저하게 부합하지 않는 경우에는 방식심사 단계에서 심사될 수도 있다(중국 특허법 실시세칙 44조). 그러나 실무상 명세서의 형식요건을 제외하고는 중국 특허법 실시세칙 제20조에 부합하는지의 여부는 대부분 실질심사 단계에서 판단될 것이다.

제2절 특허청구범위(权利要求书)의 작성방법

중국 특허법 제26조 제4항【특허청구범위의 실질적 기재요건】

특허청구범위는 명세서에 근거하여야 하며, 명확·간단하게 특허보호를 요구하는 범위를 한정하여야 한다.

专利法第二十六条: 权利要求书应当以说明书为依据,清楚、简要地限定要求专利保护的范围。

중국 특허법 실시세칙 제23조 제2항【특허청구범위의 실질적 기재요건】

독립항은 전체적으로 발명 또는 실용신안의 기술방안을 반영해야 하고, 기술문제를 해결하는 데 필요한 기술특징을 기재해야 한다.

专利法实施细则第二十三条: 独立权利要求应当从整体上反映发明或者实用新型的技术方案,记载解决技术问题的必要技术特征。

중국 특허법 실시세칙 제22조【특허청구범위의 작성방식】

① 특허청구범위는 발명 또는 실용신안의 기술특징을 기재해야 한다.
② 특허청구범위에 여러 개의 청구항들이 있는 경우에 아라비아 숫자를 사용하여 순서를 매겨야 한다.
③ 특허청구범위에 사용한 과학기술용어는 명세서에 사용한 과학기술용어와 일치해야 하고, 화학식 또는 수학식은 있을 수 있으나 삽화는 있어서는 안 된다. 반드시 필요한 경우를 제외하고 "명세서 … 부분에 설명한 바와 같이" 또는 "도면 … 표시된 바와 같이"와 같은 용어를 사용해서는 아니 된다.
④ 청구항의 기술특징은 명세서의 첨부도면 중의 상응한 표기를 인용할 수 있고, 그 표기를 상응한 기술특징 다음의 괄호 안에 기재하여 청구항을 이해하는 데 편리하게 해야 한다. 첨부도면의 표기를 청구항에 대한 제한으로 해석해서는 아니 된다.

专利法实施细则第二十二条: 权利要求书应当记载发明或者实用新型的技术特征。权利要求书有几项权利要求的,应当用阿拉伯数字顺序编号。

权利要求书中使用的科技术语应当与说明书中使用的科技术语一致,可以有化学式或者数学式,但是不得有插图。除绝对必要的外,不得使用“如说明书 … 部分所述”或者“如图 … 所示”的用语。
权利要求中的技术特征可以引用说明书附图中相应的标记,该标记应当放在相应的技术特征后并置于括号内,便于理解权利要求。附图标记不得解释为对权利要求的限制。

중국 특허법 실시세칙 제23조 제1항 및 제3항【특허청구범위의 작성방식】

① 특허청구범위에는 독립항이 있어야 하며, 종속항이 있을 수 있다.
③ 종속항은 부가의 기술특징을 사용하여 인용한 청구항에 대하여 한층 더 한정해야 한다.

专利法实施细则第二十三条: 权利要求书应当有独立权利要求,也可以有从属权利要求。
从属权利要求应当用附加的技术特征,对引用的权利要求作进一步限定。

중국 특허법 실시세칙 제24조【독립항의 기재방식】

① 발명 또는 실용신안의 청구항은 전제부와 특징부를 포함하고 있어야 하며 아래의 규정에 따라 작성해야 한다.

1. 전제부: 보호를 요구하는 발명 또는 실용신안 기술방안의 주제명칭과 발명 또는 실용신안의 주제와 가장 가까운 선행기술과 공유하는 데 필요한 기술특징을 명확히 기재
2. 특징부: “그 특징은 …” 또는 유사한 용어를 사용하여 발명 또는 실용신안과 가장 가까운 선행기술의 기술특징을 구별하여 명확히 기재해야 한다. 이러한 특징 및 전제부에 명확히 기재한 특징과 함께 발명 또는 실용신안이 보호를 요구하는 범위를 한정

② 발명 또는 실용신안의 성질상 전항의 방식을 사용하여 서술하는 것이 적합하지 아니한 경우, 독립항은 기타방식을 사용하여 작성할 수 있다.
③ 하나의 발명 또는 실용신안은 하나의 독립항만 있어야 하고, 동일한 발명 또는 실용신안의 “종속항” 앞에 기재되어야 한다.

专利法实施细则第二十四条: 发明或者实用新型的独立权利要求应当包括前序部分和特征部分,按照下列规定撰写:

(一)前序部分: 写明要求保护的发明或者实用新型技术方案的主题名称和发明或者实用新型主题与最接近的现有技术共有的必要技术特征;
(二)特征部分: 使用“其特征是…”或者类似的用语,写明发明或者实用新型区别于最接近的现有技术的技术特征。这些特征和前序部分写明的特征合在一起,限定发明或者实用新型要求保护的范围。
发明或者实用新型的性质不适于用前款方式表达的,独立权利要求可以用其他方式撰写。
一项发明或者实用新型应当只有一个独立权利要求,并写在同一发明或者实用新型的从属权利要求之前。

중국 특허법 실시세칙 제25조【종속항의 기재방식】

① 발명 또는 실용신안의 종속항은 인용부와 한정부를 포함하고 있어야 하며, 아래의 규정에 따라 작성해야 한다.
  1. 인용부: 인용한 청구항의 번호 및 그 주제명칭을 명확히 기재
  2. 한정부: 발명 또는 실용신안에 부가된 기술특징을 명확히 기재
② 종속항은 단지 앞의 청구항만을 인용해야 한다. 둘 이상의 청구항을 인용하는 다중 종속항은 택일적 방식을 선택하여 앞의 청구항을 인용해야 하고, 다른 다중 종속항의 기초로 해서는 아니 된다.

专利法实施细则第二十五条: 发明或者实用新型的从属权利要求应当包括引用部分和限定部分,按照下列规定撰写:
(一)引用部分: 写明引用的权利要求的编号及其主题名称;
(二)限定部分: 写明发明或者实用新型附加的技术特征。
从属权利要求只能引用在前的权利要求。引用两项以上权利要求的多项从属权利要求,只能以择一方式引用在前的权利要求,并不得作为另一项多项从属权利要求的基础。

Ⅰ. 서 언

“특허청구범위(权利要求书)”란 출원인이 특허로 보호받고자 하는 발명의 범위를 기재한 것으로, 특허 등록 전에는 심사관에 대하여 특허권을 신청하는 권리요구서로서의 역할을 하고, 등록 후에는 발명의 보호범위 해석의 기준으로서의 역할

을 한다.[8)] 중국 특허법 第26조 第4항 및 중국 특허법 실시세칙 第23조 第2항에서는 특허청구범위의 실질적 요건에 대하여 규정하고 있으며, 중국 특허법 실시세칙 第22조 내지 第25조에서 특허청구범위의 작성방식에 대하여 규정하고 있다.

Ⅱ. 중국 특허법 第26조 第4항

중국 특허법 第26조 第4항은 특허청구범위는 ⅰ) 명세서에 근거하여야 하며, ⅱ) 명확하고 간결하게 보호를 요구하는 범위를 한정하여야 한다고 규정하고 있다.[9)]

1. 특허청구범위는 "명세서(说明书)에 근거"할 것의 의미

(1) 명세서의 공개범위를 초과하지 않을 것

특허청구범위가 "명세서에 근거"한다는 것은 특허청구범위가 명세서의 지지를 받아야 하다는 것을 가리킨다. 청구항의 기술방안은 해당 분야의 기술자가 명세서에 공개된 내용으로부터 얻을 수 있거나 개괄해 낼 수 있는 것이어야 하며, 명세서의 공개범위를 초과해서는 안 된다. 판례 역시 명세서에 기재되지 않은 기술공헌은 특허권의 획득을 요구하는 기초로 삼을 수 없으며, 특허권자가 제출한 출원일 이후의 기술문헌은 일반적으로 특허권 획득의 근거로 판단해서는 안 된다고 판시한 바 있다.[10)]

(2) 도면에 공개된 내용

중국 특허법은 도면도 명세서의 일부분으로 본다. 따라서 도면에 도시된 내용을 기초로 특허청구범위가 명세서에 의하여 지지된다고 주장할 수 있다.[11)]

---

8) 참고로, 중국 특허법 第64조 第1항은 "특허권의 보호범위는 그 특허청구범위의 내용을 기준으로 하며, 명세서 및 도면은 특허청구범위의 내용을 해석하는 데 이용할 수 있다"고 규정하고 있다.

9) 이는 특허청구범위의 실질적 기재요건 중 하나로, 실무상 이에 대한 분쟁이 한국에 비하여 많은 편이다.

10) 최고인민법원(2013)지행자제77호.

(3) 판단 방법

i) 청구항이 명세서의 뒷받침을 받는지를 판단할 때에는 명세서의 "전체 내용"을 고려하여야 하며 구체적인 실시 예 부분에 기재된 내용에만 의존해서는 안 된다.

ii) 청구항은 일반적으로 명세서에 기재된 하나 이상의 실시 예를 개괄한 것이며, 출원인은 가능한 넓은 보호범위를 갖도록 개괄하는 것이 일반적이다.[12] 예를 들어, 출원인은 하나 이상의 하위개념의 실시 예를 명세서에 기재한 후, 해당 실시 예의 상위개념으로 청구항을 개괄할 수 있다. 이 경우, 만약 청구항의 상위개념이 명세서에 기재된 하위개념과는 다른 하위개념을 포함하고 있으며, 해당 다른 하위개념이 발명이 해결하고자 하는 기술문제를 해결하여 동일한 기술효과를 달성할 수 있는지에 대한 의심을 갖게 한다면, 해당 청구항은 명세서의 뒷받침을 받지 않는 것으로 해석된다.[13]

iii) 중국 특허심사지침에 따르면, 청구항의 개괄이 적절한지 여부는 관련된 종래 기술을 기준으로 판단하며, 개척발명의 경우에는 좀 더 넓은 보호범위로 개괄하는 것이 허용될 수 있다.

---

11) 다만, 청구항에 기재되어 있지 않으며 단지 도면에 대한 측량을 통해서 얻어 낸 수치 파라미터는 일반적으로 청구항의 보호범위를 한정하는 데 사용할 수는 없다[최고인민법원(2012)민신자제1318호].

12) 판례에 따르면, 적절한 보호범위를 획득하기 위하여, 권리자는 명세서에 충분히 공개된 구체적 실시 방식 등의 내용에 기초하여 합리적인 개괄 방식을 통하여 청구항을 작성할 수 있다[최고인민법원(2016)최고법행신19호].

13) 예를 들어, 중국 특허심사지침에 따르면, 명세서에 기재된 '플랫 벨트(flat belt)', 'V-벨트', '톱니형 벨트' 등을 청구항에서 '벨트 드라이브(belt drive)'로 개괄하거나, 명세서에 기재된 '헬륨-네온 레이저', '아르곤 이온 레이저', '일산화탄소 레이저', '이산화탄소 레이저' 등을 청구항에서 '기체 레이저'로 개괄하는 것은 명세서의 뒷받침을 받는 것으로 허용된다. 그러나 다른 예로, 명세서에 한 종류의 식물 씨앗 처리 방법만 기재되어 있고, 다른 식물 씨앗에 대한 처리 방법은 기재되어 있지 않은 경우, 청구항에서 이를 "냉동 시간과 냉동 정도를 조절하여 식물 씨앗을 처리하는 방법"이라고 개괄하는 것은 식물의 저온 내성 등의 생리적 특성 차이로 인해 다른 씨앗에 대한 처리 효과를 예측하기 어렵기 때문에 명세서의 뒷받침을 받지 않는 것으로 해석되어 허용되지 않을 수 있다. 다만, 명세서에 이러한 식물 씨앗과 다른 식물 씨앗의 일반적인 관계가 명시되어 있거나 충분한 실험 예시가 기재되어 있어, 당업자가 명세서의 기재를 바탕으로 다른 식물 씨앗에 이 방법을 적용할 수 있다고 판단할 수 있다면, 이러한 청구항의 개괄은 명세서의 지지를 받는 것으로 볼 수 있다.

2. 특허청구범위는 “명확하고 간결”할 것의 의미

(1) 특허청구범위가 명확하고 간결하다는 것은 각 청구항이 명확하고 간결하며, 모든 청구항이 전체로서 명확하고 간결하다는 것을 의미한다.

(2) 특허청구범위는 ⅰ) 청구항의 유형이 명료해야 하며,[14] ⅱ) 청구항의 주제명칭이 청구항의 기술내용과 상호 부응해야 하고, ⅲ) 청구항에 의하여 확정되는 보호범위가 명료해야 한다.

(3) 중국 특허심사지침에 의하면, 청구항에는 ⅰ) ‘두꺼운’, ‘얇은’, ‘강한’, ‘약한’, ‘고온’, ‘고압’, ‘아주 넓은 범위’와 같이 의미가 불명료한 용어[15]를 사용해서는 안 되며, ⅱ) ‘예를 들면’, ‘바람직하게는’, ‘특히’, ‘필요한 경우’ 등의 유사용어를 사용해서는 안 되고, ⅲ) 일반적으로 ‘약’, ‘가까운’, ‘등’, ‘이와 유사한’과 같은 불명료한 용어[16]를 사용해서도 안 된다. 또한, 부호를 표시하거나, 화학식이나 수학식과 같은 경우를 제외하고는, 청구항에는 괄호의 사용을 가급적 피해야 한다.[17]

(4) 또한 중국 특허심사지침에 의하면, 청구범위에 동일한 보호범위를 갖는 동일한 유형의 청구항을 2개 이상 기재하거나, 청구항에 기술특징 이외에 불필요한 이유나 근거를 기재하는 것은, 청구항을 간략하게 기재하지 않은 것으로 보아 허용되지 않는다.

3. 흠결 시 처리

특허청구범위의 실질적 기재요건에 관한 중국 특허법 제26조 제4항은 등록 전에는 거절사유(중국 특허법 실시세칙 제59조)에 해당하며, 등록 후에는 무효사유(중국 특허법 실시세칙 제69조 제2항)에 해당한다.

---

14) 예를 들어, 물품 청구항인지, 방법 청구항인지 명확해야 하며, ‘~ 제품 및 그 제조 방법’과 같은 청구항은 허용되지 않는다.

15) 다만 증폭기의 ‘고주파’와 같이 특정기술분야에서 이러한 용어가 공인된 확실한 의미를 가지는 경우는 예외로 한다.

16) 다만 심사관은 구체적인 상황에 따라 판단하며, 만약 이러한 표현이 청구항을 불명료하게 하지 않는다면 허용될 수 있다.

17) 다만 ‘(메틸)아크릴레이트’, ‘10%~60%(중량)의 A를 포함하는 화합물’과 같이 일반적으로 그 의미를 받아들일 수 있는 괄호의 사용은 허용된다.

Ⅲ. 중국 특허법 실시세칙 제23조 제2항

중국 특허법 실시세칙 제23조 제2항은 "독립항은 기술문제를 해결하는 데 필요한 기술특징을 기재하여야 한다"라고 규정하고 있다. 이는 특허청구범위의 실질적 기재요건에 관한 것으로, 1984년 중국 특허법 실시세칙이 제정될 당시부터 존재하던 규정이다.[18] 중국 특허법 제26조 제4항과 함께, 이에 대한 분쟁은 실무상 한국에 비하여 많은 편이다.[19]

1. 필수기술특징의 의미

중국학계의 일반적 견해에 따르면, 독립항에 필수기술특징(必要技术特征)을 기재하여야 한다는 것의 의미는 ⅰ) 독립항은 발명의 기술방안을 완전하게 반영하여야 하며 하나 또는 일부의 구성요소만을 반영해서는 안 되고, ⅱ) 독립항에는 해결하고자 하는 기술문제를 해결하기 위한 기술특징을 기재하여야 하며, ⅲ) 독립항에 기재된 기술방안에 의하여 해당 기술문제를 해결할 수 있어야 한다는 것을 의미한다.

2. 필수기술특징의 판단방법

(1) 중국 특허심사지침에 따르면, "필수기술특징"은 발명이 기술문제를 해결하는 데 불가결한 기술특징을 가리킨다. 또한 필수기술특징의 집합은 발명의 기술방안을 구성하는 데 충분하여야 하며, 배경기술에 기재된 다른 기술방안과는 구

---

18) 참고로, 2010년 중국 특허법 실시세칙의 개정 시에 중국 특허법 실시세칙 제23조 제2항의 삭제여부를 놓고 논란이 있었다. 이는 중국 특허법 실시세칙 제23조 제2항을 엄격하게 적용하면 실무상 심사관이 실시 예의 모든 구성요소를 필수구성요소로 보아 거절이유를 통지함으로써 발명의 보호범위가 지나치게 협소하게 될 가능성이 높기 때문이다. 그러나 결론적으로 중국의 국내의 사정을 고려하여 아직 그 유지의 필요성이 있는 것으로 보아, 이에 대한 개정은 이루어지지 않았고, 2024년 개정에서도 여전히 유지되고 있다.

19) 참고로, 한국은 이와 유사한 규정을 갖고 있었으나, 2007년 개정 시에 특허법 제42조 제4항 제3호의 "발명의 구성에 없어서는 안 될 사항만으로 기재될 것"의 요건을 삭제하여, 현재는 중국과 같은 청구항의 기재요건을 요구하지 않는다.

분되어야 한다. 하나의 기술특징이 필수기술특징인지의 여부를 판단할 때에는 해결하고자 하는 기술문제로부터 출발하여 명세서에 기재된 전체 내용을 고려해야 하며, 실시 예의 기술특징을 단순하게 필수기술특징으로 판단해서는 안된다.

(2) 또한 중국 특허심사지침에 따르면, 심사관은 독립 청구항이 완전하게 기재되었는지 여부를 판단할 때에 독립항이 기술문제를 해결하는 데 필요한 필수기술특징을 전부 기재하였는지 여부를 중점적으로 보아야 한다. 판례 역시 마찬가지이다.[20]

4. 흠결 시 처리

특허청구범위의 실질적 기재요건에 관한 중국 특허법 실시세칙 제23조 제2항은 등록 전에는 거절사유(중국 특허법 실시세칙 제59조)에 해당하며, 등록 후에는 무효사유(중국 특허법 실시세칙 제69조 제2항)에 해당한다.

Ⅳ. 특허청구범위의 작성방식

1. 일반적인 청구항의 작성방식(중국 특허법 실시세칙 제22조)

(1) 특허청구범위에 다수의 청구항들이 있는 경우에 아라비아 숫자를 사용해 순서를 매겨야 한다.

(2) 특허청구범위에 사용한 과학기술용어는 명세서에 사용한 과학기술용어와 일치해야 하고, 화학식 또는 수학식은 있을 수 있으나 삽화는 있어서는 안 된다. 반드시 필요한 경우를 제외하고는 "명세서 … 부분에 설명한 바와 같이" 또는 "도면 … 표시된 바와 같이"와 같은 용어를 사용해서는 안 된다.

20) 최고인민법원(2014)행제자제13-15호.

(3) 일반적으로 청구항에 표를 사용하는 것은 허용되지 않지만, 표를 사용하는 것이 발명의 보호 대상을 보다 명확하게 설명하는 데 도움이 되는 경우에는 예외적으로 허용될 수 있다

(4) 청구항의 기술특징은 첨부된 도면 중 대응하는 부호를 인용할 수 있다. 즉, 청구항의 기술특징에 대응하는 도면 부호를 해당 기술특징의 후미에 괄호를 이용하여 기재함으로써 청구항을 이해하는 데 편리하도록 할 수 있다. 다만 이 경우에, 청구항에 기재된 도면 부호를 청구항에 대한 제한으로 해석해서는 안 된다.

2. 개방형 청구항과 폐쇄형 청구항

중국 특허심사지침에 따르면, 조합물(组合物)에 관한 청구항은 개방형 청구항과 폐쇄형 청구항으로 구분될 수 있다.[21)]

(1) 개방형 청구항의 작성방식 및 해석

개방형 청구항은 '포함(包含)', '포괄(包括)', '주로 … 으로 조성(主要由 … 组成)'의 표현방식을 사용한다. 개방형 청구항은 그 청구항에 기재되지 않은 성분을 더 포함하는 조합물도 보호범위에 속하는 것으로 해석된다. 예를 들어, 청구항이 "a, b, c를 포함(包括 a, b, c)하는 조합물 A"인 경우에 a, b, c 및 d를 포함하는 조합물 B는 특별한 사정이 없는 한 청구항의 보호범위에 포함되는 것으로 해석된다.

(2) 폐쇄형 청구항의 작성방식 및 해석

폐쇄형 청구항은 '…으로 조성(由 … 组成)'의 표현방식을 사용한다. 폐쇄형 청구항의 보호범위는 기재된 성분에 한정되며, 다른 성분을 포함하는 조합물은 보호범위에서 배제되는 것으로 해석된다. 예를 들어, 청구항이 "a, b, c로 조성(由 a, b, c 组成)된 조합물 A"인 경우, a, b, c 및 d로 조성된 조합물 B는 청구항의 보호범위에 포함되지 않는 것으로 해석된다.[22)]

---

21) 최고인민법원(2012)지행자제20호.

22) 최고인민법원(2012)민제자제10호.

3. 독립항의 작성방식(중국 특허법 실시세칙 제24조)

(1) 전제부와 특징부의 구별

청구항은 전제부와 특징부를 포함하며, ⅰ) 전제부에는 보호를 요구하는 발명의 기술방안의 주제 명칭 및 발명의 주제와 가장 근접하는 선행기술과 공유하는 기술특징을 명확히 기재하고,[23] ⅱ) 특징부에는 "그 특징은 …" 또는 이와 유사한 용어를 사용하여 발명의 주제와 가장 근접하는 선행기술과의 기술특징이 명확히 구별되도록 기재하여야 한다. 이러한 특징부의 기재내용은 전제부에 기재된 특징과 함께 발명이 보호를 요구하는 범위를 한정한다. 다만, 발명의 성질상 이러한 작성방식이 적합하지 아니한 경우에는 전제부와 특징부를 구별하지 않아도 된다.

(2) 하나의 발명은 하나의 독립항만을 기재

하나의 발명은 하나의 독립항만 있어야 하고, 동일한 발명의 종속항 앞에 기재되어야 한다. 이는 특허청구범위가 전체적인 면에서 더 명료하고 간결하게 하기 위한 것이다.[24]

4. 종속항의 작성방식(중국 특허법 실시세칙 제25조)

(1) 인용부와 한정부의 구별

종속항은 인용부와 한정부를 포함하고 있어야 하며, ⅰ) 인용부에는 인용한 청구항의 번호 및 그 주제 명칭을 명확히 기재하고, ⅱ) 한정부에는 발명에 부가된 기술특징을 명확히 기재하여야 한다.

---

23) 참고로, 독립항의 전제부에 기재된 기술이 선행기술인지의 여부와 관련하여, 판례는 중국 특허법 실시세칙 제24조에서 독립항의 전제부에는 발명과 가장 가까운 선행기술의 공유특징을 기재하도록 규정되어 있다 하더라도 이는 독립항의 기재방식에 대한 요구일 뿐 독립항의 전제부가 선행기술이라는 의미는 아니며, 정확한 증거로써 독립항의 전제부에 기재된 내용이 선행기술임을 증명하여야 하는 것으로 본다.

24) 다만 이는 하나의 출원이 하나의 독립항만을 포함하여야 한다는 의미는 아니며, 실무상 하나의 출원은 복수의 독립항을 포함할 수 있다.

(2) 다중 종속항의 허용

2개 이상의 청구항을 인용하는 다중 종속항은 허용되나, 다중 종속항이 다중 종속항을 인용하는 것은 허용되지 않는다. 구체적으로, 2개 이상의 청구항을 인용하는 다중 종속항은 ⅰ) 택일적 방식으로만 앞부분의 청구항을 인용할 수 있으며,[25] ⅱ) 다른 다중 종속항의 기초로 될 수 없다.[26] 즉, 뒷부분의 다중 종속항은 앞부분의 다중 종속항을 인용하여서는 안 된다.

5. 흠결 시 처리

특허청구범위의 작성방식에 관한 중국 특허법 실시세칙 제22조, 제24조 및 제25조는 거절사유 및 무효사유에 해당하지 않는다. 다만 심사관은 실질심사단계에서 심사의견통지서(审查意见通知书)를 통하여 중국 특허법 실시세칙 제22조, 제24조 및 제25조 위반을 이유로 심사의견을 통지할 수 있다.[27] 만약 중국 특허법 실시세칙 제22조, 제24조 및 제25조에 현저하게 부합하지 않는다면, 심사관은 방식심사 단계에서 심사의견을 통지할 수도 있다(중국 특허법 실시세칙 제50조).

Ⅴ. 기타 관련 문제

1. 기능식 청구항

(1) 인정여부

일반적으로 물건청구항에 있어서 기능 또는 효과를 사용하여 발명을 한정하는 것은 가능한 피하여야 한다. 다만, 어떤 기술특징이 구조적 특징을 사용해서는

25) 예를 들어, "청구항 1 또는 2에 있어서…", "청구항 4 내지 9의 어느 한 항에 있어서…"와 같은 방식으로 기재한다.

26) 예를 들어, 청구항 3이 "청구항 1 또는 2에 따른 장치…"인 경우에, 청구항 4를 "청구항 1, 2 또는 3에 기재한 장치에 있어서…"와 같이 기재하는 것은 허용되지 않는다. 왜냐하면, 다중 종속항인 청구항 4가 인용하는 청구항 3이 다중 종속 청구항이기 때문이다.

27) 참고로, 중국 특허법 실시세칙 제22조, 제24조 및 제25조에 현저하게 부합하지 않는 경우에는 방식심사 단계에서 심사의견이 통지될 수도 있다(중국 특허법 실시세칙 제50조).

한정할 수 없거나 구조적 특징을 사용하는 것보다 기능적 특징을 사용하여 한정하는 것이 더 적절하며, 명세서에 기재된 특정 실험 및 조작 내용 또는 해당 기술분야의 관용 수단을 이용하여 그 기능 또는 효과를 직접적으로 검증할 수 있는 경우에 한하여 기능 또는 효과적 특징을 사용하여 청구항을 작성하는 것을 허용한다.

(2) 판단 방법

i) 심사단계에서, 청구항에 포함된 기능적 한정은 그 기능을 실현할 수 있는 모든 실시방식을 포괄하는 것으로 해석된다. 기능적 한정을 포함하는 청구항에 대해서, 심사관은 해당 기능적 한정이 명세서에 의하여 뒷받침되는지 심사해야 한다. 만약 청구항에 한정한 기능이 명세서의 실시 예에서 기재된 특정 방식으로 수행되며, 당업자가 이 기능이 명세서에서 언급되지 않은 다른 대체 방식으로도 수행될 수 있는지를 명확히 알 수 없거나, 동일한 기술효과를 달성할 수 없을 것이라고 충분히 의심할 만한 사유가 있다면, 청구항에 이러한 다른 대체 방식을 포함하는 기능적 한정을 사용하는 것은 허용되지 않는다. 또한, 만약 명세서에서 다른 대체 방식도 적용 가능하다고 애매하게만 서술되어 있고, 당업자가 이러한 대체 방식이 무엇인지 명확하게 알 수 없다면, 청구항에 기능적 한정을 사용하는 것은 허용되지 않는다.[28]

ii) 침해소송단계에서, 법원은 청구항에 기능 또는 효과로서 기술한 기술특징에 대하여 명세서 및 첨부도면에 기재된 해당 기능 또는 효과의 구체적인 실시방식 및 균등한 실시방식을 결합하여 당해 기술특징의 내용을 확정한다.[29] 따라서 기능식 청구항으로 판정되면, 특허권의 침해분쟁 시에 기능식 청구항으로 판정된 청구항의 보호범위는 좁아지게 된다.[30]

---

28) 중국 특허심사지침.

29) 최고인민법원의 특허권 침해분쟁 소송사건 심리에 적용하는 법률에 관한 약간의 문제 해석(最高人民法院关于审理侵权专利权纠纷案件应用法律若干问题的解释), 제4조.

30) 최고인민법원(2017)최고법민신1804호.

2. 마쿠쉬 청구항[31)]

(1) 정의

하나의 청구항이 2 이상의 병렬로 나열된 선택 가능한 요소를 한정하고 있으면 마쿠쉬 청구항을 구성한다. 중국 특허심사지침에 따르면, "특징 A, B, C 또는 D"와 같이 표현하거나, "A, B, C 및 D로 구성된 물질군에서 선택된 하나의 물질" 등과 같이 표현할 수 있다.

(2) 중국 특허심사지침의 태도

마쿠쉬 청구항에 있어서, 병렬로 나열된 요소의 구체적 내용은 동등한 것이어야 하며, 상위 개념을 '또는'을 사용하여 하위 개념과 병렬로 나열하는 것은 허용되지 않는다. 또한 병렬로 나열된 선택 가능한 요소는 그 의미가 명확해야 한다. 예를 들어, "A, B, C, D 또는 유사물(설비, 방법, 장치)"과 같은 표현에서 "유사물"이라는 개념은 의미가 불분명하므로, 구체적인 물질이나 방법(A, B, C, D)과 병렬로 나열될 수 없다. 만약 하나의 마쿠쉬 청구항에 있어서 선택 가능한 요소가 유사한 성능을 가지고 이러한 요소가 기술적으로 상호 관련되어 동일 또는 상응하는 특정 기술특징을 가진다고 볼 수 있을 때, 해당 청구항은 단일성의 요구에 부합하는 것으로 볼 수 있다.

---

31) 중국 특허심사지침.

제3장

발명의 단일성(专利申请的单一性)

중국 특허법 제31조 제1항 【발명의 단일성】

하나의 특허출원은 하나의 발명에 한정하여야 한다. 하나의 총괄적 발명사상에 속하는 2 이상의 발명은 하나의 출원으로 제출할 수 있다.

专利法第三十一条: 一件发明或者实用新型专利申请应当限于一项发明或者实用新型。属于一个总的发明构思的两项以上的发明或者实用新型,可以作为一件申请提出。

중국 특허법 실시세칙 제39조 【총괄적 발명사상의 의미】

중국 특허법 제31조 제1항 규정에 의하여, 하나의 특허로 출원할 수 있는 하나의 총괄적 발명사상에 속하는 2개 이상의 발명 또는 실용신안은 기술적 상호 관련이 있어야 하고, 하나 또는 다수의 동일 또는 상응한 특정 기술의 특징을 포함하고 있어야 하며, 그중에 특정 기술의 특징이란 각 발명 또는 실용신안이 전체로서 선행기술에 대하여 공헌하는 기술특징을 말한다.

专利法实施细则第三十九条: 依照专利法第三十一条第一款规定,可以作为一件专利申请提出的属于一个总的发明构思的两项以上的发明或者实用新型,应当在技术上相互关联,包含一个或者多个相同或者相应的特定技术特征,其中特定技术特征是指每一项发明或者实用新型作为整体,对现有技术作出贡献的技术特征。

중국 특허법 실시세칙 제48조 제2항【단일성 위반 시 보정 명령】

국무원 특허행정부서가 1건 특허출원이 특허법 제31조와 이 세칙 제39 또는 제40조 규정에 부합하지 아니한 것으로 인정할 경우, 출원인에게 지정기한 내에 그 출원에 대하여 보정하도록 통지해야 한다. 출원인이 기한 내에 답변이 없을 경우 그 출원은 취하한 것으로 간주한다.

专利法实施细则第四十八条: 国务院专利行政部门认为一件专利申请不符合专利法第三十一条和本细则第三十九条或者第四十条的规定的,应当通知申请人在指定期限内对其申请进行修改; 申请人期满未答复的,该申请视为撤回。

Ⅰ. 서 언

한국 특허법 제45조와 마찬가지로, 중국 특허법 제31조는 원칙적으로 하나의 발명에 대하여는 하나의 특허출원만을 허여하되, 예외적으로 2 이상의 발명이 하나의 총괄적 발명사상을 공유하는 경우에 2 이상의 발명을 하나의 특허출원으로 하는 것을 허여하는 발명의 단일성 규정을 마련하고 있다. 중국 특허법 제31조의 취지는 밀접한 연관이 있는 2 이상의 발명은 하나의 특허출원으로 심사함으로써 출원인의 경제적 부담을 덜어주면서 동시에 심사관의 심사 부담을 경감하기 위한 것이다.

Ⅱ. 단일성의 판단 방법

1. 객체적 기준

2 이상의 발명이 하나의 총괄적 발명사상에 속하는지의 여부는 청구범위를 기준으로 판단한다. 일반적으로 심사관은 독립항 간의 단일성에 대하여만 검토한다. 다만 하나의 독립항이 신규성 또는 진보성의 결여 등의 이유로 특허권을 수여할 수 없는 경우에는 그 종속항 간의 단일성이 문제될 수 있다.

2. "총괄적 발명사상"의 의미

하나의 총괄적 발명사상에 속하는 2개 이상의 발명은 기술적 상호 관련이 있어야 하고, 하나 이상의 동일 또는 상응하는 특정 기술특징을 포함하여야 한다. 여기서 특정 기술특징이란 각 발명이 전체로서 선행기술에 대하여 공헌하는 기술특징을 말하며, 선행기술에 비하여 신규성 및 진보성을 구비하는 기술특징을 의미한다.

[중국 특허심사지침 중 단일성 판단의 예]

[청구항 1] 필라멘트 A. [청구항 2] 필라멘트 A로 제조된 전구 B. [청구항 3] 필라멘트 A로 제조된 전구 B 및 선회장치가 장착된 탐조등.
〈해설〉 선행기술에 공개된 전구용 필라멘트와 비교할 때 필라멘트 A가 신규성 및 진보성을 구비하는 경우에, 청구항 1 내지 창구항 3은 동일한 특정기술특징인 필라멘트 A를 구비하므로 이들은 단일성을 구비한다.

Ⅲ. 흠결 시 처리

특허출원의 청구범위가 발명의 단일성에 위반하는 경우에 심사관은 지정된 기간 내에 출원인에게 그 출원을 하나의 발명 또는 하나의 총괄적 발명사상에 속하는 2 이상의 발명으로 한정하도록 요구한다. 출원인이 지정된 기간 내에 답변이 없을 경우에 그 출원은 취하된 것으로 간주한다(중국 특허법 실시세칙 제48조 제2항).

또한 출원인이 충분한 이유 없이 원출원을 단일성을 가진 출원으로 보정하지 않은 경우에 해당 출원은 거절될 수 있다. 단, 단일성에 관한 중국 특허법 제31조 제1항의 규정은 형식적 사항에 관한 것이므로, 등록 전 거절사유(중국 특허법 실시세칙 제59조)에는 해당하지만 등록 후 무효사유에는 해당하지 않는다.

Ⅳ. 단일성 거절이유에 대한 대응

청구범위에 단일성이 결여된 1군의 발명과 2군의 발명이 존재하며 이 중 1군 발명에 대한 심사의견을 받은 경우, 출원인은 지정된 기간 내에 원출원을 하나의 발명 또는 하나의 총괄적 발명사상에 속하도록 보정을 할 수 있다. 또는 출원인은 2군의 발명을 삭제하고, 삭제된 2군 발명에 대해서는 분할출원을 진행할 수 있다. 이외에, 2024년 개정 중국 특허심사지침에 의하면, 출원인은 1군의 발명을 삭제하는 방식으로 대응할 수도 있다.[1)]

Ⅴ. 국제출원의 특례

1. 단일성 회복비용(单一性恢复费)의 납부

국제조사기구 또는 국제예비심사기구가 국제출원의 단일성이 결여되어 있다고 판단하고 출원인이 추가 검색비 또는 추가 심사비를 납부하지 않아 국제조사 또는 국제예비조사를 진행하지 않은 발명이 포함되어 있는 경우, 심사관은 국제기관의 판단이 정확하다고 판단할 경우에 출원인에게 단일성 회복비용(单一性恢复费)을 납부하도록 통지한다(중국 특허법 실시세칙 제133조 제2항).

---

1) 실무적으로, 중국 심사관은 발명의 단일성을 위반하는 경우에 1군의 발명에 대하여는 신규성 등의 실질심사를 진행하나, 다른 군의 발명에 대하여는 실질심사를 진행하지 않는다. 이 경우에, 개정 전의 중국 특허심사지침에서는 실질심사가 진행된 청구항을 삭제하고 실질심사가 진행되지 않은 청구항을 심사대상 청구항으로 요구하는 보정은 심사관이 지적하지 않은 결함에 대하여 보정한 것에 해당하여 허용되지 않았으며, 심사관은 단일성 극복을 위하여 출원인에게 실질심사가 진행되지 않은 청구항을 삭제할 것을 출원인에게 요구할 수 있었다. 그러나 2024년 개정된 중국 특허심사지침에서는, 심사관이 출원인에게 실질심사가 진행되지 않은 청구항을 삭제할 것을 요구할 수 있다는 내용을 삭제하였다. 이에 따라 출원인은 실질심사가 진행된 청구항을 삭제하는 방식으로 단일성 흠결에 대응할 수 있게 되었다. 즉, 1군의 발명이 신규성 혹은 진보성이 없다는 심사 의견을 받은 경우, 출원인은 1군의 발명을 삭제하는 방식으로 단일성 흠결을 극복하고 다른 군의 발명에 대해서 다시 실질심사를 받을 수 있게 되었다.

2. 단일성 회복비용 미납부 시 분할출원의 제한

만약 출원인이 단일성 회복비용을 납부하지 않는다면, 심사관은 출원인에게 단일성 위반을 이유로 국제조사를 거치지 않은 발명은 취하한 것으로 보며 그 부분을 삭제한 보정서류를 제출할 것을 요구하는 통지서를 발송한다. 단일성 회복비용을 납부하지 않아 삭제된 발명에 대하여는 출원인은 향후 분할출원을 제출할 수 없다.

제4장

출원의 보정(修改专利申请文件)

중국 특허법 제33조【보정의 범위】

출원인은 특허출원 서류에 대하여 보정할 수 있으나, 특허출원 및 실용신안출원 서류에 대한 보정은 명세서 및 청구범위에 기재된 범위를 초과할 수 없으며, 디자인출원 서류에 대한 보정은 원도면 또는 사진에 표시된 범위를 초과할 수 없다.

专利法第三十三条: 申请人可以对其专利申请文件进行修改,但是,对发明和实用新型专利申请文件的修改不得超出原说明书和权利要求书记载的范围,对外观设计专利申请文件的修改不得超出原图片或者照片表示的范围。

중국 특허법 실시세칙 제57조【보정의 시기 및 보정의 종류】

① 특허출원인은 실질심사 청구 시 및 국무원 특허행정부서가 발송한 특허출원이 실질심사단계에 진입한다는 통지서를 받은 날로부터 3개월 내에 특허출원에 대한 보정을 제출할 수 있다.
② 실용신안 또는 디자인출원인은 출원일로부터 2개월 내에 실용신안 또는 디자인출원에 대한 보정을 제출할 수 있다.
③ 출원인이 국무원 특허행정부서가 발송한 심사의견 통지서를 받은 후 특허출원서류에 대하여 보정을 할 경우, 통지서가 지적한 결함에 대하여 보정해야 한다.
④ 국무원 특허행정부서는 특허출원서류 중의 문자와 부호의 명백하고 현저한 착오에 대하여 수정할 수 있다. 국무원 특허행정부서가 수정한 경우 출원인에게 통지해야 한다.

专利法实施细则第五十七条: 发明专利申请人在提出实质审查请求时以及在收到国务院专利行政部门发出的发明专利申请进入实质审查阶段通知书之日起的3个月内,可以对发明专利申请主动提出修改。
实用新型或者外观设计专利申请人自申请日起2个月内,可以对实用新型或者外观设计专利申请主动提出修改。
申请人在收到国务院专利行政部门发出的审查意见通知书后对专利申请文件进行修改的,应当针对通知书指出的缺陷进行修改。
国务院专利行政部门可以自行修改专利申请文件中文字和符号的明显错误。国务院专利行政部门自行修改的,应当通知申请人。

중국 특허법 실시세칙 제58조【보정의 방법】

특허 또는 실용신안출원의 명세서 또는 청구범위의 수정부분은 개별문자의 정정 또는 추가, 삭제를 제외하고 규정된 형식에 따라 페이지를 교체해야 한다. 디자인출원의 도면 또는 사진에 대한 보정은 규정에 따라 페이지를 교체해야 한다.

专利法实施细则第五十八条: 发明或者实用新型专利申请的说明书或者权利要求书的修改部分,除个别文字修改或者增删外,应当按照规定格式提交替换页。外观设计专利申请的图片或者照片的修改,应当按照规定提交替换页。

중국 특허법 실시세칙 제45조【우선권 인용 방식으로의 누락된 명세서, 청구항의 추가 제출】

발명 또는 실용신안 특허출원이 청구범위, 명세서, 또는 청구범위와 명세서의 일부를 누락하거나 잘못 제출하였으나 출원인이 제출일에 우선권을 요구한 경우, 제출일로부터 2개월 이내에 또는 국무원 특허행정부서가 지정한 기한 내에 선출원 문서를 인용하는 방식으로 추가 제출할 수 있다. 추가 제출 서류가 관련 규정을 충족하는 경우, 최초 제출 서류의 제출일을 출원일로 한다.

专利法实施细则第四十五条: 发明或者实用新型专利申请缺少或者错误提交权利要求书、说明书或者权利要求书、说明书的部分内容,但申请人在递交日要求了优先权的,可以自递交日起2个月内或者在国务院专利行政部门指定的期限内以援引在先申请文件的方式补交。补交的文件符合有关规定的,以首次提交文件的递交日为申请日。

Ⅰ. 서 언

보정이란 특허출원서류에 흠결이 존재하는 경우에 그 흠결을 치유하여 적법하게 하는 보충 또는 정정을 말한다. 중국 특허법 제33조 및 중국 특허법 실시세칙 제57조는 보정의 범위 및 시기를 규정하고 있으며, 출원인은 이 규정들에 의거하여 보정을 진행하여야 한다. 중국 특허법상 보정의 범위 및 시기는 한국 특허법과 일부 상이하여 실무상 종종 오해를 야기하므로, 이에 대한 주의가 필요하다. 한편, 2024년 개정 중국 특허법 실시세칙에서는 제45조를 신설하여 누락되거나 잘못 제출된 명세서 및 청구범위를 다시 제출할 수 있도록 하고 있다.

Ⅱ. 보정의 종류

중국 특허법상 보정의 종류는 ⅰ) 자진 보정, ⅱ) 심사의견통지서에 대응하여 수행하는 보정, ⅲ) 심사관의 직권 보정이 있다. 이 중 심사의견통지서에 대응하여 수행하는 보정은 중국 특허법 실시세칙 제57조 제3항에 따라 통지서가 지적한 흠결에 대하여만 보정을 수행하여야 하므로 '피동 보정(被动修改)'이라고도 칭해진다.

주의할 점은 실질심사 단계에서 한국 특허법은 심사관의 거절이유통지를 최초거절이유통지 또는 최후거절이유통지로 구분하고 이에 따른 보정의 범위를 달리 규정하고 있는 데 반하여, 중국 특허법은 이러한 최초 또는 최후 거절이유에 대한 구분이 없다는 것이다. 중국 실무상 심사관은 '제1차 심사의견통지서', '제2차 심사의견통지서' 등과 같이 심사의 차수(次数)를 달리하여 심사의견통지서를 발행하며, 각 차수의 심사의견통지서에 대응하여 수행할 수 있는 보정의 범위는 원칙적으로 동일하다.

Ⅲ. 자진 보정(主动修改)

1. 자진 보정의 시기

중국 특허법 실시세칙 제57조 제1항의 규정에 따라, 출원인은 ⅰ) 실질심사 청구 시, 또는 ⅱ) 실질심사단계 진입 통지서를 받은 날로부터 3개월 내에 자진 보정을 수행할 수 있다.

(1) 실질심사 청구 시

출원인은 실질심사를 청구함과 동시에 자진 보정을 수행할 수 있다. 출원인은 출원일로부터 3년 이내에 중국 특허청에 실질심사를 청구하여야 하며(중국 특허법 제35조), 만약 중국 출원이 우선권 주장을 수반한다면 중국 출원일이 아닌 우선일로부터 3년 이내에 실질심사를 청구하여야 한다(중국 특허법 실시세칙 제12조).

(2) 실질심사단계 진입 통지서를 받은 날로부터 3개월 내

출원인이 규정된 기간 내에 실질심사를 청구하고 심사 청구비용을 납부한 경우, 심사관은 해당 출원에 대한 실질심사를 착수한다. 해당 출원이 실질심사 단계에 진입하면 심사관은 실질심사단계 진입 통지서를 발행하며, 출원인은 실질심사단계 진입 통지서를 받은 날로부터 3개월 내에 자진 보정을 수행할 수 있다. 이 기간은 연장할 수 없다.

2. 자진 보정의 범위

(1) 신규사항 추가 금지

중국 특허법 제33조에 따라, 자진 보정은 명세서 및 청구범위에 기재된 범위를 초과하여 수행할 수 없다. 즉, 자진 보정은 신규사항이 추가되지 않는 범위 내에서만 가능하다.

(2) 신규사항 추가 금지의 판단방법

중국 특허법 제33조는 명세서 및 청구범위만을 보정의 기초로 인정하므로,

"요약서"는 보정의 기초로 할 수 없다. 반면 도면은 명세서의 일부로 보기 때문에, 도면에 기재된 내용은 보정의 기초로 할 수 있다. 중국 특허심사지침에 의하면, 명세서 및 청구범위에 기재된 범위란 i) 원명세서 및 청구범위의 문언상 기재 내용, ii) 원명세서와 청구범위의 문언상의 기재 및 첨부된 도면으로부터 직접 그리고 아무런 의심 없이 확정할 수 있는 내용을 모두 포함한다. 또한 명세서 및 청구범위에 기재된 내용이란 최초 명세서 및 청구범위에 기재된 내용을 가리키며 우선권 서류에 기재된 내용은 포함되지 않는다.

3. 심사의견통지서에 대응하여 수행하는 보정과의 비교

자진 보정의 범위가 중국 특허법 제33조에 의하여만 제한되는 데 반하여, 심사의견통지서에 대응하기 위하여 수행하는 보정은 중국 특허법 제33조뿐만 아니라 중국 특허법 실시세칙 제57조 제3항에 의하여도 제한된다. 즉, 자진 보정이 신규사항이 추가되지 않는 범위 내에서 가능함에 비하여, 심사의견통지서에 대응하여 수행하는 보정은 i) 신규사항을 추가하지 않는 범위 내에서 보정을 해야 할 뿐만 아니라, ii) 심사의견통지서에서 지적한 흠결에 대하여만 보정을 하여야 한다.

IV. 심사의견통지서에 대응하여 수행하는 보정(피동보정, 被动修改)

1. 피동보정의 시기

심사관은 출원을 심사한 후 일반적으로 심사의견통지서(审查意见通知书)의 형식으로 심사의견과 잠정적 결론을 출원인에게 통지한다. 출원인은 심사의견통지서에 대한 답변 시에 보정을 수행할 수 있다. 실무상 제1차 심사의견통지서에 대한 답변 기간은 4개월이며, 2차 이상의 심사의견통지서에 대한 답변 기간은 2개월이다. 이 기간은 특별한 사정이 없는 한 1회에 한하여 2개월까지 연장될 수 있다.

2. 피동보정의 범위

심사의견통지서에 대응하여 수행하는 보정은 중국 특허법 제33조 및 중국 특허법 실시세칙 제57조 제3항의 규정에 따라 그 범위가 제한된다.

(1) 중국 특허법 제33조에 의한 제한(신규사항 추가 금지)

자진보정과 유사하게, 심사의견통지서에 대응하여 보정을 수행할 때 역시 명세서 및 청구범위에 기재된 범위를 초과할 수 없다(중국 특허법 제33조).

(2) 중국 특허법 실시세칙 제57조 제3항에 의한 제한(심사의견통지서가 지적한 흠결)

중국 특허법 실시세칙 제57조 제3항에 의하여, 심사의견통지서에 대응하기 위하여 보정을 수행할 때에는 심사의견통지서가 지적한 흠결에 대해서만 보정을 수행하여야 한다. 만약 보정된 내용이 중국 특허법 실시세칙 제57조 제3항의 규정에 부합하지 않으면 이러한 보정서류는 일반적으로 인정되지 않는다. 다만 예외적으로 보정된 내용이 중국 특허법 실시세칙 제57조 제3항의 규정에 부합하지 않더라도, i) 보정된 서류가 원출원서류에 존재하는 흠결을 제거하였으며, ii) 특허권을 허여받을 전망이 있으면 이러한 보정은 심사의견통지서가 지적한 흠결에 대하여 진행한 것으로 인정하여 허여될 수 있다. 이는 심사촉진에 유리하기 때문이다.

Ⅴ. 구체적인 보정 범위의 판단 방법

1. 중국 특허법 제33조의 판단

중국 특허법 제33조는 신규사항을 추가하지 않는 범위 내에서 보정을 수행할 것을 요구하며, 이는 자진 보정 및 심사의견통지서에 대응하여 수행하는 보정 모두에 적용된다.

(1) 원 칙

보정은 최초 명세서 및 청구범위에 명확하게 기재되어 있거나, 최초 명세서 및 청구범위로부터 직접 그리고 아무런 의심 없이 확정할 수 있는 범위 내에서 수행되어야 한다. 만약 일부 내용에 대한 추가, 변경, 삭제 등의 보정이 수행된 경우, 보정된 내용과 최초 출원에 기재된 내용이 서로 다르며, 최초 출원에 기재된 내용으로부터 직접 그리고 아무런 의심 없이 확정할 수 없다면 이러한 보정은 허용되지 않는다. 판례에 따르면, 특허출원의 보정이 명세서 및 청구범위에 기재된 범위를 초과하였는지 여부의 판단은 해당 영역의 기술특징 및 통상적 표현, 해당 기술영역 당업자의 지식수준 및 인지능력, 기술방안 자체가 기술적으로 내재하고 있는 요구 등의 요소를 고려하여야 한다.[1)]

(2) 중국 특허심사 지침의 구체적인 예

① 청구항의 기술특징에 대한 변경이 원청구범위와 명세서에 기재된 범위를 벗어나는 경우는 중국 특허법 제33조 위반으로 허용될 수 없다.

② 원출원에서 발명의 필수기술특징으로 명확하게 인정한 기술특징을 독립항에서 삭제하는 보정은 중국 특허법 제33조를 위반하는 것으로 허용될 수 없다. 구체적으로, 원명세서에서 일관되게 발명의 필수기술특징으로 서술된 기술특징을 삭제하는 경우, 명세서에 기재한 기술방안과 관련된 기술용어를 청구항으로부터 삭제하는 경우, 명세서에서 명확하게 인정한 구체적인 응용범위에 관련되는 기술특징을 청구항으로부터 삭제하는 보정은 중국 특허법 제33조 위반으로 허용될 수 없다.

③ 원명세서 및 청구범위로부터 직접적으로 명확하게 인정할 수 없는 기술특징을 청구항 또는 명세서에 추가하는 보정은 중국 특허법 제33조를 위반하는 것으로 허용될 수 없다.

④ 원명세서 및 청구범위에 언급되지 않은 부가적 성분을 추가함으로써 원출원에 없는 특별한 효과를 발생시키는 경우에 이러한 보정은 중국 특허법 제33조를 위반하는 것으로 허용될 수 없다.

---

1) 최고인민법원(2013)행제자제21호.

[보정범위에 대한 판단]

	보정 전	보정 후
청구항	일면이 개방된 레코드 케이스	적어도 일면이 개방된 레코드 케이스
명세서 및 도면	3면이 접합되고 일면이 개방된 레코드 케이스만 설명	
심사지침의 태도	명세서의 어느 부분에도 '하나 이상의 면이 개방될 수 있다'는 것이 언급되어 있지 않으므로, 이러한 변경은 원명세서 및 청구범위의 기재 범위를 벗어나는 것으로 중국 특허법 제33조에 반하여 허용될 수 없음	
저자 해설	보정 후 청구항의 보호범위는 '일면이 개방된 레코드 케이스' 뿐만 아니라 '2면 이상이 개방된 레코드 케이스'를 포함하며, 2면 이상이 개방된 레코드 케이스는 원명세서 및 청구범위에 기재된 것이 아니므로 신규사항 추가에 해당한다는 논리임.	
비 고	만약 명세서 및 도면에 하나 이상의 면이 개방된 레코드 케이스가 설명되어 있다면, i) 자진 보정 단계에서는 상기의 보정이 중국 특허법 제33조를 만족하여 허용될 수 있으나, ii) 피동 보정 단계에서는 청구항의 보호 범위를 확대하였기 때문에 '심사관이 지적한 흠결'에 대하여 보정한 것에 해당하지 않아 중국 특허법 실시세칙 제57조 제3항에 반하여 허용될 수 없음.	

2. 중국 특허법 실시세칙 제57조 제3항의 판단

(1) 심사관이 지적한 흠결의 의미

중국 특허법 제57조 제3항은 심사의견통지서에 대응하는 보정을 수행하는 경우에는 심사의견통지서에서 지적한 흠결에 대하여만 보정할 것을 요구한다. 여기서 '심사의견통지서에서 지적한 흠결'이란 단순히 심사관이 지적한 청구항 또는 설명서의 기재부분만을 의미하는 것은 아니며 심사관이 직접적으로 지적하지는 않았으나 심사관이 지적한 흠결과 관련된 청구항 또는 명세서의 기재부분을 포함한다.[2)]

(2) 중국 특허심사 지침의 구체적인 예

이하의 보정은 심사관이 지적한 흠결에 대한 보정으로 볼 수 없어 중국 특허법 실시세칙 제57조 제3항 위반으로 허용될 수 없다.

① 독립항의 기술특징을 자진 삭제하여 그 청구항의 보호범위를 확대하는 보정
② 독립항의 기술특징을 자진 변경하여 그 청구항의 보호범위를 확대하는 보정
③ 보호를 요구하는 원주제와 단일성이 결여된 기술내용을 보정된 청구항의 주제로 하는 보정
④ 원청구범위에 포함되지 않은 기술방안을 새로운 독립항으로 자진하여 추가하는 보정
⑤ 원청구범위에 포함되지 않은 기술방안을 새로운 종속항으로 자진하여 추가하는 보정

[보정범위에 대한 판단]

	보정 전	보정 후
청구항	신형 핸들	자전거 안장
명세서 및 도면	신형 핸들 및 자전거 안장을 포함하는 자전거	
저자 해설	보정 전 청구항이 한정한 신형 핸들이 진보성을 갖지 못하는 것으로 심사의견통지서에서 통지한 경우, 만약 출원인이 청구항을 신형 핸들에서 자전거 안장으로 자진하여 보정한다면, 이러한 보정은 단일성을 결여하는 것으로 중국 특허법 실시세칙 제57조 제3항의 심사관이 지적한 흠결에 관한 보정에 해당하지 않아 허용되지 않음.	
비 고	만약 출원인이 자전거 안장에 대하여 실질심사를 받고자 한다면 분할출원을 진행하여야 함.	

2) 참고로, 2010년 중국 특허법 실시세칙의 개정 전에 본 조항은 "심사의견통지서의 요구에 따라 보정을 수행하여야 한다"고 하였으나, 심사관이 지적한 흠결을 보정하는 경우에 심사관이 지적하지 않은 부분에 대하여도 보정할 필요가 있다는 실무적 요청에 의하여 2010년 개정 시에 "심사의견통지서에서 지적한 흠결에 대하여 보정을 수행하여야 한다"고 개정되었다.

VI. 흠결 시 처리

(1) 중국 특허법 제33조의 보정의 범위 위반 시

신규사항 추가 금지에 관한 중국 특허법 제33조의 규정에 위반하는 경우에 등록 전에는 거절사유(중국 특허법 실시세칙 제59조)에 해당하며 등록 후에는 무효사유(중국 특허법 실시세칙 제69조)에 해당한다.

(2) 중국 특허법 제57조 제3항의 보정의 범위 위반 시

중국 특허법 제57조 제3항은 거절사유 및 무효사유에는 해당하지는 않는다. 만약 출원인이 심사의견통지서에 대한 답변으로 제출한 보정서류가 심사관이 지적한 흠결에 관한 것이 아니라면 심사관은 의견제출통지서를 발송하여 해당 보정서류를 인정하지 않는 이유를 설명하고 지정된 기간 내에 중국 특허법 실시세칙 제57조 제3항의 규정에 부합하는 보정 서류를 제출할 것을 출원인에게 요구한다. 만약 지정된 기간이 만료될 때까지 출원인이 제출한 보정 서류가 여전히 중국 특허법 실시세칙 제57조 제3항의 규정에 부합하지 않는 경우에 심사관은 보정 전의 서류에 기초하여 계속 심사를 진행한다.[3)]

VII. 선출원을 인용하는 방식으로 누락되거나 잘못 제출된 서류의 보완

1. 개정 목적

본 규정은 2024년 중국 특허법 실시세칙에서 신설된 조문이다. 개정 전 중국 특허법 실시세칙 제40조(현 중국 특허법 실시세칙 제46조)[4)]에서는 도면을 누락한

3) 이 경우, 심사관은 이미 그 흠결을 통지한 적이 있는 보정 전의 출원서류를 기초로 심사를 하게 되므로, 해당 출원은 대부분 거절결정될 것이다.

4) 중국 특허법 실시세칙 제46조: 설명서 중에 첨부도면에 대한 설명이 있으나 첨부도면이 없거나 부분적인 첨부도면이 부족한 경우, 출원인은 국무원 특허행정부서가 지정한 기한 내에 첨부도면을 보충 제출하거나 첨부도면에 대한 설명을 취소하는 성명을 해야 한다. 출원인이

경우에 이를 보완할 수 있도록 규정을 일부 마련하고 있었지만,[5] 명세서나 청구범위에 일부 누락이 있는 경우에는 이를 보완하여 제출할 수 있는 방법이 없었다. 개정 중국 특허법 실시세칙에서는 PCT 규칙 20.6의 규정을 반영하여, 우선권 주장의 기초가 된 선출원을 인용하는 방식으로 누락된 명세서나 청구범위의 부분을 추가 제출할 수 있도록 하였으며, 이 경우에는 출원일을 그대로 유지할 수 있다.

2. 요 건

중국 특허법 실시세칙 제45조에 따르면, 중국 특허청에 최초로 출원 서류를 제출한 날을 출원일로 계속해서 유지하면서도 누락되거나 잘못 제출된 서류를 보완하기 위해서는, ⅰ) 중국 특허청에 최초 서류 제출일에 우선권 주장을 했어야 하고, ⅱ) 최초 서류 제출일로부터 2개월 내에 또는 국무원 특허행정부서가 지정한 기한 내에, ⅲ) 선출원 문서를 인용하는 방식으로 추가 서류를 제출하여야 한다.

(1) 최초 서류 제출일에 우선권 주장

중국 특허청에 최초로 출원 서류를 제출한 날에 우선권 주장을 했어야 한다. 중국 특허심사지침에 따르면, 중국 특허법 실시세칙 제36조에 따라 우선권 주장을 회복하거나, 중국 특허법 실시세칙 제37조에 따라 우선권 주장을 추가하거나 수정한 경우에는, 본 규정을 적용받을 수 없다.

(2) 최초 서류 제출일로부터 2개월 내 또는 국무원 특허행정부서가 지정한 기한 내

출원인은 중국 특허청에 최초 서류를 제출한 날로부터 2개월 내에 또는 중국 특허청이 지정한 기한 내에 관련 서류를 제출하여야 한다. 중국 특허심사지침에 따르면, 당사자가 설령 정당한 사유로 인하여 이 기한을 도과하였다고 하더라도, 중국 특허법 실시세칙 제6조 제2항에 규정된 권리회복을 청구할 수 없다.

첨부도면을 보충 제출한 경우, 국무원 특허행정부서에 제출한 날 또는 우편으로 첨부도면을 송부한 날을 출원일로 하고, 첨부도면에 대한 설명을 취소한 경우 원출원일을 유지한다.

5) 단, 부족한 도면을 국무원 특허행정부서가 지정한 기한 내에 추가 제출하는 경우에, 최초 출원 서류 제출일이 아닌 추가 도면을 제출한 날이 출원일로 인정되었다.

(3) 선출원을 인용하는 방식으로 보완

명세서 또는 청구범위가 일부 누락되거나 잘못 제출된 경우에, 출원인은 우선권 주장의 기초가 된 선출원을 인용하는 방식으로 누락되거나 잘못 제출된 서류를 보완할 수 있다. 이 경우, 보완 제출된 내용은 선출원 문서 및 이에 대한 중국어 번역문에 포함되어야 한다.

3. 절 차

(1) 최초 출원 서류 제출 시 우선권 주장 및 인용추가성명의 제출

중국 특허법 실시세칙 제45조의 규정에 따라, 출원인이 누락되거나 잘못 제출된 청구범위 또는 설명서를 선출원 문서를 인용하여 제출하는 경우, 중국 특허청에 최초로 출원 서류를 제출할 때에 선출원의 우선권을 주장하였어야 하며, 인용추가성명((援引加入声明)을 제출하였어야 한다. 실무상, 출원인이 특허청에서 작성하여 배포한 인용추가성명을 포함하는 특허출원 표준양식을 사용하면, 인용추가 성명을 제출한 것으로 간주된다.

(2) 최초 서류 제출일로부터 2개월 내 또는 국무원 특허행정부서가 지정한 기한 내

출원인은 최초 서류 제출일로부터 2개월 내 또는 국무원 특허행정부서가 지정한 기한 내에 인용추가성명 확인서를 제출하고, 관련 서류를 제출해야 한다. 이 경우, 제출된 서류는 다음 규정을 만족하여야 한다.

i) 인용추가성명 확인서는 선출원의 출원번호를 기재하고, 선출원 서류 사본(사본은 중국어 번역문을 의미함)에서 보완 제출된 출원서류의 내용의 위치를 설명해야 한다.
ii) 수정되거나 교체 페이지를 제출해야 한다.
iii) 보완된 출원 서류의 내용은 선출원서류 사본과 중국어 번역문에 포함되어야 한다.
iv) 요청서에서 외국 우선권을 주장하는 경우, 선출원의 접수 기관에서 발행한 선출원 서류 사본과 선출원 서류 사본의 중국어 번역본을 동시에 제출해야 한다.

4. 효 과

(1) 요건 만족 시

선출원을 인용하는 방식으로의 보완 요건을 만족하는 경우, 중국 출원일은 계속하여 유지된다.

(2) 요건 불만족 시

i), ii)항 또는 iv)의 규정에 부합하지 않는 경우, 심사관은 보정 통지서를 발부하며, 기한 내에 회신이 없거나 보정 후에도 규정에 부합하지 않는 경우, 심사관은 인용추가성명을 미제출로 간주하는 통지서를 발행한다.

iii)의 규정에 부합하지 않는 경우, 심사관은 보정 통지서를 발행하고, 기한까지 답변이 없는 경우, 심사관은 인용 추가 성명에 대해 미제출로 간주하는 통지서를 발행한다. 보정 후 보완 제출된 출원서류의 내용이 iii)의 규정에 부합하지 않지만 다른 규정을 만족하는 경우, 심사관은 재확정 출원일 통지서를 발부하고, 청구범위, 설명 또는 그 내용의 일부가 보완 제출된 날을 출원일로 한다.

5. 적용의 제한

선출원을 인용하는 방식으로의 보완에 관한 본 규정은 분할출원에 적용되지 않는다. 또한 실시세칙 제36조에 따라 우선권 주장을 회복하거나, 실시세칙 제37조에 따라 우선권 주장을 추가하거나 수정한 경우에 본 규정을 적용받을 수 없다.

6. 실무의 적용

본 규정은 청구범위나 명세서가 잘못 제출되거나 일부 누락된 경우에 이를 보완할 기회를 준다는 점에서 의미가 있다. 다만, i) 그 시기가 '최초 출원 서류를 제출한 날로부터 2개월 내'로 방식심사 단계에서만 적용될 뿐 실질심사 단계에서는 적용되지 않는다는 점, ii) 분할출원에도 적용되지 않는다는 점, iii) 우선권 주장의 추가, 수정 또는 회복의 경우에도 적용되지 않는다는 점에서 실무상 제한이 있다.

Ⅷ. 기타 관련 문제

1. 심사관의 직권 보정

중국 법제상, 특허권은 민사권리에 속하는 것이므로 심사관은 원칙상 출원인을 대신하여 보정을 수행할 권리가 없다. 다만 예외적으로 심사기간의 단축 및 출원인의 부담을 경감하기 위하여 출원서류 중 문자 및 부호의 명백하고 현저한 착오에 대해서는 심사관의 직권보정을 인정할 필요성이 실무상 대두되었으며, 이에 2001년 개정된 중국 특허법 실시세칙에서 해당 내용이 삽입되었다(중국 특허법 실시세칙 제57조 제4항).

2. 자진 보정의 활용 가능성

중국 특허법은 심사의견통지서가 발행된 이후에는 중국 특허법 제33조뿐만 아니라 중국 특허법 실시세칙 제57조 제3항에 의한 제한을 받으므로 그 보정의 범위가 매우 협소하다. 구체적으로, 2010년 개정된 중국 특허심사지침에 의하면 원청구범위에 기재되지 않은 기술방안을 새로운 독립항으로 신설하는 경우뿐만 아니라 새로운 종속항으로 신설하는 경우도 중국 특허법 실시세칙 제57조 제3항에 의하여 허용하지 않으며, 독립항의 기술특징을 변경 또는 삭제하여 그 보호범위를 확대하는 보정 역시 중국 특허법 실시세칙 제57조 제3항에 의하여 허용하지 않는다. 따라서 원청구항의 보호범위를 확장하기 위한 보정은 실질적으로 자진 보정단계에서 이루어져야 한다. 다만 만약 명세서에 실시 예가 충분히 기재되지 않은 상태에서 청구항의 보호범위를 확장하는 자진 보정을 수행한다면, 해당 자진 보정 역시 중국 특허법 제33조에 의하여 거절될 수 있다. 따라서 출원인은 자진 보정을 수행하기 전에 보정하고자 하는 청구항이 명세서에 의하여 충분히 뒷받침되는지에 대한 확인이 필요하다.

IX. 국제출원의 특례

1. 국제단계에서의 보정

국제출원이 국제단계에서 보정을 하고 출원인이 보정된 출원서류를 기초로 심사를 요구한 경우에 국내단계 진입일로부터 2개월 내에 보정된 부분의 중국어 번역문을 제출하여야 한다. 만약 해당 기간 내에 중국어 번역문을 제출하지 않은 경우, 출원인이 국제단계에서 제출한 보정에 대하여 국무원 특허행정부서는 고려하지 않는다(중국 특허법 실시세칙 제123조).

2. 국내단계에서의 보정

(1) 최초 출원한 국제출원서류의 법적 효력

외국어로 공개한 국제출원의 경우에 그 중국어 번역문에 대하여 실질심사를 진행하며 일반적으로 원문을 대조 확인하지는 않는다. 그러나 최초 제출한 국제출원서류는 법적 효력을 가지며 출원서류에 대하여 보정을 진행하는 근거가 된다.

(2) 최초 제출한 국제출원서류의 번역문 및 국제단계에서 보정된 서류의 번역문

국제출원에 있어서 중국 특허법 제33조에 기재한 원명세서 및 청구범위는 최초 제출한 국제출원의 명세서, 도면 및 청구범위를 가리킨다. 즉 자진 보정과 심사의견통지서에 대응하여 수행하는 보정의 근거는 최초 제출하여 공개된 국제출원서류를 의미한다. 따라서 최초 제출한 국제출원서류와 이에 대한 중국어 번역문은 반드시 일치하여야 한다. 만약 국제단계에서 PCT 19조 또는 PCT 34조에 따른 보정을 수행한 경우, 보정 부분의 번역문은 최초 제출한 국제출원서류의 번역문의 대응되는 부분을 교체할 수 있는 보정 페이지로 작성하여야 하며, 최초 제출한 국제출원서류에 직접 추가, 변경, 삭제 등의 수정을 해서는 안 된다.

(3) 자진 보정의 시기

출원인은 국제출원이 국내단계에 진입한 이후에 실질심사 청구 시 또는 실질심사진입통지서를 받은 날로부터 3개월 내에 자진 보정을 수행할 수 있다(중국 특허법 실시세칙 제130조 제2항).[6)]

3. 번역문에 착오가 있는 경우의 취급

(1) 번역문 착오의 정정

출원인은 제출한 명세서, 청구범위 또는 도면의 문자에 대한 중국어 번역문의 착오를 발견한 경우, ⅰ) 국무원 특허행정부서에 의한 특허출원 공개 전, 또는 ⅱ) 국무원 특허행정부서가 송부한 특허출원이 실질심사단계에 진입한다는 통지서를 받은 날로부터 3개월 내에 최초 제출한 국제출원원문에 따라 번역문을 보정할 수 있다.

또한 심사관은 일반적으로 외국어로 공개된 국제출원서류와 그 번역문을 대조하여 확인하지 않지만 만약 그 번역상의 흠결을 발견한 경우에 심사의견통지서의 형식으로 해당 흠결을 보정할 것을 출원인에게 요구한다. 출원인이 심사의견통지서 요구에 따라 번역문을 보정할 경우에 지정된 기한 내에 서면으로 청구하고 규정된 보정료를 납부하는 절차를 밟아야 하며, 기한 내에 규정된 절차를 밟지 않으면 그 출원은 취하된 것으로 간주한다(중국 특허법 실시세칙 제131조).

국제특허출원에 대한 번역문 착오는 심사의견통지서에 대한 답변 시(즉, OA 시)에 직접 보정하는 방법으로 수행할 수도 있다. 다만 해당 보정이 국제단계에서 공개된 원문의 기재범위를 초과하지 않는다는 설명을 의견서에 진술하여야 한다. 실무상 대부분 심사관이 이러한 보정 및 이유를 인정하고 있다.

(2) 원문과 번역문 불일치 시의 권리범위의 해석

국제출원에 기초하여 허여받은 특허권이 번역문의 착오로 인하여 중국 특허법 제64조 규정에 의하여 확정된 청구항의 보호범위가 국제출원의 원문에 표시된 범위를 초과한 경우에는 원문에 기재된 내용을 청구항의 보호범위의 기준으로 한다. 번역문의 보호범위가 국제출원의 원문에 표시된 것보다 좁을 경우에는 특허권 허여 시의 번역문의 보호범위를 기준으로 한다(중국 특허법 실시세칙 제135조).

---

6) 참고로, 실용신안의 경우에는, 국내단계에 진입한 날로부터 2개월 내에 자진 보정을 수행할 수 있다(중국 특허법 실시세칙 제130조 제1항).

제4편

특허 출원 시 고려할 제도

제1장 공지예외의 적용

중국 특허법 제24조 【공지예외의 적용】

특허를 출원한 발명이 출원일 이전 6개월 내에 아래에 열거한 사항 중의 하나에 해당될 경우, 신규성을 상실하지 아니한다.

1. 국가에 긴급한 상황 또는 비상사태 출현 시, 공공 이익의 목적을 위해 최초로 공개한 경우
2. 중국정부가 주관하거나 또는 승인한 국제전람회에 최초로 전시한 경우
3. 규정된 학술회의 또는 기술회의에 최초로 발표한 경우
4. 타인이 출원인의 동의를 얻지 아니하고 그 내용을 누설한 경우

专利法第二十四条: 申请专利的发明创造在申请日以前六个月内,有下列情形之一的,不丧失新颖性:
(一)在国家出现紧急状态或者非常情况时,为公共利益目的首次公开的;
(二)在中国政府主办或者承认的国际展览会上首次展出的;
(三)在规定的学术会议或者技术会议上首次发表的;
(四)他人未经申请人同意而泄露其内容的。

중국 특허법 실시세칙 제33조 【공지예외의 적용 사유 및 증거제출 기간】

① 특허법 제24조 제2호 규정의 중국정부가 승인한 국제전람회란 국제전람회조약에 규정된 국제전람국에 등록 또는 그가 인가한 국제전람회를 말한다.

② 특허법 제24조 제3호 규정의 학술회의 또는 기술회의란 국무원 관련 주관부서 또는 전국성의 학술단체가 조직하여 개최한 학술회의 또는 기술회의, 그리고 국무원

관련 주관부서가 인정하는 국제기구에서 개최하는 학술회의 또는 기술회의를 말한다.
③ 특허를 출원한 발명이 특허법 제24조 제2호 또는 제3호 규정에 해당할 경우, 출원인은 특허출원 시 성명해야 하고 출원일로부터 2개월 내에 관련 발명창조가 이미 전시 또는 발표되었다는 것과 전시 또는 발표의 일자에 대한 증명 서류를 제출해야 한다.
④ 특허를 출원한 발명이 특허법 제24조 제1호 또는 제4호 규정에 해당할 경우, 국무원 특허행정부서는 필요 시 출원인에게 지정기한 내에 증명서류의 제출을 요구할 수 있다.
⑤ 출원인이 이 조 제3항 규정에 의한 성명과 증명서류를 제출하지 아니한 경우, 또는 이 조 제4항 규정에 의한 지정기한 내에 증명서류를 제출하지 아니한 경우 그 출원은 특허법 제24조 규정을 적용하지 아니한다.

专利法实施细则第三十三条: 专利法第二十四条第(二)项所称中国政府承认的国际展览会,是指国际展览会公约规定的在国际展览局注册或者由其认可的国际展览会。
专利法第二十四条第(三)项所称学术会议或者技术会议,是指国务院有关主管部门或者全国性学术团体组织召开的学术会议或者技术会议,以及国务院有关主管部门认可的由国际组织召开的学术会议或者技术会议。
申请专利的发明创造有专利法第二十四条第(二)项或者第(三)项所列情形的,申请人应当在提出专利申请时声明,并自申请日起2个月内提交有关发明创造已经展出或者发表,以及展出或者发表日期的证明文件。
申请专利的发明创造有专利法第二十四条第(一)项或者第(四)项所列情形的,国务院专利行政部门认为必要时,可以要求申请人在指定期限内提交证明文件。
申请人未依照本条第三款的规定提出声明和提交证明文件的,或者未依照本条第四款的规定在指定期限内提交证明文件的,其申请不适用专利法第二十四条的规定。

Ⅰ. 서 언

"공지예외의 적용"이란 발명이 출원일 전에 이미 공개된 것이라 하더라도 중국 특허법 제24조에서 규정한 사유에 해당하는 경우에 공개일로부터 6개월 이내에 특허출원을 하면 해당 발명은 예외적으로 공개되지 않은 것으로 보는 것을 말한다. 이는 이러한 예외를 인정하지 않을 경우에 발명의 신속한 공개가 어려워 기술발달의 촉진을 저해한다는 점을 고려한 것으로, 한국을 비롯한 대부분의 국가는 중국 특허법 제24조와 유사한 규정을 가지고 있다. 중국은 2020년 개정 중국 특허법과 2024년 개정 중국 특허실시세칙을 통하여 공지예외의 적용 사유를 일부 확대하였으나, 한국 기업과 같은 해외 출원인에게는 여전히 실무상 적용에 어려움이 있다.

II. 공지예외의 적용사유

중국 특허법 제24조의 규정에 따르면, i) 국가에 긴급상황 또는 비상사태 출현 시에 공공 이익을 위해 최초로 공개한 경우, ii) 중국정부가 주관하거나 또는 승인한 국제전람회에 최초로 전시한 경우, iii) 규정된 학술회의 또는 기술회의에 최초로 발표한 경우, iv) 타인이 출원인의 동의를 얻지 아니하고 그 내용을 누설한 경우에 공지예외의 적용을 받을 수 있다.

1. 국가 긴급상황 또는 비상사태 시에 공공 이익을 위해 최초로 공개한 경우

국가 긴급상황 또는 비상사태가 발생한 경우에, 이에 대응하고자 공공 이익을 목적으로 공개한 내용에 대한 증빙자료는 성급 이상 인민정부의 관련 부서에서 발급한다. 증빙자료에는 공공 이익 목적의 공개 사유, 공개 시기, 형식, 내용 등이 기재되며, 이에 대한 공무상의 날인이 있어야 한다.[1)]

2. 중국정부가 주관하거나 승인한 국제전람회에 최초로 전시한 경우

(1) "중국정부가 주관"한 국제전람회의 의미

중국정부가 주관한 국제전람회란 국무원, 각 부, 각 위가 주최하거나 지방정부가 국무원의 비준을 거치고 개최한 국제전람회를 포함한다. 일반적으로, 국무원의 비준이 있으면 중국정부가 주관한 것으로 인정된다.

---

1) 본 적용 사유는 2024년 개정 중국 특허실시세칙에 도입되었으며, 국가 긴급상황 또는 비상사태의 정의에 대해서는 중국 특허심사지침에서 명확하게 규정하고 있지는 않다. 따라서 이에 대한 판단은 성급 이상의 인민정부 및 중국 특허청의 판단에 따른다.

(2) "중국정부가 승인"한 국제전람회의 의미

중국정부가 승인한 국제전람회란 국제전람회조약에 규정된 국제전람국(BIE: Bureau International Des Expositions)에 등록되거나 국제전람국이 인가한 국제전람회를 말하며(중국 특허법 실시세칙 제33조 제1항), 외국에서 개최한 국제전람회를 포함한다.

(3) "국제전람회"의 의미

국제전람회란 전시한 전시품이 개최국의 물품 외에 외국의 전시품이 있는 것을 말한다. 다만 외국기업이 중국에서 생산한 전시품은 외국의 전시품으로 보지 않는다.

(4) "최초"로 전시한 경우의 의미

중국 특허법 제24조는 법문상 국제전람회에 "최초(首次)"로 전시한 경우라 기재되어 있어 다른 국제전람회에 "재차(再次)" 전시한 경우는 포함되지 않는 것으로 오해할 여지가 있다. 그러나 이는 공지예외의 주장의 기산일이 "최초" 전시일이라는 의미일 뿐이며 다른 국제전람회에 "재차" 전시하는 경우에도 본 규정의 적용을 받을 수 있다.[2)]

(5) "전시"의 범위

일반적으로 국제전람회에서는 해당 전시품뿐만 아니라 해당 전시품에 대한 카탈로그, 설명서, 계약서 등의 문건도 함께 공개된다. 중국 특허법 제24조의 "전시"는 전시품만 아니라 전시와 관련된 카탈로그 등의 문건도 포함하는 것으로 해석된다.

3. 규정된 학술회의 또는 기술회의에 최초로 발표한 경우

(1) "학술회의 또는 기술회의"의 의미

학술회의 또는 기술회의란 국무원 관련 주관부서 또는 전국성의 학술단체가

---

2) 참고로, 2008년 특허법 개정 시의 의견수렴과정에서 오해의 방지를 위하여 "최초"의 기재를 삭제하자는 주장이 제기되었으나, 개정법에 반영되지는 않았다.

조직하여 개최한 학술회의 또는 기술회의, 그리고 국무원 관련 주관부서가 인정하는 국제기구에서 개최하는 학술회의 또는 기술회의를 말한다(중국 특허법 실시세칙 제33조 제2항). 여기서, 국무원 관련 주관부서 또는 전국성의 학술단체가 조직하여 개최한 학술회의 또는 기술회의의 경우, 이보다 낮은 등급의 학술회의 또는 기술회의(예를 들어, 성급 이하의 학술 단체가 주최하는 학술 회의 또는 대학 주최의 학술회의 등)는 포함되지 않는다. 또한 학술회의 또는 기술회의는 주로 중국에서 개최된 것을 가리키지만, 2024년 중국 특허법 실시세칙 개정을 통하여 국무원 관련 주관부서가 인정하는 국제기구에서 개최된 회의도 포함되었다.[3)]

(2) "발표"의 범위

일반적으로 학술회의 또는 기술회의에서는 해당 내용에 대한 구두발표뿐만 아니라 이에 대한 서면서류가 배포되는 것이 일반적이다. 중국 특허법 제24조의 "발표"는 구두발표뿐만 아니라 이에 대한 서면자료도 모두 포함하는 개념이다.

4. 타인이 출원인의 동의를 얻지 아니하고 그 내용을 누설한 경우

타인이 출원인의 동의를 얻지 아니하고 그 내용을 누설한 경우에 해당하기 위해서는 ⅰ) 타인이 출원인으로부터 직접적 또는 간접적으로 발명의 내용을 지득하여야 하며, ⅱ) 타인이 출원인의 의사에 반하여 발명의 내용을 공개하여야 한다. 예를 들어, 중국 특허심사지침에 의하면 ⅰ) 타인이 명시적 또는 묵시적 비밀유지 약속을 준수하지 아니하고 발명의 내용을 공개하는 경우와 ⅱ) 타인이 위협, 기망, 또는 간첩활동 등의 수단으로 발명자나 출원인으로부터 발명의 내용을 지득한 후 공개하는 경우가 이에 해당한다.

---

3) 개정 전 중국 특허 실시세칙 및 관련 특허심사지침에서는, 본 규정은 "중국"에서만 개최된 학술회의만을 의미하며 "외국"에서 개최된 학술회의에는 적용되지 않는 것으로 규정하였었다. 2024년 개정 중국 특허 실시세칙에서는 학술회의의 범위를 확장하여 "국무원 관련 주관부서가 인정하는 국제기구"에서 개최하는 학술회의까지 포함시켰다. 그러나 2024년 개정 중국 특허심사지침에서는 "외국"에서 개최된 학술회의의 인정 여부에 대해서 명확하게 규정하고 있지 않으며, 이는 중국 국무원 관련 주관 부서의 재량 사항이다.

Ⅲ. 공지예외적용의 절차

1. 최초 공개일로부터 6개월 내에 출원

중국특허법 제24조의 적용을 받기 위해서는 최초 공개일로부터 6개월 이내에 출원을 하여야 한다. 우선권 주장이 있는 경우에는 그 우선일이 최선의 공개일로부터 6개월 이내에 해당하여야 한다.

2. 출원 시 공지예외적용의 성명(声明)

(1) 중국 특허법 제24조 제2호(국제전람회) 및 제3호(학술회의)의 경우

이 경우에 출원인은 출원 시에 이를 성명(声明)하여야 한다.

(2) 중국 특허법 제24조 제1호(국가 긴급상황) 및 제4호(의사에 반한 공지)의 경우의 예외

이 경우에 출원인은 ⅰ) 출원일 전에 이를 알았다면 출원 시에 특허출원신청서(发明专利请求书)에 이를 성명하여야 하나, ⅱ) 출원일 후에 이를 안 경우에는 출원 시 공지예외주장을 할 수 없으므로 이에 대한 의무가 면제된다.

3. 출원일로부터 2개월 내에 증명서류의 제출

(1) 중국 특허법 제24조 제2호(국제전람회) 및 제3호(학술회의)의 경우

중국 특허법 제24조의 제2호 또는 제3호에 해당하여 공지예외적용을 받고자 하는 출원인은 출원일로부터 2개월 내에 증명서류를 제출하여야 한다. 이 경우, ⅰ) 중국 특허법 제24조 제2호의 국제전람회의 증명자료는 국제전람회의 주최단위 또는 전시회 조직위원회가 발행하고 관인을 날인한 것이어야 하며, ⅱ) 중국 특허법 제24조 제3호의 학술회의 또는 기술회의의 증명자료는 국무원의 관련주관부문 또는 학술단체가 제공하는 것으로 관인을 날인한 것이어야 한다(중국 특허법 실시세칙 제33조 제3항).

(2) 중국 특허법 제24조 제1호(국가 긴급상황) 및 제4호(의사에 반한 공지)의 경우의 예외

중국 특허법 제24조 제1호 및 제4호에 해당할 경우에 국무원 특허행정부서는 필요한 경우에 출원인에게 지정기한 내에 증명서류의 제출을 요구할 수 있다(중국 특허법 실시세칙 제33조 제4항). 중국 특허심사지침에 의하면, i) 출원일 전에 이를 알았다면 출원 시에 이를 주장하고 출원일로부터 2개월 내에 증명자료를 제출하며, ii) 출원일 후에 이를 안 경우에는 이를 알게 된 날로부터 2개월 내에 증명자료를 제출하여야 한다. 이중, 국가 긴급상황 또는 비상사태에 대한 증명서류는 성급 이상 인민정부의 관련 부서에서 발급하며, 공무상의 날인이 있어야 한다.

Ⅳ. 효 과

중국 특허법 제24조의 공지예외의 적용을 받을 수 있는 것으로 인정된 경우, 해당 특허출원은 공지예외사유에 해당하는 공개로부터 신규성 및 진보성을 판단하지 않는다.[4)]

Ⅴ. 국제출원의 특례

국제출원에 관련된 발명이 중국 특허법 제24조 제2호(국제전람회) 또는 제3호(학술회의 또는 기술회의) 규정의 하나에 해당하고 국제출원 시에 이를 주장한 경우, 출원인은 중국국내단계 진입 시에 서면성명(书面声明)에 설명을 하고 진입일로부터 2개월 내에 이 세칙 제33조 제3항의 관련 증명자료를 제출해야 한다(중국 특허법 실시세칙 제124조).

4) 중국 특허법 제24조의 법문에는 "신규성을 상실하지 않는다"라고만 규정되어 있어 "진보성"의 선행기술로는 인정되는 것이 아닌지 논란이 있을 수 있으나, "신규성"뿐만 아니라 "진보성"의 선행기술로도 인정되지 않는 것으로 보는 것이 중국 특허청 및 실무의 태도이다.

VI. 실무상 적용

1. 조약에 의한 우선권 주장이 있는 경우

특허출원이 조약에 의한 우선권 주장과 공지예외주장을 모두 수반하는 경우에, 해당 특허출원이 우선권의 혜택과 공지예외적용의 혜택을 모두 향유할 수 있는지는 각 국가에 따라 서로 다른 규정을 가지고 있다.[5] 예를 들어, 한국 및 유럽의 경우에는 조약에 의한 우선권의 혜택과 공지예외적용의 혜택은 동시에 누릴 수 없는 것으로 본다. 따라서 한국 및 유럽에서는 공지예외적용의 기산일은 조약에 의한 우선권 주장의 여부와 관계없이 한국 및 유럽의 출원일을 기준으로 한다. 이와 반대로, 중국에서는 조약에 의한 우선권의 혜택과 공지예외적용의 혜택을 동시에 누릴 수 있는 것으로 본다. 따라서 중국에서는 공지예외적용의 기산일은 중국 출원일이 아닌 선출원의 출원일(우선일)을 기준으로 한다.

[조약우선권주장을 수반하는 경우의 한국 및 중국의 공지예외적용의 처리]

[한국의 경우]

한국출원일을 기준으로 공지예외적용 여부 판단(공개일로부터 1년)

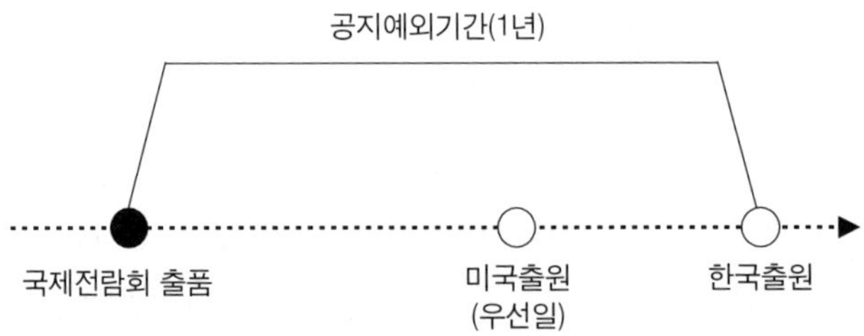

- 해설: 한국의 경우에 공지예외적용은 조약 우선권 주장의 여부와 관계없이 한국출원일을 기준으로 하므로, 공개일로부터 1년 이내에 한국출원을 하여야 함.

5) 참고로, 국내우선권주장이 있는 경우는 한국과 중국 모두 국내우선권 및 공지예외적용의 혜택을 모두 향유할 수 있는 것으로 본다.

[중국의 경우]

우선일을 기준으로 공지예외적용 여부 판단(공개일로부터 6월)

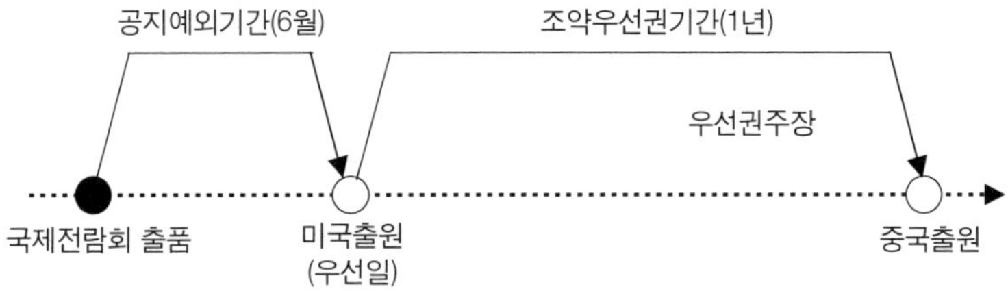

- 해설: 중국의 경우에 공지예외적용은 우선일을 기준으로 하므로, 공개일로부터 6개월 이내에 선출원을 한다는 가정하에 중국출원은 공개일로부터 1년 6개월 이내에 가능함.

2. 한국 특허법 제30조 및 중국 특허법 제24조의 비교

[한국 및 중국의 공지예외적용의 비교표]

	한국 특허법 제30조	중국 특허법 제24조
공지예외 적용사유	1. 특허를 받을 수 있는 권리를 가진 자의 의사에 의하여 공개된 경우 2. 특허를 받을 수 있는 권리를 가진 자의 의사에 반하여 공개된 경우	1. 국가 긴급상황 2. 중국정부가 주관하거나 승인한 국제전람회에 전시한 경우 3. 규정된 학술회의 또는 기술회의에서 발표한 경우 4. 타인이 출원인의 동의를 얻지 아니하고 그 내용을 누설한 경우
공지예외 적용기간	공개일로부터 12개월 이내에 출원	공개일로부터 6개월 이내에 출원
공지예외 주장시기	출원 시	
증명자료 제출시기	'1'의 경우에 출원일로부터 30일 or 보정기간	'2', '3'의 경우에 출원일로부터 2개월 '1', '4'의 경우에 출원일로부터 2개월 or 알게 된 날로부터 2개월
실무상 활용여부	활용 가능성 높음	해외 출원인의 활용 가능성 낮음

제2장

조약우선권주장(外国优先权)

중국 특허법 제29조 제1항 【조약우선권주장】

출원인이 특허 또는 실용신안을 외국에 최초로 출원한 날로부터 12개월 내에 또는 디자인을 외국에 최초로 출원한 날로부터 6개월 내에, 중국에 동일한 주제로 출원하는 경우, 당해 외국과 중국이 체결한 협의 또는 공동 참가한 국제조약에 의하여, 또는 상호 승인한 우선권 원칙에 따라 우선권을 향유할 수 있다.

专利法第二十九条: 申请人自发明或者实用新型在外国第一次提出专利申请之日起十二个月内,或者自外观设计在外国第一次提出专利申请之日起六个月内,又在中国就相同主题提出专利申请的,依照该外国同中国签订的协议或者共同参加的国际条约,或者依照相互承认优先权的原则,可以享有优先权。

중국 특허법 제30조 【우선권 주장의 시기 및 증명서류의 제출】

① 출원인이 발명·실용신안의 우선권을 요구하는 경우, 출원 시 서면성명을 제출해야 하고, 최초로 출원한 날로부터 16개월 내에, 최초로 제출된 특허출원 서류의 부본을 제출해야 한다.

③ 출원인이 서면성명을 제출하지 않거나 기간이 경과하여도 특허출원 서류 부본을 제출하지 않는 경우, 우선권을 요구하지 않는 것으로 간주한다.

专利法第三十条: 申请人要求发明、实用新型专利优先权的,应当在申请的时候提出书面声明,并且在第一次提出申请之日起十六个月内,提交第一次提出的专利申请文件的副本。

申请人要求外观设计专利优先权的,应当在申请的时候提出书面声明,并且在三个月内提交第一次提出的专利申请文件的副本。
申请人未提出书面声明或者逾期未提交专利申请文件副本的,视为未要求优先权。

중국 특허법 실시세칙 제34조【증명서류의 제출 및 우선권주장의 보정】

① 출원인이 특허법 제30조 규정에 의하여 조약우선권을 요구한 경우, 출원인이 제출하는 선출원서류 부본은 원수리기관의 증명을 받아야 한다. 국무원 특허행정부서와 해당 수리기관과 체결한 협의에 의하여 국무원 특허행정부서가 전자교환 등의 경로를 통하여 선출원서류 부본을 취득한 경우, 출원인이 해당 수리기관이 증명한 선출원서류 부본을 제출한 것으로 간주한다. (후략)
② 우선권을 요구하였으나 청구서에 선출원의 출원일, 출원번호 및 원수리기관의 명칭 중 하나 또는 두 개의 내용을 누락하였거나 잘못 기재한 경우, 국무원 특허행정부서는 출원인에게 지정기한 내에 보정하도록 통지하여야 한다. 지정기한 내에 보정하지 아니한 경우 우선권을 요구하지 아니한 것으로 본다.
③ 우선권을 요구한 출원인의 성명 또는 명칭이 선출원서류의 부본에 기재된 출원인의 성명 또는 명칭과 불일치하는 경우 우선권 양도 증명서류를 제출해야 하고, 해당 증명서류를 제출하지 아니한 경우 우선권을 요구하지 아니한 것으로 간주한다.

专利法实施细则第三十四条: 申请人依照专利法第三十条的规定要求外国优先权的,申请人提交的在先申请文件副本应当经原受理机构证明。依照国务院专利行政部门与该受理机构签订的协议,国务院专利行政部门通过电子交换等途径获得在先申请文件副本的,视为申请人提交了经该受理机构证明的在先申请文件副本。要求本国优先权,申请人在请求书中写明在先申请的申请日和申请号的,视为提交了在先申请文件副本。
要求优先权,但请求书中漏写或者错写在先申请的申请日、申请号和原受理机构名称中的一项或者两项内容的,国务院专利行政部门应当通知申请人在指定期限内补正; 期满未补正的,视为未要求优先权。
要求优先权的申请人的姓名或者名称与在先申请文件副本中记载的申请人姓名或者名称不一致的,应当提交优先权转让证明材料,未提交该证明材料的,视为未要求优先权。

중국 특허법 실시세칙 제35조 제1항【복합우선권의 주장】

출원인은 하나의 특허출원에서 하나 또는 복수의 우선권을 요구할 수 있다. 복수의 우선권을 요구한 경우, 해당 출원의 우선권 기한은 가장 빠른 우선권일로부터 기산한다.

专利法实施细则第三十五条: 申请人在一件专利申请中,可以要求一项或者多项优先权; 要求多项优先权的,该申请的优先权期限从最早的优先权日起计算。

중국 특허법 실시세칙 제36조【우선권 주장의 회복】

출원인이 특허법 제29조에 규정된 기한을 초과하였으나, 국무원 특허행정부서에 동일한 주제로 발명 또는 실용신안을 출원하였으며, 정당한 사유가 있는 경우, 기한 만료일로부터 2개월 내에 우선권의 회복을 요청할 수 있다.

专利法实施细则第三十六条: 申请人超出专利法第二十九条规定的期限,向国务院专利行政部门就相同主题提出发明或者实用新型专利申请,有正当理由的,可以在期限届满之日起2个月内请求恢复优先权。

중국 특허법 실시세칙 제37조【우선권 주장의 추가 또는 정정】

발명 또는 실용신안의 출원인이 우선권을 주장하는 경우, 우선일로부터 16개월 이내 또는 출원일로부터 4개월 이내에 출원서 중에 우선권 주장을 추가하거나 정정을 요청할 수 있다.

专利法实施细则第三十七条: 发明或者实用新型专利申请人要求了优先权的,可以自优先权日起16个月内或者自申请日起4个月内,请求在请求书中增加或者改正优先权要求

Ⅰ. 서 언

"조약우선권주장[1])"이란 출원인이 중국 특허법 제29조 제1항의 규정에 따라 외국의 선출원을 기초로 하여 우선권을 향유함을 중국 특허청에 주장하는 것을 의미한다. 2024년 개정 중국 특허법 실시세칙에서는 PCT 규칙을 반영하여 우선권

1) 중국에서는 "조약우선권"이라는 용어 대신 "외국우선권"이라는 용어를 사용하나, 이 책에서는 혼란을 피하기 위하여 한국 특허법의 "조약우선권"이라는 용어를 일괄적으로 사용한다.

주장의 회복 및 추가에 대한 규정이 신설되었다.

II. 조약우선권주장의 요건

중국 특허법 제29조 제1항에 따르면, 중국에서 조약우선권을 향유하기 위해서는 i) 출원인이 ii) 최초 외국출원일로부터 12개월 내에 iii) 동일한 주제로 특허 출원을 하여야 한다.

1. 주체적 요건

조약우선권주장의 출원인은 선출원의 출원인과 동일인이거나 정당한 승계인이어야 한다. 만약 우선권을 요구하는 출원인의 성명 또는 명칭이 선출원 서류의 부본에 기재된 출원인의 성명 또는 명칭과 일치하지 않는다면 우선권 양도의 증명서류를 제출해야 하며, 해당 증명서류를 제출하지 않는다면 우선권을 요구하지 아니한 것으로 간주한다(중국 특허법 실시세칙 제34조 제3항). 중국 특허심사지침에 따르면, 우선권 양도의 증명서류의 제출 기한은 최선일로부터 16개월이다.

2. 객체적 요건

(1) 선출원의 요건

조약우선권주장의 기초가 되는 외국출원(선출원)은 최초출원이어야 한다.[2] 또한 선출원은 해당 국가에서의 심사결과와는 관계없이 해당 국가 또는 정부 조직에서 확정한 출원일만 획득하면 조약우선권 주장의 기초로 인정할 수 있다.

(2) 후출원의 요건

조약우선권의 기초가 되는 외국출원(선출원)과 우선권 주장을 수반하는 중국출원(후출원)의 발명의 주제는 동일한 것이어야 한다. 여기서 "발명의 주제가 동일

2) 다만 중국 특허심사지침에 따르면, 선출원이 최초출원인지의 여부는 특별한 사정이 없는 한 심사단계에서는 확인하지 않는다.

하다"는 것은 기술분야, 해결하고자 하는 과제, 기술방안 및 효과가 동일한 발명을 의미하며, 문언상의 기재 또는 서술방식이 완전히 일치하는 것을 의미하지는 않는다. 중국 특허심사지침에 따르면, 후출원의 청구항에 기재된 기술방안이 선출원의 명세서에 기재되어 있기만 하면 동일성이 있는 것으로 본다. 한편 후출원의 청구항들 중 일부 청구항만이 선출원의 명세서에 기재되어 있는 경우, 후출원의 청구항들 중 선출원의 명세서에 기재된 청구항에 대하여만 우선권이 부여된다.

3. 시기적 요건

특허 및 실용신안에 대한 우선기간(优先权期限)은 12개월이다. 즉, 조약우선권의 기초가 되는 외국출원일(선출원일)로부터 12개월 내에 중국출원(후출원)을 진행하여야 한다(중국 특허법 제29조 제1항). 한편 복수의 선출원들에 대하여 조약우선권을 주장하는 경우, 최초의 선출원을 기준으로 우선기간을 계산한다(중국 특허법 실시세칙 제35조 제1항).

Ⅲ. 조약우선권주장의 절차

1. 출원과 동시에 우선권 주장

출원인이 조약우선권을 주장하는 경우에 출원과 동시에 우선권을 서면으로 주장하여야 한다(중국 특허법 제30조). 실무상 출원인은 특허출원신청서(发明专利请求书)에 마련된 우선권 성명란(要求优先权声明)에 기재하는 방식으로 우선권 주장을 성명(声明)할 수 있다. 출원 시에 우선권의 성명을 하지 않는 경우에 우선권을 요구하지 않은 것으로 본다.

2. 우선권 주장의 보정

실무상 특허출원신청서(发明专利请求书)의 우선권 성명란(要求优先权声明)에는 선출원의 출원일, 출원번호 및 원수리기관의 명칭을 기재하도록 되어 있다. 우선권을 요구하였으나 특허출원신청서에 선출원의 출원일, 출원번호 및 원수리기관의 명칭 중 하나 또는 두 개의 내용을 누락하였거나 잘못 기재한 경우에 국무원 특허행정부서는 출원인에게 지정기한 내에 보정하도록 통지한다. 지정기한 내에 보정하지 않은 경우에 우선권을 요구하지 않은 것으로 본다(중국 특허법 실시세칙 제34조 제2항).

3. 우선권 증명서류의 제출

(1) 제출시기

출원인은 최선일로부터 16개월 내에 선출원서류의 부본을 제출하여야 한다(중국 특허법 제30조).[3]

(2) 선출원서류의 부본 제출 및 전자적 서류교환

출원인이 특허법 제30조 규정에 의하여 조약우선권을 요구한 경우, 출원인이 제출하는 선출원서류의 부본은 원수리기관의 증명을 받아야 한다. 다만 국무원 특허행정부서와 해당 수리기관 사이에 체결된 협의에 의하여 국무원 특허행정부서가 전자교환 등의 경로를 통하여 선출원서류의 부본을 취득한 경우에 출원인이 해당 수리기관이 증명한 선출원서류의 부본을 제출한 것으로 간주한다(중국 특허법 실시세칙 제34조 제1항). 참고로, 중국은 2012년 3월 1일자로 세계지적재산권기구(WIPO)의 전자적 접근 시스템(DAS: Digital Access System)을 개통하였으며, 현재 한국 및 중국을 비롯하여 미국, 일본, 스페인, 영국, 호주, 핀란드 등이 전자적 접근 시스템을 통하여 우선권 증명서류를 전자적으로 송달하기로 합의하였다. 따라서 한국출원을 기초로 한 중국출원은 전자적 접근 시스템을 통한 우선권서류의 송달이 가능하다.

---

3) 개정 전 중국 특허법에서는 "후출원"인 중국 출원일로부터 "3개월" 내에 선출원서류의 부본을 제출하여야 하는 것으로 규정하고 있었으나, 2020년 개정 중국 특허법에서는 한국과 마찬가지로 "선출원"을 기준으로 1년 4개월 이내에 우선권증명서류를 제출하도록 변경하였다.

Ⅳ. 우선권 주장의 추가 또는 정정

1. 개정 목적

PCT 규칙 26의 2에 의하면, 국제 출원일로부터 4개월, 또는 우선일로부터 16개월 내에 우선권 주장을 추가하거나 정정할 수 있다. 2024년 개정 중국 특허법 실시세칙에서는 해당 PCT 규칙을 반영하여, 중국 특허법 실시세칙 제37조를 신설하였다.

2. 시기적 요건

중국 특허법 실시세칙 제37조에 따르면, 우선일로부터 16개월 내에 또는 중국 출원일로부터 4개월 이내에, 우선권 주장을 추가하거나 정정할 수 있다. 아울러 중국 특허심사지침에 따르면, 출원인은 중국 특허청이 공고 준비를 갖추기 전에 우선권 주장의 추가 또는 정정을 신청해야 한다.

3. 요건 및 절차

출원인이 우선권 주장의 추가 또는 정정을 청구하는 경우에는, 출원 시에 우선권을 주장해야 하고, 지정된 기한 내에 우선권 주장의 추가 또는 정정을 청구해야 한다. 또한, 우선권 주장의 추가를 청구하는 경우에는, 우선권 주장 수수료도 함께 지불해야 한다. 출원 시 우선권을 주장하지 않았거나, 지정된 기한 내에 우선권 주장의 추가 또는 정정 청구를 제출하지 않았거나, 기한 내에 우선권 주장 수수료를 지불하지 않은 경우, 해당 우선권 주장의 추가 또는 정정 청구는 제출하지 않은 것으로 간주된다.

우선권 주장의 추가 또는 정정 청구에는 출원일, 출원번호 및 원수리기관의 명칭을 기재해야 한다. 출원일, 출원번호 및 원수리기관의 이름 중 어느 하나를 기재하지 않거나 잘못 기재한 경우, 심사관은 절차 정정 통지서를 발급한다. 출원인이 기한 내에 응답하지 않거나 정정 후에도 여전히 규정을 만족하지 않는 경우, 해당 우선권 주장의 추가 또는 정정 청구는 제출하지 않은 것으로 간주된다.

4. 적용의 제한

(1) 우선권 회복 요청한 경우의 적용 제한

중국 특허법 실시세칙 제36조에 따라 우선권 회복을 요청하는 경우에는 본 규정이 적용되지 않는다. 즉, 중국 특허법 실시세칙 제36조에 따라 우선권 주장을 회복한 경우에는 본 규정에 의거하여 우선권 주장을 추가하거나 정정할 수 없다.

(2) 권리 회복 청구한 경우의 적용 제한

본 규정은 중국 특허법 실시세칙 제6조 제2항에 따른 권리회복 청구에는 적용되지 않는다. 즉, 출원인이 본 규정에 따른 기간(우선일로부터 16개월 이내 또는 중국 출원일로부터 2개월 이내)을 도과한 경우에는, 중국 특허법 실시세칙 제6조 제2항에 따른 권리회복 청구를 할 수 없다.

(3) 중국 출원 시 우선권 주장하지 않은 경우의 적용 제한

또한 중국 특허법 실시세칙 제37조에 따른 우선권 주장의 추가 또는 정정은 "중국 출원 시"에 우선권을 주장한 경우에만 적용된다. 즉, 중국 출원 시에 우선권을 주장하지 않았다면, 본 규정에 따른 우선권 주장의 추가는 허용되지 않는다.

Ⅴ. 우선권의 회복

1. 개정 목적

PCT 규칙 26의 3에 의하면, 특허출원 후 1년이 경과된 후에도 우선일로부터 14개월까지 우선권을 주장하여 제출할 수 있는 우선권 회복 제도를 마련하고 있다. 2024년 개정 중국 특허법 실시세칙에서는 해당 PCT 규칙을 반영하여 제36 및 128조를 신설하여 우선권 회복 제도를 도입하였다.

2. 우선권 회복의 요건

중국 특허법 실시세칙 제36조에 따르면, 우선권 회복을 청구하기 위해서는 ⅰ) 우선권 주장 만료일로부터 2개월 내에 청구하여야 하며, ⅱ) 정당한 이유가 있어야 한다. 여기서, '정당한 이유'는 PCT 규칙에서와 마찬가지로 '적절한 주의를 기울였음에도 우선권기간 내에 출원하지 못한 경우'를 의미한다.[4]

3. 중국 특허 심사지침에서의 구체적 내용[5]

(1) 중국 특허법 실시세칙 제36조에 의한 우선권의 회복

중국 특허심사지침에 의하면, 선출원일로부터 12개월의 기간이 경과한 경우라도, 특허청이 공보를 준비하기 전이라면, 출원인은 기간 만료일로부터 2개월 이내에 우선권 회복을 청구할 수 있다. 이 경우, 출원인은 우선권 회복 청구서를 제출하고, 그 이유를 설명해야 하며, 관련 수수료를 납부해야 한다.

(2) 중국 특허법 실시세칙 제6조에 의한 우선권의 회복

중국 특허심사지침은 중국 특허법 실시세칙 제36조에 의한 우선권의 회복 이외에 중국 특허법 실시세칙 제6조에 의한 우선권의 회복도 인정하고 있다. 중국 특허심사지침에 의하면, 출원인은 이하의 경우에는 중국 특허법 실시세칙 제6조의 규정에 따라 우선권의 회복을 요청할 수 있다.

ⅰ) 지정된 기한 내에 절차 정정 통지서에 응답하지 않아, 우선권을 주장하지 않은 것으로 간주된 경우

ⅱ) 우선권 주장 선언의 적어도 한 항목이 올바르게 작성되었지만, 지정된 기한 내에 선출원 문서 사본 또는 우선권 양도 증명서를 제출하지 않은 경우,

ⅲ) 우선권 주장 선언의 적어도 한 항목이 올바르게 작성되었지만, 우선권 주

---

4) 중국특허청, 전리법 및 전리법실시세칙 개정 읽기 가이드 (2023).

5) 개정 전 중국 특허심사지침에서도 일정한 경우에는 중국 특허법 실시세칙 제6조에 기초하여 우선권 주장을 회복할 수 있도록 규정하고 있었다. 개정 후 중국 특허심사지침에서는 기존의 실시세칙 제6조에 기초한 우선권 회복의 사유를 거의 그대로 인정하면서, 그 외의 사유에 대해서는 중국 특허법 실시세칙 제36조에 의하여 우선권 회복을 신청할 수 있도록 하였다.

장 수수료를 규정된 기한 내에 지급하거나 완납하지 않은 경우,

ⅳ) 분할출원의 원출원이 우선권을 주장한 경우

위의 사유를 제외하고는, 중국 특허법 실시세칙 제6조에 기초하여 우선권의 회복을 신청할 수는 없다.

(3) 적용의 제한

중국 특허심사지침에 의하면, 중국 특허법 실시세칙 제37조에 따라 우선권 주장을 추가하거나 정정하는 경우에는 중국 특허법 실시세칙 제36조에 따른 우선권의 회복을 적용하지 않는다. 또한 본 규정의 기한이 지연된 경우에는 중국 특허법 실시세칙 제6조 제1항 및 제2항에 따른 권리회복을 청구할 수 없다.

4. 관련 문제 – 정당한 이유의 해석

중국 특허법 실시세칙 제36조에서는 "정당한 이유"에 대해서 규정하고 있으나, 중국 특허심사지침에서는 "정당한 이유"에 대해서 구체적으로 규정하고 있지는 않다. 관련하여, 중국 특허청에 의하면, 중국 특허법 실시세칙 제36조의 "정당한 이유"는 PCT 규칙에서의 적절한 주의를 기울였음에도 우선권 기간 내에 출원하지 못한 경우에 대응한다고 설명하고 있다. 사견임을 전제로, 종래에도 중국 특허법 실시세칙 제6조에 따라 일정 사유가 있는 경우에 우선권 회복을 요청할 수 있었다는 점, 중국 특허 심사지침에서 이에 대한 자세한 소명을 요구하지는 않고 있다는 점을 고려하면, 본 규정의 "정당한 이유"는 실무상 엄격하게 요구되지 않을 것으로 보인다.

VI. 조약우선권주장의 효과[6)]

1. 특허요건 판단 시 출원일의 소급 간주

조약우선권주장이 적법하면 중국 특허출원의 청구항에 기재된 기술방안들 중 선출원에 기재된 기술방안은 선출원일에 제출한 것으로 본다. 따라서 선출원일과 후출원일(중국출원일) 사이에 타인이 동일한 발명을 출원하거나 공개하였다고 하더라도 타인의 출원이나 공개로 인하여 중국 출원이 거절되지는 않는다.

2. 우선기간 내에 행해진 타인의 행위에 대한 권리 발생 금지

조약우선권주장이 적법하면 우선기간 내에 타인의 동일 발명의 출원 또는 사용이 있다고 하더라도 해당 타인에 대하여는 어떠한 권리도 발생하지 않는다. 예를 들어 선출원일과 후출원일 사이에 타인이 동일한 발명을 출원한 경우, 해당 타인의 출원은 확대된 선출원주의 위반으로 특허를 받을 수 없다.[7)] 또한 선출원일과 후출원일 사이에 타인이 동일한 발명을 사용하였다 하더라도 해당 타인에게는 선사용권(先用权)[8)]이 발생하지 않는다.

VII. 국제특허출원의 특례

선출원에 대한 조약우선권을 주장하면서 국제특허출원(PCT)을 진행하는 경

6) 중국 특허법은 조약우선권주장의 효과에 대하여는 명확히 규정함이 없이 제29조에 "우선권을 향유할 수 있다"라고 규정하고 있다. 따라서 조약우선권주장의 효과는 파리조약 제4조 B의 규정에 근거하여 해석된다. 한국 특허법의 조약우선권주장의 효과에 관한 규정 역시 본래 파리조약 제4조 B에 근거한 것이므로, 중국과 한국의 조약우선권 주장의 효과는 대체로 동일하다.

7) 단, 확대된 선출원주의는 강학상의 용어로 중국 특허법에서 확대된 선출원주의는 신규성의 개념에 포함된다. 따라서 해당 타인의 출원은 실제로는 신규성 위반(중국 특허법 제22조 제2항)으로 거절될 것이다.

8) 제8편 제4장 제3절 특허침해로 보지 않는 행위 참조.

우에는 우선권의 주장 및 증명서류의 제출에 대한 중국 특허법 실시세칙 제127조의 규정이 우선적으로 적용된다.

1. 우선권의 주장의 특례

1) 출원인이 국제단계에서 하나 또는 복수의 우선권을 주장하고 중국 국내단계 진입 시 해당 우선권의 주장이 계속 유효한 경우에 중국 특허법 제30조 규정에 의한 우선권을 주장한 것으로 간주한다(중국 특허법 실시세칙 제127조 제1항).

2) 출원인은 국내단계 진입일로부터 2개월 내에 우선권 청구료를 납부해야 하며, 기한 내에 납부하지 아니하였거나 부족하게 납부한 경우 그 우선권을 주장하지 아니한 것으로 간주한다(중국 특허법 실시세칙 제127조 제2항).

2. 증명서류의 제출의 특례

출원인이 국제단계에서 특허협력조약 규정에 의하여 선출원서류의 부본을 제출한 경우, 중국 국내단계에 진입 시 국무원 특허행정부서에 선출원서류의 부본을 제출할 필요가 없다. 그러나 출원인이 국제단계에서 선출원서류의 부본을 제출하지 아니한 경우, 국무원 특허행정부서는 필요 시 출원인에게 기한 내에 보충하여 제출하도록 통지할 수 있다. 출원인이 기한 내에 보충하여 제출하지 아니한 경우, 그 우선권은 주장하지 아니한 것으로 간주한다(중국 특허법 실시세칙 제127조 제3항).

3. 우선권의 회복

국제출원의 출원일이 우선권 기간이 만료된 후 2개월 이내이고 국제단계 접수국이 우선권 회복을 승인한 경우, 중국 특허법 실시세칙 제36조의 규정에 따라 우선권 회복을 이미 요청한 것으로 간주된다. 국제 단계에서 출원인이 우선권 회복을 요청하지 않았거나 우선권 회복을 요청했지만 접수국이 승인하지 않은 경우, 출원인은 정당한 사유가 있으면 국내 단계 진입일로부터 2개월 이내에 국무원 특허행정부서에 우선권 회복을 요청할 수 있다(중국 특허법 실시세칙 제128조).

Ⅷ. 기타 관련 문제

1. 공지예외주장의 기산일

한국과 달리 중국에서는 조약우선권주장의 혜택과 공지예외주장의 혜택을 동시에 받을 수 있는 것으로 본다. 이에 따라 중국에서는 공지예외주장의 기산일은 우선일을 기준으로 한다.[9)]

2. 심사청구의 기산일

한국의 경우에 조약우선권주장출원의 심사청구의 기산일은 출원일을 기준으로 함에 비하여, 중국의 경우에 조약우선권주장출원의 심사청구의 기산일은 우선일을 기준으로 한다. 따라서 조약우선권주장출원의 심사청구 기간은 실질적으로 단축될 수 있음에 주의하여야 한다.[10)]

3. 존속기간의 기산일

한국과 마찬가지로 조약우선권주장출원의 경우 존속기간의 기산일은 선출원일이 아닌 후출원일(중국출원일)을 기준으로 한다.

---

9) 제4편 제1장 공지예외주장 참조.

10) 제5편 제2장 제1절 실질심사청구 참조.

제3장

국내우선권주장(本国优先权)

중국 특허법 제29조 제2항【국내우선권주장】

출원인이 특허 또는 실용신안을 중국에 최초로 출원한 날로부터 12개월 내에, 또는 디자인을 중국에 제1차로 특허출원한 날로부터 6개월 내에, 다시 국무원 특허행정부서에 동일한 주제로 출원하는 경우에 우선권을 향유할 수 있다.

专利法第二十九条: 申请人自发明或者实用新型在中国第一次提出专利申请之日起十二个月内,或者自外观设计在中国第一次提出专利申请之日起六个月内,又向国务院专利行政部门就相同主题提出专利申请的,可以享有优先权。

중국 특허법 제30조【우선권 주장의 시기 및 증명서류의 제출】

① 출원인이 발명·실용신안의 우선권을 요구하는 경우, 출원 시 서면성명을 제출해야 하고, 최초로 출원한 날로부터 16개월 내에, 최초로 제출된 특허출원 서류의 부본을 제출해야 한다.

③ 출원인이 서면성명을 제출하지 않거나 기간이 경과하여도 특허출원 서류 부본을 제출하지 않는 경우, 우선권을 요구하지 않는 것으로 간주한다.

专利法第三十条: 申请人要求发明、实用新型专利优先权的,应当在申请的时候提出书面声明,并且在第一次提出申请之日起十六个月内,提交第一次提出的专利申请文件的副本。

申请人要求外观设计专利优先权的,应当在申请的时候提出书面声明,并且在三个月内提交第一次提出的专利申请文件的副本。

申请人未提出书面声明或者逾期未提交专利申请文件副本的,视为未要求优先权。

중국 특허법 실시세칙 제34조【증명서류의 제출 및 우선권주장의 보정】
① (전략) 국내우선권의 요구는 출원인이 청구서에 선출원일과 출원번호를 명확히 기재한 경우 선출원 서류 부본을 제출한 것으로 간주한다.
② 우선권을 요구하였으나 청구서에 선출원의 출원일, 출원번호 및 원수리기관의 명칭 중 하나 또는 두 개의 내용을 누락하였거나 잘못 기재한 경우, 국무원 특허행정부서는 출원인에게 지정기한 내에 보정하도록 통지하여야 한다. 지정기한 내에 보정하지 아니한 경우 우선권을 요구하지 아니한 것으로 본다.
③ 우선권을 요구한 출원인의 성명 또는 명칭이 선출원서류의 부본에 기재된 출원인의 성명 또는 명칭과 일치하지 않는 경우에 우선권 양도의 증명서류를 제출해야 하고, 해당 증명서류를 제출하지 아니한 경우 우선권을 요구하지 아니한 것으로 간주한다.

专利法实施细则第三十四条: 要求本国优先权,申请人在请求书中写明在先申请的申请日和申请号的,视为提交了在先申请文件副本。
要求优先权,但请求书中漏写或者错写在先申请的申请日、申请号和原受理机构名称中的一项或者两项内容的,国务院专利行政部门应当通知申请人在指定期限内补正: 期满未补正的,视为未要求优先权。
要求优先权的申请人的姓名或者名称与在先申请文件副本中记载的申请人姓名或者名称不一致的,应当提交优先权转让证明材料,未提交该证明材料的,视为未要求优先权。
外观设计专利申请的申请人要求外国优先权,其在先申请未包括对外观设计的简要说明,申请人按照本细则第二十八条规定提交的简要说明未超出在先申请文件的图片或者照片表示的范围的,不影响其享有优先权。

중국 특허법 실시세칙 제35조【국내우선권주장의 요건 및 선출원 취하 간주】
① 출원인은 한 건의 특허출원 중 하나 또는 복수의 우선권을 요구할 수 있다. 복수의 우선권을 요구한 경우, 해당 출원의 우선권 기한은 가장 빠른 우선권일로부터 계산한다.
② 특허 또는 실용신안의 출원인이 국내우선권을 요구하고, 선출원이 특허 출원인 경우, 동일한 주제에 대하여 특허 또는 실용신안을 출원할 수 있다. 선출원이 실용신안

출원인 경우, 동일한 주제에 대하여 실용신안 또는 특허를 출원할 수 있다. 디자인 출원이 국내우선권을 요구하고 선출원이 특허 또는 실용신안인 경우, 첨부된 도면에 표시된 설계에 대해 동일한 주제의 디자인 출원을 제출할 수 있다. 선출원이 디자인 출원인 경우, 동일한 주제의 디자인 출원을 제출할 수 있다. 다만, 후출원 시 선출원의 주제가 아래의 하나에 해당할 경우 국내우선권 요구의 기초로 할 수 없다.

1. 이미 국외우선권 또는 국내우선권을 요구한 경우
2. 이미 특허권을 수여받은 경우
3. 규정에 따라 제출된 분할출원에 속하는 경우

③ 출원인이 국내우선권을 요구한 경우, 디자인 출원인이 특허 또는 실용신안을 국내우선권의 기초로 요구하는 경우를 제외하고, 그 선출원은 후출원의 제출일로부터 취하한 것으로 간주한다.

专利法实施细则第三十五条: 申请人在一件专利申请中,可以要求一项或者多项优先权: 要求多项优先权的,该申请的优先权期限从最早的优先权日起计算。
发明或者实用新型专利申请人要求本国优先权,在先申请是发明专利申请的,可以就相同主题提出发明或者实用新型专利申请; 在先申请是实用新型专利申请的,可以就相同主题提出实用新型或者发明专利申请。外观设计专利申请人要求本国优先权,在先申请是发明或者实用新型专利申请的,可以就附图显示的设计提出相同主题的外观设计专利申请: 在先申请是外观设计专利申请的,可以就相同主题提出外观设计专利申请。但是,提出后一申请时,在先申请的主题有下列情形之一的,不得作为要求本国优先权的基础:
(一)已经要求外国优先权或者本国优先权的;
(二)已经被授予专利权的;
(三)属于按照规定提出的分案申请的。
申请人要求本国优先权的,其在先申请自后一申请提出之日起即视为撤回,但外观设计专利申请人要求以发明或者实用新型专利申请作为本国优先权基础的除外。

Ⅰ. 서 언

"국내우선권주장"이란 출원인이 중국 특허법 제29조 제2항의 규정에 따라 중국의 선출원을 기초로 우선권을 향유함을 중국 특허청에 주장하는 것을 의미한다. 국내우선권주장에 관한 규정은 1992년 개정 특허법에서 조약우선권주장과의 형평성을 도모하기 위하여 도입되었다.[1] 중국 특허법상 국내우선권주장의 기한, 국내우선권을 주장하는 출원인의 요건, 국내우선권주장의 성립요건 등에 관한 규정은 조약우선권주장에 관한 규정을 대부분 준용한다. 한편 중국 특허법의 국내우선권주장에 관한 규정은 한국 특허법의 규정과 대부분 유사하다. 다만 국내우선권주장출원 시에 ⅰ) 한국은 선출원일로부터 1년 3개월이 지난 후에 선출원이 취하된 것으로 보나, 중국은 후출원일에 선출원이 취하된 것으로 보며, ⅱ) 한국은 선출원이 취하 간주된 후에는 우선권주장의 취하를 금지하나, 중국은 선출원이 취하 간주된 후에도 우선권주장을 취하할 수 있다는 점 등에 차이가 있다. 이 경우 이미 취하 간주된 선출원은 우선권주장을 취하하였다고 하여 회복되지는 않는다.

Ⅱ. 국내우선권주장의 요건

중국 특허법 제29조 제2항에 따르면, 중국에서 국내우선권주장을 향유하기 위해서는 ⅰ) 출원인이 ⅱ) 특허 또는 실용신안을 중국에 최초로 출원한 날로부터 12개월 내에 ⅲ) 동일한 주제로 다시 국무원 특허행정부서에 특허를 출원하여야 한다.

1. 주체적 요건

국내우선권주장의 출원인은 선출원의 출원인과 동일인이거나 정당한 승계인이어야 한다. 만약 우선권을 요구하는 출원인의 성명 또는 명칭이 선출원 서류의 부본에 기재된 출원인의 성명 또는 명칭과 일치하지 않는다면 우선권 양도의 증명서류를 제출해야 하며, 해당 증명서류를 제출하지 않는다면 우선권을 요구하지 아니한 것으로 간주한다(중국 특허법 실시세칙 제34조 제3항).

---

1) 참고로, 중국은 1992년 PCT에 가입하였으며, 이에 따라 중국 선출원을 기초로 한 PCT 출원이 가능해졌다. 이 경우, 중국을 지정국으로 지정한 경우에도 중국 이외의 국가를 지정국으로 지정한 경우와 같이 우선권의 효력을 인정하여야 할 필요성에 의하여, 국내우선권 주장을 도입하게 되었다.

2. 객체적 요건

(1) 선출원의 요건

중국에서 국내우선권주장출원 시 선출원은 아래의 요건을 만족하여야 한다.

1) 선출원은 특허 또는 실용신안출원이어야 하며 디자인출원은 국내우선권주장의 기초가 될 수 없다.[2)]
2) 선출원은 조약우선권주장 또는 국내우선권주장을 한 적이 없어야 한다.[3)]
3) 선출원은 분할출원이 아니어야 한다.
4) 후출원 시에 선출원은 아직 특허권을 수여받지 못한 상태여야 한다.[4)]

(2) 후출원의 요건

국내우선권의 기초가 되는 선출원과 우선권 주장을 수반하는 후출원의 발명의 주제는 동일한 것이어야 한다. 여기서 "발명의 주제가 동일하다"는 것은 기술분야, 해결하고자 하는 과제, 기술방안 및 효과가 동일한 발명을 의미하며, 문언상의 기재 또는 서술방식이 완전히 일치하는 것을 의미하지는 않는다. 후출원의 청구항에 기재된 기술방안이 선출원의 명세서에 기재되어 있기만 하면 동일성이 있는 것으로 본다. 한편 후출원의 청구항들 중 일부 청구항만이 선출원의 명세서에 기재되어 있는 경우, 후출원의 청구항들 중 선출원의 명세서에 기재된 청구항에 대하여만 우선권이 부여된다.

---

2) 실무상 디자인 출원이 특허 또는 실용신안 출원의 국내우선권주장의 기초가 될 수 없다는 것에 대해서는 별다른 이견이 없었으나, 이에 대한 명확한 규정이 없었다. 2024년 개정 중국 특허법 실시세칙 제35조에서는 이를 명확히 하여, 디자인 출원은 디자인 출원의 국내우선권주장의 기초만 될 수 있다고 규정하였다.

3) 이는 중복으로 우선권의 혜택을 받는 것을 방지하기 위한 것이다. 따라서 조약우선권 또는 국내우선권을 주장하였다 하더라도 그 요건 등을 만족하지 못하여 우선권을 향유하지 못했으면 국내우선권주장의 기초로 할 수 있다.

4) 참고로, 이에 반하여 한국은 ⅰ) 후출원 시에 선출원의 특허 여부가 결정된 경우 및 ⅱ) 후출원 시에 선출원이 포기·무효 또는 취하된 경우, 해당 선출원은 국내우선권주장의 기초로 될 수 없다고 규정하고 있다.

3. 시기적 요건

한국과 마찬가지로 국내우선권주장의 우선기간(优先权期限)은 12개월이다. 즉, 국내우선권의 기초가 되는 선출원일로부터 12개월 내에 후출원을 진행하여야 한다.

Ⅲ. 국내우선권주장의 절차

1. 출원과 동시에 우선권 주장

출원인이 국내우선권을 주장하는 경우에 출원과 동시에 우선권을 주장하여야 한다(중국 특허법 제30조).

2. 우선권 주장의 보정

우선권을 요구하였으나 특허출원신청서에 선출원의 출원일, 출원번호 및 원수리기관의 명칭 중 하나 또는 두 개의 내용을 누락하였거나 잘못 기재한 경우에 국무원 특허행정부서는 출원인에게 지정기한 내에 보정하도록 통지한다. 지정기한 내에 보정하지 않은 경우에 우선권을 요구하지 않은 것으로 본다(중국 특허법 실시세칙 제34조 제2항).

3. 우선권 증명서류의 제출

출원인이 특허출원신청서에 선출원일과 출원번호를 명확히 기재한 경우에 선출원서류의 부본을 제출한 것으로 간주한다(중국 특허법 실시세칙 제34조 제1항).

Ⅳ. 선출원의 취하간주

출원인이 국내우선권을 주장하는 경우에 그 선출원은 후출원을 제출한 날 취하된 것으로 본다(중국 특허법 실시세칙 제35조 제3항). 출원인은 국내우선권을 주장한 후 그 우선권 주장을 취하할 수 있는데,[5] 이 경우에 이미 취하된 선출원은 우선권 주장을 취하한다고 하더라도 회복될 수 없다(중국 특허법 실시세칙 제6조 제5항).

[국내우선권주장 시 선출원 취하간주에 대한 한・중 비교표]

	한국 특허법	중국 특허법
선출원의 취하간주시점	선출원일로부터 1년 3개월	후출원 시
우선권주장의 취하가능여부	선출원일로부터 1년 3개월 후 선출원이 취하 간주되면 우선권 주장의 취하는 금지됨	선출원이 취하 간주되더라도 우선권 주장의 취하는 가능함. 단 이 경우에 취하 간주된 선출원은 회복될 수 없음

Ⅴ. 국내우선권주장의 효과[6]

1. 특허요건 판단 시 출원일의 소급 간주

국내우선권주장이 적법하면 후출원의 청구항에 기재된 기술방안들 중 선출원에 기재된 기술방안은 선출원일에 제출한 것으로 본다. 따라서 선출원일과 후출원일 사이에 타인이 동일한 발명을 출원하거나 공개하였다고 하더라도 타인의 출원이나 공개로 인하여 중국 출원이 거절되지는 않는다.

5) 우선권주장의 취하를 위해서는 전체 출원인이 서명한 우선권 취하 선언서(撤回优先权声明)를 제출하여야 한다.

6) 중국 특허심사지침에 따르면, 국내우선권주장의 효과는 조약우선권주장의 효과와 동일한 것으로 본다.

2. 우선기간 내에 행해진 타인의 행위에 대한 권리 발생 금지

국내우선권주장이 적법하면 우선기간 내에 타인의 동일 발명의 출원 또는 사용이 있다고 하더라도 해당 타인에 대하여는 어떠한 권리가 발생하지 않는다. 예를 들어 선출원일과 후출원일 사이에 타인이 동일한 발명을 출원한 경우에, 해당 타인의 출원은 확대된 선출원주의 위반으로 특허를 받을 수 없다. 또한 선출원일과 후출원일 사이에 타인이 동일한 발명을 사용하였다 하더라도 해당 타인에게는 선사용권(先用权)이 발생하지 않는다.

제4장 분할출원(分案申请)

중국 특허법 실시세칙 제48조 【분할출원의 제출시기 및 요건】

① 하나의 출원이 2개 이상의 특허, 실용신안 또는 디자인을 포함하고 있는 경우에 출원인은 이 세칙 제60조 제1항 규정의 기한 만료 전에 국무원 특허행정부서에 분할출원을 제출할 수 있다. 다만, 특허출원이 이미 거절, 취하 또는 취하된 것으로 간주되는 경우에 분할출원을 제출할 수 없다.
② 국무원 특허행정부서는 하나의 출원이 특허법 제31조와 이 세칙 제39조 또는 제40조 규정에 부합하지 아니한 것으로 인정할 경우에 출원인에게 지정기한 내에 그 출원에 대하여 보정하도록 통지해야 한다. 출원인이 기한 내에 답변이 없을 경우 그 출원은 취하한 것으로 간주한다.
③ 분할 출원은 원출원의 종류를 변경할 수 없다.

专利法实施细则第四十八条: 一件专利申请包括两项以上发明、实用新型或者外观设计的,申请人可以在本细则第五十四条第一款规定的期限届满前,向国务院专利行政部门提出分案申请; 但是,专利申请已经被驳回、撤回或者视为撤回的,不能提出分案申请。
国务院专利行政部门认为一件专利申请不符合专利法第三十一条和本细则第三十四条或者第三十五条的规定的,应当通知申请人在指定期限内对其申请进行修改; 申请人期满未答复的,该申请视为撤回。
分案的申请不得改变原申请的类别。

중국 특허법 실시세칙 제49조 【분할출원의 효과 및 범위】

① 이 세칙 제48조 규정에 의하여 제출된 분할출원은 원출원일을 유지할 수 있으며,

우선권을 향유하는 경우 우선권일을 유지할 수 있으나 원출원에 공개된 범위를 초과할 수 없다.
② 분할출원은 특허법 및 이 세칙의 규정에 의한 관련절차를 밟아야 한다.
③ 분할출원의 청구서에는 원출원의 출원번호와 출원일을 명확하게 기재해야 한다.

专利法实施细则第四十九条: 依照本细则第四十八条规定提出的分案申请,可以保留原申请日,享有优先权的,可以保留优先权日,但是不得超出原申请公开的范围。
分案申请应当依照专利法及本细则的规定办理有关手续。
分案申请的请求书中应当写明原申请的申请号和申请日。

Ⅰ. 서 언

"분할출원"이란 하나의 특허출원이 둘 이상의 발명을 포함하고 있는 경우에 그 일부를 별개의 특허출원으로 분할하는 것을 말한다. 중국은 분할출원에 관한 내용을 중국 특허법이 아닌 중국 특허법 실시세칙 제48조 및 제49조에서 규정하고 있다.

Ⅱ. 분할출원의 태양

1. 단일성 위반 시의 분할출원

국무원 특허행정부서가 하나의 특허출원이 발명의 단일성 규정(중국 특허법 제31조)에 부합하지 아니한 것으로 인정하는 경우에 출원인에게 지정기한 내에 그 출원에 대하여 보정하도록 통지한다(중국 특허법 실시세칙 제42조 제2항).

발명의 단일성 위반의 경우, 심사관은 1군에 속하는 청구항들 대하여만 심사를 진행하며, 다른 군에 속하는 청구항들에 대하여는 심사를 진행하지 않는다. 이 경우에 출원인은 심사되지 않은 다른 군에 속하는 청구항들에 대하여는 삭제 보정을 할 수 있으며, 삭제된 청구항들에 대해서는 분할출원을 진행할 수 있다. 또한

2024년 개정된 중국 특허심사지침에 따르면, 출원인은 심사가 진행된 1군에 속하는 청구항들을 삭제하는 방식으로 대응할 수도 있다. 이 경우에 심사되지 않은 다른 군에 속하는 청구항들에 대해서 다시 심사를 받을 수 있다.[1)]

2. 자진(主动) 분할출원

하나의 특허출원이 2 이상의 발명을 포함하고 있는 경우에 출원인은 자진하여 분할출원을 제출할 수 있다. 예를 들어, 명세서에 A 및 B의 발명이 기재되어 있으나 원출원의 청구항에는 A에 대해서만 권리를 요구한 경우, 출원인은 자진하여 분할출원을 진행함으로써 B 발명에 대한 권리를 요구할 수 있다.[2)]

Ⅲ. 분할출원의 요건

1. 주체적 요건

분할출원과 원출원의 출원인은 동일하여야 한다. 만약 출원인이 동일하지 않다면 권리양도에 관한 증명서류를 제출하여야 한다.

2. 객체적 요건

(1) 분할출원의 기재범위

분할출원은 원출원에 공개된 범위를 초과할 수 없다(중국 특허법 실시세칙 제49조 제1항 후단).[3)]

---

1) 개정 전 중국 특허심사지침에서는 심사관은 심사되지 않은 다른 군에 속하는 청구항들에 대해서는 삭제할 것을 요구할 수 있다고 규정하고 있었으나, 2024년 개정된 중국 특허심사지침에서는 이러한 내용을 삭제하였다. 이에 따라, 출원인은 실질심사가 진행된 1군에 속하는 청구항을 삭제하고, 다른 군에 속하는 청구항들에 대해서 다시 심사를 받을 수 있게 되었다.

2) 중국 특허심사지침에 따르면, 이 경우에 분할출원의 명세서는 반드시 A, B 발명을 모두 기재하여야 하는 것은 아니다. 즉, 출원인은 원출원과 달리 분할출원의 명세서에는 B 발명에 대하여만 기재하고 청구항에 B에 대한 권리를 요구하는 방식으로 분할출원을 진행할 수도 있다.

(2) 원출원과 분할출원의 청구항의 보호객체

분할 후의 원출원의 청구항과 분할출원의 청구항은 각각 다른 발명이어야 한다.

(3) 원출원 및 분할출원의 유형 변경 여부

분할출원은 원출원의 유형을 변경할 수 없다(중국 특허법 실시세칙 제48조 제3항). 예를 들어, 원출원이 특허출원인 경우에 분할출원은 특허출원이어야 하며, 실용신안출원으로 변경할 수 없다.[4)]

3. 시기적 요건

(1) 원출원이 특허청에 계속 중

분할출원은 원출원이 중국 특허청에 계속 중이면 가능하다. 원출원이 이미 거절, 취하 또는 취하된 것으로 간주된 경우에는 분할출원을 제출할 수 없다(중국 특허법 실시세칙 제48조 제1항).

(2) 특허권수여통지서를 받은 경우

출원인이 특허청으로부터 원출원에 대한 특허권수여통지서를 받은 경우, 출원인은 특허권수여통지서를 받은 날로부터 2월의 기간 내에 분할출원을 제출할 수 있다. 여기서, "특허권수여통지서를 받은 날로부터 2월"의 기간은 중국 특허청이 등록업무를 처리하는 기간을 의미한다.

(3) 거절결정서 또는 복심결정서를 받은 경우

i) 출원인은 거절결정서를 받은 날로부터 3월 이내에는 출원인이 거절결정 불복심판(复审, 복심)을 청구하였는지의 여부와 관계없이 분할출원을 제출

---

3) 여기서 "공개된 범위"란 원출원의 명세서에 기재된 범위를 의미하며, 이는 중국 특허법 제33조에서 규정하는 보정의 범위와 동일하다. 자세한 내용은 이 책의 제3편 제4장 참조.

4) 참고로, 이에 반하여 조약우선권주장출원 및 국내우선권주장출원은 선출원과 다른 유형의 출원일 수 있다. 예를 들어, 선출원이 특허출원인 경우에 조약우선권주장출원 및 국내우선권주장출원은 특허출원뿐만 아니라 실용신안출원일 수도 있다.

할 수 있다. 여기서 "거절결정서를 받은 날로부터 3월"은 출원인이 거절결정에 불복하여 거절결정불복심판(复审)을 청구할 수 있는 기간을 의미한다.

ii) 거절결정불복심판(复审)을 청구한 이후에 출원인은 분할출원을 제출할 수 있다. 또한 출원인은 거절결정불복심판(复审) 단계에서의 복심결정을 받은 날로부터 3월 내에 분할출원을 제출할 수 있다.

iii) 거절결정불복심판(复审) 단계에서의 복심결정에 불복하여 법원에 행정소송을 제기하는 기간에도 출원인은 분할출원을 제출할 수 있다. 복심결정에 불복하여 "행정소송을 제기하는 기간"은 실질적으로 복심결정을 받은 날로부터 3월에 해당한다.

(4) 재분할출원의 경우

이미 분할출원을 제출하였으며 출원인이 그 분할출원에 대하여 다시 분할출원을 제출하고자 하는 경우(재분할출원), 재분할출원의 제출기간은 "원출원"에 근거하여 심사한다. 이 경우에 재분할출원의 제출일이 상기의 (1)~(3)의 시기적 요건에 부합하지 않는 경우에는 재분할출원을 할 수 없다. 다만 분할출원에 단일성 흠결이 존재하여 출원인이 심사관의 의견에 따라 재분할출원을 하는 경우는 예외로 한다. 이 경우에 출원인은 재분할출원을 제출하는 동시에 심사관이 단일성 흠결을 지적한 심사의견통지서를 함께 제출해야 한다.

Ⅳ. 분할출원의 절차

분할출원의 청구서에는 원출원의 출원번호와 출원일을 명확하게 기재하여야 한다(중국 특허법 실시세칙 제49조 제3항).[5)]

5) 개정 전 중국 특허법 실시세칙에서는 원출원서류의 부본과 우선권서류의 부본을 제출하도록 요구하였으나, 2024년 개정된 중국 특허법 실시세칙에서는 이를 삭제하였다.

Ⅴ. 효 과

1. 적법한 경우의 효과

분할출원이 적법한 것으로 인정된 경우, 분할출원은 원출원일을 유지할 수 있으며, 우선권을 향유하는 경우에는 그 우선일을 유지할 수 있다(중국 특허법 실시세칙 제49조 제1항). 한편 분할출원의 각종 법정기간(예를 들어, 심사청구의 기간)은 원출원일로부터 기산하며, 이미 만료된 각종 기간에 대하여 출원인은 분할출원일로부터 2개월 내에 각종 업무를 추가적으로 처리하여야 한다.[6)]

2. 부적법한 경우의 효과

(1) 분할출원의 기재범위 위반 시

분할출원의 기재범위에 관한 중국 특허법 실시세칙 제49조 제1항의 규정은 등록 전에는 거절사유(중국 특허법 실시세칙 제59조)에 해당하며 등록 후에는 무효사유(중국 특허법 실시세칙 제69조)에 해당한다. 따라서 분할출원의 기재범위가 원출원의 기재범위를 초과하는 경우에 심사관은 보정할 것을 요구하며, 보정 후 분할출원의 기재범위가 원출원의 기재범위를 여전히 초과한다고 판단하는 경우에 심사관은 분할출원을 거절한다.

(2) 분할출원의 제출기간 등 위반 시

분할출원의 제출기간, 분할출원의 유형 변경 여부, 분할출원의 출원인 동일여부 및 분할출원의 증명서류 제출 여부 등은 방식심사에서 확인된다. 분할출원의 제출기간, 분할출원의 유형 변경의 위반 시 심사관은 분할출원을 제출하지 않은 것으로 간주하는 통지서를 발행한다. 분할출원의 출원인의 동일 및 분할출원의 증명서류 제출 위반 시 심사관은 보정통지서를 발행하며, 지정된 기간 내에 보정하지 않은 경우에 취하간주통지서를 발행한다.

---

6) 중국 특허심사지침에 따르면, 만약 기간 내에 추가적으로 처리하지 않은 경우에 심사관은 분할출원의 취하간주통지서를 발행한다.

VI. 국제출원의 특례

1. 국제출원의 분할출원 제출 시기

국제출원이 2 이상의 발명을 포함하고 있는 경우에 출원인은 국내단계 진입일로부터 중국 특허법 실시세칙 제48조 제1항(분할출원의 제출시기) 규정에 의한 분할출원을 제출할 수 있다(중국 특허법 실시세칙 제133조 제1항).

2. 단일성 회복비용의 납부 및 분할출원의 제한

(1) 단일성 회복비용(单一性恢复费)의 납부

국제조사기구 또는 국제예비심사기구가 국제출원이 단일성의 결여가 있다고 판단하고 출원인이 추가 검색비 또는 추가 심사비를 납부하지 않아 국제조사 또는 국제예비조사를 진행하지 않은 발명이 포함되어 있는 경우, 심사관은 국제기관의 판단이 정확하다고 판단할 경우에 출원인에게 단일성 회복비용(单一性恢复费)을 납부하도록 통지한다(중국 특허법 실시세칙 제133조 제2항).

(2) 단일성 회복비용 미납부 시 분할출원의 제한

만약 출원인이 단일성 회복비용을 납부하지 않은 경우에 심사관은 출원인에게 단일성 위반을 이유로 국제조사를 거치지 않은 발명은 취하한 것으로 보며 그 부분을 삭제한 보정서류를 제출할 것을 통지한다. 단일성 회복비용을 납부하지 않아 삭제된 발명에 대하여는 출원인은 향후 분할출원을 제출할 수 없다.

제5장

이중출원(禁止重复授权原则的例外情况)

중국 특허법 제9조 제1항 후단 【이중출원의 정의 및 조건】

(전략) 다만, 동일한 출원인이 동일한 날에 동일한 발명에 대하여 실용신안과 특허를 출원하였고 먼저 취득한 실용신안권이 아직 종료하지 않은 상태에서 출원인이 당해 실용신안권의 포기를 성명한 경우에 특허권을 수여할 수 있다.

专利法第九条: 同样的发明创造只能授予一项专利权。但是,同一申请人同日对同样的发明创造既申请实用新型专利又申请发明专利,先获得的实用新型专利权尚未终止,且申请人声明放弃该实用新型专利权的,可以授予发明专利权。
两个以上的申请人分别就同样的发明创造申请专利的,专利权授予最先申请的人。

중국 특허법 실시세칙 제47조 제2항 내지 제5항 【이중출원의 절차】

② 동일한 출원인이 동일한 날(출원일을 말함) 동일한 발명에 대하여 실용신안을 출원하고 특허도 출원한 경우, 동일한 발명에 대하여 다른 특허 또는 실용신안도 출원하였음을 출원 시에 각각 설명해야 한다. 설명하지 않은 경우, 중국 특허법 제9조 제1항의 동일한 발명에 관하여 단지 하나의 특허권만 수여한다는 규정에 따라 처리한다.
③ 국무원 특허행정부서는 실용신안권 수여를 공고할 때 출원인이 이미 이 조 제2항의 규정에 의하여 동시에 특허도 출원했다는 설명을 공고하여야 한다.
④ 특허출원이 심사를 거쳐 거절이유를 발견하지 못한 경우에 국무원 특허행정부서는 출원인에게 규정된 기한 내에 실용신안권을 포기하는 성명을 하도록 통지해야 한다. 출원인이 포기를 성명한 경우에 국무원 특허행정부서는 특허권의 수여를 결정하

고 특허권의 수여 공고 시에 출원인이 실용신안권을 포기했다는 성명을 함께 공고하여야 한다. 출원인이 포기에 동의하지 아니한 경우에 국무원 특허행정부서는 그 특허출원을 거절하여야 한다. 출원인이 기한 내 답변하지 아니한 경우에 그 특허출원은 취하한 것으로 간주한다.
⑤ 실용신안권은 특허권 수여를 공고한 날로부터 종료한다.

专利法实施细则第四十七条: 同一申请人在同日(指申请日)对同样的发明创造既申请实用新型专利又申请发明专利的,应当在申请时分别说明对同样的发明创造已申请了另一专利; 未作说明的,依照专利法第九条第一款关于同样的发明创造只能授予一项专利权的规定处理。
国务院专利行政部门公告授予实用新型专利权,应当公告申请人已依照本条第二款的规定同时申请了发明专利的说明。
发明专利申请经审查没有发现驳回理由,国务院专利行政部门应当通知申请人在规定期限内声明放弃实用新型专利权。申请人声明放弃的,国务院专利行政部门应当作出授予发明专利权的决定,并在公告授予发明专利权时一并公告申请人放弃实用新型专利权声明。申请人不同意放弃的,国务院专利行政部门应当驳回该发明专利申请; 申请人期满未答复的,视为撤回该发明专利申请。

Ⅰ. 서 언

"이중출원"이란 중복수권금지원칙의 예외로서, 동일한 출원일이 동일한 날에 동일한 발명에 대하여 특허와 실용신안을 이중으로 출원하는 것을 향후 특허권의 수여 시에 실용신안권을 포기한다는 전제하에 예외적으로 허용해 주는 것을 말한다. 중국은 실용신안에 대하여는 실질적으로 무심사제도[1]를 채택하고 있기 때문에, 실용신안권은 특허권에 비하여 빠르게 수여받을 수 있는 장점이 있다. 그러나

1) 중국은 실용신안에 대하여 전면적인 무심사를 채택하는 것은 아니며, 실질심사만 수행하지 않을 뿐 방식심사는 여전히 수행한다. 또한, 2024년 개정된 중국 특허심사지침에 의하면, 실용신안에 대한 방식심사의 범위에는 명백하게 신규성 및 진보성을 구비하지 않는지 여부를 심사하는 것을 포함하는 것으로 하여, 방식심사를 좀 더 엄격하게 개정하였다. 이에 중국에서는 보통 실용신안은 초보심사제(初步审查制)를 채택하고 있다고 말하며, 이와 대비하여 특허는 실질심사제(实质审查制)를 채택하고 있다고 말한다.

실용신안권의 존속기간은 10년으로 특허권의 존속기간인 20년에 비하여 짧다. 중국은 이러한 실용신안의 장점과 특허의 장점을 조화하여 출원인으로 하여금 권리를 조기에 획득하면서 그 발명을 20년에 걸쳐 보호받을 수 있도록 하기 위하여 2008년 개정법에 이중출원을 도입하였다.[2) 3)]

II. 이중출원의 요건

중국 특허법 제9조 제1항 후단의 규정에 따르면, i) 동일한 출원인이 ii) 동일한 날에 iii) 동일한 발명에 대하여 실용신안과 특허를 출원하였고 iv) 먼저 취득한 실용신안권이 아직 종료하지 않은 상태에서 출원인이 당해 실용신안권의 포기를 성명한 경우에 특허권을 수여할 수 있다.

1. 주체적 요건

이중출원 시에 특허출원의 출원인과 실용신안출원의 출원인은 동일한 출원인이어야 한다.

2. 시기적 요건

이중출원 시에 특허출원과 실용신안출원은 동일한 날에 출원되어야 한다. 여기서 "동일한 날(同日)"이란 우선권 주장의 여부와 관계없이 중국에 출원된 날을 의미한다.[4)]

---

2) 참고로, 한국 특허법은 2006년 특허법의 개정을 통하여 이중출원제도를 폐지하고 특허와 실용신안 사이의 종류를 변경할 수 있는 변경출원제도를 도입하였다.

3) 한편 중국의 이중출원제도는 2008년 개정 특허법을 통하여 도입되었으나, 중국 특허청은 개정 특허법 이전에도 특허권의 수여 시에 실용신안권을 포기한다는 전제하에 특허와 실용신안의 이중출원을 실질적으로 인정하는 태도를 취하였다. 그러나 이 경우에 실용신안을 먼저 출원하고 특허를 후에 출원하는 경우에 특허권의 보호기간이 실질적으로 연장되는 등의 문제가 존재하였다. 이에 따라 2008년 개정 특허법에서 이중특허제도를 정식으로 도입하는 동시에 이를 입법적으로 보완하여 이러한 문제점을 해소하였다.

3. 객체적 요건

동일한 발명에 대하여 실용신안과 특허를 각각 출원하여야 한다. 이 경우에 출원인은 실질적으로 동일한 내용을 특허와 실용신안으로 각각 출원할 수 있다.

Ⅲ. 이중출원의 절차

1. 출원 시 이중출원의 설명

출원인은 특허출원 신청서에 동일한 발명을 동일한 날에 실용신안으로도 출원하였음을 설명하여야 하며, 실용신안출원 신청서에도 동일한 발명을 동일한 날에 특허로도 출원하였음을 설명하여야 한다(중국 특허법 실시세칙 제47조 제2항). 이 경우에 출원인은 특허출원과 실용신안출원 모두에서 이중출원을 진행하였음을 설명하여야 하며, 만약 특허출원 및 실용신안출원 중 어느 하나라도 설명하지 않은 경우에 중국 특허법 제9조 제1항 전단(중복특허수여금지의 원칙)의 규정에 의하여 처리된다.[5)]

2. 특허권 수여 시 실용신안권의 포기 성명(声明)

특허출원이 심사를 거쳐 거절이유를 발견하지 못한 경우에 국무원 특허행정부서는 출원인에게 규정된 기한 내에 실용신안권을 포기하는 성명(声明)을 하도록 통지한다. 출원인이 실용신안권의 포기에 동의하지 않은 경우에 국무원 특허행정부서는 그 특허출원을 거절하며, 출원인이 기한 내 답변하지 않은 경우에는 그 특허출원은 취하된 것으로 간주한다(중국 특허법 실시세칙 제47조 제4항).

---

4) 우선권 주장의 여부에 상관없이 특허출원과 실용신안출원을 동일한 날 중국에 출원할 것을 요구함으로써, 실용신안을 먼저 출원하고 이후에 특허를 출원함으로써 보호기간이 실질적으로 연장되는 문제가 발생하는 것을 방지하게 되었다.

5) 이 경우에 동일한 출원인이 동일한 날에 동일한 발명을 이중으로 출원한 경우에 해당하므로, 심사관은 출원인에게 선택 또는 보정할 것을 각각 통지할 것이다(제2편 제1장 제5절 참고).

Ⅳ. 효 과

1. 적법한 경우의 효과

중국은 실용신안에 대하여 실질적인 무심사제도를 채택하고 있으므로 이중출원 시에 실용신안출원이 특허출원에 비하여 그 권리의 수여여부가 먼저 결정된다. 실용신안출원의 방식심사(初步审查) 결과 거절이유가 발견되지 않는 경우에 출원인은 해당 발명에 대한 권리를 조기에 획득할 수 있다. 또한 특허출원 역시 방식심사(初步审查) 및 실질심사(实质审查) 결과 거절이유가 발견되지 않는 경우에 출원인은 해당 발명을 실용신안으로 계속하여 보호받을지 아니면 특허로 보호받을지 선택할 수 있으며, 특허로 보호받는 방안을 선택하는 경우에 실용신안에 비하여 긴 기간 동안(출원일로부터 20년) 보호받을 수 있다.

2. 부적법한 경우의 효과

이중출원의 조건을 만족하지 못한다면, 이는 실질적으로 동일한 발명에 대하여 2건의 출원을 진행하는 경우에 해당한다. 따라서 중국 특허법 제9조 제1항의

[이중출원의 효과에 대한 개념도]

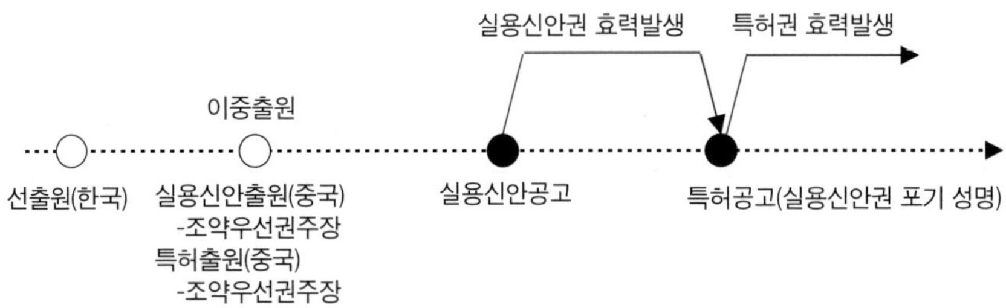

■ 이중출원의 효과
이중출원을 진행하는 경우, 특허출원이 등록되기 전에 실용신안출원이 먼저 등록됨으로써 "실용신안이 공고 후 특허 공고 전"의 기간 동안에 해당 발명을 실용신안으로 보호할 수 있다는 장점이 있다. 이 경우에 실용신안권은 특허의 효력이 발생하는 시점(특허 공고 시)에 그 효력이 종료되며, 출원인은 중국출원일(우선일 무관)로부터 20년의 기간 동안에 특허권을 유지할 수 있다. 한편 출원인이 계속하여 실용신안권의 포기를 원하지 않는 경우에 특허출원은 거절되며, 출원인은 중국출원일(우선일 무관)로부터 10년의 기간 동안에 실용신안권을 유지할 수 있다.

전단(중복수권금지원칙)에 따라 처리된다(제2편 제1장 제5절 참고). 뿐만 아니라, 특허출원 및 실용신안출원 중 어느 하나에서라도 이중출원을 진행하고 있음을 설명하지 않은 경우에도 중국 특허법 제9조 제1항 전단(중복수권금지원칙)의 규정에 의하여 처리된다(중국 특허법 실시세칙 제47조 제2항).

제6장

한-중 특허심사 하이웨이(한-중 PPH)

Ⅰ. 서 언

특허심사 하이웨이(Patent Prosecution Highway: PPH)란 제1국 특허청에 제출한 특허출원의 청구항들 중 적어도 하나의 청구항이 특허를 받을 수 있다고 인정되는 경우에 제2국 특허청이 제1국 심사결과를 바탕으로 해당 발명의 제2국 출원을 신속하게 처리해주는 제도를 말한다. 특허심사 하이웨이는 각국 특허청의 협업의 일환으로, 심사적체를 해소하고 출원인에게 조기에 권리를 수여하기 위하여 각국에서 활발하게 사용되고 있다.

중국은 2012년 이후 자국 기업의 기술능력 향상 및 지적재산권의 중요성 제고에 따라 자국 기업의 해외특허 조기 확보를 지원하기 위하여 세계 각국과 특허심사 하이웨이 제도를 활발하게 체결하여 왔다. 중국은 한국과도 특허심사 하이웨이를 체결하였으며, 2012년 3월 1일부터 1년간의 시범운영기간을 거쳐 한-중 특허심사 하이웨이(이하, 한-중 PPH)를 정식으로 운영하고 있다. 한-중 PPH는 그 체결 과정에서 ⅰ) 한국 출원인이 중국에 출원하는 경우와 ⅱ) 중국 출원인이 한국에 출원하는 경우가 각각 별도로 규정되었으며, 이하에서는 한국 출원인이 한-중 PPH를 이용하여 중국에 출원하는 경우에 대해서 설명한다.

Ⅱ. 한-중 PPH의 종류

한-중 PPH는 ⅰ) 통상의 PPH와 ⅱ) PCT-PPH로 구분된다. "통상의 PPH"는 한국 특허청이 "한국 특허청"의 지위로 해당 발명을 심사한 경우를 가리키며, "PCT-PPH"는 한국 특허청이 "국제조사기관 또는 국제예비심사기관"의 지위로 해당 발명을 심사한 경우를 가리킨다.

Ⅲ. 통상의 PPH의 신청요건 및 제출서류

출원인이 통상의 PPH를 신청하기 위해서는 ⅰ) 중국 출원과 한국 출원 사이에 일정한 연관성이 있어야 하며, ⅱ) 중국 출원의 청구항들은 모두 한국에서 허여된 적어도 하나의 청구항에 상응하여야 하고, ⅲ) PPH 신청 시에 중국 출원은 이미 공개된 상태이어야 하며, ⅳ) PPH 신청 시에 중국 출원은 실질심사단계에 진입하였으나 아직 심사가 진행되지 않은 상태이거나 또는 PPH 신청과 동시에 실질심사를 청구하여야 하고, ⅴ) 해당 중국 출원은 전자출원이어야 한다.

1. 중국 출원과 한국 출원 사이의 일정한 연관성

중국 특허청(SIPO)에 제출하는 중국 출원(PCT 국내단계진입출원 포함)은 다음 중 하나이어야 한다.

(ⅰ) 중국 출원이 한국 출원(들)을 기초로 파리조약에 의한 우선권을 주장하는 출원인 경우(도 1 참조)

[도 1]

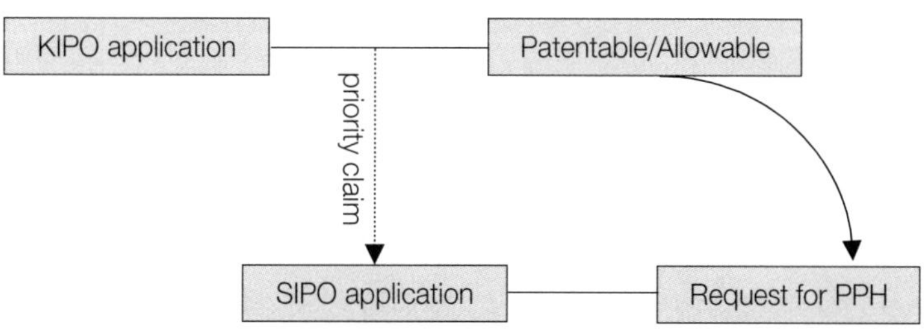

(ⅱ) 중국 출원이 우선권 주장을 수반하지 않는 PCT 국제 출원의 국내 단계 진입의 출원인 경우(도 2 참조)

[도 2]

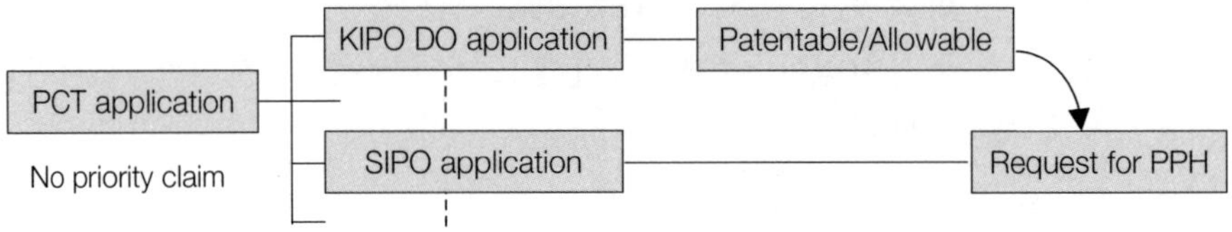

(ⅲ) 한국을 지정국으로 하는 PCT 국제 출원은 우선권을 수반하지 않으며, 중국 출원은 해당 PCT 국제 출원을 기초로 파리 조약에 의한 우선권을 주장하는 출원인 경우(도 3 참조)

[도 3]

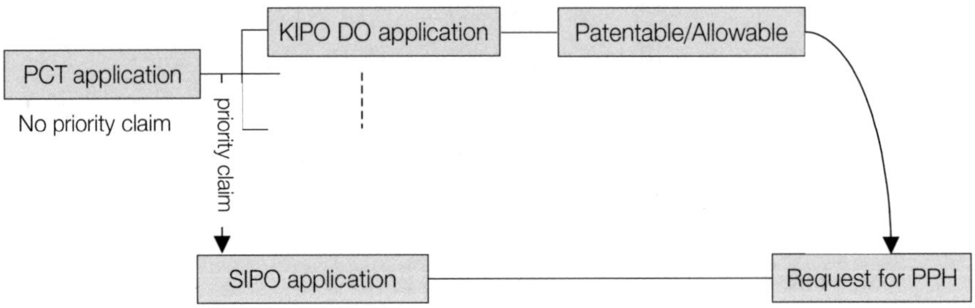

2. 객체적 요건

(1) 선(先) 심사된 한국 출원의 요건

한국 특허청에 대응하는 적어도 하나의 특허출원이 있고, 적어도 하나 이상의 청구항이 한국 특허청에 의하여 허여 가능하다고 판단된 것이어야 한다.

(2) 중국 출원의 요건

중국 특허청에 제출되는 중국 출원의 모든 청구항들은, 원래 그러하든 또는 보정된 결과에 의해서든, 한국 특허청에 의하여 허여 가능하다고 판단된 적어도 하나의 청구항에 상응하여야 한다. 이 경우에 중국 출원 청구항의 권리범위가 한국 출원 청구항보다 좁거나 동일한 경우에는 상응하는 것으로 인정되지만, 중국 출원 청구항이 한국 출원 청구항과 다른 카테고리에 속하는 경우에는 상응하는 것으로 인정되지 않는다. 한편, 중국 출원은 한국에서 허여 가능하다고 인정된 모든 청구항들을 포함할 필요는 없다.

3. 시기적 요건

(1) PPH 신청 시 중국 출원이 공개될 것

출원인은 중국 출원이 공개된 후 또는 중국 출원의 공개와 동시에 PPH를 신청할 수 있다.

(2) PPH 신청 시 실질심사단계에 진입되어 있거나 PPH 신청과 동시에 실질심사청구를 할 것

PPH 신청을 할 때 출원인은 이미 실질심사단계의 진입통지서를 받은 상태이어야 한다. 단 예외적으로 출원인은 실질심사 청구와 동시에 PPH를 신청할 수 있다.[1)]

(3) 중국 특허청이 아직 심사를 진행하지 않은 상태일 것

출원인은 중국 특허청으로부터 심사의견통지서를 받기 전이어야 한다.

(4) 중국 특허청에 제출된 중국 출원은 전자출원일 것

한-중 PPH는 전자출원에 대하여만 허용되며, 서면출원은 허여되지 않는다.

4. 제출서류

(1) 특허심사 하이웨이 신청서(参与专利审查高速路(PPH)项目请求表)

중국출원의 서지사항, 한국출원에 대한 설명 등의 정보를 기재하는 신청서를 제출하여야 한다.

---

1) 참고로, 중국에서는 자진보정의 시기가 실질심사청구 시 또는 실질심사진입 통지 후 3개월로 제한되어 있다. 따라서, PPH 신청을 위하여 자진보정이 필요한 경우에는 이에 유의하여야 한다.

(2) 한국 특허청이 발행한 의견제출통지서 및 그 번역문

한국 특허청에 의하여 발행된 의견제출통지서의 사본과 이에 대한 영문 또는 중문 번역문을 제출하여야 한다.

(3) 한국에서 허여된 청구항에 대한 사본 및 그 번역문

한국 특허청에 의하여 허여 가능하다고 판단된 모든 청구항에 대한 사본 및 이에 대한 중문 및 영문 번역문을 제출하여야 한다.

(4) 한국 특허청이 발행한 의견제출통지서 내의 인용문헌의 사본

한국 특허청이 발행한 의견제출통지서와 관련된 인용문헌들의 사본을 제출하여야 한다. 이 경우에 단지 참고 자료로만 인용되고 거절 이유를 형성하지 않는 경우에는 제출할 필요가 없으며, 또한 특허문서(공개특허)의 경우에는 반드시 제출할 필요가 없으나(단, list에는 포함되어야 함), 중국 심사관의 요구가 있는 경우에는 제출하여야 한다. 그러나 인용문헌이 특허문서가 아닌 경우에는 반드시 이를 제출하여야 한다. 한편, 인용문헌에 대한 번역문은 제출할 필요가 없다.

(5) 청구항 대응관계표(표 1 참조)

출원인은 중국 출원의 청구항들이 한국에서 허여된 청구항과 어떻게 대응하

[표 1]

case	"Patentable" claim(s)		PPH claim(s)		Correspondence
	Claim	Wording	Claim	Wording	
case 1	1	A	1	A	PPH claim 1 is the same as "patentable" claim 1
case 2	1	A	1 2	A A+a	PPH claim 1 is the same as "patentable" claim 1 PPH claim 2 is created by adding a technical feature disclosed in the specification to "Patentable" claim 1.
case 3	1 2 3	A A+a A+b	1 2 3	A A+b A+a	PPH claim 1 is the same as "patentable" claim 1 PPH claims 2, 3 are the same as "Patentable" claims 3, 2 respectively
case 4	1	A	1	A+a	PPH claim 1 has an additional technical feature 'a' disclosed in the specification

는 지를 설명하는 청구항 대응관계표를 제출하여야 한다.

Ⅳ. PCT-PPH의 신청요건 및 제출서류

"PCT-PPH"는 한국 특허청이 "국제조사기관 또는 국제예비심사기관"의 지위로 해당 발명을 심사한 경우에 한국 특허청의 심사결과를 바탕으로 중국에 PPH를 신청하는 것을 의미한다. PCT-PPH는 통상의 PPH와 유사하지만, ⅰ) PCT 국제단계에서 긍정적인 심사결과를 받아야 하고, ⅱ) 중국 출원과 국제 출원 사이에 일정한 연관성이 있어야 한다는 점에 일정부분 차이가 있다.

1. PCT 국제단계에서 한국 특허청의 긍정적인 심사결과를 받을 것

중국 출원에 대응하는 국제 출원에 대한 국제조사견해서(WO/ISA, Written Opinion of International Search Authority), 국제예비심사견해서(WO/IPEA, Written Opinion of International Preliminary Examination Authority), 또는 국제예비심사보고서(IPER, Written Opinion of International Preliminary Examination Report)에서 적어도 하나의 청구항이 허여 가능하다고 판단하여야 한다. 이 경우에 국제조사견해서, 국제 예비심사 견해서, 국제예비심사 보고서를 수행하는 국제조사기관 또는 국제예비심사기관은 한국 특허청으로 제한되며, 출원인은 ISR(International Search Report) 하나만 가지고는 PCT-PPH를 신청할 수 없다.

2. 중국 출원과 국제 출원 사이에 일정한 연관성이 있을 것

중국 출원과 이에 상응하는 PCT 국제 출원의 관계는 다음 중 어느 하나를 만족하여야 한다. 여기서 "상응하는 PCT 국제 출원"은 한국 특허청이 국제조사기관 또는 국제예비심사기관인 PCT 국제 출원을 가리킨다.

(i) 중국 출원이 상응하는 PCT 국제 출원의 국내 진입 단계일 것(도 4, 도 5 참조)

[도 4]

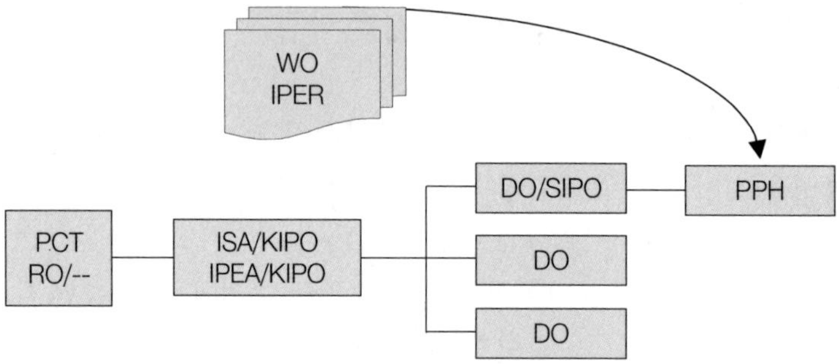

(A) The application is a national phase application of the corresponding international application.

[도 5: 중국을 지정국으로 하는 PCT국제출원이 우선권 주장을 수반하는 경우]

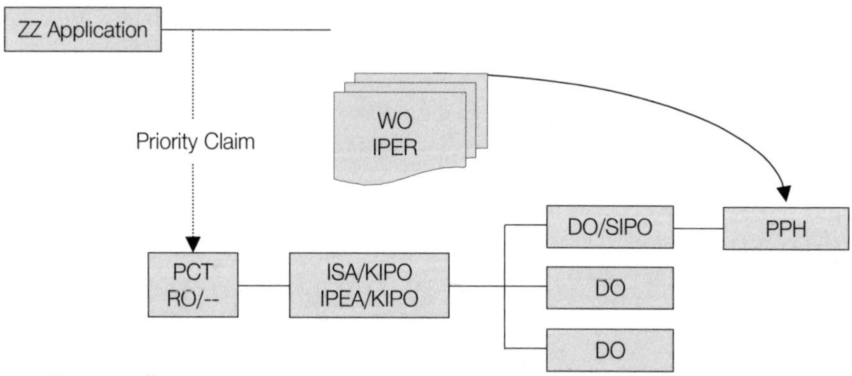

ZZ = Any office

(A′) The application is a national phase application of the corresponding international application.
(The corresponding international application claims priority from a national application.)

(ⅱ) 중국 출원이 상응하는 PCT 국제 출원의 우선권 주장의 기초가 되는 국내 출원인 경우(도 6 참조)

[도 6]

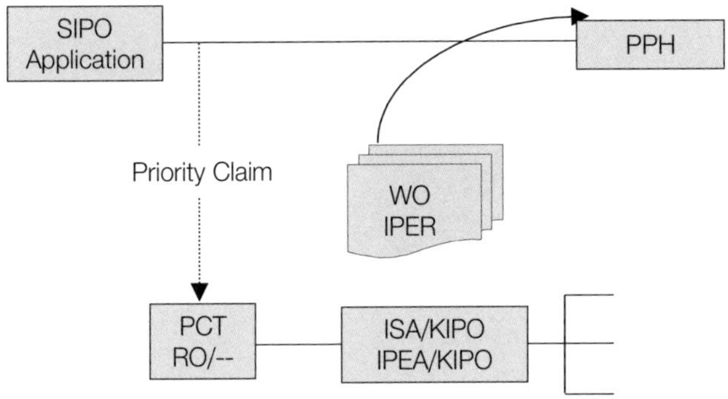

(B) The application is a national application as a basis of the priority claim of the corresponding international application.

(ⅲ) 중국 출원이 상응하는 PCT 국제 출원을 기초로 우선권을 주장하는 PCT 국제 출원의 국내 진입 단계인 경우(도 7 참조)

[도 7]

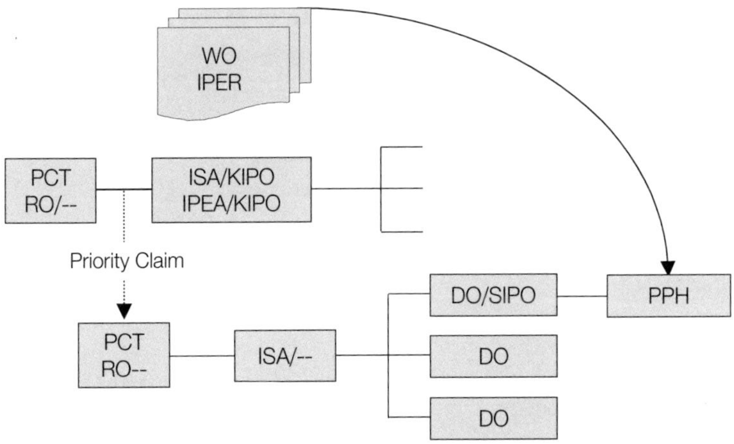

(C) The application is a national phase application as an international application claiming priority from the corresponding international application.

(iv) 중국 출원이 상응하는 PCT 국제 출원을 기초로 조약 우선권 또는 국내 우선권을 주장하는 출원인 경우(도 8 참조)

[도 8]

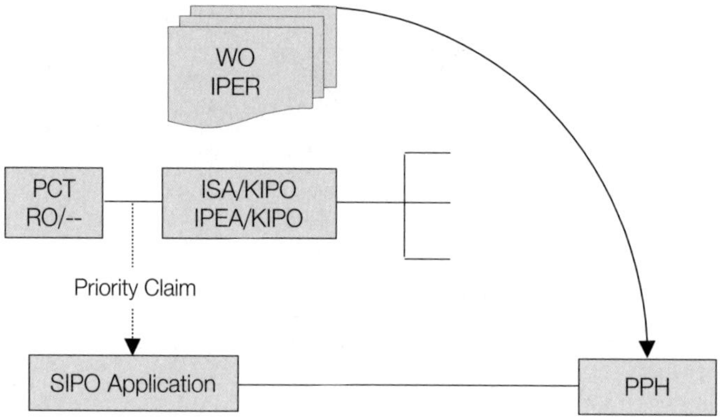

(D) The application is a national application claiming foreign/domestic priority from the corresponding international application.

(v) 중국 출원이 상기의 i)~iv)의 조건을 만족하는 출원에 대한 분할 출원 또는 국내 우선권 주장 출원인 경우(도 9 참조)

[도 9]

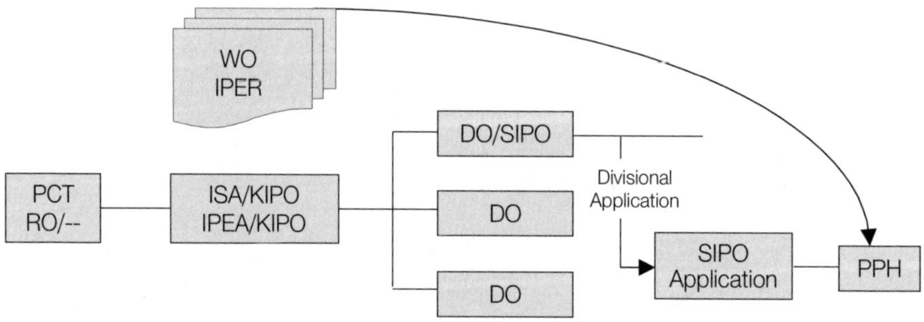

(E1) The application is a divisional application of an application which satisfies the requirement (A).

3. 객체적 요건 및 시기적 요건

PCT-PPH의 객체적 요건 및 시기적 요건은 "국제단계에서 긍정적인 심사결과를 획득"하였다는 점을 제외하면 통상의 PPH와 동일하다.

4. 제출서류

PCT-PPH의 제출서류는 한국 특허청의 심사자료가 아닌 "국제단계에서의 심사자료"에 대한 사본 등을 제출하여야 한다는 점을 제외하면 통상의 PPH와 동일하다. 다만 한국 특허청의 심사결과를 중국 특허청이 WIPO를 통하여 획득할 수 있는 경우에는 그 사본을 제출할 필요가 없다.[2)]

Ⅴ. 한-중 PPH의 절차

1. 제출 서류의 보완

만약 제출된 서류에 문제가 있다면, 출원인은 오직 한 번 제출된 서류를 보완할 기회를 가진다. 또한 PPH 신청이 받아들여 지지 않는 경우에 출원인은 단지 한 번 더 PPH를 신청할 수 있을 뿐이며, 다시 신청한 PPH가 받아들여지지 않는다면 정규의 심사를 받아야 한다.

2. PPH 수락 여부의 미통지

PPH가 받아들여졌는지의 여부에 대하여 중국 특허청은 출원인에게 특별히 통지하지 않는다. 출원인은 중국 특허청으로부터 심사의견통지서를 받을 때에 비로소 PPH가 받아들여졌는지의 여부를 알 수 있다.

---

2) 이는 2012년 3월 1일 시범 실시된 원안에는 포함되지 않은 내용이었으나, 2013년 3월 1일 정식 실시를 시행하면서 출원인의 편의를 위하여 보완된 내용이다.

VI. 한-중 PPH의 효과

한-중 PPH를 신청함으로써 출원인의 중국 출원은 조기에 심사를 받을 수 있다. 중국은 한-중 PPH를 도입한 후 얼마 지나지 않아 우선심사제도도 함께 도입하였으며, 출원인은 이론상으로는 한-중 PPH 및 우선심사 중 하나를 선택하여 조기 심사를 꾀할 수 있다. 그러나 실무상 외국 기업은 특별한 사정이 없는 한 우선심사의 대상에 해당하지 않을 가능성이 높기 때문에, 중국에서 조기 심사를 받고자 하는 한국 기업은 한-중 PPH를 이용하여야 한다.

제7장

우선심사(发明专利申请优先审查)

Ⅰ. 서 언

중국에서 실질심사를 받기 위해서는 실질심사를 청구하여야 하며, 원칙상 출원인 사이의 실질심사의 선후는 실질심사청구 순서에 따른다. 우선심사는 이에 대한 예외로써, 소정의 경우에 출원인의 출원을 다른 출원에 우선하여 실질심사를 진행하는 것을 말한다.

Ⅱ. 도입 취지

2012년 들어 중국은 세계 각국의 특허청과 특허심사 하이웨이(PPH)를 체결함으로써 외국인이 중국에서 조기에 심사를 받을 수 있는 제도를 마련하였다. 그러나 자국민의 중국 출원을 조기에 심사하기 위한 명문의 규정이 없어 외국인과 자국인 사이의 형평성의 문제가 대두되었다. 이에 중국은 2012년 6월 9일 「특허출원의 우선심사관리방법(发明专利申请优先审查管理办法)」을 발표하여 특허출원에 대한 우선심사제도의 운영을 시작하였다. 현재는 2017년 8월 1일부터 시행된 개정 특허출원의 우선심사관리방법을 통하여 우선심사를 운영하고 있다.

Ⅲ. 우선심사를 신청할 수 있는 유형 및 대상

1. 우선심사 신청의 유형

출원인의 발명이 i) 에너지 절약과 환경 보호 기술, 새로운 정보화 기술, 바이오 기술, 첨단 장비 제조 기술, 신자원, 신재료, 신에너지 자동차 관련 기술, 인공지능 제조 기술 등의 국가 중요 발전 산업과 관련된 출원이거나, ii) 성급 인민정부의 중점 육성 산업과 관련된 출원이거나, iii) 인터넷, 빅데이터, 클라우드 연산 등과 관련되어 기술 갱신의 속도가 빠른 기술과 연관되거나, iv) 출원인이 이미 실시 준비를 완료하였거나 이미 실시 준비를 하고 있거나, v) 중국에 먼저 출원되고 이 후 해외에 출원하는 경우의 해당 중국 출원이거나, vi) 중국의 국가 이익, 공공의 이익과 관련하여 빠른 심사가 필요하다고 인정되는 출원인 경우에, 해당 출원은 우선심사를 신청할 수 있다.

2. 우선심사 신청 대상

개정된 특허출원의 우선심사관리방법은 그 적용 대상을 실질심사에서 거절결정불복심판 및 무효심판까지 확대하였다. 따라서 실질심사뿐만 아니라, 거절결정불복심판 및 무효심판에도 적용될 수 있다.

Ⅳ. 우선심사의 절차

출원인은 i) 전자 출원의 형태로 중국 특허청에 우선심사를 신청하여야 하며, ii) 규정된 형식의 우선심사신청서(发明专利申请优先审查请求书)와 iii) 선행기술 및 이에 대한 증명서류를 제출하여야 한다. 우선심사신청서에는 국무원 관련 부서 또는 성급 지식재산권국의 추천 의견 및 서명날인을 받아야 한다.[1)]

---

1) 다만, 중국에 먼저 출원되고 이 후 해외에 출원하는 경우에는 해당 중국 출원에는 면제된다.

Ⅴ. 우선심사의 효과

우선 심사가 허여된 출원은 허여일로부터 45일 이내에 제1차 심사의견통지서를 받아 볼 수 있으며, 허여일로부터 1년 내에 심사가 완료된다. 단 출원인은 심사의견통지서에 대해 2개월 이내에 대응하여야 하며, 그렇지 않은 경우에 우선심사가 아닌 일반심사로 취급하여 진행된다.

Ⅵ. 외국 기업의 실무적 활용 가능성

중국의 우선심사제도는 자국민 발명의 조기 심사를 목적으로 하는 것이기에, 외국 기업이 우선심사제도의 수혜를 받을 가능성은 실무상 높지 않다. 중국에서 우선심사제도를 이용하기 위해서는 국무원 관련 부서 또는 성급 지식재산권국으로부터 추천 서명을 받아야 하는데, 실무상 외국기업의 발명이 우선심사의 대상에 해당한다고 할지라도 중국의 공공기관으로부터 추천 서명을 받을 가능성은 그리 높지 않은 것으로 판단된다.[2] [3]

---

2) 우선심사제도에 대한 설명 및 운영방안에 대한 세미나에서 중국 특허청은 해당 제도가 중국 자국민 특허출원의 조기심사를 위하여 도입된 것임을 밝힌 바 있다.

3) 다만 우선심사를 받고자 하는 발명이 중국 자회사에 의한 발명이거나 중국 기업과의 합작에 의한 발명의 경우에는 우선심사의 대상에 해당할 가능성이 있을 것이다.

제5편

심사절차

제1장

중국 심사 절차의 개요

1. 방식심사(初步审查)

특허출원이 중국 특허청에 접수되면, 중국 특허청은 해당 출원에 대한 방식심사를 진행한다. 방식심사는 형식심사라고도 하며, 중국에서는 초보심사(初步审查)라 부른다. 방식심사는 특허출원이 규정된 형식요건에 부합하는 것을 심사하는 것으로, 추후 그 특허출원의 공개 및 실질심사를 준비하기 위하여 수행하는 것이다. 중국 특허청은 특허출원이 중국 특허법 및 중국 특허법 실시세칙에 규정된 형식요건에 부합한다고 판단하는 경우에 출원일로부터 18개월 이후에 해당 특허출원을 공개한다. 방식심사 단계에서 보정을 통하여 치유 가능한 흠결이 발견된 경우에는 출원인에게 보정 및 의견진술의 기회를 주며, 보정 및 의견진술 후에도 여전히 그 흠결을 치유하지 못하는 경우에는 심사관은 해당 특허출원을 거절할 수 있다. 방식심사 단계에서 별다른 문제가 발견되지 않은 특허출원은 출원일로부터 18개월 후에 공개되며, 이후 실질심사를 진행할 수 있는 상태에 놓이게 된다.

2. 실질심사(实质审查)[1]

중국 특허청은 출원인의 실질심사 청구가 있는 경우에 실질심사를 진행한다.

1) 한편 중국은 실용신안에 대하여는 방식심사만을 수행하고 실질심사는 실질적으로 수행하지 않기 때문에, 이 책의 실질심사는 특허출원에 대한 실질심사만을 의미한다.

실질심사는 보통 출원인의 청구에 의하여 시작되나, 예외적으로 중국 특허청이 개시할 수도 있다. 실질심사 착수 시에 심사관은 실질심사단계진입 통지서를 발행하며, 출원인은 실질심사단계진입 통지서를 받은 날로부터 3개월 내(또는 실질심사 청구 시)에 자진 보정을 수행할 수 있다. 출원인이 자진 보정을 수행한 경우, 심사관은 보정된 내용이 중국 특허법 제33조의 자진 보정의 범위를 벗어나는지와 무관하게 자진 보정된 서류를 심사 서류로 한다.

실질심사를 진행한 후에 심사관은 그 출원이 중국 특허법 및 중국 특허법 실시세칙의 규정에 부합하지 않는다고 판단하면 출원인에게 지정된 기간 내에 '의견진술' 또는 '보정'을 하도록 요구한다. 심사관의 통지서(심사의견통지서, 분할통지서, 자료제출통지서 등) 발송과 출원인의 답변은 그 출원이 특허권을 수여받거나 거절, 취하 또는 취하간주될 때까지 수차례 반복될 수 있다. 특허출원이 출원인의 의견진술 또는 보정을 거친 후에도 여전히 중국 특허법 또는 중국 특허법 실시세칙의 규정에 부합하지 않는다고 판단되면, 심사관은 중국 특허법 제38조의 규정에 따라 해당 출원을 거절할 수 있다. 단, 심사관은 '의견청취의 원칙'에 따라 거절결정을 내리기 전에 출원인에게 거절의 근거가 되는 사실, 이유 및 증거에 대하여 의견진술 및 보정의 기회를 최소한 1회는 주어야 한다. 즉, 심사관이 거절결정을 내릴 때 거절의 근거가 되는 사실, 이유 및 증거는 앞선 심사의견통지서에서 이미 출원인에게 통지된 것이어야 한다.

특허출원에 거절이유가 발견되지 않은 경우에, 심사관은 중국 특허법 제39조의 규정에 따라 해당 출원에 대한 특허권 수여 결정을 내릴 수 있다. 한편, 출원인은 중국 특허법 제32조의 규정에 따라 특허권을 수여받기 전에 언제든지 해당 특허출원을 취하할 수 있다.

제2장 심사의 청구 및 진행

제1절 실질심사의 청구(实质审查请求)

중국 특허법 제35조【실질심사의 청구 및 직권에 의한 진행】

① 특허출원은 출원일로부터 3년 내에, 국무원 특허행정부서는 출원인이 수시로 제출한 청구에 의하여 그 출원에 대한 실질심사를 진행할 수 있다. 출원인이 정당한 이유 없이 기간을 경과하여 실질심사를 청구하지 아니하는 경우, 당해 출원은 취하한 것으로 간주한다.

② 국무원 특허행정부서는 필요하다고 인정할 경우, 스스로 발명특허출원에 대한 실질심사를 진행할 수 있다.

专利法第三十五条: 发明专利申请自申请日起三年内,国务院专利行政部门可以根据申请人随时提出的请求,对其申请进行实质审查; 申请人无正当理由逾期不请求实质审查的,该申请即被视为撤回。

国务院专利行政部门认为必要的时候,可以自行对发明专利申请进行实质审查。

중국 특허법 실시세칙 제56조【직권에 의한 실질심사 진행 시 통지 의무】

① 국무원 특허행정부서가 특허법 제35조 제2항 규정에 의하여 특허출원에 대하여 스스로 심사를 진행할 경우, 출원인에게 통지해야 한다.

② 출원인은 특허출원에 대하여 심사지연의 청구를 제출할 수 있다.

专利法实施细则第五十六条: 国务院专利行政部门依照专利法第三十五条第二

款的规定对专利申请自行进行审查时,应当通知申请人。
申请人可以对专利申请提出延迟审查请求。

I. 서 언

중국에서 실질심사는 보통 출원인의 청구에 의하여 시작된다. 중국 특허법에서 실질심사의 청구는 자진 보정의 기한과 연관되므로 실무상 중요한 의미를 갖는다. 중국 특허법의 실질심사 청구는 그 주체적 요건 및 시기적 요건에서 한국과 차이가 있어 주의가 필요하다. 또한 2024년 개정된 중국 특허법 실시세칙에서는 실무상 인정되던 지연심사의 청구를 명문화하였다.

II. 심사청구의 요건

1. 주체적 요건

실질심사는 해당 특허출원의 '출원인'이 청구하여야 한다.[1)]

2. 시기적 요건

(1) 원칙

실질심사는 출원일로부터 '3년' 내에 청구하여야 한다.

(2) 우선권주장출원 및 분할출원인 경우의 취급

1) 특허출원이 우선권 주장을 수반하는 경우에, '우선일'로부터 3년 내에 해당 출원에 대한 실질심사를 청구하여야 한다. 즉, 우선권 주장을 수반하는 중국 특허출원의 실질심사청구 기간의 판단시점은 선출원일로 소급한다.[2)]

1) 이는 '누구든지' 실질심사를 청구할 수 있는 한국 특허법과는 차이가 있다.

2) 특허출원이 분할 출원일 경우에, 실질심사의 청구 기간은 '원출원일'로부터 기산한다. 만약 이미 기간이 만료되었거나 또는 분할출원의 제출일로부터 기간 만료일이 2개월 미만인 경우에 출원인은 분할출원의 제출일로부터 2개월 내에 또는 수리통지서를 받은 날로부터 15일 내에 실질심사를 청구하여야 한다.[3]

Ⅲ. 심사청구의 효과

1. 기간 내에 실질심사를 청구한 경우

(1) 실질심사의 착수 및 심사순서

기간 내에 실질심사의 청구를 접수한 경우, 심사관은 원칙적으로 실질심사 청구를 접수한 선후 순서에 따라 심사를 진행한다. 다만 특허출원이 중국의 국가이익 또는 공공이익에 중대한 의의를 갖거나 중국 특허청이 자발적으로 실질심사를 시작한 특허출원은 우선적으로 처리할 수 있다. 또한 2024년 개정된 중국 특허심사지침에 따르면, 필요한 경우에 기술 내용과 출원인 또는 발명자가 상호 관련성이 있는 발명은 병합하여 심사할 수 있다.

(2) 실질심사진입통지 및 자진보정

심사관은 실질심사단계 진입 시에 실질심사진입통지서를 출원인에게 통지한다. 출원인은 실질심사 청구 시 또는 실질심사진입통지서를 받은 날로부터 3개월 내에 자진보정을 수행할 수 있다(중국 특허법 실시세칙 제57조 제1항).[4]

---

2) 이는 우선권 주장이 있는 경우에 실질심사청구 기간의 판단시점이 선출원일로 소급하지 않는 한국 특허법의 규정과 차이가 있다.

3) 이는 분할출원의 실질심사 청구 기간이 경과된 경우에 분할출원일로부터 30일 내에 심사청구를 할 수 있는 한국 특허법의 규정과 유사하다.

4) 자진보정에 대해서는 이 책 제3편 제4장 출원의 보정 참조.

2. 기간 내에 실질심사를 청구하지 않은 경우

출원인이 정당한 이유 없이 실질심사 청구 기간 내에 실질심사를 청구하지 않은 경우에 해당 출원은 취하된 것으로 간주된다(중국 특허법 제35조 제1항).

Ⅳ. 심사관 직권에 의한 실질심사의 진행

중국 특허청은 필요하다고 인정되는 경우(예를 들어, 국가의 중대한 이익과 관련)에 스스로 실질심사를 시작할 수 있으며, 이 경우에 이를 출원인에게 통지한다(중국 특허법 제35조 제2항, 중국 특허법 실시세칙 제56조 제1항).

Ⅴ. 지연심사(延迟审查)

(1) 지연심사의 청구

출원인은 특허출원에 대해서 지연심사를 청구할 수 있다(중국 특허법 실시세칙 제56조 제2항). 중국 특허심사지침에 의하면, 출원인은 실질심사청구와 동시에 심사를 지연하여 줄 것을 청구하여야 하며, 지연심사 청구의 효력은 실질심사청구의 효력이 발생한 날로부터 발생한다. 지연 기간은 지연심사 청구의 효력 발생일로부터 1년, 2년 또는 3년이다.[5)]

(2) 지연심사 청구의 철회

심사지연의 기간이 만료되기 전에, 출원인은 지연심사의 청구를 철회할 수 있다. 이 경우, 특허출원은 순서에 따라 심사가 진행된다.

---

5) 참고로, 실용신안은 1년 지연 가능하며, 디자인은 월 단위로 36개월 지연 가능하다

제2절 빠른 심사를 위한 방안

Ⅰ. 서 언

중국 특허법 및 중국 특허법 실시세칙에서 규정하고 있지는 않으나, 중국은 출원인의 편의를 위하여 특허출원의 심사를 빠르게 진행하기 위한 몇 가지 제도를 운영하고 있다. 이하에서는 빠른 심사를 위한 중국의 제도들을 간략히 살펴보고, 해당 제도의 활용 가능성에 대하여 간략히 논한다.

Ⅱ. 특허심사 하이웨이(PPH)

중국은 2012년부터 세계 각국의 특허청과 활발하게 특허심사 하이웨이 협상을 시작하여, 한국, 미국, 일본, 독일, 러시아, 핀란드, 덴마크 등과 특허심사 하이웨이를 체결하였다. 따라서 중국 특허출원이 한국 및 미국 등의 국가에서 선(先) 심사되었다면 특허심사 하이웨이를 통하여 빠르게 심사받는 것을 고려할 수 있다.[6)]

Ⅲ. 우선심사(发明专利申请优先审查)

2012년 이후 외국인은 특허심사 하이웨이를 통하여 중국에서 빠르게 심사를 받을 수 있게 되었으나, 중국 내국인은 출원을 조기에 심사받을 수 있는 방안이 없어 형평성의 문제가 대두되었다. 이에 중국은 내국인을 위하여 2012년 8월 1일부터 특허출원에 대한 우선심사제도를 운영하고 있다. 다만 우선심사제도를 이용하기 위해서는 국무원 관련 부서 또는 성급 지식재산권국의 추천의견 및 서명날인을

---

6) 자세한 내용은 이 책 제4편 제6장 한-중 특허심사 하이웨이 참조.

받아야 하나, 우선심사제도의 도입 취지가 중국 자국민을 위한 것이므로 특별한 사정이 없는 한 외국기업이 이러한 추천의견 및 서명날인을 받을 가능성은 낮다.[7)]

IV. 기타 중국 특허심사지침의 규정

1. 실질심사의 빠른 청구

중국 특허심사지침에 따르면, 원칙적으로 실질심사 청구를 접수한 선후 순서에 따라 심사를 진행한다. 따라서 출원인은 되도록 빨리 실질심사를 청구할수록 빠르게 심사를 받을 수 있다.

2. 중국의 국익에 중대한 의미를 갖는 발명

중국 특허심사지침에 따르면, 중국의 국익 또는 공공 이익에 중대한 의미를 갖는 발명은 조기에 심사를 받을 수 있다. 단 실무상 외국인의 출원이 이에 해당하는 경우는 드문 것으로 판단된다.[8)]

---

7) 자세한 내용은 이 책 제4편 제7장 우선심사 참조.

8) 참고로, 외국인의 출원뿐만 아니라 중국인의 출원 역시 이에 해당하여 우선심사를 받은 경우는 거의 없는 것으로 알려져 있다.

제3절 출원공개 및 조기공개신청 (发明申请的公布和请求早日公布)

중국 특허법 제34조【출원의 공개 및 조기공개청구】 국무원 특허행정부서는 특허출원을 접수한 후 방식심사를 거쳐 이 법의 규정에 부합한다고 판단하는 경우, 출원일로부터 만 18개월에 즉시 공개한다. 국무원 특허행정부서는 출원인의 청구에 의하여 그 출원을 조기에 공개할 수 있다. 专利法第三十四条: 国务院专利行政部门收到发明专利申请后,经初步审查认为符合本法要求的,自申请日起满十八个月,即行公布。国务院专利行政部门可以根据申请人的请求早日公布其申请。 중국 특허법 실시세칙 제52조【조기공개의 처리】 출원인이 조기에 본인의 특허출원의 공개를 청구할 경우, 국무원 특허행정부서에 성명해야 한다. 국무원 특허행정부서는 그 출원에 대하여 방식심사를 한 후 이를 거절하는 경우를 제외하고는 즉시 출원을 공개해야 한다. 专利法实施细则第五十二条: 申请人请求早日公布其发明专利申请的,应当向国务院专利行政部门声明。国务院专利行政部门对该申请进行初步审查后,除予以驳回的外,应当立即将申请予以公布。

Ⅰ. 서 언

한국과 마찬가지로, 중국은 심사청구의 유무에 관계없이 출원일로부터 18개월이 경과한 때 또는 출원인의 신청이 있는 때에는 그 이전에 특허출원의 내용을 대중에 공표하는 출원 공개 및 조기공개청구 제도를 가지고 있다.

II. 출원공개의 요건 및 절차

1. 조기공개청구가 없는 경우

특허출원에 대한 방식심사 결과 특별한 흠결이 발견되지 않는 경우에 출원인이 공개신청을 하지 않더라도 출원일로부터 18개월 내에 강제 공개된다(중국 특허법 제34조). 여기서 출원일은 우선권 주장이 있는 경우에는 그 우선일을 가리킨다(중국 특허법 실시세칙 제12조).

2. 조기공개청구가 있는 경우

출원인이 조기공개를 신청하는 경우에, 특허출원은 출원일로부터 18개월이 경과하기 이전이라도 조기에 공개될 수 있다. 출원인이 조기에 자신의 특허출원의 공개를 청구할 경우, 심사관은 그 특허출원에 대하여 방식심사를 한 후에 해당 특허출원을 거절하는 않는 한 즉시 해당 특허출원을 공개한다(중국 특허법 실시세칙 제52조).

III. 출원공개의 효과

1. 발명의 임시보호

특허출원이 공개된 후 출원인은 그 발명을 실시하는 자에게 적당한 비용의 지급을 청구할 수 있다(중국 특허법 제13조).[9] 특허출원이 공개된 후 특허권 수여 전까지 해당 발명을 사용하고 적당한 사용료를 지급하지 않은 경우에, 특허권자는 해당 기간의 사용료를 요구하는 소송을 제기할 수 있다. 단, 해당 소송의 소송시효는 3년으로 제한된다(중국 특허법 제74조).[10] [11]

---

9) 참고로, 한국 역시 특허법 제65조에서 이와 유사한 보상금 청구권을 규정하고 있다.

10) 참고로, 중국 특허법 제74조 제2항에 따르면, 해당 소송시효는 특허권자가 타인이 그의 발명을 사용한 것을 안 날 또는 당연히 알았어야 하는 날로부터 기산한다. 다만, 특허권자가 특허

2. 한-중 특허심사 하이웨이 청구의 요건

중국에서 한-중 특허심사 하이웨이를 청구하기 위해서는 해당 중국 출원은 공개된 상태이어야 한다. 만약 한-중 특허심사 하이웨이 청구 시에 중국 출원이 아직 공개되지 않았다면, 조기공개청구를 신청할 수 있다.

3. 선행기술로의 활용

공개된 특허출원 발명은 선행기술(现有技术)로서의 지위를 갖는다. 따라서 공개된 특허출원은 신규성(중국 특허법 제22조 제2항 전단), 진보성(중국 특허법 제22조 제3항)의 근거로 사용될 수 있다.

Ⅳ. 국제특허출원의 특례

1. 국제특허출원의 중국 국내 공개

국제출원에 대하여 국무원 특허행정부서는 방식심사를 거쳐 중국 특허법과 중국 특허법 실시세칙의 관련 규정에 부합하는 것으로 판단할 경우에 특허공보에 이를 공개한다. 국제출원이 중국어 이외의 문자로 제출된 경우, 출원서류의 중국어 번역문을 공개한다(중국 특허법 실시세칙 제132조 제1항).

2. 중국 국내 공개 시기의 특례

대다수의 국제특허출원은 우선일로부터 18개월이 지난 시점에 중국 국내단계에 진입한다. 따라서 국제특허출원의 공개는 중국 특허법 제34조의 규정이 적용되지 않는다. 중국 특허청은 국내단계에 진입한 국제출원에 대하여 방식심사를 진행하며, 문제가 없다고 판단하는 경우에는 적시에 중국 국내 공개의 준비작업을

권 수여일 전에 이미 알았거나 당연히 알아야 하는 경우 특허권을 수여한 날로부터 기산한다.

11) 2020년 개정 특허법을 통해서 소송시효가 2년에서 3년으로 연장되었다.

진행한다. 일반적으로 중국 국내 공개의 준비 작업에 소요되는 시간은 해당 국제특허출원의 국내단계 진입일로부터 약 2개월이다.

3. 발명의 임시보호의 특례

국제특허출원에 대한 중국 특허법 제13조의 임시보호는 중국어 공개시점을 기준으로 한다. 구체적으로, 국제특허출원이 중국어로 국제공개를 한 경우에는 국제공개일 또는 국무원 특허행정부서가 공개한 날로부터 중국 특허법 제13조의 임시보호가 인정되며, 국제특허출원이 중국어 이외의 언어로 국제 공개된 경우에는 국무원 특허행정부서가 중국어로 국내 공개한 날로부터 중국 특허법 제13조의 임시보호가 인정된다(중국 특허법 실시세칙 제132조 제2항).

4. 확대된 선출원주의의 특례

국제특허출원에 있어서 중국 특허법 제22조 제2항의 후단의 공개란 중국 특허법 실시세칙 제132조 제1항의 공개만을 의미한다(중국 특허법 실시세칙 제132조 제3항). 즉, 국제특허출원이 확대된 선출원주의 적용을 위한 인용문헌으로 사용되기 위해서는, 해당 국제특허출원은 중국 국내 단계에 진입하여야 하며, 중국어 또는 중국어 번역문으로 공개된 것이어야 한다.

제4절 정보제공제도

중국 특허법 실시세칙 제54조 【정보제공제도】

특허출원의 공개일로부터 특허권 수여의 공고일까지, 누구든지 중국 특허법 규정에 부합하지 아니하는 특허출원에 대하여 국무원 특허행정부서에 의견을 제출하고 이유를 설명할 수 있다.

专利法实施细则第五十四条: 自发明专利申请公布之日起至公告授予专利权之

日止,任何人均可以对不符合专利法规定的专利申请向国务院专利行政部门提出意见,并说明理由。

Ⅰ. 서 언

"정보제공제도"란 특허출원에 대하여 누구든지 그 특허출원이 허여되어서는 안 되는 의견 및 그 이유를 제공하게 함으로써 심사의 신속성 및 정확성을 높이기 위한 제도를 의미한다.

Ⅱ. 정보제공제도의 요건

1. 주체적 요건

"누구든지" 중국 특허청에 정보를 제공할 수 있다. 이는 일반 공중을 심사에 참여시켜 심사의 정확성 및 신속성을 향상시키기 위함이다.

2. 시기적 요건

"특허출원이 공개된 날로부터 특허권 수여의 공고일"까지 정보를 제공할 수 있다.

3. 객체적 요건

"중국 특허법의 규정에 부합하지 않는 특허출원"에 대하여 의견을 제출하고 이유를 설명할 수 있다. 예를 들어, 특허출원이 중국 특허법 제22조의 신규성, 진보성, 확대된 선출원주의의 규정에 부합하지 않는 경우에 누구든지 그 의견 및 이유를 제출할 수 있다. 주의할 점은 법문의 규정상 일반 공중은 「중국 특허법」의 규정만을 근거로 의견 및 이유를 제출할 수 있을 뿐이며, 「중국 특허법 실시세칙」

의 규정을 그 근거로 할 수 없다.

Ⅲ. 정보제공제도의 절차 및 처리

중국 특허심사지침에 의하면, 특허출원에 대하여 중국 특허청에 제출된 공중의 의견은 심사관이 실질심사 시에 참고하도록 출원 파일에 보관된다. 심사관은 특허권 허여의 통지를 발행한 후에 접수된 공중의 의견은 고려하지 않아도 된다. 한편, 공중의 의견에 대한 중국 특허청의 처리 결과는 그 의견 제출자에게 통지할 필요가 없다.

제3장 심사의견통지서(审查意见通知书) 및 거절결정(驳回决定)

제1절 서　설

심사관은 특허출원을 심사한 후에 일반적으로 심사의견통지서의 형식으로 심사의견과 잠정적 결론을 출원인에게 통지한다. 중국의 심사의견통지서는 한국과 달리 최초거절이유통지 및 최후거절이유통지의 구분이 없으며, 1차 심사의견통지서, 재차(2차, 3차 등) 심사의견통지서와 같이 그 차수(次数)만을 표시한다. 1차 심사의견통지서와 재차 심사의견통지서에 대한 보정의 범위는 차이가 없으나, 1차 심사의견통지서에 대한 답변기간은 4개월이며 재차 심사의견통지서의 답변기간은 2개월이다. 한편, 출원인의 의견진술 또는 보정 후에도 여전히 해당 출원이 중국 특허법 또는 중국 특허법 실시세칙의 규정에 부합하지 않는 것으로 판단하는 경우에 심사관은 해당 출원을 거절할 수 있다.

제2절 심사의견통지서(审查意见通知书)

> 중국 특허법 제37조【심사의견통지 및 보정요구】
> 국무원 특허행정부서는 특허출원에 대하여 실질심사를 진행한 후 이 법의 규정에 부합하지 아니하다고 판단하는 경우, 출원인에게 통지하여 지정기한 내에 의견진술을 하거나 당해 출원에 대한 보정을 요구하여야 한다. 정당한 이유없이 기한을 초과하여 답변이 없을 경우 당해 출원을 취하한 것으로 간주한다.
>
> 专利法第三十七条: 国务院专利行政部门对发明专利申请进行实质审查后,认为不符合本法规定的,应当通知申请人,要求其在指定的期限内陈述意见,或者对其申请进行修改;无正当理由逾期不答复的,该申请即被视为撤回。

Ⅰ. 제1차 심사의견통지서(第一次审查意见通知书)

1. 통지서 형식

심사의견통지서는 전용서식과 통지서 본문을 포함한다. 전용서식에는 심사의견통지서의 발행일(发文日), 심사대상 특허출원의 출원번호 · 출원인 · 발명의 명칭, 거절의 이유가 되는 중국 특허법 또는 중국 특허법 실시세칙의 조문, 인용문헌이 있는 경우에는 해당 인용문헌의 번호와 공개일자가 기재된다. 통지서 본문에는 구체적인 거절의 이유 및 심사의견이 기재된다.

2. 거절의 이유

특허출원의 각종 거절이유는 중국 특허법 실시세칙 제59조에 제한열거적으로 규정되어 있다. 실무상 심사의견통지서에서는 이하와 같이 거절이유를 명세서, 청구범위, 기타 이유로 구분하여 출원인에게 통지한다.

(1) 명세서에 대한 거절이유

i) 출원의 내용이 법률 또는 공서양속에 위반되거나 불법적으로 취득한 유전자원을 이용하여 완성한 발명인 경우(중국 특허법 제5조)

ii) 명세서의 기재요건 위반(중국 특허법 제26조 제3항)

iii) 보정의 범위 위반(중국 특허법 제33조)

iv) 명세서의 구체적 기재방법 위반(중국 특허법 실시세칙 제20조)

(2) 청구범위에 대한 거절이유

i) 발명의 정의 위반(중국 특허법 제2조 제2항)

ii) 선출원주의 위반(중국 특허법 제9조 제1항)

iii) 신규성 위반(중국 특허법 제22조 제2항)

iv) 진보성 위반(중국 특허법 제22조 제3항)

v) 산업상 이용가능성 위반(중국 특허법 제22조 제4항)

vi) 발명이 지적 활동의 결과에 불과하다는 등의 불특허 사유에 해당하는 경우(중국 특허법 제25조)

vii) 청구범위의 기재요건 위반(중국 특허법 제26조 제4항)

viii) 단일성 위반(중국 특허법 제31조 제1항)

ix) 보정의 범위 위반(중국 특허법 제33조)

x) 청구범위의 구체적 기재방법 위반(중국 특허법 실시세칙 제22조)

xi) 독립항 필수기술특징 기재요건의 위반(중국 특허법 실시세칙 제23조)

xii) 독립항의 구체적 기재방법 위반(중국 특허법 실시세칙 제24조)

xiii) 종속항의 구체적 기재방법 위반(중국 특허법 실시세칙 제25조)

(3) 기타 절차적 요건 및 분할출원 요건 위반

i) 유전자원의 출처표시 위반(중국 특허법 제26조 제5항 또는 중국 특허법 실시세칙 제29조)

ii) 비밀유지심사청구 위반 (중국 특허법 제19조 제1항)

iii) 신의성실 위반(중국 특허법 실시세칙 제11조)[1]

---

1) 심사관은 2024년 새롭게 신설된 중국 특허법 실시세칙 제11조에 규정된 신의성실의 원칙과 관련된 상황이 존재한다고 믿을 만한 증거가 있거나 충분한 이유가 있는 경우에, 이에 대한

iv) 분할출원의 범위 위반(중국 특허법 실시세칙 제49조 제1항)

(4) 관련 문제

중국 특허법 실시세칙 제20조, 22조, 24조, 25조는 중국 특허법 실시세칙 제59조에 규정된 법정 거절이유에 속하지는 않으나, 심사의견통지서에서는 심사의견통지의 이유 중 하나로 표시하도록 되어 있다.[2]

3. 응신기간

(1) 답변서 제출 기간

제1차 심사의견통지서에 대한 답변기간은 4개월이다. 심사의견통지서에 대한 답변기간은 심사관의 지정기간에 해당하므로, 출원인은 심사관이 지정한 답변기간을 연장할 것을 중국 특허청에 신청할 수 있다.[3] 기간연장신청은 답변기간의 기간 만료 전에 제출되어야 하며, 일반적으로 1회에 한하여 1개월 또는 2개월 연장 가능하다.

(2) 답변서 제출 기간의 계산

심사의견통지서에 대한 답변기간은 송달일을 기준으로 계산된다.[4] 예를 들어, 1차 심사의견통지서에 표시된 OA 발행일이 2024년 7월 4일이라면, 출원인은 4개월 내인 2024년 11월 4일까지 답변서를 제출할 수 있다.

심사를 진행하여야 한다.

2) 실무상 중국 특허법 실시세칙 제20조, 22조, 24조, 25조를 이유로 심사의견을 통지하기보다는 중국 특허법 제26조 제3항, 제4항 등을 이유로 심사의견을 통지하는 경우가 많은 편이다.

3) 중국 특허법 실시세칙 제6조 제4항 및 중국 특허심사지침에 따르면, 기간연장신청은 지정기간에 대해서만 적용되며, 법정기간에 대해서는 적용되지 않는다.

4) 개정 전 중국 특허심사지침에서는 중국 특허청이 서류를 발송한 날로부터 만 15일이 되는 날을 접수일로 추정하는 '추정 접수일' 제도를 우편 송달과 전자 송달에 관계없이 모두 적용하였다. 하지만 현재 중국 특허청 관련 문서는 모두 전자 문서로 송달된다는 점, 그리고 송달일은 원칙적으로 수신된 날을 기준으로 하되 관련 규정이 있을 때에는 당사자에게 유리하게 해석하여야 한다는 최고인민법원의 판례[(2021)최고법지행종 278호]를 반영하여, 2024년 개정된 중국 특허심사지침에서는 전자송달에 있어서 추정 접수일 제도를 폐지하였다.

II. 재차 심사의견통지서

1. 통지서의 형식

1차 심사의견통지서의 심사의견에 따라 특허출원을 보정하여 거절을 초래하는 흠결을 제거하였으나 여전히 해당 특허출원에 어떠한 흠결이 존재하면, 심사관은 출원인에게 2차 심사의견통지서를 통지한다. 2차 심사의견통지서의 형식은 1차 심사의견통지서와 동일하다. 또한 심사관은 동일한 형식으로 3차, 4차 심사의견통지서를 계속하여 출원인에게 통지할 수 있다.

2. 재차 심사의견통지서가 발행되는 경우

중국 특허심사지침에 의하면, 아래와 같은 경우에 재차 심사의견통지서가 발행될 수 있다.

(1) 심사관이 출원의 주제와 더욱 관련되는 인용문헌을 발견하여 청구항에 대한 재평가가 필요한 경우

(2) 전 단계의 심사에서 심사관이 어느 한 항 또는 그 이상의 청구항에 대하여 심사의견을 제기하지 않았지만 이후에 중국 특허법 또는 중국 특허법 실시세칙의 규정에 부합하지 않는 사항이 존재하는 것을 발견한 경우

(3) 출원인의 의견진술 및/또는 보정 이후에 심사관이 새로운 심사의견을 제출할 필요가 있다고 판단한 경우

(4) 보정 후의 출원이 특허권을 수여받을 전망이 있으나 중국 특허법 또는 중국 특허법 실시세칙의 규정에 부합하지 않는 흠결이 여전히 존재하며, 이러한 흠결은 보정 이후에 발생한 새로운 흠결이거나 심사관이 새로 발견한 흠결, 또는 이미 출원인에게 통지하였으나 아직 완전히 제거되지 않은 흠결인 경우

(5) 심사관이 출원을 거절하고자 하나, 이전에 발송한 심사의견통지서에서 출원인에게 거절의 근거가 되는 사실, 이유 또는 증거를 명확하게 지적하지 않은 경우

3. 응신기간

재차 심사의견통지서에 대한 답변기간은 2개월이다. 출원인은 일반적으로 1회에 한하여 1개월 또는 2개월 연장을 신청할 수 있다.

제3절 거절결정(驳回决定)

> 중국 특허법 제38조【거절결정】
> 국무원 특허행정부서는 출원인의 의견진술 또는 보정 후에도 특허출원이 여전히 이 법의 규정에 부합하지 아니하는 것으로 판단하는 경우, 거절하여야 한다.
>
> 专利法第三十八条: 发明专利申请经申请人陈述意见或者进行修改后,国务院专利行政部门仍然认为不符合本法规定的,应当予以驳回。

Ⅰ. 서 언

심사관은 출원인의 의견진술 또는 보정 후에도 여전히 해당 출원이 중국 특허법 또는 중국 특허법 실시세칙의 규정에 부합하지 않는 것으로 판단하는 경우에 해당 출원을 거절할 수 있다(중국 특허법 제38조). 거절결정의 통지서는 전용서식과 통지서 본문을 포함한다. 전용서식에는 거절결정의 발행일(发文日), 심사대상 특허출원의 출원번호 · 출원인 · 발명의 명칭, 거절결정의 이유가 되는 중국 특허법 또는 중국 특허법 실시세칙의 조문이 기재된다. 거절결정 본문에는 구체적인 거절결정의 이유가 기재된다.

II. 출원의 거절 조건

1. 원 칙

심사관은 거절결정을 내리기 전에 실질심사를 통하여 출원이 중국 특허법 실시세칙 제59조에 규정된 거절이유에 해당한다고 판단하는 사실, 이유 및 증거를 출원인에게 통지하여야 한다. 의견청취의 원칙에 따라 심사관은 출원인에게 의견진술 및 보정의 기회를 최소한 1회는 주어야 한다.

2. 제1차 심사의견통지서 발행 이후에 바로 거절결정을 하는 경우

일반적으로 제2차 심사의견통지서를 발행한 후에 거절결정을 내리는 경우가 많다. 그러나 중국 특허심사지침에 의하면, 출원인이 제1차 심사의견통지서에서 지정한 기간 내에 심사관이 지적한 흠결에 대하여 설득력 있는 의견진술 및/또는 증거를 제출하지 않고 그 흠결에 대하여 출원서류를 보정하지도 않았거나 또는 단순히 오타를 수정하거나 표현방식을 변경하였을 뿐 기술방안에 실질적인 변화가 있는 보정을 하지 않은 경우에는 심사관은 제2차 심사의견통지서를 발행하지 않고 바로 거절결정을 내릴 수 있다.

3. 이전 단계에서 출원인이 보정을 한 경우에 거절결정의 여부

중국 특허심사지침에 의하면, 출원인이 출원서류를 보정한 경우에는 보정 후의 출원서류에 출원인에게 통지한 적이 있는 이유와 증거로 거절할 수 있는 흠결이 여전히 존재한다고 할지라도 거절이유로 되었던 사실이 변화되기만 하면 심사관은 출원인에게 의견진술 및 보정의 기회를 다시 한 번 주어야 한다. 그러나 그 이후에 다시 진행한 보정이 동일 유형의 흠결에 관한 것이며 출원인에게 통지한 적이 있는 이유와 증거로 거절할 수 있는 흠결이 보정 후의 출원서류에 여전히 존재한다면 심사관은 심사의견통지서를 다시 발송할 필요 없이 거절결정을 내릴 수 있다.

Ⅲ. 거절결정에 대한 불복

출원인이 심사관의 거절결정에 불복하는 경우에, 출원인은 통지서를 받은 날로부터 3개월 내에 국무원 특허행정부서에 거절결정불복심판(复审)을 청구할 수 있다(중국 특허법 제41조 제1항). 이는 법정기간이므로 연장할 수 없다.

제4장

심사의견통지서에 대한 출원인의 대응

제1절 서　설

실질심사단계에서 심사관으로부터 심사의견통지서를 수신한 경우, 출원인은 지정한 기간 내에 이에 대한 답변을 하여야 한다. 이하에서는 심사의견통지서를 수신한 경우에 출원인의 대응방법에 대하여 간략히 살펴본다.

제2절 출원인의 대응

Ⅰ. 거절이유의 분석

출원인은 심사관으로부터 심사의견통지서를 받으면 심사의견통지서의 거절이유가 타당한지 여부를 먼저 파악하여야 한다. 구체적으로 ⅰ) 거절 근거가 되는 법 규정이 무엇인지, ⅱ) 법 규정의 적용에 있어서 심사관의 착오가 없었는지, ⅲ) 거절이유와 함께 제시된 인용문헌이 적법하게 존재하는지 등을 검토하여야 한다.

II. 의견서의 제출

출원인은 심사의견통지서를 분석한 결과 심사관의 의견에 동의할 수 없는 경우에 이를 반박하는 의견서를 제출할 수 있다. 의견서에는 심사관의 거절이유가 타당하지 않다는 이유를 그 근거와 함께 자세히 기술하여 심사관으로 하여금 본 특허출원이 특허받을 수 있는 발명임을 납득할 수 있도록 하여야 한다.

III. 보정서의 제출

1. 보정의 방법

출원인은 심사의견통지서에서 지적한 흠결을 극복하기 위하여 보정서 및 의견서를 함께 제출할 수 있다. 이 경우에 출원인은 보정된 내용이 관련 규정에 부합하는지와 심사관이 지적한 흠결을 어떻게 극복하였는지에 대하여 상세히 설명하여야 한다. 예를 들어, 출원인이 청구항에 새로운 기술특징을 도입하는 보정을 수행하여 진보성 거절을 극복하고자 할 때에는 그 기술특징이 명세서의 어느 부분에 기재되어 있는가와 보정 후의 청구항이 진보성을 구비하는 이유를 의견서에 설명하여야 한다.

2. 보정의 범위

심사의견통지서에 대응한 보정은 중국 특허법 제33조 및 중국 특허법 실시세칙 제57조 제3항에 의하여 그 범위가 제한된다. 즉, 보정은 i) 중국 특허법 제33조에 따라 명세서 및 청구범위에 기재된 범위를 초과할 수 없으며, ii) 중국 특허법 실시세칙 제57조 제3항에 따라 심사의견통지서가 지적한 흠결에 대하여만 보정을 수행하여야 한다. 예를 들어, 청구항의 기술특징에 대한 변경이 원청구범위와 명세서에 기재된 범위를 벗어나는 경우, 원출원에서 발명의 필수기술특징으로 명확하게 인정한 기술특징을 독립항에서 삭제하는 보정 등은 중국 특허법 제33조 위반으로 허용되지 않는다. 또한 독립항의 기술특징을 자진 삭제하여 그 청구항의 보호범위를 확대하는 보정, 독립항의 기술특징을 자진 변경하여 그 청구항의 보호범위를 확대하는 보정 등은 중국 특허법 실시세칙 제57조 제3항 위반으로 허용되지 않는다.[1)]

IV. 오프라인 면담

1. 서 언

심사관과 직접 대면하여 설명할 필요가 있는 경우, 출원인은 심사관에게 면담(회의)을 요청할 수 있다.[2)] 면담을 통하여 문제를 명확히 하고, 이해를 촉진하는 등의 유익한 목적을 달성할 수 있다면, 심사관은 출원인의 면담 요청에 동의해야 한다. 다만, 서면이나 전화 인터뷰 등을 통해 의견이 충분히 표현되었고 관련 사실이 명확히 확인되었다면, 심사관은 면담 요청을 거부할 수 있다.

2. 면담의 예약 및 준비

중국 특허심사지침에 따르면, 면담은 서면 또는 전화를 통하여 사전에 예약하여야 한다. 예정된 면담에 대한 면담 통지 또는 전화 기록에는, 심사관이 확인한 면담 내용, 시간, 장소가 명시되어야 한다. 면담 날짜는 일반적으로 변경할 수 없으며, 변경해야 하는 경우에는 사전에 심사관에게 통지하여야 한다. 출원인이 면담 중에 새로운 문서를 제출할 예정이라면 사전에 심사관에게 제출해야 한다. 면담 중에 출원인이 새로운 서류를 제출하였으나, 심사관이 면담 전에 해당 서류를 받지 못하였다면, 심사관은 면담을 중단하기로 결정할 수 있다.

1) 보정에 대한 보다 자세한 내용은 이 책 제3편 제4장 출원의 보정 참조.

2) 중국 특허심사지침에 의하면, 심사관 또한 신속한 심사 진행을 위해 출원인에게 면담을 요청할 수 있다.

3. 면담의 진행

심사관과의 면담은 중국 특허청이 지정한 장소에서 진행된다. 출원인이 특허대리기구에 위임한 경우에 면담에는 대리인이 반드시 참석하여야 하며, 출원인이 특허대리기구에 위임하지 않은 경우에는 출원인이 면담에 참여하여야 한다. 필요한 경우, 발명자는 출원인과 함께 면담에 참석할 수 있다. 면담이 끝난 후 심사관은 면담 기록을 2부 작성하며, 심사관과 면담에 참가한 대리인(또는 출원인)의 서명 또는 날인을 거친 후 1부는 출원인에게 제공하고 1부는 출원 파일에 보관한다.

일반적으로, 면담 기록에는 논의된 문제, 결론 또는 합의된 보정 내용이 명시되어야 한다. 신규성, 진보성, 보정 내용의 신규 사항 추가 여부 등과 같이 면담에서 논의된 내용이 많은 경우, 심사관은 논의 내용과 합의에 도달한 내용을 자세히 기록해야 한다. 다만, 면담 기록은 출원인의 공식적인 서면 답변이나 보정안을 대체할 수는 없다.[3] 면담 중에 보정안에 대한 합의에 도달하였다고 하더라도, 출원인은 공식적인 보정 문서를 다시 제출해야 한다.

면담 후에 출원인은 보정안이나 서면 의견을 다시 제출하여야 한다. 만약 의견제출통지서에 대한 답변 기간 내라면, 면담으로 인하여 답변 기간이 변경될 수는 없으며, 상황에 따라 1개월 연장될 수 있다. 만약 답변 기간이 더 이상 존재하지 않는다면, 심사관은 면담기록에 보정안 또는 의견안을 제출하기 위한 마감일을 명시해야 한다. 제출된 보정안 또는 의견안은 의견제출통지서에 대한 응답으로 간주된다.

V. 온라인 면담

출원인은 전화는 물론 화상 회의, 이메일 등과 같은 수단을 통하여 심사관과

3) 면담 기록의 금반언 적용 여부와 관련하여, 면담 기록이 공식적인 보정안이나 의견을 대체하는 것은 아니라는 중국 특허심사지침의 이러한 규정에 근거하여 면담 기록에는 금반언이 적용되지 않는다는 중국 내 견해가 있다. 다만 이에 대한 최고인민법원의 판례가 아직 확정되지 않았으므로, 면담 시에는 금반언의 적용 가능성을 고려하여 면담 기록에 불리한 내용이 남지 않도록 주의할 필요가 있다.

온라인 면담을 가질 수 있다. 온라인 면담을 통하여 출원인은 심사관과 발명 및 선행기술의 내용, 출원 서류에 존재하는 문제에 대해 논의할 수 있다.[4] 필요한 경우, 심사관은 면담 내용을 기록하여 출원서에 보관할 수 있다. 온라인 면담에서 심사관이 합의한 보정 내용에 명백한 오류가 존재한다면, 심사관은 직권으로 이러한 오류를 수정할 수 있다. 심사관이 직권으로 수정한 내용을 제외하고, 출원인은 심사관이 동의한 보정 내용을 담은 서면 문서를 제출해야 하고, 심사관은 보정된 서면 문서에 기초하여 심사 결론을 내려야 한다.

Ⅵ. 분할출원

심사의견통지서에 단일성 위반을 지적하는 경우에, 출원인은 단일성이 결여된 청구항들을 삭제하고, 삭제된 청구항들에 대하여는 분할출원을 진행할 수 있다. 이 경우에 분할출원은 원출원이 특허청에 계속 중이면 진행할 수 있다.

4) 개정 전 중국 특허심사지침에서는, 전화 면담은 출원 서류에 존재하는 부차적이고 오해의 소지가 없는 형식상의 흠결에 관련된 문제를 해결하는 데에만 적용되었다. 하지만, 개정된 중국 특허심사지침에서는 이러한 제한을 삭제함으로써, 전화 면담 등의 온라인 면담이 실무적으로 좀 더 활발하게 활용 가능하도록 하였다.

제6편

심 판

제1장 서 설

한국 특허법상 '특허심판'이란 특허출원에 대하여 심사관이 행한 처분 또는 그 처분에 의해 부여된 특허권에 대한 분쟁을 해결하기 위하여 특허심판원에 의하여 행해지는 행정심판을 말한다. 중국 특허법은 한국의 특허심판에 대응하는 제도로 거절결정불복심판 및 특허무효심판을 규정하고 있다.[1] 즉, 특허출원에 대한 심사관의 거절결정에 불복하는 경우에 출원인은 거절결정불복심판을 제기할 수 있으며, 등록된 특허의 유효성에 의문이 있는 경우에 누구라도 해당 등록 특허권 대한 특허무효심판을 제기할 수 있다.

한국 특허청의 특허심판원과 유사하게, 중국 특허청은 복심 및 무효심리부(复审和无效审理部)를 두고 있다. 복심 및 무효심리부는 중국 특허법 제41조의 규정에 따라 거절결정불복심판을 수리 및 심판하여 결정을 내리거나, 중국 특허법 제45조 및 제46조의 규정에 따라 특허무효심판을 수리 및 심판하여 결정을 내린다. 이 외에, 복심 및 무효심리부는 집적회로 배치 설계 등록 신청에 대한 불복심판, 행정소송에서의 피고로서의 응소 업무, 법원의 위탁에 따른 침해 사건 처리에 대한 자문 업무 등도 수행한다. 복심 및 무효심리부는 기술전문가와 법률전문가로 구성되며, 상근 복심위원과 비상근 복심위원을 두고 있다.

주의할 점은 한국의 특허심판제도는 거절결정불복심판 및 특허무효심판 이

1) 다만, '심판'은 한국 특허법상의 용어로, 중국에서는 한국의 '거절결정불복심판'을 '복심(复审)', 한국의 '특허무효심판'을 '특허권무효선고(专利权无效宣告)'라 칭한다. 이 책에서는 한국 특허법의 용어에 따라 거절결정불복심판 및 특허무효심판이라 칭한다.

외에도 권리범위 확인심판, 정정심판, 정정의 무효심판, 통상실시권 허락의 심판 등을 두어 특허권에 대한 분쟁을 특허심판원에서 적극 해결함에 비하여, 중국의 특허심판제도는 단지 거절결정불복심판 및 특허무효심판만을 두고 있다는 것이다. 즉, 중국 특허법은 한국과 달리 정정심판, 권리범위 확인심판 등을 규정하고 있지 않다. 따라서 중국에서는 등록된 특허의 정정심판 또는 등록된 특허의 권리범위 확인심판 등을 청구할 수 없다. 다만, 예외적으로 개별사안에 따라 민사소송(民事诉讼)의 형식으로 법원에 제기할 수는 있으며, 한국의 소극적 권리범위 확인심판과 유사한 특허불침해확인소송(确认不侵权诉讼)은 최고인민법원의 사법해석에서 인정하고 있다.

제2장

거절결정불복심판(复审)

중국 특허법 제41조 【거절결정불복심판 및 행정소송의 청구 시기】

① 특허출원인이 국무원 특허행정부서의 출원거절결정에 불복하는 경우, 통지받은 날로부터 3개월 내에, 국무원 특허행정부서에 복심을 청구할 수 있다. 국무원 특허행정부서는 복심 후, 결정을 하고, 특허출원인에게 통지한다.
② 특허출원인이 국무원 특허행정부서의 복심결정에 불복하는 경우, 통지받은 날로부터 3개월 내에 인민법원에 소를 제기할 수 있다

专利法第四十一条: 专利申请人对国务院专利行政部门驳回申请的决定不服的,可以自收到通知之日起三个月内向国务院专利行政部门请求复审。国务院专利行政部门复审后,作出决定,并通知专利申请人。
专利申请人对国务院专利行政部门的复审决定不服的,可以自收到通知之日起三个月内向人民法院起诉。

중국 특허법 실시세칙 제65조 【복심청구서의 제출 및 방식 심사】

① 특허법 제41조 규정에 의하여 국무원 특허행정부서에 복심을 청구할 경우, 복심청구서를 제출하고 이유를 설명해야 하며 필요 시 관련 증거를 첨부해야 한다.
② 복심청구가 특허법 제18조 제1항 또는 제41조 제1항 규정에 부합하지 아니한 경우, 국무원 특허행정부서는 수리하지 아니하며 복심청구인에게 서면으로 통지하고 이유를 설명한다.
③ 복심청구서가 규정된 형식에 부합하지 아니한 경우 복심청구인은 국무원 특허행정부서가 지정한 기한 내에 보정해야 하고, 기한 내에 보정하지 아니한 경우 그 복심청구는 제출하지 아니한 것으로 간주한다.

专利法实施细则第六十五条: 依照专利法第四十一条的规定向国务院专利行政部门请求复审的,应当提交复审请求书,说明理由,必要时还应当附具有关证据。
复审请求不符合专利法第十八条第一款或者第四十一条第一款规定的,国务院专利行政部门不予受理,书面通知复审请求人并说明理由。
复审请求书不符合规定格式的,复审请求人应当在国务院专利行政部门指定的期限内补正; 期满未补正的,该复审请求视为未提出。

중국 특허법 실시세칙 제66조【거절결정불복심판에서의 보정】

청구인은 복심청구 또는 국무원 특허행정부서의 복심통지서에 대한 답변 시 특허출원서류를 보정할 수 있다. 다만, 보정은 거절결정 또는 복심통지서가 지적한 결함을 해소하는 데 한정되어야 한다.

专利法实施细则第六十六条: 请求人在提出复审请求或者在对国务院专利行政部门的复审通知书作出答复时,可以修改专利申请文件; 但是,修改应当仅限于消除驳回决定或者复审通知书指出的缺陷。

중국 특허법 실시세칙 제67조【복심결정】

① 국무원 특허행정부서는 복심을 진행한 후 복심청구가 특허법 및 이 세칙의 관련 규정에 부합하지 아니하다고 인정하거나, 또는 특허출원에 기타 특허법 및 본 세칙의 관련 규정을 명백하게 위반하는 정황이 있는 경우, 복심청구인에게 통지하여 지정 기한 내에 의견진술을 요구해야 한다. 기한 내 답변이 없을 경우 그 복심청구는 취하한 것으로 간주한다. 의견진술 또는 보정 후에도 국무원 특허행정부서가 여전히 특허법 및 이 세칙 관련 규정에 부합하지 아니한다고 인정할 경우, 복심청구를 거절하는 복심결정을 해야 한다.
② (원거절결정의 취소) 국무원 특허행정부서는 복심을 진행한 후 원거절결정이 특허법 및 이 세칙의 관련 규정에 부합하지 아니한다고 인정하거나, 보정한 특허출원서류를 통하여 원거절결정 및 복심통지서가 지적한 결함을 해소했다고 인정하는 경우, 거절결정을 취소하고, 심사절차를 계속 진행하도록 해야 한다.

专利法实施细则第六十七条: 国务院专利行政部门进行复审后,认为复审请求不符合专利法和本细则有关规定或者专利申请存在其他明显违反专利法和本细则有关规定情形的,应当通知复审请求人,要求其在指定期限内陈述意见。期满未答复的,该复审请求视为撤回; 经陈述意见或者进行修改后,国务院专利行政部门认为仍不符合专利法和本细则有关规定的,应当作出驳回复审请求的复审决定。
国务院专利行政部门进行复审后,认为原驳回决定不符合专利法和本细则有关规定的,或者认为经过修改的专利申请文件消除了原驳回决定和复审通知书指出的缺陷的,应当撤销原驳回决定,继续进行审查程序。

중국 특허법 실시세칙 제68조【거절결정불복심판 청구의 취하】

① 복심청구인은 국무원 특허행정부서의 결정 전에 거절결정불복심판청구를 취하할 수 있다.
② 복심청구인이 국무원 특허행정부서의 결정 전에 거절결정불복심판청구를 취하한 경우, 복심절차는 종료한다.

专利法实施细则第六十八条: 复审请求人在国务院专利行政部门作出决定前,可以撤回其复审请求。
复审请求人在国务院专利行政部门作出决定前撤回其复审请求的,复审程序终止。

Ⅰ. 서 언

거절결정불복심판(复审)은 심사관의 거절결정(驳回决定)에 대하여 출원인이 이에 불복하여 그 거절결정을 취소해 줄 것을 국무원 특허행정부서의 복심 및 무효심리부(复审和无效审理部)에 요구하는 것을 말한다. 중국 특허법 제41조 및 중국 특허법 실시세칙 제65조 내지 68조에서 거절결정불복심판에 대하여 규정하고 있으며, 중국에서는 거절결정불복심판이라는 용어 대신에 복심(复审)이라는 용어를 사용한다. 이 책에서는 한국식 표현에 따라 거절결정불복심판이라는 용어를 주로 사용하며,[1] 필요에 따라 중국식 표현인 복심을 병기하여 설명한다.[2]

1) 한편, 중국에서 복심(复审)의 공식 영문 표현은 're-examination'이다. 이에 한국 특허법 제67조의 2의 거절결정 불복 시의 '재심사' 제도와 혼동의 우려가 있어, 이 책에서는 명확한 설명을 위하여 중국식 표현인 복심 대신 한국식 표현인 거절결정불복심판이라는 용어를 사용하였다.

2) 참고로, 거절결정에 대한 불복 시에 한국은 재심사 또는 거절결정불복심판을 택일적으로 선택할 수 있는 데 반하여, 중국은 거절결정불복심판만을 통하여 심사관의 거절결정에 불복할

II. 거절결정불복심판 청구의 요건

1. 주체적 요건

거절된 특허출원의 출원인만이 거절결정불복심판을 청구할 수 있다. 거절된 특허출원이 공동출원인 경우에는 모든 출원인이 함께 거절결정불복심판을 청구하여야 한다. 만약 거절결정불복심판의 청구인이 전체 출원인이 아니면 국무원 특허행정부서는 지정된 기간 내에 보정할 것을 요구하며, 기간 내에 보정하지 않으면 해당 거절결정불복심판은 청구하지 않은 것으로 본다.

2. 객체적 요건

거절결정을 대상으로 하여야 한다. 거절결정불복심판의 청구가 거절결정을 대상으로 하지 않는 경우에는 그 청구를 수리하지 않는다. 예를 들어, 중국 특허법 실시세칙 제50조 제2항의 규정에 따라 심사의견통지서의 지정된 기간 내에 답변을 하지 않아 취하된 출원을 대상으로는 거절결정불복심판을 청구할 수 없다.

3. 시기적 요건

거절결정의 통지를 받은 날로부터 3개월 내에 국무원 특허행정부서에 거절결정불복심판을 청구할 수 있다(중국 특허법 제41조 제1항). 이는 법정기간이므로 연장할 수 없다.[3)]

수 있다.

3) 2024년 개정된 중국 특허심사지침에 의하면, 15일의 기간이 더해지는 추정 접수일 제도는 전자 출원 방식으로 문서가 송달되는 거절결정불복심판에 더 이상 적용되지 않는다.

Ⅲ. 거절결정불복심판에서의 보정

1. 보정의 시기

(1) 거절결정불복심판 청구 시

청구인은 거절결정불복심판의 청구 시에 출원서류를 보정할 수 있다.

(2) 국무원 특허행정부서의 복심통지서에 대한 답변 시

청구인은 국무원 특허행정부서의 복심통지서(复审通知书)에 대한 답변 시에 출원서류를 보정할 수 있다. 복심통지서에 대한 답변기간은 복심통지서를 받은 날로부터 1개월이며, 이는 지정기간이므로 연장할 수 있다.[4] 만약 청구인이 국무원 특허행정부서로부터 구술심리통지서(复审请求口头审理通知书)를 받았다면, 구술심리에 참가하거나 또는 해당 구술심리통지서를 받은 날로부터 1개월 내에 서면답변을 제출할 때 출원서류를 보정할 수 있다.

2. 보정의 범위

거절결정불복심판(复审)에서의 보정은 중국 특허법 제33조 및 중국 특허법 실시세칙 제66조의 규정에 따라 그 범위가 제한된다.

(1) 중국 특허법 제33조에 의한 제한(신규사항 추가 금지)

중국 특허법 제33조에 의하여, 보정을 수행할 때에는 명세서 및 청구범위에 기재된 범위를 초과할 수 없다. 중국 특허심사지침에 의하면, 명세서 및 청구범위에 기재된 범위란 ⅰ) 최초 명세서 및 청구범위의 문언상 기재 내용, ⅱ) 최초 명세서와 청구범위의 문언상의 기재 및 첨부된 도면으로부터 직접 그리고 아무런 의심 없이 확정할 수 있는 내용을 모두 포함한다. 중국 특허법 제33조의 판단 시에 첨부된 도면은 보정의 기초가 될 수 있으나, 요약서 및 우선권 서류는 보정의 기초가 될 수 없다.

---

4) 연장은 보통 1회에 한해 1개월 또는 2개월까지 가능하다.

(2) **중국 특허법 실시세칙 제66조에 의한 제한**(거절결정 또는 복심통지서가 지적한 흠결)

중국 특허법 실시세칙 제66조에 의하여, 청구인의 출원서류에 대한 보정은 거절결정 또는 복심통지서가 지적한 흠결을 해소하는 데 한정되어야 한다. 중국 특허심사지침에 의하면, ⅰ) 보정 후의 청구항이 거절결정 대상 청구항에 비하여 보호범위가 확대된 경우, ⅱ) 보정 후의 청구항과 거절결정 대상 청구항이 단일성을 가지지 않는 경우, ⅲ) 청구항의 유형이 변경된 경우, ⅳ) 청구항이 추가된 경우, ⅴ) 거절결정이 지적한 흠결과 관련되지 않은 청구항 또는 명세서에 대하여 보정한 경우는 중국 특허법 실시세칙 제66조를 만족하지 않은 것으로 본다. 다만 명확한 오기를 정정하거나 거절결정이 지적한 흠결과 동일한 성질의 흠결을 보정하는 경우는 예외로 한다.

Ⅳ. 거절결정불복심판의 진행 및 절차

1. 복심청구서의 제출 및 방식심사

(1) 거절결정불복심판의 청구인은 거절결정불복심판 청구서(复审请求书, 복심청구서)를 제출하고 이유를 설명하여야 하며, 필요 시에는 관련 증거를 첨부한다(중국 특허법 실시세칙 제65조 제1항). 청구인은 필요한 경우 거절결정불복심판 청구 시에 출원서류에 대한 보정을 수행할 수 있다.

(2) 거절결정불복심판 청구서는 규정된 격식에 부합하여야 하며, 규정된 격식에 부합하지 않는 경우에는 국무원 특허행정부서는 청구인에게 지정된 기간 내에 보정할 것을 요구한다.[5] 지정된 기간 내에 보정을 하지 않은 경우 또는 보정을 하였으나 여전히 동일한 흠결이 존재하는 경우에는 거절결정불복심판 청구서를 제출하지 않은 것으로 본다(중국 특허법 실시세칙 제65조 제3항).

---

5) 중국 특허심사지침에 의하면, 방식심사에서의 보정 기간은 15일이며, 동일한 흠결에 대한 보정 기회는 2회로 제한된다.

2. 심사부서에 의한 전치심사(前置审查)

(1) 심사부서에 의한 전치심사

거절결정불복심판의 청구가 방식심사에 합격하면, 거절결정불복심판 청구서(첨부된 증명서류 및 보정서류 포함)를 심사부서에 이송하여 전치심사를 진행하도록 한다. 여기서, 전치심사는 복심 및 무효심리부(이하, '심판부')에서 심리를 진행하기 전에, 심사관들로 구성된 심사조직에서 해당 사건을 예비적으로 다시 검토하는 것을 가리킨다.[6] 심사부서는 거절결정불복심판 청구서 등을 검토한 후 전치심사의견서를 작성한다. 만약 거절결정불복심판의 청구인이 새로운 증거를 제출하였거나 새로운 이유를 진술하였다면 심사부서는 그 증거 및 이유를 심사하여야 한다.

일반적으로, 심사부서는 전치심사의견서에 거절이유 및 증거를 추가하여서는 안 된다. 다만, ⅰ) 기술 사전, 기술 매뉴얼 등을 통하여 공지 상식을 증거로 보완하는 경우, ⅱ) 거절결정에서 지적하지 않았으나 출원인에게 이미 통지한 사실, 이유 및 증거를 통해 거절결정에 이르기 충분한 결함이 있다고 인정되는 경우,[7] ⅲ) 거절결정에서 지적한 흠결이 여전히 존재하면서 신의성실의 원칙에 반하거나, 동일한 성격의 흠결을 추가로 발견하거나, 명백한 실질적 하자를 추가로 발견하는 경우에는, 전치심사의견서에서 거절이유 및 증거를 추가할 수 있다.

(2) 전치심사의견의 유형

① 원거절결정의 취소

전치심사단계에서 심사부서는 ⅰ) 거절결정불복심판 청구의 이유가 타당하거나, ⅱ) 거절결정불복심판의 청구인이 제출한 보정서류에 의하여 출원에 존재하는 흠결이 극복된 경우에 원거절결정을 취소하는 데 동의하는 전치심사의견을 작성한다. 이 경우에 심판부는 합의심사를 진행하지 않으며 거절결정을 취소하는

---

6) 개정 전 중국 특허심사지침에서는 전치심사에서는 이를 해당 사건을 담당했던 '원심사관'이 검토하도록 하였다. 다만, 2024년 개정된 중국 특허심사지침에서는 전치심사를 전문화하여 경력이 많은 심사관들로 조직된 심사부서에서 검토하는 것으로 개정하였다.

7) 중국 특허심사지침에 의하면, 예를 들어, OA 과정에서 진보성 흠결을 지적하였지만 최종적으로 중국 특허법 제33조의 보정의 범위 위반을 이유로 거절결정을 내린 경우에, 만약 출원인이 복심청구와 동시에 원래의 청구항으로 보정을 하였다면, 심사부는 진보성 흠결이 여전히 존재한다고 지적해야 한다.

복심결정을 내린다(중국 특허법 제67조 제2항). 심사부서는 원거절결정을 취소하는 복심결정이 내려진 후에 심사절차를 계속 수행한다.

② 원거절결정의 유지

전치심사단계에서 심사부서는 거절결정불복심판의 청구인이 진술한 의견과 제출한 보정서류가 거절결정을 취소하기에 충분하지 않다고 판단하는 경우에는 원거절결정을 유지하는 전치심사의견을 작성한다. 이 경우에 이후 심판부에 의한 합의심사가 진행된다.

3. 심판부에 의한 복심통지서의 발행 및 복심결정

(1) 합의심사의 진행

전치심사단계에서 원거절결정이 유지되는 경우, 심판부는 3인 또는 5인의 합의위원회에 의한 합의심사를 진행한다.[8] 합의위원회는 일반적으로 원거절결정의 근거가 되는 이유 및 증거에 대해서만 심사한다. 다만, 예외적으로, 이하의 경우에 심판부는 직권 심리를 진행할 수 있다.

(2) 합의심사에서의 직권 심리의 범위

2024년 개정 중국 특허법 실시세칙 제67조에 따르면, 거절결정불복심판에서의 심판부는 거절결정에서 지적된 흠결뿐만 아니라, 기타 특허법 및 실시세칙의 관련 규정을 명백하게 위반하는 정황이 있는지 여부에 대해서도 심리를 진행할 수 있다. 이와 관련하여, 2024년 개정된 중국 특허심사지침에는 아래와 같은 경우에 직권 심리가 가능한 것으로 규정하고 있다.

i) 중국 특허법 실시세칙 제11조의 신의성실의 원칙에 위반하는 경우
ii) 원거절결정을 내리기 전에 출원인에게 통지한 적이 있는 다른 이유 및 증거를 이용하여 충분히 거절할 수 있는 경우
iii) 원거절결정이 지적한 흠결과 동일한 성질을 가지는 흠결인 경우[9]

---

8) 예를 들어, 국내외에 중대한 영향을 끼치는 사건이거나, 중요하고 어려운 법률 문제의 사건이거나, 중대한 경제적 이익과 관련된 사건의 경우에는 5인의 합의위원회가 조직될 수 있다.

9) 예를 들어, 심사 단계에서 청구항 1이 불명료한 용어로 인해 보호 범위가 명확하지 않다는

ⅳ) 거절결정에서 지적하지 않은 명백한 실질적 흠결인 경우[10)]

위의 ⅰ) 내지 ⅳ) 이외에도, 거절결정에서 지적된 흠결과 관련된 증거에 대해, 거절결정불복심판의 심판부는 이를 적절하게 조정하여 사용할 수 있다. 예를 들어, 심판부는 거절결정의 근거가 되는 증거 중에서 가장 근접한 선행기술을 변경할 수 있다. 또한 거절결정불복심판의 심판부는 해당 기술 분야의 공지 상식을 도입하거나, 기술 사전, 기술 매뉴얼, 교과서 및 기타 기술 분야의 공지 상식 증거를 보완할 수 있다.[11)]

이유로 거절되었다고 가정하자. 만약 거절결정불복심판 단계에서 해당 용어로 인하여 다른 청구항의 보호 범위도 명확하지 않다고 판단된다면, 심판부는 심리 절차에서 이러한 결함을 함께 지적할 수 있다. 또는 다른 예로, 심사 단계에서 독립항 1이 인용문헌 1 및 공지 상식에 비해 진보성이 없다는 이유로 거절되었다고 가정하자. 만약 거절결정불복심판 단계에서 종속항 2 내지 6에 한정된 기술 특징도 공지 상식이어서 진보성이 없다고 판단된다면, 심판부는 독립항 1뿐만 아니라 종속항 2 내지 6도 인용문헌 1 및 공지 상식에 비해 진보성이 없다고 함께 지적할 수 있다.

10) 예를 들어, 심사 단계에서 청구항 1이 진보성이 없다는 이유로 거절되었다고 가정하사. 만약 청구항 1의 권리범위가 영구기관임에 관한 것임이 명백한 경우, 거절결정불복심판의 심판부는 청구항 1이 특허법 제22조 제4항의 규정에 부합하지 않는다고 지적할 수 있다. 다른 예로, 심사 단계에서 청구항 1의 기술방안의 일부분에 대한 한정이 그 동작 원리를 불분명하게 만들며, 이에 따라 청구항 1은 중국 특허법 제26조 제4항의 규정에 부합하지 않는다는 이유로 거절되었다고 가정하자. 만약 이러한 문제의 근본 원인이 명세서에 기술 문제를 해결하는 기술수단의 기재가 부족하기 때문인 경우, 거절결정불복심판의 심판부는 해당 특허출원이 중국 특허법 제26조 제3항의 규정에 부합하지 않는다고 지적할 수 있다. 또는 다른 예로, 심사 단계에서 청구항 1이 진보성이 없다고 이유로 거절되었다고 가정하자. 만약 청구항 1의 보호범위가 불분명하여 진보성 심사에서의 구별되는 기술특징의 정확한 확정에 영향을 미치는 경우, 거절결정불복심판의 심판부는 청구항 1이 중국 특허법 제26조 4항의 규정에 부합하지 않는다고 지적할 수 있다.

11) 참고로, 개정 전 중국 특허심사지침에서도, '명백한 실질적 흠결'에 대해서는 거절결정불복심판에서 직권 심리를 할 수 있는 것으로 규정하고 있었고, 여기서 '명백한 실질적 흠결'이 무엇인지 해석상의 논란이 있었다. 이에 대해, 최고인민법원은 복심에서의 '명백한 실질적 흠결'은 방식심사(초보심사)에서의 '명백한 실질적 흠결'에 대응하는 것으로 판단하여, 거절결정불복심판 단계에서의 직권 심리의 범위를 최소한으로 제한하였다[최고인민법원(2014)지행자제2호]. 그러나 2024년 개정된 중국 특허심사지침에서는 거절결정불복심판에서의 직권 심리의 범위가 확장되어 이러한 제한이 없어졌다.

(3) 복심통지서(复审通知书)의 발행

심판부는 합의심사 이후 복심통지서(복심청구구술심리통지서 포함)를 발송하여 청구인에게 의견진술 및 보정의 기회를 준다. 구체적으로 복심통지서를 발송하는 경우는 i) 복심청구를 기각하고자 하는 경우, ii) 청구인이 출원서류를 보정하여야만 원거절결정을 취소할 수 있는 경우, iii) 청구인이 증거를 추가 제출하여 관련문제에 대한 설명이 필요한 경우, iv) 원거절결정이 지적하지 않은 이유 또는 증거를 거절결정불복심판 단계에서 도입해야 하는 경우이다.

복심통지서가 발송된 경우에 거절결정불복심판의 청구인은 복심통지서를 받은 날로부터 1개월 내에 복심통지서가 지적하는 흠결에 대하여 의견을 진술하거나 보정을 진행할 수 있다. 복심청구구술심리통지서(复审请求口头通知书)가 발송된 경우에는 청구인은 구술심리에 참가하거나 그 통지서를 받은 날로부터 1개월 내에 통지서가 지적하는 흠결에 대하여 서면으로 답변할 수 있다.

(4) 복심결정

① 복심청구를 거절하는 복심결정

거절결정불복심판 청구인의 의견진술 또는 보정 후에도 여전히 중국 특허법 및 중국 특허법 실시세칙의 규정에 부합하지 않는다고 인정할 경우에 심판부는 복심청구를 거절하는 복심결정을 내린다(중국 특허법 실시세칙 제67조 제1항). 심판부는 해당 복심결정을 거절결정불복심판의 청구인에게 송달한다(중국 특허법 제41조 제1항).

② 거절결정 취소의 복심결정

심판부는 i) 거절결정불복심판 청구의 이유가 타당하거나, ii) 거절결정불복심판의 청구인이 제출한 보정서류에 의하여 출원에 존재하는 흠결이 극복된 경우에 거절결정을 취소하는 복심결정을 내리고 심사부서가 심사절차를 계속 진행하도록 한다(중국 특허법 실시세칙 제67조 제2항). 또한 심판부는 복심결정을 거절결정불복심판의 청구인에게 송달한다(중국 특허법 제41조 제1항).

V. 국무원 특허행정부서의 복심결정의 효력

거절결정을 취소하는 복심결정으로 인하여 심사부서가 심사절차를 계속하는 경우, 심사부서는 심판부의 결정을 이행하여야 하며 동일한 사실, 이유 및 증거로써 복심결정과 상반되는 결정을 내려서는 안 된다.

VI. 복심결정에 대한 불복

청구인이 심판부의 복심결정에 불복하는 경우에는 통지를 받은 날로부터 3개월 내에 북경 지식재산법원에 소송을 제기할 수 있으며, 이는 연장할 수 없다.[12)]

12) 참고로, 전자출원이 일반화됨에 따라, 추정접수일의 적용여부, 복심결정의 통지를 받은 날의 확정 등에 대해서 다툼이 있다. 판례에 따르면, 행정소송을 제기하는 기간의 기산일은 피소 결정을 실제 수신한 날이며, 피소 결정을 받은 시기에 대해서 별도의 규정이 있다면 이는 출원인에게 유리하게 해석되어야 한다[최고인민법원(2021)최고법지행종 278호].

[거절결정불복심판의 진행절차]

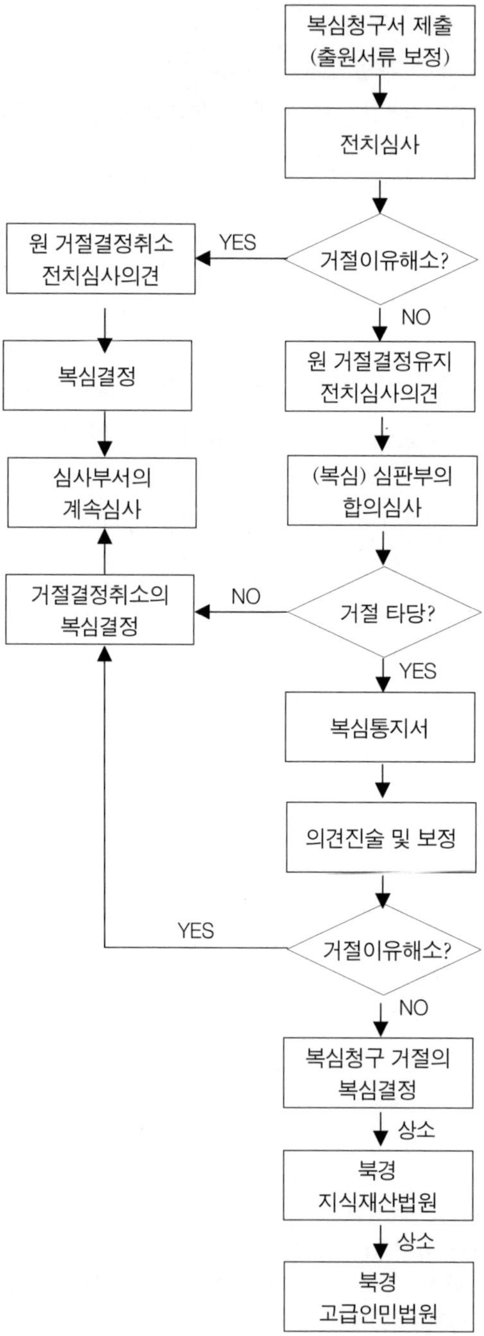

제3장 특허무효심판(专利权无效宣告)

중국 특허법 제45조 【특허무효심판 청구】

국무원 특허행정부서가 특허권 수여를 공고한 날로부터 누구든지, 당해 특허의 수여가 이 법의 관련규정과 부합되지 아니한다고 판단하는 경우, 국무원 특허행정부서에 당해 특허권의 무효선고를 청구할 수 있다.

专利法第四十五条: 自国务院专利行政部门公告授予专利权之日起,任何单位或者个人认为该专利权的授予不符合本法有关规定的,可以请求国务院专利行政部门宣告该专利权无效。

중국 특허법 제46조 【특허무효심판의 진행 및 불복】

① 국무원 특허행정부서는 특허권의 무효심판 청구에 대하여 즉시 심사 · 결정하여 청구인과 특허권자에게 통지하여야 한다. 특허권의 무효심판의 결정은 국무원 특허행정부서가 등록 및 공고한다.

② 국무원 특허행정부서의 특허권 무효 또는 유지 선고결정에 불복할 경우, 통지를 받은 날로부터 3개월 내에 법원에 소를 제기할 수 있다. 법원은 무효선고 청구절차의 상대방 당사자에게 제3자로서 소송에 참가하도록 통지하여야 한다.

专利法第四十六条: 国务院专利行政部门对宣告专利权无效的请求应当及时审查和作出决定,并通知请求人和专利权人。宣告专利权无效的决定,由国务院专利行政部门登记和公告。

对国务院专利行政部门宣告专利权无效或者维持专利权的决定不服的,可以自收到通知之日起三个月内向人民法院起诉。人民法院应当通知无效宣告请求程序的对方当事人作为第三人参加诉讼。

중국 특허법 제47조【심결의 효과】

① 무효가 선고된 특허권은 처음부터 존재하지 아니한 것으로 간주한다.
② 특허권 무효선고의 결정은 특허권 무효선고 전에 법원이 결정하여 이미 집행한 특허권 침해의 판결 및 조정, 이미 이행 또는 강제 집행한 특허침해분쟁의 처리결정 및 이미 이행한 특허실시허가계약과 특허권양도계약에 대하여 소급력을 가지지 않는다. 다만, 특허권자가 악의로 타인에게 손해를 초래한 경우에는 배상하여야 한다.
③ 전항의 규정에 의하여 특허권 침해 배상액·특허사용료 또는 특허권 양도료를 반환하지 않는 것이 공평의 원칙에 명백히 위반되는 경우, 전부 또는 일부를 반환하여야 한다.

专利法第四十七条: 宣告无效的专利权视为自始即不存在。
宣告专利权无效的决定,对在宣告专利权无效前人民法院作出并已执行的专利侵权的判决、调解书,已经履行或者强制执行的专利侵权纠纷处理决定,以及已经履行的专利实施许可合同和专利权转让合同,不具有追溯力。但是因专利权人的恶意给他人造成的损失,应当给予赔偿。
依照前款规定不返还专利侵权赔偿金、专利使用费、专利权转让费,明显违反公平原则的,应当全部或者部分返还。

중국 특허법 실시세칙 제69조【특허무효심판 청구의 사유】

① 특허법 제45조 규정에 의하여 특허권 무효 또는 부분무효 선고를 청구하는 경우, 국무원 특허행정부서에 특허권무효선고청구서와 필요한 증거 2부를 제출해야 한다. 무효선고청구서는 제출한 모든 증거와 결합하여 구체적으로 무효선고청구의 이유를 설명하고, 매 항의 이유가 근거하고 있는 증거를 명확히 지적해야 한다.
② 전항 규정의 무효선고청구의 이유란 특허권을 수여받은 발명이 특허법 제2조, 제19조 제1항, 제22조, 제23조, 제26조 제3항, 제26조 제4항, 제27조 제2항, 제33조 또는 본 세칙 제11조, 제23조 제2항, 제49조 제1항의 규정에 부합하지 않거나, 특허법 제5조, 제25조 규정에 속하거나, 또는 특허법 제9조 규정에 의하여 특허권을 취득할 수 없는 경우를 말한다.

专利法实施细则第六十九条: 依照专利法第四十五条的规定,请求宣告专利权无效或者部分无效的,应当向国务院专利行政部门提交专利权无效宣告请求书和必要的证据一式两份。无效宣告请求书应当结合提交的所有证据,具体说明无效宣告请求的理由,并指明每项理由所依据的证据。
前款所称无效宣告请求的理由,是指被授予专利的发明创造不符合专利法第二条、第十九条第一款、第二十二条、第二十三条、第二十六条第三款、第二十六条第四款、第二十七条第二款、第三十三条或者本细则第十一条、第二十三条第二款、第四十九条第一款的规定,或者属于专利法第五条、第二十五条规定的情形,或者依照专利法第九条规定不能取得专利权。

중국 특허법 실시세칙 제70조【특허무효심판 청구의 불수리 및 일사부재리원칙】
① 특허무효선고청구서가 특허법 제18조 제1항 또는 이 세칙 제69조 규정에 부합하지 아니할 경우, 국무원 특허행정부서는 수리하지 아니한다.
② 국무원 특허행정부서가 무효선고청구에 대하여 결정을 한 후, 또 동일한 이유와 증거로 무효선고를 청구한 경우, 국무원 특허행정부서는 수리하지 아니한다.
④ 특허무효선고청구서가 규정된 형식에 부합하지 아니할 경우 무효선고청구인은 국무원 특허행정부서가 지정한 기한 내에 보정해야 하고, 기한 내에 보정하지 아니한 경우 그 무효선고청구는 제출하지 아니한 것으로 간주한다.

专利法实施细则第七十条: 专利权无效宣告请求不符合专利法第十八条第一款或者本细则第六十九条规定的,国务院专利行政部门不予受理。
在国务院专利行政部门就无效宣告请求作出决定之后,又以同样的理由和证据请求无效宣告的,国务院专利行政部门不予受理。
专利权无效宣告请求书不符合规定格式的,无效宣告请求人应当在国务院专利行政部门指定的期限内补正; 期满未补正的,该无效宣告请求视为未提出。

중국 특허법 실시세칙 제71조【특허무효심판 이유 및 증거의 추가】
국무원 특허행정부서가 무효선고청구를 수리한 후, 청구인은 무효선고청구일로부터 1개월 내에 이유를 추가하거나 증거를 보충할 수 있다. 기한을 초과하여 이유를 추가하거나 증거를 보충한 경우, 국무원 특허행정부서는 고려하지 아니할 수 있다.

专利法实施细则第七十一条: 在国务院专利行政部门受理无效宣告请求后,请求人可以在提出无效宣告请求之日起1个月内增加理由或者补充证据。逾期增加理由或者补充证据的,国务院专利行政部门可以不予考虑。

중국 특허법 실시세칙 제72조 【서류부본의 송달 및 답변】

① 국무원 특허행정부서는 특허권무효선고청구서와 관련 서류부본을 특허권자에게 송부하고 지정기한 내에 의견을 진술하도록 요구해야 한다.
② 특허권자와 무효선고청구인은 지정기한 내 국무원 특허행정부서가 발송한 전달서류통지서 또는 무효선고청구심사통지서에 답변해야 하며, 기한 내에 답변을 하지 아니한 경우 국무원 특허행정부서의 심리에 영향을 미치지 아니한다.

专利法实施细则第七十二条: 国务院专利行政部门应当将专利权无效宣告请求书和有关文件的副本送交专利权人,要求其在指定的期限内陈述意见。
专利权人和无效宣告请求人应当在指定期限内答复国务院专利行政部门发出的转送文件通知书或者无效宣告请求审查通知书; 期满未答复的,不影响国务院专利行政部门审理。

중국 특허법 실시세칙 제73조 【특허무효심판에서의 특허의 정정】

① 무효선고청구의 심사과정 중, 특허권자 또는 실용신안권자는 그 권리요구서를 정정할 수 있으나, 원특허의 보호범위를 확대할 수 없다. 국무원 특허행정부서가 수정된 청구항에 기초하여 특허권이 유효하다고 유지하거나 특허권의 일부를 무효로 선언하는 결정을 내린 경우, 수정된 청구항을 공고해야 한다.
② 특허권자 또는 실용신안권자는 설명서 또는 첨부도면을 정정할 수 없고, 디자인권자는 도면, 사진 및 간단한 설명을 정정할 수 없다.

专利法实施细则第七十三条: 在无效宣告请求的审查过程中,发明或者实用新型专利的专利权人可以修改其权利要求书,但是不得扩大原专利的保护范围。国务院专利行政部门在修改后的权利要求基础上作出维持专利权有效或者宣告专利权部分无效的决定的,应当公告修改后的权利要求。
发明或者实用新型专利的专利权人不得修改专利说明书和附图,外观设计专利的专利权人不得修改图片、照片和简要说明。

중국 특허법 실시세칙 제74조 【특허무효심판의 구술심리】

① 국무원 특허행정부서는 당사자의 청구 또는 사건의 필요에 의하여 무효선고청구에 대한 구술심리를 진행할 수 있다.
② 국무원 특허행정부서가 무효선고청구에 대한 구술심리 진행을 결정한 경우, 당사자에게 구술심리통지서를 발송하고 구술심리 일시와 장소를 통지해야 한다. 당사자

는 통지서에 지정된 기한 내에 답변을 작성하여 제출해야 한다.
③ 무효선고청구인이 국무원 특허행정부서가 발송한 구술심리통지서에 대하여 지정 기한 내에 답변을 제출하지 아니하고 구술심리에 출석하지 아니한 경우, 그 무효선고청구는 취하한 것으로 간주한다. 특허권자가 구술심리에 출석하지 아니한 경우, 결석 심리를 할 수 있다.

专利法实施细则第七十四条: 国务院专利行政部门根据当事人的请求或者案情需要,可以决定对无效宣告请求进行口头审理。
国务院专利行政部门决定对无效宣告请求进行口头审理的,应当向当事人发出口头审理通知书,告知举行口头审理的日期和地点。当事人应当在通知书指定的期限内作出答复。
无效宣告请求人对国务院专利行政部门发出的口头审理通知书在指定的期限内未作答复,并且不参加口头审理的,其无效宣告请求视为撤回; 专利权人不参加口头审理的,可以缺席审理。

중국 특허법 실시세칙 제75조 【특허무효심판에서의 지정 기간의 연장 불가】
무효선고청구 심사과정 중에는 국무원 특허행정부서가 지정한 기간은 연장할 수 없다.

专利法实施细则第七十五条: 在无效宣告请求审查程序中,国务院专利行政部门指定的期限不得延长。

중국 특허법 실시세칙 제76조 【특허무효심판청구의 취하】
① 국무원 특허행정부서가 무효선고의 청구에 대한 결정을 하기 전에 무효선고청구인은 그 청구를 취하할 수 있다.
② 국무원 특허행정부서가 결정을 하기 전에 무효선고청구인이 그 청구를 취하하거나 그 무효선고청구가 취하로 간주된 경우 무효선고청구의 심사절차는 종료한다. 다만, 국무원 특허행정부서가 이미 진행한 심사업무에 근거하여 특허권 무효 또는 부분무효를 선고할 수 있는 경우 심사절차는 종료하지 아니한다.

专利法实施细则第七十六条: 国务院专利行政部门对无效宣告的请求作出决定前,无效宣告请求人可以撤回其请求。
国务院专利行政部门作出决定之前,无效宣告请求人撤回其请求或者其无效宣告请求被视为撤回的,无效宣告请求审查程序终止。但是,国务院专利行政部门认为根据已进行的审查工作能够作出宣告专利权无效或者部分无效的决定的,不终止审查程序。

Ⅰ. 서 언

특허무효심판(专利权无效宣告)[1]은 중국 특허청에 의하여 특허권 수여가 공고된 특허권에 대하여 중국 특허법 실시세칙 제69조 제2항의 무효사유에 해당함을 이유로 그 특허권의 효력을 소급적으로 소멸시켜 줄 것을 국무원 특허행정부서에 요구하는 행정절차를 말한다. 특허무효심판은 그 성질상 당사자계 심판에 속하며, 중국 특허법 제45조 내지 제47조 및 중국 특허법 실시세칙 제69조 내지 제76조에서 규정되어 있다. 중국 특허법의 특허무효심판은 유효하게 등록된 특허권을 소급적으로 무효 시킨다는 점에서 한국의 특허무효심판과 동일하나, 청구인 적격, 무효심판에서의 특허 정정의 범위 등에서는 한국과 차이가 있다.

Ⅱ. 특허무효심판청구의 요건

1. 청구인

(1) 누구든지

누구든지 특허무효심판을 청구할 수 있다(중국 특허법 제45조). 여기에는 외국인 및 외국기업을 포함하나, 중국에 계속적인 주소나 영업소가 없는 외국인 및 외국기업은 중국 특허법 제18조에 따라 중국의 특허대리사무소에 위탁하여 처리하여야 한다.

---

1) 중국에서는 특허무효심판이라는 용어 대신 "특허권무효선고(专利权无效宣告)"라는 용어를 사용하나, 아 책에서는 독자의 혼란을 피하기 위하여 한국 특허법의 "특허무효심판"이라는 용어를 사용하였으며, 필요한 경우에 중국식 용어를 병기하였다.

(2) 특허권자

특허권자 역시 본인의 특허권에 대하여 특허무효심판을 청구할 수 있다. 다만 중국 특허심사지침에 의하면, 특허권자 스스로 무효심판을 청구하기 위해서는 i) 제출한 증거는 공개 출판물이어야 하며, ii) 특허권이 공유인 경우에는 공유자 모두가 무효심판을 청구하여야 한다.[2)]

(3) 부쟁의무(不争义务) 조항이 있는 실시계약을 체결한 실시권자

특허권의 유효성에 대하여 다투지 않겠다는 부쟁의무 조항이 삽입된 실시계약서에 서명한 실시권자가 특허무효심판을 청구할 수 있는지가 문제된다. 이에 대하여, 중국 학계는 일반적으로 계약의 구속력 및 신의성실의 원칙상 부쟁의무 조항이 삽입된 실시계약서에 서명한 실시권자는 특허무효심판을 제기할 수 없다고 본다.[3)] 다만, 이러한 부쟁의무 조항이 공평 경쟁을 저해하여 특허권 남용에 이르는 경우에는 중국 반독점법(反垄断法)에 의하여 처벌받을 수 있다.

2. 청구대상

"특허권 수여가 공고"된 특허에 대하여 특허무효심판을 청구할 수 있다(중국

---

2) 참고로, 중국은 한국과 달리 정정심판을 별도로 두고 있지 않으며 특허무효심판에서의 특허 정정만을 인정하고 있기 때문에, 등록된 특허의 정정을 위하여 특허권자 스스로 특허무효심판을 청구하는 경우가 실무상 종종 있다. 다만, 공유 특허권자의 권리를 보호하기 위하여 중국 특허심사지침은 상기와 같이 특허권자에 의한 무효심판청구에는 일정한 제한을 두고 있다. 한편, 중국은 한국과 달리 특허무효심판 청구인이 이해관계인일 것을 요구하지 않는다. 따라서 만약 공유 특허권자 중 1인이 제3자를 내세워 특허무효심판을 진행한다면, 이러한 제한을 쉽게 회피할 수 있다는 한계가 있다.

3) 이에 대한 중국 학계의 논리를 좀더 살펴보면, 중국 계약법(合同法)의 규정에 따라, 계약은 동등한 지위에 있는 당사자가 동등한 권리를 누리는 상태에서 체결되어야 하며(중국 계약법 제2조, 제4조), 이러한 상태에서 체결된 계약은 당사자에 대하여 구속력을 갖는다(중국 계약법 제8조). 이에 중국에서 실시계약은 그 특허권이 유효하다는 가정하에 특허권자 및 실시권자의 쌍방의 이익을 위하여 체결하는 것으로 이해한다. 따라서 중국 학계에서는 보통 계약의 구속력 및 신의성실의 원칙상 부쟁의무 조항이 삽입된 실시계약서에 서명한 실시권자는 특허무효심판을 제기할 수 없다고 본다. 참고로, 중국에서는 계약의 구속력 및 신의성실의 원칙의 측면에서 실시권자가 특허무효심판 청구인 적격을 갖는지의 여부에 접근하는 데 반하여, 한국의 판례는 실시권자가 이해관계인에 해당하는지의 측면에서 이를 논한다(대판 79후74, 82후30).

특허법 제45조). 또한 특허권의 "전부"뿐만 아니라 "일부"에 대하여도 특허무효심판을 청구할 수 있다(중국 특허법 실시세칙 제69조 제1항). 특허권이 소멸된 후에도 소멸되기 전의 제3자의 실시에 대해서는 특허권자가 손해배상을 청구할 수 있기 때문에, 이미 소멸되거나 포기(출원일부터 포기한 특허는 제외)한 특허에 대하여도 특허무효심판을 청구할 수 있다. 다만, 무효심결에 의하여 전부 또는 일부가 무효로 된 특허권에 대해서 청구된 무효심판은, 해당 무효심결이 법원의 판결에 의해 취소된 경우를 제외하고는 접수되지 않는다.

3. 청구기간

국무원 특허행정부서가 "특허권 수여를 공고한 날"로부터 특허무효심판을 청구할 수 있다(중국 특허법 제45조).

Ⅲ. 특허무효사유

특허무효사유는 중국 특허법 실시세칙 제69조 제2항에서 규정하고 있다.

(1) 중국 특허법 제2조의 발명의 정의 규정에 위반되는 경우
(2) 중국 특허법 제19조 제1항의 비밀유지심사와 관련된 규정에 위반되는 경우
(3) 중국 특허법 제22조의 발명과 실용신안은 신규성, 진보성, 산업상 이용가능성을 구비하여야 한다는 규정 및 확대된 선출원주의에 위반되는 경우
(4) 중국 특허법 제23조에서 규정한 디자인의 신규성, 진보성 규정에 위반되거나 타인의 선권리와 저촉되는 경우
(5) 중국 특허법 제26조 제3항의 명세서 기재요건에 위반되는 경우
(6) 중국 특허법 제26조 제4항의 청구범위(권리요구서)는 명세서에 근거하여야 하며 명확하고 간결하게 특허보호를 요구하는 범위를 한정하여야 한다는 규정에 위반되는 경우
(7) 중국 특허법 제27조 제2항의 출원인이 제출한 관련 도면 또는 사진은 특허보호를 요구하는 물품의 디자인을 명확하게 표현해야 한다는 규정에 저

촉되는 경우

(8) 중국 특허법 제33조의 특허출원서류의 보정은 최초 기재범위를 초과할 수 없다는 규정에 위반되는 경우

(9) 중국 특허법 실시세칙 제11조의 신의성실의 원칙에 위반되는 경우[4)]

(10) 중국 특허법 실시세칙 제23조 제2항의 독립항은 필수기술특징을 기재하여야 한다는 규정에 위반되는 경우

(11) 중국 특허법 실시세칙 제49조 제1항의 분할출원은 원출원의 기재범위를 초과할 수 없다는 규정에 위반되는 경우

(12) 중국 특허법 제5조 또는 제25조에서 열거한 발명창조에 속하는 경우

(13) 중국 특허법 제9조의 중국수권금지의 원칙 및 선출원주의에 위반되는 경우

Ⅳ. 특허무효심판의 진행

1. 특허무효심판 청구의 수리

특허무효심판의 청구가 있는 경우에 국무원 특허행정부서는 먼저 해당 특허무효심판청구의 수리 여부를 결정한다. 중국 특허법 실시세칙 제69조에 의하면, 다음과 같은 경우에 국무원 특허행정부서는 해당 특허무효심판의 청구를 수리하지 않는다.

(1) 청구이유가 중국 특허법 실시세칙 제69조 제2항의 특허무효사유에 해당하지 않는 경우

특허무효심판의 청구이유가 중국 특허법 실시세칙 제69조 제2항에 규정한 특허무효사유에 해당하지 않는 경우에 해당 특허무효심판의 청구는 수리되지 않는다(중국 특허법 실시세칙 제70조 제1항). 여기서 청구이유(请求的理由)는 특허무효사유에 해당하는 중국 특허법 또는 중국 특허법 실시세칙의 구체적인 조항을 의미한다.

---

4) 본 무효사유는 2024년 개정 중국 특허법 실시세칙에 의하여 새롭게 도입되었다.

(2) 청구이유를 구체적으로 설명하지 않은 경우

청구인은 청구이유를 구체적으로 설명하여야 하며, 증거를 제출하는 경우에는 제출하는 모든 증거를 결부하여 구체적으로 설명하여야 한다. 중국 특허심사지침에 의하면, 청구인이 청구이유를 구체적으로 설명하지 않았거나, 또는 증거를 제출하였으나 제출한 모든 증거를 결부하여 청구이유를 구체적으로 설명하지 않았거나, 또는 각 청구이유의 근거가 되는 증거를 명시하지 않은 경우에는 그 특허무효심판의 청구를 수리하지 않는다.

(3) 청구범위를 명확하게 하지 않은 경우

특허무효심판청구서(专利权无效宣告请求书)에서는 청구범위를 명시하여야 한다. 중국 특허심사지침에 의하면, 청구범위를 명확하게 명시하지 않은 경우에 국무원 특허행정부서는 출원인에게 통지하여 지정된 기간 내에 보정하도록 하여야 한다. 지정된 기간 내에 보정하지 않은 경우에 특허무효심판 청구를 제출하지 않은 것으로 본다. 여기서 청구범위(请求的范围)는 무효를 요구하는 청구항의 범위를 의미하며, 출원인은 특허무효심판청구서에 마련된 청구범위란에 무효를 요구하는 청구항의 번호를 명기하여야 한다.

(4) 일사부재리(一事不再理)에 위반되는 경우

국무원 특허행정부서가 특허무효심판의 청구에 대한 무효심결을 한 후에 동일한 이유와 증거로 특허무효심판을 다시 청구하는 경우에, 국무원 특허행정부서는 이를 수리하지 않는다(중국 특허법 실시세칙 제70조 제2항). 그러나 상기 이유 또는 증거가 기간 등의 원인으로 인하여 상기 무효심결에서 고려되지 않은 경우는 예외로 한다(중국 특허심사지침).

(5) 외국인 또는 외국기업이 특허대리기관에 위탁하지 않은 경우

중국에 상시적인 거소나 영업소가 없는 외국인 또는 외국기업이 특허대리기관에 위탁하지 않고 무효심판을 청구한 경우에, 국무원 특허행정부서는 이를 수리하지 않는다(중국 특허법 실시세칙 제70조 제1항).

2. 청구일로부터 1개월 내에 특허무효심판 이유 및 증거의 추가

중국 특허법 실시세칙 제71조에 의하면, 국무원 특허행정부서가 특허무효심판청구를 수리한 후, 청구인은 특허무효심판의 청구일로부터 1개월 내에 청구이유를 추가하거나 증거를 보충할 수 있다. 다만 기한을 초과하여 이유를 추가하거나 증거를 보충한 경우, 국무원 특허행정부서는 이를 고려하지 않을 수 있다.

3. 서류 부본 송달 및 답변서의 제출

(1) 서류 부본의 송달

국무원 특허행정부서는 특허무효심판의 청구를 수리한 후에 청구인 및 특허권자에게 특허무효심판청구 수리통지서를 발송한다. 국무원 특허행정부서는 특허무효심판청구서 및 관련 서류의 부본을 특허권자에게 송부하고 지정 기간 내에 의견을 진술하도록 요구해야 한다(중국 특허법 실시세칙 제72조 제1항). 이 경우에 지정 기간은 일반적으로 1개월이며, 일반적으로 연장되지 않는다(중국 특허심사지침).[5]

(2) 무효심판청구 심사통지서(无效宣告请求审查通知书)의 발행

특허무효심판 절차에서 아래 경우의 하나에 해당하면 복심 및 무효심판 심리부(이하, 심판부)는 양 당사자에게 무효심판청구 심사통지서를 발행할 수 있다.

i) 당사자가 주장한 사실 또는 제출한 증거가 명료하지 않거나 의문이 있는 경우

ii) 특허권자가 특허청구범위(权利要求书)에 대하여 자진 정정을 제출하였으나 그 정정이 중국 특허법 및 중국 특허법 실시세칙, 중국 특허심사지침의

---

5) 중국 특허법 실시세칙 제75조에 의하면, 특허무효심판의 심리 과정 중에 국무원 특허행정부서가 지정한 기한은 연장할 수 없다. 다만, 중국 특허심사지침에 의하면, 무효심판 청구인이나 특허권자가 지정된 증거 제출 기간 내에 극복할 수 없는 어려움으로 인하여 증거를 제출할 수 없다는 것을 보여 주는 증거가 있다면, 기간 연장을 서면으로 요청할 수 있다. 이 경우, 기간 연장을 허용하지 않는 것이 명백히 공정하지 않다면, 심판부는 기간 연장을 허용할 수 있다.

관련 규정에 부합하지 않는 경우

iii) 당사자가 제출하지 않은 이유 또는 증거를 직권으로 인용할 필요가 있는 경우

iv) 기타 무효심판청구 심사통지서를 발송할 필요가 있는 경우

(3) 답변서의 제출

특허권자와 특허무효심판의 청구인은 지정된 기간 내에 심판부가 발송한 송달서류통지서 또는 무효심판청구 심사통지서에 대하여 답변을 해야 한다. 기한 내에 답변을 하지 않은 경우에는 심판부의 심리에 영향을 미치지 않는다(중국 특허법 실시세칙 제72조 제2항). 여기서 "심판부의 심리에 영향을 미치지 않는다"는 의미는 당사자가 기간 내에 답변을 하지 않은 경우에 송달서류 또는 무효심판청구 심사통지서에 관련된 사실, 이유 및 증거를 이미 알았으며 반대 의견을 제출하지 않은 것으로 본다는 것을 의미한다(중국 특허심사지침).

(4) 심리진행 중 특허무효심판 이유의 추가 및 변경

특허권자가 청구항에 대하여 삭제 이외의 방식으로 정정한 경우에 심판부는 청구인에게 지정된 기간 내에 특허무효심판 이유 및 증거를 추가할 것을 요구하며, 청구인은 지정된 기한 내에 이유 및 증거를 추가할 수 있다. 또한 청구인은 특허무효심판의 이유와 제출한 증거가 명확하게 대응하지 않을 때 특허무효심판의 이유를 변경할 수 있다.

(5) 심리진행 중 특허무효심판 증거의 추가

특허권자가 반증을 제기한 경우에 청구인은 국무원 특허행정부서가 지정한 기간 내에 증거를 추가하고 그 증거를 결부하여 구체적인 무효심판의 이유를 설명할 수 있다. 또한 구술심리의 변론 종결 전에 청구인은 기술사전, 기술수첩 및 교과서 등 해당 기술영역에서 공지상식으로 인정되는 증거 또는 증거의 법적 형식을 완성하기 위한 공증서, 원문 등의 증거를 제출하고 그 증거를 결부하여 구체적인 무효심판의 이유를 설명할 수 있다.

Ⅴ. 특허무효심판에서의 특허의 정정

중국 특허법 실시세칙 제73조 제1항에 의하면, 특허무효심판의 심리 과정 중에 특허권자는 특허청구범위(权利要求书)를 정정할 수 있으나 원특허의 보호범위를 확대할 수는 없다. 특허의 정정과 관련하여 중국 특허심사지침은 이하와 같이 좀더 구체적인 내용을 규정하고 있다.

1. 정정의 범위에 대한 원칙

1) 특허 및 실용신안에 대한 정정은 특허청구범위(权利要求书)에만 한정되며, 특허무효심판의 이유 또는 심판부가 지적한 흠결에 대해서만 정정하여야 한다.[6)]
2) 원청구항의 주제명칭은 변경할 수 없다.
3) 원특허의 보호범위를 확대할 수 없다.
4) 원명세서 및 특허청구범위에 기재된 범위를 벗어나서는 안 된다.
5) 원특허청구범위에 포함되어 있지 않은 기술특징을 추가해서는 안 된다.[7)]

2. 정정의 방식

상기의 정정 원칙을 만족하는 상황에서 특허청구범위에 대한 구체적인 정정 방식은 일반적으로 이하의 청구항의 삭제, 기술방안의 삭제, 청구항의 추가적 한정, 명백한 오류의 정정에 한정된다.[8)]

---

6) 2024년 개정된 중국 특허심사지침은 무효심판에서의 정정이 무효심판의 청구인 또는 심판부가 지적한 흠결에 대해서만 수행되도록 추가로 규정하였다.

7) 특허무효심판단계에서 특허청구범위의 확대를 허여하지 않는 것은 보호범위의 확대로 인하여 공중의 이익이 침해되는 것을 방지하기 위한 것이며, 원특허청구범위에 포함되지 않는 기술특징의 추가를 허여하지 않는 것은 특허무효심판단계에서 신규성 및 진보성을 판단하는 등의 실질심사가 진행되는 것을 방지하기 위함이다.

8) 최고인민법원(2011)지행자제17호.

(1) 청구항의 삭제

특허청구범위에서 하나 또는 다수의 청구항을 삭제하는 것을 말한다. 종속항 및 독립항의 삭제를 모두 포함한다.

(2) 기술방안의 삭제

하나의 청구항에 병렬적으로 나열된 2 이상의 기술방안에서 하나 또는 그 이상의 기술방안을 삭제하는 것을 가리킨다.

(3) 청구항의 추가적 한정

청구항의 추가적 한정은 보호 범위를 축소하기 위하여 다른 청구항에 기재된 하나 또는 다수의 기술특징을 추가로 한정하는 것을 가리킨다.

3. 정정의 시기 및 정정 방식의 제한

(1) 심결 전

심판부가 심결을 하기 전에 특허권자는 청구항 또는 청구항에 포함된 기술방안을 삭제하는 정정을 수행할 수 있다.

(2) 답변 기간 내

i) 특허무효심판청구서에 대한 답변기간, ii) 청구인이 추가한 무효심판의 이유 또는 추가한 증거에 대한 답변기간, iii) 청구인이 제기하지 않았으나 심판부가 제시한 무효심판의 이유 또는 증거에 대한 답변기간에 한하여 특허권자는 삭제 이외의 방식으로 특허청구범위에 대한 정정을 수행할 수 있다.

VI. 심리 및 심결

1. 심리 범위

(1) 당사자가 제출한 청구범위, 청구이유, 증거

특허무효심판의 심리과정에서 심판부는 일발적으로 당사자가 제출한 특허무효심판의 청구범위, 청구이유, 증거에 대해서만 심사하며 특허의 유효성에 대한 전면 심사 의무를 지지 않는다. 다만, 심판부는 청구인이 제출한 청구이유를 모두 검토하지 않은 상황에서는 청구항의 전부 유효를 유지해서는 안 된다.[9)]

(2) 직권 심리

다만 아래의 경우에 심판부는 직권으로 심리할 수 있다.

i) 특허권의 획득이 명백히 신의성실의 원칙에 반하는 경우에, 심판부는 중국 특허법 실시세칙 제11조를 무효이유로 추가하고 심리를 진행할 수 있다.

ii) 청구인이 제출한 무효심판의 이유가 제출한 증거와 명확하게 대응하지 않는 경우에, 심판부는 청구인에게 관련 법률규정의 의미를 설명하고 증거와 대응하는 무효심판의 이유로 변경하는 것을 허용하거나 직권에 의하여 대응하는 무효심판의 이유로 변경할 수 있다.[10)]

iii) 청구인이 주장하지는 않았으나 특허권에 특허보호객체에 속하지 않는 흠결이 명백히 존재하는 경우에, 심판부는 관련 무효심판의 이유를 도입하고 심리를 진행할 수 있다.

iv) 특허권에 청구인이 주장하지 않은 흠결이 존재하여 청구인이 주장한 무효심판의 이유를 심리할 수 없는 경우에, 심판부는 직권으로 관련 무효심판의 이유를 도입하여 심리를 진행할 수 있다.[11)]

v) 청구인이 청구항 사이에 인용관계가 있는 일부 청구항에 대해서 무효심판을 청구하였고 다른 청구항에 대해서는 무효심판을 청구하지 않은 경우에, 무효심판의 이유를 도입하지 않으면 부당한 심판결과가 도출될 수 있다면, 심판부는 직권으로 무효심판의 이유를 도입하여 다른 청구항에 대해서도 심리를 진행할 수 있다.[12)]

---

9) 최고인민법원(2019)최고법지행종124호, 최고인민법원(2019)최고법지행종5호.

10) 예를 들어, 청구인이 제출한 증거는 중국 특허법 제22조 제2항 후단의 확대된 선출원주의에만 적용할 수 있으나 청구인은 청구 이유로 중국 특허법 제9조의 선출원주의를 주장하는 경우가 이에 해당할 수 있다.

11) 예를 들어, 청구인이 진보성 위반의 청구 이유를 주장하였으나 청구항이 명료하지 않아 보호범위를 확정할 수 없는 경우에 심판부는 중국 특허법 제26조 제4항의 무효 이유를 도입하여 심리를 진행할 수 있다.

vi) 청구인이 청구항 사이에 인용관계가 있는 일부 청구항에 흠결이 존재함을 이유로 무효심판을 청구하였으나 다른 청구항에도 동일한 성질의 흠결이 존재함을 지적하지 않은 경우에, 심판부는 직권으로 그 흠결에 대응하는 특허무효심판이유를 도입하여 다른 청구항에 대한 심리를 진행할 수 있다.

vii) 심판부는 기술수단이 공지상식에 속하는지 여부를 직권으로 판단할 수 있으며, 기술사전, 기술매뉴얼, 교과서 등의 해당 기술분야에서 공지상식으로 인정되는 증거를 도입할 수 있다.

중국 특허심사지침에 따르면, 심판부는 직권주의 원칙상 직권으로 심리를 진행할 수 있으며 당사자가 청구한 범위와 제출한 이유 및 증거의 제한을 받지 않는다.

2. 구술심리(口头审理)

(1) 구술심리의 개시

심판부는 안건의 상황에 따라 자체적으로 구술심리의 진행을 결정할 수 있다. 그러나 경우에 따라서 당사자는 서면을 통하여 구술심리의 진행을 요구할 수도 있다. 당사자는 i) 상대방 당사자와 대면하여 증거심리 및 변론이 필요한 경우, ii) 심판부와 대면하여 직접 설명할 필요가 있는 경우, iii) 실물 시연의 필요가 있는 경우, iv) 증인을 통하여 입증할 필요가 있는 경우에 구술심리를 요청할 수 있다.

(2) 구술심리의 진행

심판부는 특허무효심판에 대한 구술심리의 진행을 결정한 경우에 당사자에게 구술심리통지서를 발송하고 구술심리의 일시와 장소를 통지한다. 구술심리의 진행일자 및 장소가 확정되면 일반적으로 다시 변경하지 않으며, 특별한 상황으로 인해 변경해야 할 경우에는 양 당사자의 동의를 거치거나 주임위원 또는 부주임위

---

12) 예를 들어, 청구인이 독립항 1항에 대해서는 신규성이 없고 종속항 2항에 대해서는 진보성이 없다고 주장하였고, 심판부가 종속항 2항에 진보성이 없다고 인정하는 경우에, 심판부는 독립항 1항에 대해서 직권으로 진보성을 심리할 수 있다.

원의 승인을 받아야 한다. 당사자는 구술심리통지서를 받은 날로부터 7일 내에 심판부에 구술심리통지서의 수령증을 제출하여야 한다.

(3) 당사자 결석의 경우의 취급

특허무효심판의 청구인이 심판부가 발송한 구술심리통지서에 대하여 지정된 기한 내에 수령증을 제출하지도 않고 구술심리에 참가하지 않은 경우에는 그 특허무효심판은 취하된 것으로 간주된다(중국 특허법 실시세칙 제74조 제3항 전단). 그러나 심판부가 이미 진행된 심사에 근거하여 특허권 무효 또는 특허권 일부 무효의 심결을 할 수 있다고 판단하는 경우는 예외로 한다. 한편 특허권자가 구술심리에 참가하지 않는 경우에는 결석심리를 진행할 수 있다(중국 특허법 실시세칙 제74조 제3항 후단).

3. 심 결

(1) 심결의 내용

심판부는 i) 특허무효사유에 해당하지 않아 청구이유가 타당하지 않다고 판단하는 경우에는 특허권의 유효를 유지하는 심결을 내리고, ii) 모든 청구항이 특허무효사유에 해당한다고 판단하는 경우에는 특허권 전부 무효의 심결을 하며, iii) 일부 청구항만이 특허무효사유에 해당한다고 판단하는 경우에는 특허권 일부 무효의 심결을 한다.

(2) 심결에 대한 불복

심판부의 특허권 무효 또는 유지 심결에 불복할 경우에 통지를 받은 날로부터 3개월 내에 지식재산법원에 소를 제기할 수 있다. 이 경우에 법원은 특허무효심판 청구 절차의 상대방 당사자에게 제3자로 소송에 참가하도록 통지한다(중국 특허법 제46조 제2항).

Ⅶ. 심결의 효과

1. 특허권의 소급적 소멸

무효가 선고된 특허권은 처음부터 없었던 것으로 본다(중국 특허법 제47조 제1항). 법문상 명확하게 규정하고 있지는 않으나, 여기서 "무효가 선고된 특허권"은 무효심결이 "확정된" 특허권을 의미한다는 것이 최고인민법원의 태도이다. 무효심결의 확정은 각종 행정판결 및 계약의 기초가 상실되는 것을 의미하므로, 아직 집행되지 않았거나 현재 집행 중인 인민법원이 특허침해성립을 이유로 내린 판결 및 특허행정부서가 특허침해성립을 이유로 내린 처리결정은 즉시 중지된다. 또한 아직 이행되지 않았거나 현재 이행 중인 특허실시계약 및 특허권 양도 계약은 즉시 중지되며, 실시자 또는 양수인은 관련 비용의 지급을 중지할 수 있다.

2. 소급효의 예외

특허권 무효심결은 특허권 무효심결 전에 법원이 결정하여 이미 집행한 특허권 침해의 판결·조정, 이미 이행 또는 강제 집행한 특허침해분쟁의 처리결정 및 이미 이행한 특허실시계약과 특허권양도계약에 대하여 소급력을 가지지 않는다(중국 특허법 제47조 제2항).[13]

다만, 특허권자가 악의로 타인에게 손해를 초래한 경우에는 배상하여야 한다(중국 특허법 제47조 제2항 단서).[14] 또한 특허권 침해의 배상액, 실시료 또는 특허권 양도료를 반환하지 않는 것이 공평의 원칙에 명백히 위반되는 경우에는 전부 또는 일부를 반환하여야 한다(중국 특허법 제47조 제3항).

---

13) 최고인민법원(2021)최고법민신6412호.

14) 여기서 악의로 타인에게 손해를 초래한 경우는, 예를 들어, 실체심사를 하지 않는 실용신안제도의 맹점을 이용하여 이미 공개된 출판물의 기술을 실용신안으로 등록한 후에 타인에게 양도하여 특허권 양도금을 얻은 경우 또는 타인에게 침해소송을 제기하여 부당한 이익을 취한 경우 등이 이에 해당한다.

제7편

PCT 국제특허출원

제1장

서 설

특허협력조약(Patent Cooperation Treaty; 이하 PCT)은 특허 또는 실용신안의 해외출원절차를 통일하고 간소화하기 위하여 발효된 다자간 조약을 말한다. PCT 제27조[1)] 제1항에 따르면 어떤 회원국의 국내법도 국제특허출원의 형식에 대하여 PCT 규정과 다르거나 추가적인 요구를 하여서는 안 되며, PCT 제27조 제5항에 따르면 PCT의 어떤 규정도 회원국이 특허권을 수여하는 실질적 조건에 대한 제한으로 해석되어서는 안 된다. 이에 따라, 중국은 중국 특허법 실시세칙 제118조 내지 제135조에 PCT 국제특허출원에 대한 특례 규정을 두고, PCT 국제특허출원에 대한 형식적 요건에 대해서는 특례 규정을 우선 적용[2)]하도록 하고 있다.[3)] 또한 중국 국내단계에 진입한 PCT 국제특허출원의 실질적 요건에 대해서는 중국 국내법의 규정, 즉 중국 특허법, 중국 특허법 실시세칙, 중국 특허심사지침에 대한 규정을 따르도록 하고 있다.

1) Patent Cooperation Treaty (PCT) Article 27 - National Requirements

2) 중국 특허법 실시세칙 제118조 제2항.

3) 다만, 중국 특허심사지침에 따르면, PCT 국제특허출원의 형식적 요건에 대한 중국 특허법, 중국 특허법 실시세칙의 규정이 PCT 규정과 다른 경우에는 PCT 규정을 따른다.

제2장

중국 국내단계 진입 및 요건

제1절 국제출원일(国际申请日)의 확정

중국 특허법 실시세칙 제119조 【국제출원일의 확정】
특허협력조약에 의하여 국제출원일이 확정되고 중국을 지정한 국제출원은 국무원 특허행정부서에 제출한 특허출원으로 간주하고, 그 국제출원일은 특허법 제28조의 출원일로 간주한다.

专利法实施细则第一百一十九条: 按照专利合作条约已确定国际申请日并指定中国的国际申请,视为向国务院专利行政部门提出的专利申请,该国际申请日视为专利法第二十八条所称的申请日。

Ⅰ. 국제출원일의 의의

국제출원일은 PCT 국제출원의 국제단계에서 수리관청에 의하여 확정된 출원일을 의미한다. 중국 특허심사지침에 의하면, 만약 국제단계에서 어떠한 원인으로 국제출원일이 변경되면 변경된 일자를 기준으로 국제출원일을 확정한다.

II. 국제특허출원일 확정의 효과

중국 특허법 실시세칙 제119조에 따르면, 중국을 지정한 국제특허출원은 그 국제출원일에 중국에 출원한 것으로 간주된다. 즉, 국제특허출원 관련서류가 중국 특허청에 도달한 날이 아닌, 국제특허출원의 수리관청에 국제출원을 제출한 날이 중국에 출원한 날로 간주된다.

제2절 중국 국내단계 진입기간

중국 특허법 실시세칙 제120조 【중국 국내단계 진입시기】

국제특허출원의 출원인은 특허협력조약 제2조 규정의 우선일(이 장에서는 '우선일'이라 함)로부터 30개월 내에 국무원 특허행정부서에 국제특허출원이 중국 국내단계에 진입하는 절차를 밟아야 한다. 출원인이 기한 내에 절차를 밟지 아니한 경우에 기한추가비용을 납부한 후 우선일로부터 32개월 내에 중국 국가단계에 진입하는 절차를 밟을 수 있다.

专利法实施细则第一百二十条: 国际申请的申请人应当在专利合作条约第二条所称的优先权日(本章简称优先权日)起30个月内,向国务院专利行政部门办理进入中国国家阶段的手续; 申请人未在该期限内办理该手续的,在缴纳宽限费后,可以在自优先权日起32个月内办理进入中国国家阶段的手续。

중국 특허법 실시세칙 제129조 【국내 단계 조기 처리의 신청】

우선권일로부터 30개월 만료 전에 국무원 특허행정부서에 국제출원을 조기에 심사 및 처리하도록 청구하는 경우, 출원인은 중국 국가단계에 진입하는 절차를 밟는 것 외에 특허협력조약 제23조 제2항 규정의 청구를 해야 한다. 국제국이 국무원 특허행정부서에 국제출원을 이관하지 아니한 경우, 출원인은 확인을 받은 국제출원 부본을 제출해야 한다.

专利法实施细则第一百二十九条: 在优先权日起30个月期满前要求国务院专利

行政部门提前处理和审查国际申请的,申请人除应当办理进入中国国家阶段手续外,还应当依照专利合作条约第二十三条第二款规定提出请求。国际局尚未向国务院专利行政部门传送国际申请的,申请人应当提交经确认的国际申请副本。

Ⅰ. 중국 국내단계 진입기간 및 진입기간의 연장

1) 국제특허출원의 출원인은 우선일로부터 30개월 내에 국무원 특허행정부서에 국제특허출원이 중국 국내단계에 진입하는 절차를 밟아야 한다(중국 특허법 실시세칙 제120조 전단). 만약 출원인이 중국 국내단계 진입절차를 밟을 때에 우선권주장의 취하를 제출하더라도, 중국 국내단계 진입기간은 여전히 최우선일로부터 기산한다.[1)]

2) 만약 출원인이 지정된 기한 내에 절차를 밟지 않은 경우, 출원일은 기한의 연기비용을 납부한 후 우선일로터 32개월 내에 중국 국가단계에 진입하는 절차를 밟을 수 있다(중국 특허법 실시세칙 제120조 후단).

Ⅱ. 진입기간 미준수의 효과

1) 중국 특허법 실시세칙 제120조에 규정된 기간 내에 중국 국내단계 진입절차를 밟지 않은 경우에 그 국제특허출원은 중국에서 효력이 종료된다(중국 특허법 실시세칙 제122조 제1항 제2호). 이 경우에 심사관은 출원인에게 국제특허출원의 국내단계 진입불허 통지서를 발송하여 그 국제출원이 중국 국내단계에 진입하지 못하였음을 통지한다.[2)]

2) 중국 특허법 실시세칙 제120조에 규정된 기간 내에 중국 국내단계 진입절차를 밟았으나 중국 특허법 실시세칙 제121조 제1호 내지 3호의 규정에 부합하지 않은 경우, 그 국제특허출원의 중국에서의 효력은 종료된다(중국 특허법 실시세칙 제122조 제1항 제3호). 다만 출원인이 규정된 기간이 만료하기 전에 중국 국내단계

1) 2024년 중국 특허심사지침 제1장. 2.

2) 2024년 중국 특허심사지침 제1장. 2.2.2.

진입절차를 다시 밟아 그 흠결을 극복한 경우에는 그 국제특허출원은 중국에서 효력을 가진다.[3)]

[중국 국내단계 진입 기간의 비교]

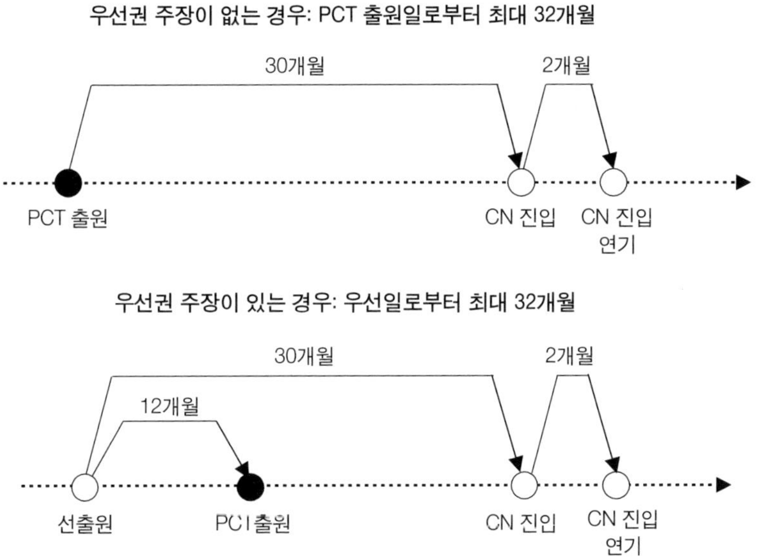

Ⅲ. 중국 국내단계 조기 처리의 신청

1) 우선권일로부터 30개월 만료 전에 국무원 특허행정부서에 국제출원을 조기에 심사 및 처리하도록 청구하는 경우, 출원인은 중국 국가단계에 진입하는 절차를 밟는 것 외에 특허협력조약 제23조 제2항 규정의 청구를 해야 한다. 국제국이 국무원 특허행정부서에 국제출원을 이관하지 아니한 경우, 출원인은 확인을 받은 국제출원 부본을 제출해야 한다.

2) 우선일로부터 30개월 이내에 중국 국가단계 진입 수속을 밟는 국제출원에 있어서, 출원인이 조기 심사 및 처리를 요청하지 않음으로 인한 지연된 경우에는 해당 지연은 존속기간의 보상 대상에 해당하지 않는다.[4)]

3) 2024년 중국 특허심사지침 제1장. 2.2.2.

제3절 중국 국내단계 진입요건

중국 특허법 실시세칙 제121조 【중국 국내단계 진입 요건】

① 출원인이 이 세칙 제120조 규정의 중국 국내단계에 진입하는 절차를 밟는 경우 아래의 요구에 부합해야 한다.

1. 중문으로 중국 국내단계에 진입한다는 서면선언을 제출하고 국제출원번호와 출원의 유형을 기재해야 한다.
2. 이 세칙 제110조 제1항 규정의 출원료, 공개 인쇄료를 납부하고, 필요 시 이 세칙 120조 규정의 기한연기비용을 납부해야 한다.
3. 국제특허출원이 외국어로 제출된 경우, 원국제출원의 명세서와 청구범위의 중문 번역문을 제출해야 한다.
4. 중국 국내단계에 진입하는 서면선언에는 발명의 명칭, 출원인의 성명 또는 명칭, 주소와 발명자의 성명을 명확하게 기재하고, 상술한 내용은 세계지적재산권기구 국제국(이하에서는 '국제국'이라 함)의 기록과 일치해야 하며, 국제출원에서 발명자를 기재하지 아니한 경우에 상술한 서면선언 중에 발명자의 성명을 기재해야 한다.
5. 국제특허출원이 외국어로 제출된 경우에 요약서의 중문 번역문을 제출해야 하고, 첨부도면 및 요약서의 첨부도면이 있을 경우 첨부도면 부본과 요약의 첨부도면 부본을 제출해야 하며, 첨부도면에 문자가 있을 경우에 문자를 상응한 중문으로 번역하여 제출해야 한다. 국제출원이 중문으로 제출된 경우 국제공개서류의 요약과 요약의 첨부도면 부본을 제출해야 한다.
6. 국제단계에서 국제국에 출원인 변경수속을 한 경우에, 필요 시에 변경 후의 출원인이 특허를 출원할 권리를 향유하는 증명자료를 제출해야 한다.
7. 필요 시, 이 세칙 제110조 제1항 규정의 출원 부가료를 납부해야 한다.

② 이 조 제1항 제1호 내지 제3호의 요구에 부합하는 경우, 국무원 특허행정부서는 출원번호를 부여하고 국제출원이 중국 국내단계에 진입한 날짜(이하에서는 '진입일'이라 함)를 명확히 하여 출원인에게 국제특허출원이 이미 중국 국내단계에 진입했음을 통지한다.

③ 국제출원이 이미 중국 국내단계에 진입했으나 이 조 제1항 제4호 내지 제7호 요구

4) 중국 특허법 실시세칙 제78조 제3항, 중국 특허심사지침 제5부 제7장 2.2.1.

에 부합하지 아니한 경우, 국무원 특허행정부서는 출원인에게 지정기한 내에 보정하도록 통지하고 기한 내에 보정하지 아니한 경우 그 출원은 취하된 것으로 간주한다.

专利法实施细则第一百二十一条: 申请人依照本细则第一百二十条的规定办理进入中国国家阶段的手续的,应当符合下列要求:
(一)以中文提交进入中国国家阶段的书面声明,写明国际申请号和要求获得的专利权类型;
(二)缴纳本细则第一百一十条第一款规定的申请费、公布印刷费,必要时缴纳本细则第一百二十条规定的宽限费;
(三)国际申请以外文提出的,提交原始国际申请的说明书和权利要求书的中文译文;
(四)在进入中国国家阶段的书面声明中写明发明创造的名称,申请人姓名或者名称、地址和发明人的姓名,上述内容应当与世界知识产权组织国际局(以下简称国际局)的记录一致; 国际申请中未写明发明人的,在上述声明中写明发明人的姓名;
(五)国际申请以外文提出的,提交摘要的中文译文,有附图和摘要附图的,提交附图副本并指定摘要附图,附图中有文字的,将其替换为对应的中文文字;
(六)在国际阶段向国际局已办理申请人变更手续的,必要时提供变更后的申请人享有申请权的证明材料;
(七)必要时缴纳本细则第一百一十条第一款规定的申请附加费。
符合本条第一款第(一)项至第(三)项要求的,国务院专利行政部门应当给予申请号,明确国际申请进入中国国家阶段的日期(以下简称进入日),并通知申请人其国际申请已进入中国国家阶段。
国际申请已进入中国国家阶段,但不符合本条第一款第(四)项至第(七)项要求的,国务院专利行政部门应当通知申请人在指定期限内补正; 期满未补正的,其申请视为撤回。

Ⅰ. 서 언

국제특허출원이 중국 국내단계에 진입하기 위해서는 출원인은 중국 특허법 실시세칙 제121조 제1항 제1호 내지 제3호에 따라 지정된 기간 내에 중국 국내단계 진입의 서면선언(国际申请进入中国国家阶段声明), 원출원의 명세서(说明书)와 청구범위(权利要求书)에 대한 번역문을 관련 비용과 함께 납부하여야 한다. 해당 요건을 만족하는 경우에 심사관은 국내출원번호를 부여하고 중국 국내단계 진입일을 명확히 하여 중국 국내단계 진입통지서를 출원인에게 발송하며, 해당 요건을 만족하지 않는다면 국제출원의 국내단계 진입불허 통지서를 발송한다. 한편, 중국 국내단계 진입의 서면선언(国际申请进入中国国家阶段声明, 이하 '진입선언서')은 중국 특허청이 지정한 형식에 따라 작성되어야 하며, 국제특허출원번호, 발명의 명칭, 발명자와 출원인에 관한 정보를 기재하여야 하며, 중국 국내단계에서 심사의 기초가 되는 서류가 무엇인지를 선언(声明)하여야 한다.

II. 중국 국내단계 진입의 서면선언의 제출

1. 출원 유형의 선택

(1) 특허 또는 실용신안의 택일적 선택

국제특허출원이 중국을 지정하는 경우, 출원인은 중국에서 획득하고자 하는 권리가 '특허' 인지 '실용신안'인지의 여부를 선택하여야 한다(중국 특허법 실시세칙 제121조 제1항 제1호). 특허와 실용신안 중 어느 하나만을 선택하여야 하며 특허 및 실용신안을 동시에 청구하는 것은 허용되지 않는다.[5)]

(2) 부적법한 경우의 취급

획득하고자 하는 권리의 유형을 택일적으로 선택하지 않는 경우, 심사관은 국제출원의 국내단계 진입불허 통지서를 발송한다.

2. 발명의 명칭

(1) 국제특허출원의 명칭과의 일치

진입선언서에 기재된 발명의 명칭은 국제공개 팜플렛의 표지에 기재된 것과

5) 2024년 중국 특허심사지침 제3부 제1장 3.1.2.

일치하여야 한다(중국 특허법 실시세칙 제121조 제1항 제4호). 만약 국제출원이 외국어로 국제 공개된 경우, 발명의 명칭의 번역문은 원의미를 명확하게 표현하여야 하며, 번역문에 불필요한 어휘가 없는 이상 심사관은 발명의 명칭의 글자수를 제한해서는 안 된다.[6)]

(2) 발명의 명칭의 보정

만약 중국 국내단계 진입 시에 발명의 명칭의 보정을 청구하는 경우에는 출원서류를 보정하는 형식으로 제출하여야 하며, 보정 후의 발명의 명칭을 직접 진입선언서에 기재해서는 안 된다.

3. 발명자

(1) 국제특허출원의 발명자와 일치

국제단계에서 국제사무국이 변경한 경우를 제외하고, 진입선언서에 기재된 발명자와 국제출원서에 기재된 발명자는 일치하여야 한다(중국 특허법 실시세칙 제121조 제1항 제4호). 외국어로 국제 공개된 경우, 발명자의 성명은 중국어로 정확하게 번역되어야 한다.

(2) 부적법한 경우의 취급

만약 진입선언서에 기재된 발명자와 국제출원서에 기재된 발명자가 일치하지 않는다면, 심사관은 출원인에게 보정할 것을 요구하며, 지정된 기간 내에 보정하지 않는다면 해당 출원은 취하된 것으로 간주된다(중국 특허법 실시세칙 제121조 제3항).

4. 출원인

(1) 국제특허출원의 출원인과 일치

국제단계에서 국제사무국이 변경한 경우를 제외하고, 진입선언서에 기재된

---

6) 참고로, 국제특허출원이 아닌 경우, 중국 특허출원의 발명의 명칭은 일반적으로 25자를 초과해서는 안 된다.

출원인과 국제출원서에 기재된 출원인은 일치하여야 한다(중국 특허법 실시세칙 제121조 제1항 제4호). 외국어로 국제 공개된 경우, 출원인의 성명, 주소는 중국어로 정확하게 번역되어야 한다.

(2) 부적법한 경우의 취급

규정에 부합하지 않는 경우, 심사관은 출원인에게 보정할 것을 요구하며, 지정된 기간 내에 보정하지 않는다면 해당 출원은 취하된 것으로 간주된다(중국 특허법 실시세칙 제121조 제3항).

5. 심사기초서류에 대한 선언(审查基础文本声明)

(1) 심사기초서류에 대한 선언의 의미

'심사기초서류에 대한 선언'이란 중국 국내단계 이후의 후속 절차에서 심사에 기초가 되는 서류를 출원인이 진입선언서에 적시하는 것을 의미한다. 예를 들어, PCT 19조, PCT 34조, PCT 28조/PCT 48조의 보정을 수행한 경우, 출원인은 중국 국내단계 진입 시에 원출원서류 이외에 하나 또는 그 이상의 보정서류를 제출할 수 있다. 이에 따라 진입선언서에는 '심사기초서류에 대한 선언'란이 마련되어 있으며, 출원인은 PCT 19조 등의 보정 여부를 해당 심사기초서류에 대한 선언에 적시하여야 한다. 국제단계에서 보정을 하였고 이를 심사기초서류에 대한 선언에 적시한 경우, 보정서류를 기준으로 심사가 진행된다.

(2) 부적법한 경우의 취급

국제단계에서 보정을 하였으나 이를 심사기초서류에 대한 선언에 적시하지 않은 경우, 그 보정은 포기한 것으로 간주되며 심사관은 해당 보정을 고려하지 않는다.[7]

---

7) 2024년 중국 특허심사지침 제3부 제1장 3.1.6.

III. 번역문의 제출

1. 명세서 및 청구범위에 대한 번역문

(1) 국제특허출원의 내용과 일치

국제특허출원이 외국어로 제출된 경우, 원국제출원의 명세서와 청구범위의 중국어 번역문을 제출해야 한다(중국 특허법 실시세칙 제121조 제1항 제3호). 명세서(说明书) 및 청구범위(权利要求书)에 대한 번역문은 국제사무국이 전송한 국제공개 팜플렛상의 명세서 및 청구범위의 내용과 부합하여야 한다. 번역문은 원문 전체를 번역한 것이어야 하며 원문에 충실하여야 한다. 출원인은 어떠한 보정내용도 원출원의 번역문에 추가해서는 안 되며, 보정내용에 대한 중국어 번역문을 별도로 제출하여야 한다.[8)]

(2) 부적법한 경우의 취급

명세서 및 청구범위에 대한 번역문이 원문과 명백하게 부합하지 않는 경우, 그 번역문은 진입일을 확정하는 기초로 사용되지 않는다. 만약 중국 국내단계의 진입기간 내에 명세서 및 청구범위에 대한 정확한 번역문을 제출하지 않는다면, 국제특허출원의 중국에서의 효력은 종료된다(중국 특허법 실시세칙 제122조 제1항 제3호).

2. 요약서 및 도면의 번역문

(1) 요약서 및 도면의 중국어 번역

국제특허출원이 외국어로 제출된 경우에 요약서의 중국어 번역문을 제출해야 하고, 도면에 문자가 있을 경우에 문자를 중국어로 번역하여 제출하여야 한다(중국 특허법 실시세칙 제121조 제1항 제5호). 요약서 번역문은 국제공개 팜플렛에 기재된 요약서의 내용과 일치하여야 한다. 요약서 번역문에 불필요한 단어 및 문장이 없는 경우 심사관은 요약서의 글자수를 제한할 것을 요구하거나 직권으로 삭

---

8) 2024년 중국 특허심사지침 제3장 3.2.1.

제해서는 안 된다.

(2) **부적법한 경우의 취급**

규정에 부합하지 않는 경우, 심사관은 출원인에게 보정할 것을 요구하며, 지정된 기간 내에 보정하지 않는다면 해당 출원은 취하된 것으로 간주된다(중국 특허법 실시세칙 제121조 제3항).

제4절 국제단계 보정의 번역문의 제출

중국 특허법 실시세칙 제123조【국제단계 보정의 번역문 제출】

국제특허출원이 국제단계에서 보정을 하고 출원인이 보정된 출원서류를 기초로 심사를 요구한 경우에 진입일로부터 2개월 내에 보정부분의 중문 번역문을 제출해야 한다. 해당 기간 내에 중문 번역문을 제출하지 아니한 경우에 국무원 특허행정부서는 출원인이 국제단계에서 제출한 보정을 고려하지 아니한다.

专利法实施细则第一百二十三条: 国际申请在国际阶段作过修改,申请人要求以经修改的申请文件为基础进行审查的,应当自进入日起2个月内提交修改部分的中文译文。在该期间内未提交中文译文的,对申请人在国际阶段提出的修改,国务院专利行政部门不予考虑。

Ⅰ. 서 언

외국어로 공개된 국제특허출원에 대하여 국제단계에서 PCT 19조 또는 PCT 34조에 의한 보정을 수행한 경우에 출원인은 해당 보정부분에 대한 중국어 번역문을 제출하여야 한다. 중국 특허법 실시세칙 제123조는 PCT 19조 또는 PCT 34조 보정에 대한 번역문의 제출시기에 대하여 규정하고 있다. 이에 따르면 국제단계 보정에 대한 번역문은 원명세서 및 청구범위에 대한 번역문의 제출시기와 달리 중국 국내단계 진입일로부터 2월 내에 제출하면 된다. 다만 주의할 점은, 출원인은 중국 국내단계 진입 시에 PCT 19조 또는 PCT 34조의 보정을 중국 심사절차에서의 심사기초서류로 함을 선언(声明)하여야 한다는 것이다.

II. PCT 19조 보정에 대한 번역문의 제출

1. 번역문 제출 기간

출원인이 PCT 19조에 따라 보정된 청구범위를 심사기초로 함을 선언하였으며 그 보정이 외국어로 국제공개된 경우, 출원인은 중국 국내단계 진입일로부터 2월 내에 그 번역문을 제출하여야 한다. 만약 진입일로부터 2월이 지난 후에 번역문을 제출한다면, 심사관은 중국 특허법 실시세칙 제123조의 규정에 따라 보정 부분을 고려하지 않으며, 보정을 고려하지 않는다는 통지서를 발송한다.

2. 번역문 제출 형식

보정부분에 대한 번역문은 원출원의 번역문의 대응하는 부분을 교체할 수 있는 보정 페이지의 형식으로 작성되어야 한다. 즉, 원출원의 번역문에 직접 보정된 부분을 반영하는 것은 허용되지 않는다.

3. 국제단계에서 인정되지 않은 PCT 19조 보정의 취급

국제단계에서 제출하였으나 PCT 규칙 46조의 규정에 부합하지 않아 국제사무국이 접수하지 않은 보정은 중국 국내단계에 진입할 때에 PCT 19조에 의한 보정으로 제출할 수 없다.

Ⅲ. PCT 34조 보정에 대한 번역문의 제출

1. 번역문 제출 기간

출원인이 PCT 34조에 따라 수행한 보정임을 선언하였으며 그 보정이 외국어로 국제공개된 경우, 출원인은 중국 국내단계 진입일로부터 2월 내에 그 번역문을 제출하여야 한다. 만약 진입일로부터 2월이 지난 후에 번역문을 제출한다면, 심사관은 중국 특허법 실시세칙 제123조의 규정에 따라 보정 부분을 고려하지 않으며, 보정을 고려하지 않는다는 통지서를 발송한다.

2. 번역문 제출 형식

보정부분에 대한 번역문은 원출원의 번역문의 대응하는 부분을 교체할 수 있는 보정 페이지의 형식으로 작성되어야 한다. 즉, 원출원의 번역문에 직접 보정된 부분을 반영하는 것은 허용되지 않는다. 또한 보정으로 인하여 그 페이지의 내용이 증가되는 경우에는 그 페이지 뒤에 하나 또는 다수의 페이지를 추가할 수 있다.

3. 국제단계에서 인정되지 않은 PCT 34조 보정의 취급

국제단계에서 출원인이 PCT 34조의 보정임을 선언하였으나 심사관이 인정하지 않아 국제예비심사보고서의 첨부서류로 전송되지 않은 경우, 출원인은 중국 국내단계에 진입할 때에 PCT 34조에 의한 보정으로 제출할 수 없다.

제3장 PCT 국제특허출원의 특례규정

제1절 공지예외 적용 규정의 특례

> 중국 특허법 실시세칙 제124조 【공지예외 적용 규정의 특례】
> 국제특허출원에 관련된 발명이 중국 특허법 제24조 제2호 또는 제3호 규정의 하나에 해당하고 국제출원 시 선언을 한 경우, 출원인은 중국 국가단계에 진입하는 서면선언에 설명을 하고 진입일로부터 2개월 내에 이 세칙 제33조 제3항 규정의 관련 증명서류를 제출해야 한다. 선언을 하지 않았거나 기한 내에 증명서류를 제출하지 아니한 경우에 그 출원은 중국 특허법 제24조 규정을 적용하지 아니한다.
>
> 专利法实施细则第一百二十四条: 国际申请涉及的发明创造有专利法第二十四条第(二)项或者第(三)项所列情形之一,在提出国际申请时作过声明的,申请人应当在进入中国国家阶段的书面声明中予以说明,并自进入日起2个月内提交本细则第三十三条第三款规定的有关证明文件; 未予说明或者期满未提交证明文件的,其申请不适用专利法第二十四条的规定。

Ⅰ. 서 언

중국 특허법 제24조 및 중국 특허법 실시세칙 제33조는 중국 국내출원 시의 공지예외의 적용에 대하여 규정하고 있으며, 중국 특허법 실시세칙 제124조는 국제특허출원의 중국 국내단계 진입 시에 공지예외 적용의 특례에 대하여 규정하고 있다.

II. 국제특허출원의 공지예외적용 절차

1. 공지예외적용의 사유

국제특허출원에 대한 공지예외를 주장하기 위해서는 발명이 중국 특허법 제24조 제2호 또는 제3호에 해당하여야 한다. 즉, 국제특허출원의 발명이 ⅰ) 중국 정부가 주관하거나 또는 승인한 국제전람회에 최초로 전시되거나, ⅱ) 규정된 학술회의 또는 기술회의에 최초로 발표된 경우에 공지예외적용의 대상이 된다. 한편, 중국 국내출원에 대한 공지예외적용과는 달리, 중국 특허법 제24조 제4호의 의사에 반한 공개는 국제출원에 대한 공지예외적용 사유에 해당하지 않는다.

2. 공지예외적용의 절차

(1) 국제특허출원 시 공지예외적용 주장

중국 국내단계 진입 시에 공지예외적용을 주장하기 위해서는 국제출원 시에 이미 공지예외적용의 선언(声明, 선언)을 하였어야 한다.

(2) 중국 국내단계 진입 시 공지예외적용 주장 사실을 명시

중국 국내단계 진입 시 출원인은 중국 국내단계 진입의 서면선언(国际申请进入中国国家阶段声明)에 국제출원 시 공지예외의 주장을 하였음을 명시하여야 한다. 이 경우에 출원인은 발명이 공개된 날짜, 장소, 공개유형, 전람회 또는 회의의 명칭을 함께 기재하여야 한다. 만약 국제출원 시 공지예외를 주장하여 국제공개팜플렛에 기재되어 있으나 중국 국내단계 진입의 서면선언에 명시하지 않은 경우, 출원인은 진입일로부터 2개월 내에 보정할 수 있다.[1)]

1) 2024년 중국 특허심사지침 제3부 제1장 5.4.

(3) 진입일로부터 2개월 내에 증명서류의 제출

중국 특허법 실시세칙 제124조의 규정에 따라, 출원인은 진입일로부터 2개월 내에 중국 특허법 실시세칙 제33조 제3항의 증명서류를 제출할 수 있다.

제2절 우선권 주장의 특례

중국 특허법 실시세칙 제127조 【우선권 주장의 특례】

① 출원인이 국제단계에서 하나 또는 복수의 우선권을 주장하고 중국 국내단계 진입 시에 해당 우선권 주장이 계속 유효한 경우, 중국 특허법 제30조 규정에 의하여 서면선언을 제출한 것으로 간주한다.

② 출원인은 진입일로부터 2개월 내에 우선권 주장비를 납부해야 하고, 기한 내에 납부하지 아니하였거나 부족하게 납부한 경우 그 우선권을 주장하지 아니한 것으로 간주한다.

③ 출원인이 국제단계에서 특허협력조약규정에 의하여 선출원서류의 부본을 제출한 경우, 중국 국가단계에 진입하는 절차를 밟을 때 국무원 특허행정부서에 선출원서류의 부본을 제출할 필요가 없다. 출원인이 국제단계에서 선출원서류의 부본을 제출하지 아니한 경우, 국무원 특허행정부서는 필요 시 출원인에게 기한 내에 보충하여 제출하도록 통지할 수 있다. 출원인이 기한 내에 보충하여 제출하지 아니한 경우, 그 우선권 주장은 제출하지 아니한 것으로 간주한다.

专利法实施细则第一百二十七条:　申请人在国际阶段已要求一项或者多项优先权,在进入中国国家阶段时该优先权要求继续有效的,视为已经依照专利法第三十条的规定提出了书面声明。

申请人应当自进入日起 2 个月内缴纳优先权要求费;　期满未缴纳或者未缴足的,视为未要求该优先权。

申请人在国际阶段已依照专利合作条约的规定,提交过在先申请文件副本的,办理进入中国国家阶段手续时不需要向国务院专利行政部门提交在先申请文件副本。申请人在国际阶段未提交在先申请文件副本的,国务院专利行政部门认为必要时,可以通知申请人在指定期限内补交;申请人期满未补交的,其优先权要求视为未提出。

중국 특허법 실시세칙 제128조【우선권 주장의 회복】

국제출원의 출원일이 우선권 기간이 만료된 후 2개월 이내이고, 국제단계 접수국이 우선권 회복을 승인한 경우, 중국 특허법 실시세칙 제36조의 규정에 따라 우선권 회복을 이미 요청한 것으로 간주된다. 국제 단계에서 출원인이 우선권 회복을 요청하지 않았거나, 우선권 회복을 요청했지만 접수국이 승인하지 않았으나, 출원인은 정당한 사유가 있는 경우, 진입일로부터 2개월 이내에 국무원 특허 행정 부서에 우선권 회복을 요청할 수 있다.

专利法实施细则第一百二十八条: 国际申请的申请日在优先权期限届满之后2个月内,在国际阶段受理局已经批准恢复优先权的,视为已经依照本细则第三十六条的规定提出了恢复优先权请求; 在国际阶段申请人未请求恢复优先权,或者提出了恢复优先权请求但受理局未批准,申请人有正当理由的,可以自进入日起2个月内向国务院专利行政部门请求恢复优先权。

Ⅰ. 서 언

PCT 국제특허출원은 파리조약의 당사국에서 또는 동 조약의 당사국에 대하여 행하여진 선출원에 의한 우선권을 주장하는 선언을 수반할 수 있다(PCT 8(1)). 이에 중국 특허법 실시세칙 제127조는 우선권 주장을 수반하는 국제특허출원이 중국 국내단계에 진입할 때에 우선권 주장의 간주 및 그 추가적인 절차에 대하여 규정하고 있다. 또한, 2024년 개정 중국 특허법 실시세칙에서는 우선권의 회복에 대한 규정이 신설되었다.

Ⅱ. 우선권 주장의 선언

1. 우선권 주장의 제출 간주

중국 특허법 실시세칙 제127조의 규정에 따라, 출원인이 국제단계에서 하나 또는 복수의 우선권을 주장하였고 중국 국내단계 진입 시에 그 우선권 주장이 여전히 유효한 경우, 중국 특허법 제30조의 규정에 따른 우선권 주장의 서면선언(声明)을 제출한 것으로 간주한다. 한편, 중국 국내단계 진입 시에 새로운 우선권을 주장하는 것은 허용되지 않는다.[2)]

2. 국내단계 진입 시 기재사항

출원인은 중국 국내단계 진입 시에 중국 국내단계 진입의 서면선언(国际申请进入中国国家阶段声明, 이하 '진입선언서')에 선출원의 출원일, 출원번호, 원수리관청의 명칭을 정확하게 기재하여야 한다. 진입선언서의 기재내용은 국제공개팜플렛의 기재와 일치하여야 하며, 심사관은 불일치를 발견한 경우에 국제공개팜플렛에 기재된 내용을 기준으로 하여 직권으로 진입선언서의 불일치 부분을 정정하고 출원인에게 이를 통지할 수 있다.[3)]

3. 잘못된 기재의 정정

(1) 국제단계에서 제출한 우선권 서면선언의 정정

국제단계에서 제출한 우선권 서면선언의 어떠한 항목에 대한 기재에 착오가 있는 경우, 출원인은 중국 국내단계 진입 시 또는 진입일로부터 2개월 내에 이에 대한 정정청구를 제출할 수 있다. 정정청구는 서면으로 제출하여야 하며, 정정 후의 우선권 사항에 대하여 기재하여야 한다.

(2) 선출원서류 부본과 일치하지 않는 경우

국제사무국이 선출원서류의 부본을 제공하였거나 출원인이 선출원서류의 부본을 제출한 경우에 심사관은 선출원서류의 부본을 근거로 하여 우선권 서면선언의 각 사항을 점검한다. 만약 선출원서류의 부본에 기재한 사항 중 하나 또는 두 가지 사항이 일치하지 않으면 심사관은 절차보정통지서를 발송한다. 기간 내에 답변하지 않거나 보정 후에도 규정에 부합하지 않는 경우, 심사관은 우선권을 주장하지 않은 것으로 간주한다는 통지서를 발송한다.[4)]

---

2) 2024년 중국 특허심사지침 제3부 제1장 5.2.1.

3) 2024년 중국 특허심사지침 제3부 제1장 5.2.1.

Ⅲ. 선출원서류의 부본

중국 특허법 실시세칙 제127조 제3항의 규정에 따르면, 출원인이 국제단계에서 특허협력조약규정에 의하여 선출원서류의 부본을 제출한 경우에는 중국 국가단계에 진입하는 절차를 밟을 때 국무원 특허행정부서에 선출원서류의 부본을 제출할 필요가 없다. 만약 출원인이 국제단계에서 선출원서류의 부본을 제출하지 않은 경우, 국무원 특허행정부서는 필요한 경우에 출원인에게 기한 내에 보충하여 제출하도록 통지할 수 있다. 출원인이 기한 내에 제출하지 아니한 경우, 그 우선권 주장은 제출하지 아니한 것으로 간주된다.

Ⅳ. 우선권 주장 비용

중국 특허법 실시세칙 제127조 제2항에 따라, 출원인은 진입일로부터 2개월 내에 우선권 주장 비용을 납부하여야 한다. 기한 내에 납부하지 아니하였거나 부족하게 납부한 경우, 그 우선권은 주장하지 않은 것으로 간주된다.

Ⅴ. 우선권 주장의 회복

중국 특허법 실시세칙 제128조에 따라, 국제출원의 출원일이 우선권 기간이 만료된 후 2개월 이내이고 국제단계 접수국이 우선권 회복을 승인한 경우, 중국 특허법 실시세칙 제36조에 따른 우선권 회복을 이미 요청한 것으로 간주된다. 국제 단계에서 출원인이 우선권 회복을 요청하지 않았거나, 우선권 회복을 요청했지만 접수국이 승인하지 않았으나 출원인에게 정당한 사유가 있는 경우, 진입일로부터 2개월 이내에 국무원 특허 행정 부서에 우선권 회복을 요청할 수 있다.

---

4) 2024년 중국 특허심사지침 제3부 제1장 5.2.3.1.

제3절 자진보정 시기의 특례

> 중국 특허법 실시세칙 제130조 【자진보정 시기의 특례】
> ① 실용신안권의 취득을 요구하는 국제특허출원은 진입일로부터 2개월 내에 출원서류에 대한 보정을 제출할 수 있다.
> ② 특허권의 취득을 요구하는 국제특허출원은 이 세칙 제57조 제1항의 규정을 적용한다.
>
> 专利法实施细则第一百三十条: 要求获得实用新型专利权的国际申请,申请人可以自进入日起2个月内对专利申请文件主动提出修改。
> 要求获得发明专利权的国际申请,适用本细则第五十七条第一款的规定。

Ⅰ. 서 언

중국 특허법 실시세칙 제130조 제2항의 규정에 따라, 국제특허출원의 출원인은 중국 국내단계 진입 절차를 밟은 후 규정된 기간 내에 자진보정을 수행할 수 있다. 출원인이 중국 국내단계 진입 시에 특허의 유형을 선택하였다면 특허에 대한 자진보정의 시기는 중국 국내출원의 자진보정의 시기와 동일한 규정이 적용된다.[5] 다만 PCT 28조 · 41조에 따라 보정을 수행한 경우에는 중국 국내단계 진입 시에 해당 보정을 제출할 수 있다.

5) 다만 출원인이 실용신안의 유형을 선택한 경우, 실용신안에 대한 자진보정의 시기는 출원일이 아닌 진입일을 기준으로 한다.

II. 자진 보정의 시기

1. 중국 특허법 실시세칙 제57조 제1항의 준용

국제특허출원은 중국 특허법 실시세칙 제57조 제1항의 규정을 그대로 적용한다. 즉, 출원인은 실질심사 청구 시 또는 실질심사진입통지서를 받은 날로부터 3개월 내에 특허출원에 대한 보정을 수행할 수 있다. 한편, 국제특허출원의 경우에도 실질심사 청구는 우선일로부터 3년 내에 제출하여야 한다.

2. PCT 28조/41조 보정[6)]

국제특허출원의 중국 국내단계 진입 시에 출원인은 PCT 28조/41조에 따라 진행한 보정을 심사의 기초로 할 것을 진입선언서에 명시하고 원출원서류의 번역문과 보정서류를 동시에 제출할 수 있다. 이 경우에 해당 보정은 중국 특허법 실시세칙 제130조의 규정에 따라 제출한 자진보정으로 간주한다.[7)]

[우선권 주장을 수반하는 국제특허출원의 자진보정의 시기]

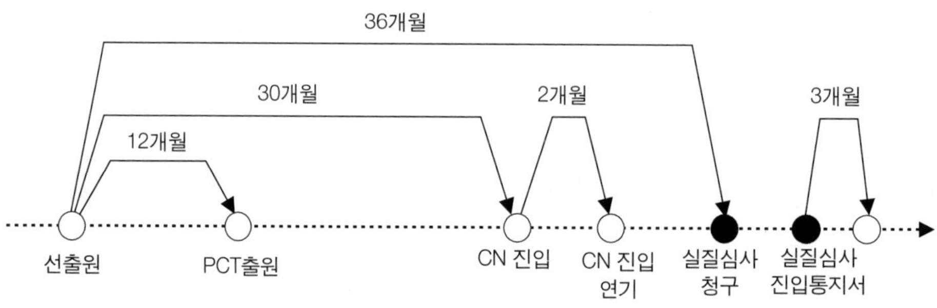

자진보정의 시기
(1) 실질심사 청구 시
(2) 실질심사진입통지서 받은 날로부터 3개월
(3) PCT 28조/41조 CN 진입 시→자진보정간주

---

6) PCT Aritcle 28 "Amendment of the Claims, the Description, and the Drawings, Before Designated Offices" / PCT Article 41 "Amendment of the Claims, the Description, and the Drawings, Before Elected Offices".

7) 2024년 중국 특허심사지침 제3부 제1 장 5.7.

제4절 번역문 착오의 정정

중국 특허법 실시세칙 제131조【번역문 착오의 정정】

① 출원인은 제출한 명세서, 청구범위 또는 첨부도면의 문자에 대한 중국어 번역문의 착오를 발견한 경우, 아래의 규정 기한 내에 원국제출원서류에 따라 정정할 수 있다.

1. 국무원 특허행정부서가 특허출원의 공개 또는 실용신안권의 공고 준비업무를 완료하기 전

2. 국무원 특허행정부서가 송부한 특허출원이 실질심사단계에 진입한다는 통지서를 받은 날로부터 3개월 내

② 출원인이 번역문의 착오를 정정할 경우, 서면으로 청구하고 규정된 비용을 납부해야 한다.

③ 출원인이 국무원 특허행정부서의 통지서의 요구에 따라 번역문을 정정할 경우, 지정된 기한 내에 본 조 제2항 규정의 절차를 밟아야 한다. 지정된 기한 내에 규정된 절차를 밟지 아니한 경우, 그 출원은 취하된 것으로 간주한다.

专利法实施细则第一百三十一条: 申请人发现提交的说明书、权利要求书或者附图中的文字的中文译文存在错误的,可以在下列规定期限内依照原始国际申请文本提出改正:

(一)在国务院专利行政部门做好公布发明专利申请或者公告实用新型专利权的准备工作之前;

(二)在收到国务院专利行政部门发出的发明专利申请进入实质审查阶段通知书之日起3个月内。

申请人改正译文错误的,应当提出书面请求并缴纳规定的译文改正费。

申请人按照国务院专利行政部门的通知书的要求改正译文的,应当在指定期限内办理本条第二款规定的手续; 期满未办理规定手续的,该申请视为撤回。

Ⅰ. 서 언

특허협력조약의 규정에 따라 출원인이 최초로 제출한 국제출원서류는 법적 효력을 가지는 서류이다. 예를 들어, 보정의 범위에 관한 중국 특허법 제33조의 원

명세서 및 청구범위는 최초 제출한 국제특허출원의 청구범위, 명세서를 가리킨다.[8] 따라서 중국 국내단계 진입 시에 제출하는 번역문은 최초 출원한 국제출원 서류의 원문을 정확하게 반영하여야 한다. 만약 번역문에 착오가 있는 것을 발견한 경우, 출원인은 중국 특허법 실시세칙 제131조의 규정에 따라 번역문의 착오를 정정할 수 있다.

II. 번역문 착오의 정정 절차

1. 번역문 착오의 의미

번역문의 착오는 번역문과 국제사무국이 중국 특허청에 전송한 원문을 비교하여 일부 기술용어, 문장 또는 문단이 누락되거나 정확하지 않은 경우를 가리킨다. 번역문 원본과 국제사무국이 전송한 원문이 확연히 동일하지 않은 경우에는 번역문의 착오를 정정하는 형식으로 이를 수정하는 것을 허락하지 않는다.[9]

2. 번역문 착오의 정정 시기

출원인은 i) 국무원 특허행정부서가 특허출원의 공개 준비업무를 완료하기 전, 또는 ii) 실질심사진입통지서를 받은 날로부터 3개월 내에 번역문 착오의 정정절차를 밟을 수 있다(중국 특허법 실시세칙 제131조 제1항 제1호 및 제2호).[10]

3. 제출 서류 및 비용의 납부

번역문 착오를 정정할 때 출원인은 정정페이지 및 번역문착오정정청구서(改正译文错误请求书)를 관련비용과 함께 제출하여야 한다. 규정에 부합하지 않는 경

8) 2024년 중국 특허심사지침 제3부 제2장 3.3.

9) 2024년 중국 특허심사지침 제3부 제1장 5.8.

10) 참고로, 실용신안의 출원인은 실용신안권의 공고준비업무를 완료하기 전에 번역문 착오의 정정절차를 밟을 수 있다.

우, 심사관은 미제출간주통지서를 발송한다.[11]

Ⅲ. 실질심사 단계에서의 번역문 착오의 정정

심사관이 실질심사과정에서 번역문 착오로 인하여 최초 제출한 국제출원서류 또는 국제단계에서 보정된 원문에는 존재하지 않지만 번역문에 존재하는 흠결을 발견한 경우에 심사의견통지서를 통하여 출원인에게 지적하고 출원인에게 석명 또는 번역문 착오의 정정절차를 요구한다. 예를 들어 심사관은 번역문의 착오로 인하여 중국 특허법 제26조 제3항 또는 중국 특허법 제26조 제4항의 규정에 부합하지 않음을 지적할 수 있다. 출원인이 지정된 기간 내에 번역문 착오의 정정절차를 밟지 않는 경우에는 그 출원은 취하된 것으로 간주된다.[12] [13]

제5절 출원공개의 특례

중국 특허법 실시세칙 제132조【국제특허출원의 중국국내공개 및 보상금 청구권】

① 특허권 취득을 요구하는 국제특허출원에 대하여 국무원 특허행정부서는 방식심사를 거쳐 중국 특허법과 이 세칙의 관련 규정에 부합하는 것으로 판단할 경우, 특허공보에 공개해야 한다. 국제특허출원이 중국어 이외의 언어로 제출된 경우, 출원서류의 중국어 번역문을 공개해야 한다.

② 특허권 취득을 요구하는 국제특허출원이 국제국에서 중국어로 국제공개를 한 경우, 국제공개일 또는 국무원 특허행정부서가 공개한 날로부터 특허법 제13조 규정을

11) 2024년 중국 특허심사지침 제3부 제1장 5.8.

12) 2024년 중국 특허심사지침 제3부 제2장 5.7.

13) 명문의 규정은 없으나, 국제특허출원에 대한 번역문 착오는 심사의견통지서에 대한 답변 시(즉, OA시)에 직접 보정하는 방법으로 수행하는 것을 고려할 수도 있다. 다만 해당 보정이 국제단계에서 공개된 원문의 기재범위를 초과하지 않는다는 설명을 의견서에 진술하여야 한다. 실무상 많은 심사관이 이러한 보정을 허용하고 있다.

적용한다. 국제국이 중국어 이외의 언어로 국제공개를 한 경우 국무원 특허행정부서가 공개한 날로부터 제13조 규정을 적용한다.
③ 국제특허출원에 대한 중국 특허법 제21조 및 제22조 규정의 공개란 본 조 제1항 규정의 공개를 말한다.

专利法实施细则第一百三十二条: 对要求获得发明专利权的国际申请,国务院专利行政部门经初步审查认为符合专利法和本细则有关规定的,应当在专利公报上予以公布; 国际申请以中文以外的文字提出的,应当公布申请文件的中文译文。
要求获得发明专利权的国际申请,由国际局以中文进行国际公布的,自国际公布日或者国务院专利行政部门公布之日起适用专利法第十三条的规定; 由国际局以中文以外的文字进行国际公布的,自国务院专利行政部门公布之日起适用专利法第十三条的规定。
对国际申请,专利法第二十一条和第二十二条中所称的公布是指本条第一款所规定的公布。

Ⅰ. 서 언

국제특허출원의 중국 국내공개란 중국을 지정국으로 지정한 국제특허출원이 중국 국내단계에 진입하고 중국 특허청의 방식심사결과 중국 특허법 및 중국 특허법 실시세칙에 부합하는 경우에 출원서류 또는 출원서류의 중국어 번역문을 공개하는 것을 말한다. 국제특허출원은 대부분 지정국의 국내단계에 진입하기 전에 국제사무국에 의하여 우선일로부터 18개월이 되면 국제공개된다. 다만 특허협력조약은 국제공개된 언어와 지정국의 언어가 서로 다른 경우에 있어서 지정국에서의 권리보호의 효력은 지정국의 언어를 사용한 번역문이 공개된 후에야 발생하도록 하는 것을 허여하고 있다. 이에 따라 중국 특허법 실시세칙 제132조 제2항은 발명 공개에 따른 보상금 청구권의 발생은 중국국내공개에 대하여 적용됨을 명확하게 하고 있다.

II. 중국국내공개의 시기

대부분의 국제특허출원은 우선일로부터 18개월이 지난 후에 중국 국내단계에 진입한다. 따라서 중국 특허법 제34조의 출원공개에 대한 규정은 국제특허출원에 대하여 적용되지 않는다. 중국 특허청은 중국 국내단계에 진입한 국제특허출원에 대하여 방식심사를 진행하며 합격으로 판단하는 경우에는 즉시 중국국내공개를 위한 작업을 진행한다. 중국 특허청이 중국국내공개의 작업을 완료하는데 소요되는 시간은 일반적으로 진입일로부터 2개월이다.[14]

III. 중국국내공개의 효과

1. 보상금 청구권 발생 기준

국제특허출원이 중국어 이외의 언어로 진행되고 중국 국내단계에 진입한 이후에 중국어 번역문이 공개된 경우, 중국 특허법 제13조의 보상금 청구권은 그 중국어 번역문이 공개된 후에야 발생한다(중국 특허법 실시세칙 제132조 제2항 후단). 한편, 국제특허출원이 중국어로 공개된 경우, 중국 특허법 제13조의 보상금 청구권은 그 국제공개일 또는 중국 특허청이 공개한 날로부터 발생한다(중국 특허법 실시세칙 제132조 제2항 전단).

2. 확대된 선출원주의 판단의 기준

중국 특허법 실시세칙 제132조 제3항에 따르면, 국제특허출원에 대한 중국 특허법 제22조 규정의 공개란 본 조 제1항 규정의 공개를 말한다. 국제특허출원과 관련하여 중국 특허법 제22조·제2항의 확대된 선출원주의의가 문제가 될 경우, "공개된 특허출원"이란 국제공개된 국제특허출원이 아닌 중국 국내공개된 국제특허출원을 의미한다.

14) 2024년 중국 특허심사지침 제3부 제1장 6.1.

제6절 분할출원 및 단일성 심사의 특례

> 중국 특허법 실시세칙 제133조【분할출원의 특례】
> ① 국제특허출원이 두 개 이상의 발명 또는 실용신안을 포함하고 있는 경우, 출원인은 진입일로부터 이 세칙 제48조 제1항 규정에 의한 분할출원을 제출할 수 있다.
> ② 국제단계에서 국제검색기구 또는 국제심사기구가 국제특허출원이 특허협력조약 규정의 단일성 요건에 부합하지 아니한다고 판단한 경우에 있어서, 출원인이 규정에 의한 부가비용을 납부하지 아니하여 국제특허출원의 어떤 부분이 국제검색 또는 국제방식심사를 거치지 못하였고 중국 국내단계 진입 시 출원인이 상기의 부분을 심사의 기초로 요구하였으며 국무원 특허행정부서는 국제검색기구 또는 국제심사기구가 수행한 발명의 단일성에 대한 판단이 정확하다고 판단할 경우, 출원인에게 지정기한 내에 단일성 회복비용을 납부하라고 통지해야 한다. 기한 내에 비용을 납부하지 아니하거나 부족하게 납부한 경우, 국제특허출원 중에 검색 또는 방식심사를 하지 아니한 부분은 취하된 것으로 간주한다.
>
> 专利法实施细则第一百三十三条: 国际申请包含两项以上发明或者实用新型的,申请人可以自进入日起,依照本细则第四十八条第一款的规定提出分案申请。
> 在国际阶段,国际检索单位或者国际初步审查单位认为国际申请不符合专利合作条约规定的单一性要求时,申请人未按照规定缴纳附加费,导致国际申请某些部分未经国际检索或者未经国际初步审查,在进入中国国家阶段时,申请人要求将所述部分作为审查基础,国务院专利行政部门认为国际检索单位或者国际初步审查单位对发明单一性的判断正确的,应当通知申请人在指定期限内缴纳单一性恢复费。期满未缴纳或者未足额缴纳的,国际申请中未经检索或者未经国际初步审查的部分视为撤回。

Ⅰ. 서 언

중국 국내단계에 진입한 국제특허출원에 대한 실질심사를 진행하는 경우, 심사관은 절차절약을 위하여 국제단계에서 수행된 실질심사 결과를 참고할 수 있다. 이와 관련하여 중국 특허법 실시세칙 제133조는 국제단계에서 단일성 위반으로 판단된 국제특허출원에 대한 중국 국내단계에서의 실질심사 및 분할출원의 특례를 규정하고 있다.

II. 분할출원의 특례

중국 특허법 실시세칙 제133조 제1항의 규정에 따라, 국제특허출원이 두 개 이상의 발명 또는 실용신안을 포함하고 있는 경우에 출원인은 진입일로부터 중국 특허법 실시세칙 제48조 제1항에 의한 분할출원을 제출할 수 있다. 즉, 출원인은 중국 국내단계에 진입한 이후부터는 원출원이 특허청에 계속 중이면 분할출원을 제출할 수 있다. 다만, 원출원이 이미 거절, 취하 또는 취하된 것으로 간주된 경우에는 분할출원을 제출할 수 없다.

III. 단일성 심사의 특례

1. 단일성의 심사 및 단일성 회복비용의 납부

1) 중국 국내단계에서 심사관은 국제특허출원에 대한 단일성 여부의 판단 시에 국제단계에서의 심사결과를 참고할 수 있다. 구체적으로, 심사관은 i) 국제단계에서 단일성이 결여된 것으로 판단되었으며 출원인이 추가 검색비 또는 추가 심사비를 납부하지 아니하여 국제조사 또는 국제예비조사가 진행되지 않은 발명이 포함되어 있는지의 여부, ii) 국제단계에서 단일성이 결여된 것으로 판단되었으며 출원인이 추가 검색비 또는 추가 심사비를 납부하지 아니하여 포기한 것으로 표시된 발명(예를 들어, 출원인이 국제단계에서 일부 청구항에 대해서만 한정 선택한 경우)이 포함되어 있는지를 확인할 수 있다.

2) 만약 심사관이 국제단계에서의 심사결과가 정확하다고 판단하는 경우, 심사관은 출원인에게 2개월 내에 단일성 회복비용을 납부하도록 통지한다. 만약 출원인이 단일성 회복비용을 납부하지 않는다면, 해당 국제조사를 거치지 않은 부분

은 취하된 것으로 간주된다(중국 특허법 실시세칙 제133조 제2항). 심사관은 국제조사를 거치지 않은 부분을 삭제한 보정서류를 제출하도록 출원인에게 요구하며, 이후 해당 부분을 삭제한 출원서류에 대한 심사를 진행한다.

2. 단일성 회복비용 미납 시 분할출원의 제한

단일성 회복비용을 납부하지 않아 삭제된 발명에 대하여 출원인은 분할출원을 진행할 수 없다.[15] 이는 단일성 회복비용을 납부하지 않아 삭제된 부분은 중국 특허법 실시세칙 제133조 제2항에 의하여 취하된 것으로 간주되며, 취하된 것으로 간주된 부분에 대하여는 중국 특허법 제48조 제1항에 의하여 분할출원을 제출할 수 없기 때문이다.

제7절 보호범위 해석의 특례

중국 특허법 실시세칙 제135조 【번역문과 원문의 보호범위 불일치 시의 해석】
국제특허출원에 기초하여 수여받은 특허권의 특허법 제64조 규정에 의한 보호범위가 번역문의 착오로 인하여 국제출원의 원문에 표시된 범위를 초과한 경우에는 원문에 의한 제한 후의 보호범위를 기준으로 한다. 보호범위가 국제출원의 원문에 표시된 것보다 좁을 경우 특허권 허여 시의 보호범위를 기준으로 한다.

专利法实施细则第一百三十五条: 基于国际申请授予的专利权,由于译文错误,致使依照专利法第六十四条规定确定的保护范围超出国际申请的原文所表达的范围的,以依据原文限制后的保护范围为准; 致使保护范围小于国际申请的原文所表达的范围的,以授权时的保护范围为准。

15) 2024년 중국 특허심사지침 제3부 제2장 5.5.

Ⅰ. 서 언

외국어로 공개된 국제특허출원의 경우에 중국 국내단계에서 실질심사를 진행할 때에는 그 중국어 번역문을 기준으로 심사를 진행하며, 일반적으로 원문과 대조하여 확인을 하지 않는다. 따라서 번역문에 착오가 있는 국제특허출원이 중국에서 등록될 수도 있으며, 이에 중국 특허법 실시세칙 제135조는 이러한 경우의 보호범위의 해석방법에 대하여 규정하고 있다.

Ⅱ. 번역문과 원문의 불일치 시의 보호범위 해석 방법

중국 특허법 실시세칙 제135조에 따르면, 번역문에 착오가 있어 원문과 일치하지 않는 경우, 그 특허권의 보호범위는 번역문과 원문 중 좀더 좁은 권리범위를 갖는 것을 기준으로 한다. 구체적으로, ⅰ) 허여된 특허권의 보호범위가 번역문의 착오로 인하여 국제출원의 원문에 표시된 범위를 초과하는 경우에는 그 보호범위는 원문에 의하여 제한되며, ⅱ) 허여된 특허권의 보호범위가 번역문의 착오로 인하여 원문에 표시된 것보다 좁은 경우에는 허여된 특허권의 보호범위를 기준으로 한다. 이는 번역문의 착오로 인하여 발생한 부정적 효과는 해당 번역문을 제출한 출원인에게 부담시키는 것이 타당하기 때문이다.

제8편

특허권

제1장

서 설

특허권이란 발명에 대하여 부여된 독점적이며 배타적인 권리를 말한다. 중국은 특허요건 및 등록절차에 대해서는 중국 특허법 및 중국 특허법 실시세칙에서 상세하게 규정하고 있는 데 반하여 특허권에 대한 내용은 중국 특허법에서 기본적인 사항들에 대해서만 규정하고 있다. 따라서 중국에서 특허권에 대한 상세 내용을 살펴보기 위해서는 중국 특허법뿐만 아니라 중국 민법전, 최고인민법원의 사법해석 등의 관련 규정을 함께 참고하여야 한다. 이 중, 최고인민법원의 사법해석은 중국 특허법에 관한 내용 중 그 의미가 불분명하거나 논란이 있는 부분에 대해서 최고인민법원이 명확히 정리하여 공포한 것으로,[1] 그 법적 지위에 대해서는 논란이 있지만 실무적으로는 법률과 동일하게 취급되며 중국에서 특허권에 관한 내용을 해석할 때 특히 중요하다.

한편, 중국 특허법 4차 개정안이 2020년 10월 17일 전국인민대표대회 상무위원회를 통과하여 2021년 6월 1일부터 시행되었다. 중국 특허법 4차 개정은 징벌적 손해배상제도, 침해분쟁에서의 입증책임의 완화, 특허권 존속기간 연장제도 등

1) 예를 들어, 2001년 및 2009년 중국 특허법 개정 시에 최고인민법원은 각각 「특허분쟁사건 심리의 법률적용 문제에 관한 약간의 규정(关于审理专利纠纷案件适用法律问题的若干规定)」 및 「특허침해사건 심리의 법률적용 문제에 관한 약간의 규정(关于审理侵犯专利权纠纷案件应用法律若干问题的解释)」을 공포하였으며, 이는 중국에서 특허권에 관한 내용을 해석할 때 중요한 기준이 되고 있다. 또한, 2021년 중국 특허법 개정 시에 최고인민법원은 「지식재산권 침해 민사사건 심리에서 징벌적 배상 적용에 관한 해석(最高人民法院关于审理侵害知识产权民事案件适用惩罚性赔偿的解释)」을 공포하였다.

을 도입하는 등 특허권 보호 강화에 초점이 맞추어져 있다.[2)] 이러한 중국 특허법 4차 개정은 외부적 요인이 아닌 중국의 자체적인 필요성에 따른 것으로, 특허권의 보호 수준을 높여 경제 발전 구조의 질적 변환을 꾀하려는 중국 정부의 의지를 반영한 것으로 평가된다.

2) 이 외에, 디자인권 관련하여서는, 디자인권의 보호기간이 10년에서 15년으로 연장되었고, 부분디자인제도가 도입되었으며, 디자인에 대한 국내우선권제도가 도입되었다.

제2장

특허권의 존속기간(专利权的期限)

중국 특허법 제42조 【특허권의 존속기간 및 보상】

① 특허권의 존속기간은 20년, 실용신안권의 존속기간은 10년, 디자인권의 존속기간은 15년으로 하며, 모두 출원일로부터 계산한다.
② 특허 출원일로부터 만 4년, 실질심사 청구일로부터 만 3년 후에 특허권이 수여된 경우, 국무원 특허행정부서는 특허권자의 청구에 따라 특허권의 수여 과정에서의 불합리한 지연에 대하여 특허권 존속기간의 보상을 부여한다. 단, 출원인이 초래한 불합리한 지연은 제외된다.
③ 신약의 시장판매를 위한 심사 평가 및 심사 비준에 들어간 시간을 보상하기 위하여, 국무원 특허행정부서는 중국에서 시장판매 허가를 획득한 신약 관련 특허에 대해서 특허권자의 청구에 따라 특허권 존속기간 보상을 부여한다. 보상기간은 5년을 초과하지 않고, 신약의 시장판매 비준 이후 전체 유효 특허권 존속기간은 14년을 초과하지 않는다.

专利法第四十二条: 发明专利权的期限为二十年,实用新型专利权的期限为十年,外观设计专利权的期限为十五年,均自申请日起计算。
自发明专利申请日起满四年,且自实质审查请求之日起满三年后授予发明专利权的,国务院专利行政部门应专利权人的请求,就发明专利在授权过程中的不合理延迟给予专利权期限补偿,但由申请人引起的不合理延迟除外。
为补偿新药上市审评审批占用的时间,对在中国获得上市许可的新药相关发明专利,国务院专利行政部门应专利权人的请求给予专利权期限补偿。补偿期限不超过五年,新药批准上市后总有效专利权期限不超过十四年。

중국 특허법 제44조【존속기간 만료 전 특허권의 소멸】

① 아래의 열거된 사항 중 하나에 해당하는 경우, 특허권은 기간만료 전에 종료한다.
 1. 규정에 의한 연차등록료를 납부하지 아니한 경우
 2. 특허권자가 서면으로 특허권 포기를 성명한 경우
② 특허권이 기간만료 전에 종료된 경우, 국무원 특허 행정부서는 등록 및 공고한다.

专利法第四十四条: 有下列情形之一的,专利权在期限届满前终止:
(一)没有按照规定缴纳年费的;
(二)专利权人以书面声明放弃其专利权的。
专利权在期限届满前终止的,由国务院专利行政部门登记和公告。

중국 특허법 실시세칙 제77조【존속기간 보상 신청의 주체 및 기한】

특허법 제42조 제2항의 규정에 따라 특허권의 기한 보상을 요청하는 경우, 특허권자는 특허권 수여를 공고한 날로부터 3개월 이내에 국무원 특허행정부서에 제출해야 한다.

专利法实施细则第七十七条: 依照专利法第四十二条第二款的规定请求给予专利权期限补偿的,专利权人应当自公告授予专利权之日起3个月内向国务院专利行政部门提出。

중국 특허법 실시세칙 제78조【존속기간 보상기간의 계산】

① 특허법 제42조 제2항의 규정에 따라 특허권의 기간에 대한 보상이 수어지는 경우, 보상기간은 특허 등록 과정에서 특허가 부당하게 지연된 실제 일수에 따라 계산된다.
② 전항에서 언급한 특허의 등록 과정에서 불합리하게 지연된 실제 일수란, 특허출원일로부터 4년을 만족하고 실질심사 청구일로부터 3년을 만족한 날부터 특허권 수여 공고일까지의 간격의 일수에서 합리적인 지연 일수와 출원인으로 인한 불합리한 지연 일수를 차감한 일수를 말한다.
③ 아래의 상황은 합리적인 지연에 속한다.
1. 본 세칙 제66조의 규정에 따라 특허출원서류를 보정한 후 특허권을 수여받은 경우, 거절결정불복심판 절차로 인한 지연
2. 본 세칙 제103조 및 제104조에 규정된 상황으로 인한 지연
3. 기타 합리적인 상황으로 인한 지연

④ 동일한 출원인이 같은 날 동일한 발명에 대해 실용신안과 특허를 모두 출원하고 본 세칙 제47조 제4항의 규정에 따라 특허권을 취득한 경우, 해당 특허권의 기간에는 특허법 제42조 제2항의 규정을 적용하지 않는다.

专利法实施细则第七十八条: 依照专利法第四十二条第二款的规定给予专利权期限补偿的,补偿期限按照发明专利在授权过程中不合理延迟的实际天数计算。
前款所称发明专利在授权过程中不合理延迟的实际天数,是指自发明专利申请日起满4年且自实质审查请求之日起满3年之日至公告授予专利权之日的间隔天数,减去合理延迟的天数和由申请人引起的不合理延迟的天数。
下列情形属于合理延迟:
(一)依照本细则第六十六条的规定修改专利申请文件后被授予专利权的,因复审程序引起的延迟;
(二)因本细则第一百零三条、第一百零四条规定情形引起的延迟;
(三)其他合理情形引起的延迟。
同一申请人同日对同样的发明创造既申请实用新型专利又申请发明专利,依照本细则第四十七条第四款的规定取得发明专利权的,该发明专利权的期限不适用专利法第四十二条第二款的规定。

중국 특허법 실시세칙 제79조【출원인에 의한 불합리한 지연】

특허법 제42조 제2항에 규정된 출원인에 의한 불합리한 지연에는 다음 상황이 포함된다.
1. 지정된 기한 내에 국무원 특허행정부서가 발행한 통지에 응답하지 않는 경우
2. 심사 지연을 신청한 경우
3. 본 세칙 제45조에 규정된 상황으로 인한 지연의 경우
4. 기타 출원인으로 인한 불합리한 지연의 경우

专利法实施细则第七十九条: 专利法第四十二条第二款规定的由申请人引起的不合理延迟包括以下情形:
(一)未在指定期限内答复国务院专利行政部门发出的通知;
(二)申请延迟审查;
(三)因本细则第四十五条规定情形引起的延迟;
(四)其他由申请人引起的不合理延迟。

중국 특허법 실시세칙 제80조 【신약 관련 특허의 정의】

특허법 제42조 제3항에서 언급된 신약 관련 발명 특허는 규정에 부합하는 신약 제품 특허, 제조 방법 특허 및 의약 용도 특허를 가리킨다.

专利法实施细则第八十条: 专利法第四十二条第三款所称新药相关发明专利是指符合规定的新药产品专利、制备方法专利、医药用途专利。

중국 특허법 실시세칙 제81조 【신약 관련 특허의 존속기간 보상 요건]

특허법 제42조 제3항의 규정에 따라 신약 관련 발명에 대한 특허권의 기간 보상을 요청하는 경우에는 다음 요건을 충족해야 하며, 중국에서 판매 허가를 받은 날부터 3개월 이내에 국무원 특허행정부서에 제출해야 한다.

1. 상기 신약에 여러 개의 특허가 동시에 존재하는 경우, 특허권자는 그중 하나에 대해서 특허권 기간 보상을 청구할 것
2. 하나의 특허가 동시에 여러 신약과 관련된 경우, 상기 특허에 대한 특허권 기간 보상은 단지 하나의 신약에 대해서만 청구할 것
3. 상기 특허는 유효기간 내에 있고, 신약 관련 발명 특허권에 대한 기한 보상을 아직 받은 적이 없을 것

专利法实施细则第八十一条: 依照专利法第四十二条第三款的规定请求给予新药相关发明专利权期限补偿的,应当符合下列要求,自该新药在中国获得上市许可之日起3个月内向国务院专利行政部门提出:
(一)该新药同时存在多项专利的,专利权人只能请求对其中一项专利给予专利权期限补偿;
(二)一项专利同时涉及多个新药的,只能对一个新药就该专利提出专利权期限补偿请求;
(三)该专利在有效期内,且尚未获得过新药相关发明专利权期限补偿。

중국 특허법 실시세칙 제82조 【신약 관련 특허의 존속기간 보상의 계산】

특허법 제42조 제3항의 규정에 따라 특허권 기간이 보상되는 경우, 보상기간은 특허출원일로부터 중국에서 신약의 판매 허가를 받은 날까지의 간격 일수에서 5년을 차감하고, 특허법 제42조 제3항의 규정에 부합한다는 기초에서 결정된다.

专利法实施细则第八十二条: 依照专利法第四十二条第三款的规定给予专利权

期限补偿的,补偿期限按照该专利申请日至该新药在中国获得上市许可之日的间隔天数减去5年,在符合专利法第四十二条第三款规定的基础上确定。

중국 특허법 실시세칙 제83조【신약 관련 특허의 보상기간에서의 보호 범위】

신약 관련 발명특허에 대한 특허기간 보상기간 동안, 해당 특허의 보호범위는 신약 및 승인된 적응증 관련 기술방안으로 제한되며, 보호범위 내에서 특허권자가 향유하는 권리와 의무는 특허권 기간 보상 전과 동일하다.

专利法实施细则第八十三条: 新药相关发明专利在专利权期限补偿期间,该专利的保护范围限于该新药及其经批准的适应症相关技术方案; 在保护范围内,专利权人享有的权利和承担的义务与专利权期限补偿前相同。

중국 특허법 실시세칙 제84조【보상기간의 심사 및 통지】

국무원 특허행정부서는 특허법 제42조 제2항 및 제3항의 규정에 따라 제출된 특허권의 기간보상의 청구를 심사한 후, 보상 조건에 부합한다고 판단되는 경우에 기한보상결정을 하고 등록 및 공고하며, 보상 조건에 부합하지 않는 경우 기한보상을 하지 않기로 결정하고 청구한 특허권자에게 통지한다.

专利法实施细则第八十四条: 国务院专利行政部门对依照专利法第四十二条第二款、第三款的规定提出的专利权期限补偿请求进行审查后,认为符合补偿条件的,作出给予期限补偿的决定,并予以登记和公告; 不符合补偿条件的,作出不予期限补偿的决定,并通知提出请求的专利权人。

Ⅰ. 서 언

특허권의 존속기간이란 특허권자가 특허발명을 독점적으로 실시할 수 있는 기간을 말한다. 중국은 한국과 마찬가지로 출원일로부터 20년의 기간에 대하여 특허권의 존속기간을 인정한다. 개정 전의 중국 특허법은 한국과 달리 존속기간 연장에 대한 제도를 마련하고 있지 않았으나, 2021년 4차 개정을 통하여 존속기간 보상제도를 도입하였다.

II. 존속기간

1. 출원일로부터 20년

특허권의 기한은 20년이며, 이는 출원일로부터 계산한다(중국 특허법 제42조).[1)]

2. 우선권 주장이 있는 경우

우선권 주장이 있는 경우에는 후출원일로부터 특허권의 존속기간을 계산한다.[2)] 즉, 조약에 의한 우선권 주장이 있는 경우에는 후출원인 중국 출원일을 기준으로 존속기간을 계산하고, 국내우선권 주장이 있는 경우에는 후출원일을 기준으로 존속기간을 계산한다.

3. 존속기간의 만료일이 공휴일인 경우

중국 특허법 및 중국 특허법 실시세칙의 각종 기한에 있어서, 기한 만료일이 법정휴일인 경우에는 휴일 후의 첫째 근무일을 기한 만료일로 한다(중국 특허법 실시세칙 제5조). 그러나 존속기간은 절차적 기간이 아닌 실체적 기간이므로 만료일이 공휴일인 경우에 그 다음날로 만료되지 않고 공휴일로 만료된다(중국 특허심사지침).

---

1) 참고로, 한국 특허법 제88조에서는 '특허권의 존속기간은 특허권의 설정등록이 있는 날부터 특허출원일 후 20년이 되는 날까지로 한다'고 규정하고 있어 법문상 약간의 차이가 있는 것처럼 보이나, 중국 특허법 제11조에 의하면 특허권의 효력은 특허권이 수여된 후에 발생하기 때문에 특허권의 존속기간에 대한 한국과 중국의 규정은 실질적으로 동일하다.

2) 1984년 제정된 중국 특허법에서는 "우선권 주장을 향유하는 경우에는 그 중국 출원일로부터 존속기간을 계산한다"고 규정하였었으나, 1992년 개정 시에 이를 삭제하였다. 하지만, 현 중국 특허법 실시세칙 제12조에서는 "중국 특허법 규정의 출원일은 우선권이 있을 경우 우선권일을 말하나, 중국 특허법 제28조 및 제42조 규정(존속기간)은 제외한다"고 하여 여전히 우선권 주장이 있는 경우에는 후출원일을 기준으로 존속기간을 계산한다.

Ⅲ. 존속기간 만료 전 특허권의 소멸

만약 특허권자가 ⅰ) 규정에 의한 연차등록료를 납부하지 않거나, ⅱ) 서면으로 특허권 포기를 성명한 경우에는 특허권은 존속기간의 만료 전에 소멸한다(중국 특허법 제44조).

Ⅳ. 존속기간 보상제도

1. 존속기간 보상제도의 도입

한국은 1987년 특허법에 물질특허를 도입하면서 특허발명을 실시하기 위하여 다른 법령의 규정에 의하여 허가를 받아야 하고, 그 허가를 위하여 필요한 시험에 장기간의 시간이 소요되는 발명인 경우에는 그 실시할 수 없었던 기간에 대하여 5년의 기간 내에 존속기간을 연장할 수 있는 존속기간연장등록제도를 도입하였다. 또한 한미 FTA가 2012년 발효됨에 따라, 심사지연으로 인하여 특허등록이 늦어지는 경우에 등록지연에 따른 존속기간을 보상할 수 있는 제도를 도입하였다.

중국에서도 그동안 존속기간연장에 대한 논의는 있었으나, 2021년 특허법 4차 개정 전까지는 허가를 받기 위해 소요된 시간에 대한 존속기간연장은 물론, 심사지연에 따른 존속기간연장에 대한 규정을 모두 마련하지 않았었다.[3] 그러나 2021년 중국 특허법 개정을 통하여 존속기간 보상제도를 법률로써 도입하였고, 2024년 중국 특허법 실시세칙과 중국 특허심사지침의 개정을 통하여 구체화함으로써, 존속기간 보상제도에 대한 규정을 완비하였다.

3) 참고로, 중국에서도 2008년 특허법 개정 당시에 의약품에 관한 특허권 존속기간 연장 여부에 대한 논의가 있었다. 그러나 당시 ⅰ) TRIPs 규정에서 특허권의 존속기간 연장에 대하여 규정할 것을 회원국에게 특별히 요구하지 않는다는 점과, ⅱ) 다국적 제약회사는 대부분 외국계 회사라는 점을 고려하여 이를 도입하지 않았다.

2. 등록 과정에서의 불합리한 지연에 대한 존속기간의 보상

(1) 취 지

중국 특허법 제42조 제2항에 따르면, 특허출원일로부터 4년이 경과하고 실질심사청구일로부터 3년이 경과한 후에 특허권이 수여된 경우, 중국 특허청은 특허권자의 요청에 따라 등록 과정에서 불합리하게 지연된 기간에 대해서 보상할 수 있다. 이는 중국 특허청에 의한 심사지연 등으로 인해 등록 과정이 불합리하게 지연된 경우에 특허권을 행사할 수 있는 기간이 단축되는 특허권자의 피해를 보상하기 위한 것이다.

(2) 청구의 주체 및 기한

존속기간 보상 청구는 특허권자가 제출해야 한다. 특허권자가 특허권의 존속기간에 대한 보상을 청구하는 경우, 특허권자는 특허권 등록공고일로부터 3개월 이내에 특허청에 청구하고 해당 수수료를 지불해야 한다.[4]

(3) 보상기간의 확정

존속기간 보상 기간은 특허 등록과정에서 불합리하게 지연된 실제 일수에 따라 계산된다.[5] 여기서 실제 일수는 출원일로부터 4년이 경과하고 실질심사 청구일로부터 3년이 경과한 날로부터 특허권 등록공고일까지의 간격 일수에서, 합리적인 지연 일수와 출원인으로 인한 불합리한 지연 일수를 차감한 일수를 말한다.[6] 국제출원 및 분할출원의 경우, 실제 일수는 국제출원이 중국 국가단계에 진입한 날짜 또는 분할출원 제출일로부터 4년이 경과하고 실질심사 청구일로부터 3년이 경과한 날로부터 특허권 등록공고일까지의 간격 일수에서, 합리적인 지연 일수와 출원인으로 인한 불합리한 지연 일수를 차감한 일수를 말한다.[7] 주의할 점은 중국 특허법 제42조 제2항의 "실질심사 청구일"은 실질심사를 청구하였을 뿐만 아니라, 실질심사비용을 전액 납부한 날을 가리킨다는 것이다. 또한, 실질심사 청

4) 중국 특허법 실시세칙 제77조, 중국 특허심사지침 제5부 제7장 2.1.
5) 중국 특허법 실시세칙 제78조 제1항.
6) 중국 특허법 실시세칙 제78조 제2항.
7) 중국 특허심사지침 제5부 제7장 2.2.

구일이 출원 공개일보다 빠른 경우, 중국 특허법 제42조 제2항의 "실질심사 청구일로부터 3년이 경과한 날"은 출원 공개일로부터 기산한다.[8)]

A. 등록과정에서의 합리적인 지연

이하의 상황은 특허 등록과정에서의 합리적인 지연에 해당하여, 존속기간 보상 대상에 해당하지 않는다.[9)]

i) 중국 특허법 실시세칙 제66조에 따라 거절결정불복심판 단계에서의 출원서류를 보정한 후에 등록된 경우에 해당 거절결정불복심판 절차로 인한 지연,

ii) 중국 특허법 실시세칙 제103조에 따른 중지 절차로 인한 지연,

iii) 중국 특허법 실시세칙 제104조에 따른 보전 조치로 인한 지연,

iv) 기타 행정 절차 등에서의 합리적인 상황으로 인한 지연

B. 출원인에 의한 불합리한 지연

이하의 상황은 특허 등록과정에서의 출원인에 의한 불합리한 지연에 해당하여, 존속기간 보상 대상에 해당하지 않는다.[10)]

i) 지정된 기한 내에 국무원 특허행정부서가 발행한 통지서에 응답하지 않아서 발생한 지연,[11)]

ii) 지연심사를 신청한 경우,[12)]

iii) 중국 특허법 실시세칙 제45조에 따른 선출원을 인용하는 방식으로 명세서 및/또는 청구범위를 추가 제출함으로써 발생하는 지연,

iv) 권리회복 청구로 인한 지연,

v) 우선일로부터 30개월 이내에 중국 국가단계 진입 수속을 밟는 국제출원

---

8) 중국 특허심사지침 제5부 제7장 2.2.

9) 중국 특허법 실시세칙 제78조 제3항, 중국 특허심사지침 제5부 제7장 2.2.1.

10) 중국 특허법 실시세칙 제79조, 중국 특허심사지침 제5부 제7장 2.2.2.

11) 이 경우에 지연 일수는 기한 만료일로부터 실제 답변제출일까지이다.

12) 이 경우에 지연 일수는 실제 심사 지연 일수이다.

에 있어서, 출원인이 조기 심사 및 처리를 요청하지 않음으로 인한 지연,[13)]

vi) 기타 행정 절차 등에서의 합리적인 상황으로 인한 지연

(4) 존속기간 보상 청구의 승인

심사 후 특허권에 대한 기한 보상 요청이 기한 보상 조건을 충족하지 않는다고 판단되는 경우, 중국 특허청은 청구인에게 의견 진술 및 보정의 기회를 적어도 한 번 부여한다. 이후에도 보상 조건을 충족하지 못하는 경우에는 기간 보상을 하지 않기로 결정한다. 심사 후 보상 조건을 충족한다고 판단되는 경우, 중국 특허청은 존속기간 보상을 결정하고 보상 일수를 통지한다.

(5) 이중출원 적용의 예외

동일한 출원인이 같은 날 동일한 발명에 대해 실용신안과 특허를 모두 출원하고 중국 특허법 실시세칙 제47조 제4항의 규정에 따라 특허권을 취득한 경우, 해당 특허권의 존속기간은 중국 특허법 제42조 제2항의 규정에 적용되지 않는다.[14)] 이는 이중출원의 경우, 등록 과정에서의 지연기간 동안에는 실용신안으로 보호 가능하기 때문이다.

3. 신약의 허가에 소요된 기간에 대한 존속기간의 보상

(1) 취 지

중국 특허법 제42조 제3항에 따르면, 신약의 판매 심사 및 승인에 소요되는 시간을 보상하기 위해 시장판매 허가를 획득한 신약 관련 특허에 대해서 존속기간을 보상할 수 있다.

(2) 존속기간 보상 조건

의약품 관련 특허의 존속기간 보상을 청구하기 위해서는, 다음의 조건을 만

---

13) 이 경우에 지연 일수는 중국 국내단계 진입일로부터 우선일로부터 30개월이 되는 날까지이다.

14) 중국 특허심사지침 제5부 제7장 2.

족해야 한다.[15)]

i) 보상을 요청하는 특허의 등록 공고일이 판매 허가 신청이 비준된 날보다 앞설 것
ii) 보상 청구 시에, 해당 특허권이 유효한 상태일 것
iii) 해당 특허권에 대해서 신약 특허의 존속기간 보상을 받은 적이 없을 것
iv) 청구항이 판매허가를 받은 신약에 대한 기술방안을 포함할 것
v) 하나의 신약에 여러 개의 특허가 동시에 존재하는 경우, 특허권자는 그중 하나에 대해서 특허권 기한 보상을 청구할 것
vi) 하나의 특허가 동시에 여러 신약과 관련된 경우, 상기 특허에 대한 특허권 기간 보상은 단지 하나의 신약에 대해서만 청구할 것

(3) 청구의 주체 및 기한[16)]

신약 특허권에 대한 존속기간 보상 청구는 특허권자가 제출해야 한다. 특허권자가 신약 특허권의 존속기간 보상을 청구하는 경우, 중국에서 판매 허가를 받은 날로부터 3개월 이내에 중국 특허청에 청구하고 해당 수수료를 지불해야 한다. 조건부 판매 허가를 받은 의약품의 경우, 중국에서 정식 판매 허가를 받은 날로부터 3개월 이내에 중국 특허청에 요청해야 하지만, 보상기간 계산은 조건부 판매 허가를 받은 날을 기준으로 한다.

(4) 증명 자료 및 청구서의 기재

신약 특허권의 존속기간 보상을 청구할 때, 특허권자는 다음 자료도 제출해야 한다.

i) 특허권자와 의약품 판매 허가권자가 일치하지 않는 경우, 의약품 판매 허가권자의 서면 동의서
ii) 의약품 특허권의 존속기간 보상기간에서의 특허 보호 범위를 결정하는 데 사용되는 관련 기술 자료[17)]

15) 중국 특허법 실시세칙 제81조, 중국 특허심사지침 제5부 제7장 3.1.
16) 중국 특허법 실시세칙 제81조, 중국 특허심사지침 제5부 제7장 3.2.

iii) 중국 특허청에서 요구하는 기타 인증 자료.

특허권자는 청구서에 약품명, 약품등록분류, 승인된 적응증(适应症) 및 존속기간 보상을 청구하는 특허번호를 기재해야 한다. 또한, 시판 허가를 받은 신약과 관련된 청구항을 지정하고, 증빙자료와 함께 지정된 청구항이 신약 관련 기술 방안을 포함하는 이유를 구체적으로 설명해야 한다. 아울러, 청구하는 보상기간의 산정 근거를 설명해야 하며, 의약품 특허권의 보상기간 동안에 보호되는 기술방안을 명확히 해야 한다.

(5) 적용 범위

혁신 의약품 및 개량형 신약에 대해, 해당 약물의 활성 물질에 대한 제품 특허, 제조 방법 특허, 그리고 제조 방법 또는 의약의 용도 발명 특허에 대한 특허권 존속기간 보상이 부여될 수 있다. 혁신 의약품 및 개량형 신약의 정의는 관련 법령 및 국무원 의약품 감독관리 부서의 규정에 따라 결정된다.[18]

(6) 청구항에 기재된 기술방안에 대한 심사 및 보호범위

신약 관련 기술방안은 국무원 약품감독관리국이 승인한 신약의 구조, 구성 및 함량, 승인된 생산 공정 및 적응증에 따른다. 지정된 청구항이 판매 허가를 받은 신약에 대한 관련 기술 방안을 포함하지 않는 경우, 기간 보상이 부여되지 않는다.[19] 신약 관련 발명특허에 대한 특허기간 보상기간 동안, 해당 특허의 보호범위는 신약 및 승인된 적응증 관련 기술방안으로 제한되며, 보호범위 내에서 특허권자가 향유하는 권리와 의무는 특허권 기간 보상 전과 동일하다.[20]

---

17) 예를 들어 제조 방법 특허에 대한 존속기간 보상을 청구하는 경우, 국무원 약품감독관리국이 승인한 약품 생산 공정 자료를 제출해야 한다.

18) 중국 특허심사지침에 따르면, 개량형 신약의 경우에는 국무원 의약품 감독관리 부서가 발급한 의약품 등록 증서에 다음과 같은 범주로 기재된 개량형 신약으로 한정된다. 1) 화학 의약품 2.1류 중 기존 활성 성분을 에스터화하거나 기존 활성 성분을 염(鹽) 형태로 변환한 의약품, 2) 화학 의약품 2.4류, 즉 기존 활성 성분을 포함하며 새로운 적응증을 가진 의약품, 3) 예방용 생물의약품 2.2류 중 백신 균주를 개선한 백신, 4) 치료용 생물의약품 2.2류: 새로운 적응증이 추가된 생물의약품, 5) 한약 2.3류, 즉 기능 및 주치(主治)를 추가한 한약.

19) 중국 특허심사지침 제5부 제7장 3.5.

20) 중국 특허법 실시세칙 제83조.

(7) 보상기간의 확정

약품 특허권의 존속기간의 보상기간은 특허 출원일로부터 중국에서 신약의 판매 허가를 받은 날까지의 간격 일수에서 5년을 차감한다. 보상기간은 5년을 초과할 수 없으며, 의약품 판매 허가 신청 승인 후 총 유효 특허권 존속기간은 14년을 초과할 수 없다.[21)]

---

21) 중국 특허심사지침 제5부 제7장 3.6.

제3장 특허권의 보호범위

제1절 서 설

'특허권의 보호범위'란 타인의 침해로부터 발명을 보호하기 위하여 타인의 실시를 배제할 수 있도록 특허권의 효력이 미치는 범위를 의미한다. 일반적으로 특허권 침해여부의 판단은 먼저 특허권의 보호범위를 확정하고, 이 후 실시행위가 해당 특허권의 보호범위에 속하는지를 판단함으로써 이루어진다. 따라서 특허권의 보호범위의 확정은 침해여부 판단의 선결 요건이자 핵심이라 할 수 있다.

중국은 특허권의 보호범위의 판단방법과 관련하여 중국 특허법 제64조에서 소위 '청구범위 기준의 원칙'에 대해서 제시하고 있다. 하지만 특허권은 성질상 무형자산에 속하기 때문에 유형자산과 달리 보호범위를 청구항으로 명확하게 표현하는 것에 한계가 있다. 따라서 청구범위 기준의 원칙을 너무 엄격하게 적용한다면 중요도가 매우 낮은 기술특징만을 변환하여 실시하는 타인의 행위가 특허권의 보호범위에 속하지 않게 되고, 이로 인하여 특허권이 유명무실하게 되는 문제가 있다. 따라서 특허권의 보호범위를 확정하기 위해서는 청구항에 기재된 내용을 기준으로 하되 청구항의 표현의 한계를 감안한 법률적 가치판단이 가미되어야 하며, 이에 따라 미국, 유럽, 일본 등의 특허 선진국들에서는 일찍이 균등론, 금반언 등과 같은 이론들이 발전하여 왔다. 중국 역시 1984년 특허제도의 제정과 함께 특허 선진국들로부터 이러한 이론들을 도입하여 특허권의 보호범위의 확장 및 제한을 위한 이론적 근거를 제공한다.

제2절 특허권의 보호범위의 해석 기준

중국 특허법 제64조 제1항 【특허권 보호범위의 해석】 특허 또는 실용신안의 보호범위는 그 청구항의 내용을 기준으로 하고, 명세서 및 도면은 청구항의 내용을 해석하는 데 이용할 수 있다. 专利法第六十四条: 发明或者实用新型专利权的保护范围以其权利要求的内容为准,说明书及附图可以用于解释权利要求的内容。

Ⅰ. 서 언

한국이 특허법 제97조에서 "특허발명의 보호범위는 특허청구범위에 기재된 사항에 의하여 정하여진다"라고 하여 특허권 보호범위 해석의 일반 원칙만을 규정하고 있는 것과 유사하게, 중국 역시 중국 특허법은 제64조에서 "특허권의 보호범위는 청구항의 내용을 기준으로 하고, 명세서 및 도면은 청구항의 내용을 해석하는 데 이용할 수 있다"라고 하여 소위 '청구범위 기준의 원칙'에 대하여 규정하고 있다. 중국에서의 청구범위 해석 원리 및 기준에 대한 논의는 1984년 특허법 제정과 함께 특허 선진국으로부터 받아들인 것이기 때문에 일부를 제외하면 한국과 유사한 편이다.

Ⅱ. 청구범위 해석의 원리

특허권의 보호범위를 해석하는 학계의 이론은 주변한정주의와 중심한정주의(中心限定论)가 있다.

1. 주변한정주의(周边限定论)

'주변한정주의'란 특허권의 보호범위는 청구항에 기재된 문언적 의미로만 해석되어야 하며, 그 외의 기재사항 즉, 명세서에 의한 확정 해석은 인정되지 않는다는 견해이다. 주변한정주의는 계약법적 성질이 강한 영미법 계통에서 발달한 해석방법으로, 특허권의 보호범위가 명확하고 이해가 용이하다는 장점이 있다.

2. 중심한정주의(中心限定论)

'중심한정주의'란 특허권의 보호범위는 청구항의 기재 사항에 구애받지 않고 청구항에 표현된 발명의 실질적 사상을 보호하여야 한다는 것으로, 명세서 및 도면으로부터 발명의 핵심을 파악한 후에 이에 상응하는 범위까지 보호범위를 인정하는 견해이다. 중심한정주의는 대륙법 계통의 직권주의적 성격이 강조된 해석방법으로, 발명의 보호에 충실하다는 장점이 있다.

3. 중국 사법 실무의 태도

중국은 1995년 판례를 통하여 "청구항에 기재된 기술특징을 필수기술특징과 부차적 기술특징으로 구분한 후에 부차적 기술특징을 제외한 필수기술특징만을 이용하여 특허권의 보호범위를 해석하여야 한다"고 하여 소위 '다여지정의 원칙(多余指定原则)'을 최초로 적용하였으며, 이후 2003년 최고인민법원이 사법해석을 통하여 이를 수용함으로써 중국의 과거 판례는 대체적으로 중심한정주의적 태도를 취하였던 것으로 평가된다.[1] 그러나 2005년 최고인민법원은 다여지정 원칙의 적용을 반대한다는 입장을 표명하였으며, 2009년 사법해석[2]에서 "특허권의 보호범위에 속하는지 여부를 판단할 때에 청구항에 기재된 모든 기술특징을 심사해야

1) 참고로, 2003년 7월 최고인민법원은 「특허침해분쟁사건의 문제를 해결하기 위한 방안의 초고(关于处理专利侵权纠纷案件有关问题解决方案草稿)」를 공포하면서, 그중 제32조에서 다여지정의 원칙을 규정하였다.

2) 2009년 공포된 「최고인민법원의 특허권 침해분쟁 소송사건 심리에 적용하는 법률에 관한 약간의 문제 해석(最高人民法院关于审理侵权专利权纠纷案件应用法律若干问题的解释)」의 제7조 제1항.

한다"고 규정하여 주변한정주의적 태도로 전환함을 명확히 하였다. 이에 따라, 최근의 중국 사법실무는 대부분 주변한정주의적 입장을 취하고 있다.[3]

Ⅲ. 청구범위 기준의 원칙

1. 청구범위 기준의 원칙의 의미

청구범위 기준의 원칙이란 특허권의 보호범위는 청구범위를 기준으로 결정된다는 것으로, 중국 특허법 제64조 제1항에 규정되어 있다.[4] 따라서 명세서에 기재되어 있는 발명이라 할지라도 청구범위에 포함되어 있지 않은 것은 특허권의 보호범위에 속하지 않게 된다. 중국 사법실무에 따르면, 명세서 또는 도면에 기재되어 있지만 청구범위에 기재되지 않은 기술방안에 대하여 권리자가 특허권의 침해분쟁 사건에서 이를 특허권의 보호범위에 포함시키려 하더라도 법원은 이를 허용하지 않는다.[5]

2. 청구항의 특정 및 청구항의 변경

1) 특허권의 침해분쟁 시에 특허권자는 보호를 요구하는 청구항을 명확히 지적하여야 한다. 만약 청구범위(权利要求书)에 2개 이상의 청구항이 포함되어 있으나 권리자가 보호를 요구하는 청구항을 특정하지 않은 경우, 법원은 석명을 통하여 이를 명확히 할 것을 요구하여야 하며, 이에 불구하고 특허권자가 이를 명확하게 하지 않은 경우에 법원은 해당 소송을 각하(驳回)할 수 있다.[6]

---

3) 최고인민법원(2012)안민삼재종자제00002호, 최고인민법원(2012)민신자제137호, 최고인민법원(2017)최고법민신3802호 외.

4) 참고로, 2009년 공포된 「최고인민법원의 특허권 침해분쟁 소송사건 심리에 적용하는 법률에 관한 약간의 문제 해석」 제1조 제1항은 "특허권의 침해분쟁 시에 법원은 권리자가 주장하는 청구항에 근거하여 중국 특허법 제59조 제1항에 따라 특허권의 보호범위를 확정한다"고 하여 청구범위 기준의 원칙을 명확히 하고 있다.

5) 2009년 공포된 「최고인민법원의 특허권 침해분쟁 소송사건 심리에 적용하는 법률에 관한 약간의 문제 해석」의 제5조.

2) 중국 특허법 제64조의 '청구항의 내용을 기준으로 한다'는 것은 독립항의 내용만을 기준으로 한다는 것을 의미하는 것은 아니며, 종속항의 내용을 기준으로도 보호범위를 확정할 수 있다. 최고인민법원은 "특허권의 침해분쟁 시에 권리자가 종속항의 침해를 주장하는 경우에 법원은 당해 종속항에 기재된 부차적 기술특징 및 그 종속항이 인용하는 청구항에 기재된 기술특징으로부터 특허권의 보호범위를 확정해야 한다"고 하여 종속항의 내용을 기준으로도 보호범위를 확정할 수 있음을 명확히 하였다.[7)]

3) 특허권의 침해 분쟁 시에 권리자는 1심 변론 종결 전에 보호를 요구하는 청구항을 변경할 수 있다. 이와 관련하여 최고인민법원은 "특허권의 침해 분쟁 시에 권리자는 제1심 법원의 변론 종결 전에 그 주장하는 청구항을 변경할 수 있으며, 이 경우에 법원은 이를 허용하여야 한다"고 규정하고 있다.[8)]

IV. 명세서 및 도면의 역할

1. 청구항 해석의 근거

명세서 및 도면은 청구항의 내용을 해석하는 데 사용될 수 있다(중국 특허법 제64조 제1항). 즉, 특허권의 보호범위는 청구범위를 기준으로 정하여지나, 청구항에 기재된 사항은 명세서 및 도면을 참작하여야 그 기술적인 의미를 정확하게 이해할 수 있으므로, 청구항의 보호범위를 해석하는 데 있어서 명세서 및 도면에 내용을 참작하여야 한다는 것이다. 중국 사법실무 역시 특허 침해분쟁 시에 명세서 및 도면이 청구항 해석의 근거로 사용될 수 있는 것으로 본다.[9)]

---

6) 2016년 「최고인민법원의 특허권 침해분쟁 소송사건 심리에 적용하는 법률에 관한 약간의 문제에 대한 해석 2(最高人民法院关于审理侵犯专利权纠纷案件应用法律若干问题的解释(二))」의 제1조, 2017년 공포된 「북경 고급인민법원의 특허침해판정가이드」의 제6조.

7) 2009년 공포된 「최고인민법원의 특허권 침해분쟁 소송사건 심리에 적용하는 법률에 관한 약간의 문제 해석」의 제1조 제2항.

8) 2009년 공포된 「최고인민법원의 특허권 침해분쟁 소송사건 심리에 적용하는 법률에 관한 약간의 문제 해석」의 제1조 제1항.

9) 2009년 공포된 「최고인민법원의 특허권 침해분쟁 소송사건 심리에 적용하는 법률에 관한

2. 내재적 근거 및 외재적 근거 사이의 우선순위

1) 특허권의 보호범위를 해석하는 데 사용되는 근거는 내재적 근거와 외재적 근거로 구분될 수 있다. "내재적 근거(内在依据)"는 명세서 및 도면 이외에 특허청구범위 중 관련 청구항, 심사관련서류(专利审查档案)를 포함하며, 여기서 심사관련서류는 특허심사, 거절결정불복심판(复审), 무효심판 과정 중 중국 특허청 또는 복심위원회가 발행한 심사의견통지서, 거절결정서, 특허무효심결 및 출원인 또는 특허권자가 제출한 답변서, 보정서 및 구술심리기록 등을 포함한다. "외재적 근거(外在依据)"는 전문기술사전, 교과서, 기술설명서(技术工具书), 백과사전, 전문가 증언 등을 포함한다.

2) 다만 주의할 점은 특허권의 보호범위를 해석할 때에 명세서, 도면 등의 내재적 근거가 교과서 등의 외재적 근거에 우선하여 보호범위 해석의 근거로 사용된다는 것이다.[10] 이는 발명은 새로운 기술방안의 창작이므로 이론상 청구항의 기술방안은 명세서에 의해서만 설명되고 교과서 등의 외재적 근거에는 소개되지 않은 것이며, 또한 명세서에 청구항의 용어가 새롭게 정의되어 사용되었을 가능성이 높기 때문이다.

Ⅴ. 요약서의 역할

법문상 명확하게 규정되어 있지는 않으나, 요약서의 내용은 명세서에 기재된 기술방안의 개요에 불과하기 때문에 아무런 법적 효력을 갖지 못한다는 것이 중국학계의 통설이다. 중국사법실무에서는 요약서는 대중의 검색을 용이하게 하기 위한 기술 정보를 제공하기 위한 것일 뿐이며, 특허권의 보호범위를 결정하거나 청구범위를 해석하는 데 사용할 수 없다고 본다.

약간의 문제 해석」의 제3조, 최고인민법원(2010)민신자제871호, 최고인민법원(2012)민신자제3호, 최고인민법원(2011)민제자제64호, 최고인민법원(2012)민신자제1318호 외.

10) 2009년 공포된 「최고인민법원의 특허권 침해분쟁 소송사건 심리에 적용하는 법률에 관한 약간의 문제 해석」의 제1조 제1항, 최고인민법원(2021)최고법민신3110호.

제3절 특허권 보호범위의 해석 방법

Ⅰ. 서 언

중국은 중국 특허법 제64조에서 소위 '청구범위 기준의 원칙'에 대하여만 제시하고 있을 뿐, 특허권의 보호범위를 해석하기 위한 구체적인 방법에 대하여는 규정하고 있지 않다. 이에 중국은 입법초기부터 특허권의 보호범위에 대한 구체적 판단 방법은 학설 및 판례에 맡기는 태도를 취하여 왔다. 이후 특허 실무에 대한 경험이 축적됨에 따라 중국의 최고인민법원은 2001년,[11] 2009년,[12] 2013년,[13] 2016년[14]에 몇몇 사법해석을 공포하여 특허권 보호범위의 해석에 대한 법적 근거를 마련하고 있다.

Ⅱ. 구성요소완비의 원칙(全面覆盖原则)

2009년 사법해석 제7조 제1항 【구성요소 완비의 원칙】
법원은 권리를 침해한 것으로 피소된 기술방안이 특허권의 보호범위에 속하는지 여

---

11) 2001년 6월 19일 공포, 2001년 7월 1일 시행「최고인민법원 특허분쟁사건 심리의 법률적용 문제에 대한 약간의 규정(最高人民法院关于审理专利纠纷案件适用法律问题的若干规定)」; 본 절에서는 설명의 편의를 위하여 '2001년 사법해석'이라 칭한다.

12) 2009년 12월 21일 공포, 2010년 1월 1일 시행「최고인민법원 특허권 침해분쟁 사건 심리에 적용하는 법률에 관한 약간의 문제해석(最高人民法院关于审理侵犯专利权纠纷案件应用法律若干问题的解释)」; 본 절에서는 설명의 편의를 위하여 '2009년 사법해석'이라 칭한다.

13) 2013년 공포된 사법해석은 2001년 사법해석 제2조의 관할에 관한 규정에 "기층인민법원을 특허분쟁사건의 제1심 법원으로 할 수 있다"는 내용을 추가한 것을 제외하면, 2001년 사법해석과 동일하다.

14) 2016년 1월 25일 공포, 2016년 4월 1일 시행「최고인민법원 특허권 침해분쟁 사건 심리에 적용하는 법률에 관한 약간의 문제해석 2(最高人民法院关于审理侵犯专利权纠纷案件应用法律若干问题的解释(二))」; 본 절에서는 설명의 편의를 위하여 '2016년 사법해석'이라 칭한다.

부를 판정할 때, 권리인이 주장하는 청구항에 기재된 모든 기술특징을 심사하여야 한다.

第七条: 人民法院判定被诉侵权技术方案是否落入专利权的保护范围,应当审查权利人主张的权利要求所记载的全部技术特征。

2016년 사법해석 제5조 【전제부 및 특징부에 기재된 기술특징】

법원에서 청구항의 보호범위를 확정할 때에, 독립항의 전제부, 특징부 및 종속항의 인용부, 한정부에 기재된 기술특징 모두 한정 작용을 가진다.

第五条: 在人民法院确定专利权的保护范围时,独立权利要求的前序部分、特征部分以及从属权利要求的引用部分、限定部分记载的技术特征均有限定作用。

1. 의 미

구성요소완비의 원칙이란 청구항에 기재된 구성요소 전부를 실시하는 경우에만 특허권의 보호범위에 속한다는 원칙이다. 즉, 피소된 침해제품에서 청구항에 기재된 모든 기술특징에 상응하는 기술특징을 찾을 수 있어야 해당 피소된 침해제품은 특허권의 보호범위에 속한다는 것이다. 최고인민법원은 2009년 사법해석에서 "피소된 기술방안이 특허권의 보호범위에 속하는지 여부를 판정할 때에는 청구항에 기재된 모든 기술특징을 심사하여야 한다"고 하여 중국에서 구성요소완비의 원칙이 적용됨을 명확히 하였다.

2. 부가의 원칙 및 생략의 원칙

(1) 부가의 원칙

만약 피소된 침해제품이 청구항에 기재된 구성요소를 모두 포함하고 있다면 다른 구성요소를 더 포함하고 있다고 하더라도 여전히 당해 청구항의 보호범위에 속한다고 볼 수 있다. 예를 들어, 청구항의 구성요소가 "A+B+C"인데 피소된 침해제품이 "A+B+C+D"라면 보호범위에 속하게 된다.[15)]

(2) 생략의 원칙

만약 피소된 침해제품이 청구항의 구성요소 중 적어도 어느 하나를 생략하였다면 당해 청구항의 보호범위에 속한다고 할 수 없다. 예를 들어, 청구항의 구성요소가 “A+B+C”인데 피소된 침해제품이 “A+B”라면 보호범위에 속하지 않게 된다.[16)]

3. 전제부 및 특징부에 기재된 기술특징

최고인민법원의 사법해석에 따르면, 만약 독립항이 전제부 및 특징부를 포함하도록 구성된다면, 해당 전제부 및 특징부에 기재된 기술특징 역시 보호범위에 대한 한정 작용을 갖는다.

Ⅲ. 균등론(等同原则)

2001년 사법해석 제17조 【균등론】

① 중국 특허법 제56조 제1항에서 “특허 또는 실용신안의 보호범위는 그 청구항의 내용을 기준으로 하고, 명세서 및 도면은 청구항의 내용을 해석하는 데 이용할 수 있다”의 의미는 특허권의 보호범위는 청구항에 명확하게 기재된 필수기술특징에 의하여 확정된 범위를 기준으로 한다는 것을 의미하며, 이는 필수기술특징과 균등한 기술특징에 의하여 확정된 범위를 포함한다.
② 균등특징이란 기재된 기술특징과 기본상 동일한 수단으로 기본상 동일한 기능을 수행하여 기본상 동일한 효과를 나타내며, 본 영역의 일반 기술자가 창조적인 노동을 거치지 않고 연상할 수 있는 특징을 칭한다.

第十七条: 专利法第五十六条第一款所称的“发明或者实用新型专利权的保护范围以其权利要求的内容为准,说明书及附图可以用于解释权利要求”,是指专利权的保护范围应当以权利要求书中明确记载的必要技术特征所确定的范围为准,也

15) 최고인민법원(2012)민제자제1호, 최고인민법원(2013)민신자제790호 외.
16) 최고인민법원(2011)민신자제630호 외.

包括与该必要技术特征相等同的特征所确定的范围。
等同特征是指与所记载的技术特征以基本相同的手段,实现基本相同的功能,达到基本相同的效果,并且本领域的普通技术人员无需经过创造性劳动就能够联想到的特征。

2009년 사법해석 제7조 제2항【균등론】

권리를 침해한 것으로 피소된 기술방안이 청구항에 기재된 모든 기술특징과 동일하거나 균등한 기술특징을 포함하는 경우에 법원은 해당 기술방안이 특허권의 보호범위에 속한다는 것을 인정해야 한다. 권리를 침해한 것으로 피소된 기술방안의 기술특징과 청구항에 기재된 모든 기술특징을 상호 비교한 결과, 청구항에 기재된 하나 이상의 기술특징을 결여하는 경우 또는 동일하지 않고 균등하지 않은 하나 이상의 기술특징이 있는 경우, 법원은 피소된 기술방안이 특허권의 보호범위에 속하지 않는다고 인정하여야 한다.

第七条: 被诉侵权技术方案包含与权利要求记载的全部技术特征相同或者等同的技术特征的,人民法院应当认定其落入专利权的保护范围; 被诉侵权技术方案的技术特征与权利要求记载的全部技术特征相比,缺少权利要求记载的一个以上的技术特征,或者有一个以上技术特征不相同也不等同的,人民法院应当认定其没有落入专利权的保护范围。

2016년 사법해석 제8조【기능식 특징의 균등론】

① 기능식 특징은 구조, 조성, 단계, 조건 혹은 그 사이 관계 등에 대해 발명창조 중에서 기능이나 효과에 따라 기술특징을 한정하는 것을 가리킨다. 단, 당업자가 청구항을 읽는 것을 통해 직접적이고 명확하게 해당 기능 또는 효과를 실현할 수 있는 구체적인 실시 방식을 확정할 수 있는 경우는 제외한다.
② 명세서 혹은 도면에 기재된 전항에 언급된 기능이나 효과를 실현하기 위해 불가결한 기술특징과 비교하여, 피소 침해기술방안의 상응하는 기술특징이 기본적으로 동일한 수단으로 동일한 기능을 실현하고 동일한 효과를 달성하며 당업자들이 피소 침해행위 발생 시 창조적인 노력을 통하지 않아도 연상할 수 있을 경우, 법원은 해당 상응하는 기술특징과 기능적 특징이 동일하거나 균등하다고 판단한다.

第八条: 功能性特征,是指对于结构、组分、步骤、条件或其之间的关系等,通过其在发明创造中所起的功能或者效果进行限定的技术特征,但本领域普通技术人员仅通过阅读权利要求即可直接、明确地确定实现上述功能或者效果的具体实施方式的除外。
与说明书及附图记载的实现前款所称功能或者效果不可缺少的技术特征相比,被诉侵权技术方案的相应技术特征是以基本相同的手段,实现相同的功能,达到相同的效果,且本领域普通技术人员在被诉侵权行为发生时无需经过创造性劳动就能够联想到的,人民法院应当认定该相应技术特征与功能性特征相同或者等同。

1. 의 미

균등론(等同原则)이란 피소된 침해제품의 일부 기술특징과 청구항에 기재된 기술방안 중 일부 기술특징이 완전히 일치하지는 않지만, 피소된 침해제품의 기술특징이 청구항에 기재된 기술특징과 균등한 것으로 보아 특허권의 보호범위에 포함된다고 보는 이론이다.[17] 중국은 1984년 특허법 제정 초기부터 미국으로부터 균등론에 대한 이론을 받아들여 사법실무에서 이를 적용하였으며, 이후 축적된 경험을 바탕으로 수차례 사법해석을 공포함으로써 균등론에 대한 법적 근거를 분명하게 하였다.

2. 판단기준

(1) 객체적 기준

최고인민법원의 사법해석에 따르면, 균등특징이란 기재된 기술특징과 기본상 동일한 수단(手段)으로 기본상 동일한 기능(功能)을 수행하여 기본상 동일한 효과(效果)를 나타내는 특징을 의미한다. 즉, 피소된 침해제품의 기술특징과 청구항에 기재된 기술특징은 ⅰ) 기본적으로 동일한 수단(手段) 또는 방식(方式)을 이용하여, ⅱ) 기본적으로 동일한 기능(功能)을 수행하여야 하고, ⅲ) 그 결과 기본적으로 동일한 효과(效果)를 발생하여야 한다.[18]

중국 사법실무에 따르면, ⅰ) 여기서 "기본적으로 동일한 수단"이란, 피소된 침해기술방안의 기술특징과 청구항의 대응하는 기술특징이 기술 내용에 있어서

17) 최고인민법원(2013)민제자제225호, 최고인민법원(2017)최고법민신1804호 외.
18) 최고인민법원(2013)민신자제1146호.

실질적 차이가 없다는 것을 의미한다. ⅱ) “기본적으로 동일한 기능”이란, 피소된 침해기술방안의 기술특징과 청구항의 대응하는 기술특징이 각각의 기술 방안에서 야기하는 작용이 기본적으로 동일하다는 것을 의미한다. ⅲ) “기본적으로 동일한 효과”란, 피소된 침해기술방안의 기술특징과 청구항의 대응하는 기술특징이 각각의 기술 방안에서 도달하는 효과가 기본적으로 동등하다는 것을 의미한다. 또한 중국 사법실무에서는, 수단은 기술특징 자체의 기술 내용이고, 기능 및 효과는 기술특징의 외부 특성이며, 기능 및 효과는 수단에 의존한다고 본다.

(2) 주체적 기준

최고인민법원의 사법해석에 따르면, 균등특징은 본 영역의 일반 기술자가 창조적인 노동을 거치지 않고 연상할 수 있는 특징을 칭한다. 즉, 균등특징은 해당 영역의 통상 기술자의 기술수준을 기준으로 판단한다. 중국 사법실무에 따르면, “창조적 노동을 거치지 않고 연상할 수 있다”는 것은, 당업자가 피소된 침해기술방안의 기술특징과 청구항의 대응하는 기술특징을 서로 대체하는 것을 쉽게 연상할 수 있다는 것을 의미한다.

(3) 시기적 기준

중국 사법실무에서는 균등론에 의한 발명 보호의 실효성을 높이기 위하여 침해행위 발생시점을 기준으로 균등특징 여부를 판단한다.

3. 판단방법

(1) 기술특징 사이의 균등일 것

“균등”이란 상응하는 기술특징 사이의 균등을 의미하며, 청구항의 기술방안과 피소된 침해제품 사이의 전체로서의 균등을 의미하는 것은 아니다. 일반적으로 보호를 요구하는 청구항의 기술방안은 복수의 기술특징을 포함한다. 이 경우, 균등이란 청구항의 기술방안의 복수의 기술특징 중 소정 기술특징과 이에 상응하는 피소된 침해제품의 기술특징 사이의 균등을 의미하는 것이며, 기술방안과 피소된 침해제품 사이의 전체로서의 균등을 의미하는 것은 아니다.

(2) 청구항에 기재된 모든 기술특징을 비교할 것

청구항에 기재된 모든 기술특징을 피소된 침해제품의 기술특징과 일일이 비교하여야 한다. 즉, 청구항에 기재된 복수의 기술특징 중 일부를 제외한 채 균등론을 적용하여 침해여부를 판단하는 것은 허용되지 않는다. 이와 관련하여, 2009년 최고인민법원의 사법해석 제7조는 "피소된 기술방안의 기술특징과 청구항에 기재된 모든 기술특징을 상호 비교한 결과, 청구항에 기재된 기술특징 중 하나 이상의 기술특징을 결여하거나 또는 동일하지 않고 균등하지 않은 하나 이상의 기술특징이 있는 경우에 법원은 피소된 기술방안이 특허권의 보호범위에 속하지 않는다고 판단하여야 한다"고 규정하였다.

(3) 기능식 청구항과 균등론

중국 사법실무에 따르면, 기능식 청구항에 대해서도 균등론이 적용될 수 있다.[19] 구체적으로, 명세서 혹은 도면에 기재된 기능이나 효과를 실현하기 위해 필요한 기술특징과 비교하여, 피소 침해기술방안의 상응하는 기술특징이 기본적으로 동일한 수단으로 동일한 기능을 실현하고 동일한 효과를 달성하며, 당업자들이 창조적인 노력을 통하지 않아도 연상할 수 있는 경우에, 법원은 기능적 특징과 피소 침해방안의 상응하는 기술특징이 동일하거나 균등하다고 판단한다.

Ⅳ. 금반언의 원칙(禁止反悔原则)

2009년 사법해석 제6조 【금반언의 원칙】 특허출원인, 특허권자가 특허권의 수여절차 또는 무효심판 절차에서 청구항, 명세서에 대한 보정 또는 의견진술서를 통하여 포기한 기술방안에 대하여, 권리자가 특허권 침해분쟁사건에서 다시 그 부분을 특허권 보호범위에 포함시키는 경우, 법원은 지지하지 않는다. 第六条: 专利申请人、专利权人在专利授权或者无效宣告程序中,通过对权利要

19) 최고인민법원(2017)최고법민신1804호.

求、说明书的修改或者意见陈述而放弃的技术方案,权利人在侵犯专利权纠纷案件中又将其纳入专利权保护范围的,人民法院不予支持。

1. 의 미

금반언의 원칙(禁止反悔原则)이란 특허권의 수여절차 또는 무효심판 절차에서 보정 또는 의견진술을 통하여 포기한 기술방안은 후에 특허권 침해분쟁사건에서 다시 이를 특허권 보호범위에 속한다는 주장을 금지한다는 원칙이다.[20] 금반언의 원칙은 균등론의 적용에 따른 특허권 보호범위의 확장해석을 억제하기 위한 이론으로 발전되어 왔다. 최고인민법원은 사법해석을 통하여 중국 역시 금반언의 원칙을 적용함을 명확히 하고 있으나, 그 구체적인 적용에 있어서는 미국 등의 국가와 일부 차이가 있다.

2. 적용대상

특허권의 등록 절차 또는 무효심판 절차에서 청구항, 명세서에 대한 축소 보정 또는 한정적 의견진술서를 통하여 포기한 권리범위에 적용된다. 중국 사법실무에서는, 침해소송에서 균등침해 여부를 판단할 때에, 등록 절차 또는 무효심판 절차에서 포기한 기술특징을 다시 보호범위에 포함시키는 것은 허용되지 않는 것으로 본다.[21] [22]

3. 관련 문제

(1) 기재불비에 대한 보정에의 적용여부

특허권의 수여절차 또는 무효심판 절차에서 신규성, 진보성의 특허성을 확보하기 위하여 수행한 보정에 대하여 금반언의 원칙이 적용됨에는 이론의 여지가 없다. 다만 특허성과 무관한 보정, 예를 들어 명세서에 의하여 지지되지 않음을 이유

20) 최고인민법원(2009)민제자239호, 최고인민법원(2018)최고법민신387호.

21) 최고인민법원(2012)민제자제306호), 최고인민법원(2017)최고법민신1826호.

22) 최고인민법원(2012)민제자제306호.

로 한 심사의견통지서에 대응하여 보정을 수행하는 경우에도 금반언의 원칙을 적용할 수 있는지에 대하여 논란이 있다.

이에 대하여 2009년 최고인민법원의 사법해석은 특허성을 획득하기 위한 보정인지 또는 특허성과 무관한 기재불비에 대한 보정인지의 여부의 구별 없이 특허권의 수여절차 또는 무효심판 절차에서 포기한 기술방안에 대하여는 금반언의 원칙이 적용되는 것으로 규정하였다. 다시 말하면, 중국의 최고인민법원은 특허성과 무관한 보정에 대하여도 금반언의 원칙을 적용한다는 입장을 취하고 있다. 이는 기재불비를 극복하기 위하여 청구항의 보호범위를 감축 또는 삭제하는 경우에, 포기된 기술방안에 대한 불이익을 감수하겠다는 의사를 출원인이 명확히 표현한 것으로 보기 때문이다. 중국 사법실무에서도, “권리범위의 포기는 신규성, 진보성, 필수기술특징의 결여, 청구항의 명세서 미지지 및 명세서의 불충분 공개와 같은 실질적 결함을 극복해야 하는 필요성에 근거해야 한다”고 하여, 기재불비에 대한 보정에도 금반안이 적용되는 것으로 본다.

(2) 하자 있는 심사의견통지서에 대한 보정의 적용 여부

특허권의 수여절차 또는 무효심판 절차에서 하자 있는 심사의견통지서 등에 대응하여 청구범위를 감축 또는 삭제하는 보정을 수행한 경우, 후에 해당 심사의견통지서 등에 하자가 있음을 주장하면서 금반언의 원칙의 적용을 배제해야 한다는 주장을 허용할 수 있는지 문제된다.

이에 대한 명문의 규정은 없으나, 심사의견통지서 등에 하자를 발견한 경우에 보정 이외에 심판, 행정소송 등의 절차를 밟아 충분히 심사관 또는 심판부의 의견의 부당성을 다툴 수 있었음에도 이를 행하지 않은 것은 그러한 권리를 포기한 것으로 보아야 하기 때문에, 후에 심사의견통지서 등의 하자로 인한 보정의 부당함을 주장하면서 금반언의 원칙의 배제를 주장하는 것은 허용되지 않는다는 것이 중국 학계의 일반적인 견해이다.

Ⅴ. 공중에 헌납한 기술

> 2009년 사법해석 제5조【공중에 헌납한 기술】
> 명세서 또는 도면에 기재되었지만 청구항에서 기재되지 않은 기술방안에 대하여, 권리자가 특허권 침해분쟁사건에서 그 부분을 특허권 보호범위에 포함시키는 경우, 법원은 이를 지지하지 않는다.
>
> 第五条: 对于仅在说明书或者附图中描述而在权利要求中未记载的技术方案,权利人在侵犯专利权纠纷案件中将其纳入专利权保护范围的,人民法院不予支持。

1. 의 미

공중에 헌납한 기술이란 명세서 또는 도면에는 기재되어 있지만 청구항에는 기재되지 않은 기술방안에 대해서는 이를 공중에 헌납한 기술로 보아 특허권의 보호범위에서 배제한다는 의미이다. 이는 균등론에 의한 확장해석을 억제하기 위한 방안 중 하나로써, 최고인민법원은 2009년 사법해석을 통하여 이를 명문으로 규정하였다.

2. 적용대상

중국 사법실무에서는, 명세서에서 명확히 배제되었거나 배경기술에 포함된 기술방안에 대하여, 특허권자가 출원 시 또는 보정 시에 대체 가능한 기술특징의 존재를 알았거나 예견 가능하였으나 이를 보호범위에 포함시키지 않은 경우, 이를 특허권 보호범위에 포함시키는 것을 허용하지 않는다.

Ⅵ. 다여지정의 원칙(多余指定原则)의 폐기

다여지정의 원칙이란 특허권의 보호범위 해석 시에 청구항에 기재된 복수의 기술특징을 필수기술특징과 부차적 기술특징으로 분리한 후 필수기술특징만을 고려하여 보호범위를 해석해야 한다는 이론이다. 예를 들어, 청구항에는 “A, B, C, D”가 기재되어 있으나 “A, B, C”는 필수기술특징으로 “D”는 부차적 기술특징으로 판단된 경우에, 다여지정의 원칙에 따르면 법원은 필수기술특징인 “A, B, C”만을 이용하여 보호범위를 판단하며, 부차적 기술특징인 “D”는 보호범위 해석에서 제외한다.

중국에서는 특허제도 시행 초기에 중국 대리인 및 출원인의 경험부족으로 인하여 독립항에 중요도가 매우 낮은 부차적 기술특징을 기재하는 경우가 많았으며, 이로 인하여 특허권의 보호범위가 지나치게 협소해져 발명이 실질적으로 유명무실하게 되는 문제가 있었다. 이에 특허권의 효과적인 보호를 위하여, 중국에서는 1995년 베이징 중급법원과 고급인민법원에서 다여지정의 원칙을 최초로 도입한 이후로 다여지정의 원칙은 중국 사법실무에서 폭넓게 적용되었다.

그러나 다여지정의 원칙은 중국 특허법 제64조의 청구범위 기준의 원칙에 반하며, 특히 공고된 특허권의 보호범위를 신뢰한 공중의 이익을 침해할 염려가 있는 등 많은 논란이 있었다. 이에 중국 최고인민법원은 2005년 8월 판례를 통하여 “본 법원은 다여지정의 원칙을 경솔하게 적용하는 것에 찬성하지 않는다”라고 판시하였다. 이 후 2009년 최고인민법원의 사법해석 제7조에서 “피소된 기술방안의 기술특징과 청구항에 기재된 ‘모든’ 기술특징을 비교”하여야 한다고 하여 다여지정의 원칙을 완전히 폐기하였다.

제4장 특허권의 침해

제1절 서　설

중국 특허법상 특허권의 침해란 특허권자의 허락을 받지 않고 특허권의 보호범위 내에서 해당 발명을 생산경영의 목적으로 실시하는 것을 말한다. 중국은 중국 특허법 제11조에서 특허권의 효력 및 침해의 성립요건에 대한 원칙적 규정을 두고 있으며, 중국 특허법 제75조에서는 침해로 보지 않는 예외적 상황에 대해 구체적으로 규정하고 있다. 다만 중국 특허법 제11조 및 제75조의 규정은 원칙적인 것일 뿐이며 구체적 상황에 따라 그 해석에 있어서 논란이 있을 수 있다. 이에 중국의 최고인민법원은 필요에 따라 사법해석을 발표하여 해당 조문에 대한 구체적인 기준을 제시하고 있다. 특허권 침해와 관련된 최고인민법원의 대표적인 사법해석으로는 2001년 공포된 「최고인민법원 특허분쟁사건 심리의 법률적용 문제에 대한 약간의 규정(最高人民法院关于审理专利纠纷案件适用法律问题的若干规定)」 및 2009년과 2016년에 공포된 「최고인민법원 특허권 침해분쟁 사건 심리에 적용하는 법률에 관한 약간의 문제해석1, 2(最高人民法院关于审理侵犯专利权纠纷案件应用法律若干问题的解释)」이 있다.

한편 특허권은 점유가 불가능한 무체물을 그 보호객체로 하기 때문에 유체물을 대상으로 하는 소유권과 달리 타인의 모방이 용이한 반면 침해 및 손해액의 증명이 곤란하다는 특징이 있다. 중국 특허법은 이러한 특허권의 특성을 고려하여 한국과 유사하게 입증책임의 전환(중국 특허법 제66조) 및 손해배상액의 추정(중국 특허법 제71조)의 규정을 두어 특허권의 보호를 강화하고 있다. 다만 중국에서는 소상공인의 지재권에 대한 인식수준이 비교적 낮다는 점을 감안하여 비고의 침해에 대한 손해배상책임의 면제(중국 특허법 제77조)와 같은 규정을 두어 선의의 침해자를 일정부분 보호하려는 입법태도를 취하고 있다. 아울러 중국은 2021년 중국 특허법의 제4차 개정을 통하여 징벌적 손해배상제도의 도입, 법정 배상액의 증액, 침해 증거 자료 제출 명령(중국 특허법 제71조), 소송시효의 연장(중국 특허법 제74조), 국무원 특허행정부서 등의 침해사건 처리 법적 근거 명확화(중국 특허법 제70조) 등의 규정을 신설하거나 개정함으로써, 특허권의 보호를 더욱 강화하였다.

제2절 침해의 성립요건

> 중국 특허법 제11조 제1항 【특허권의 효력 및 침해의 성립요건】
> 특허권 및 실용신안특허권이 수여된 후 이 법에 별도의 규정이 있는 경우를 제외하고 어떤 단위 또는 개인도 특허권자의 허락을 받지 아니하고 그 특허를 실시할 수 없다. 즉, 생산경영의 목적으로 당해 특허제품을 제조, 사용, 판매의 청약, 판매, 수입하거나 또는 그 특허방법을 사용하거나 당해 특허방법에 의하여 직접 획득한 제품을 사용, 판매의 청약, 판매, 수입을 해서는 안 된다.
>
> 专利法第十一条: 发明和实用新型专利权被授予后,除本法另有规定的以外,任何单位或者个人未经专利权人许可,都不得实施其专利,即不得为生产经营目的制造、使用、许诺销售、销售、进口其专利产品,或者使用其专利方法以及使用、许诺销售、销售、进口依照该专利方法直接获得的产品。

Ⅰ. 서 언

특허권은 발명에 대하여 법률에 의하여 부여된 독점적이며 배타적인 권리로써, 특허권자는 발명을 독점적으로 실시할 수 있을 뿐만 아니라 타인의 무단실시를 배타적으로 배제할 수 있다. 중국 특허법 제11조는 타인의 무단 실시를 배제할 수 있는 특허권의 배타적 효력에 대하여 규정하고 있을 뿐 아니라, 타인의 실시행위가 특허권의 침해를 구성하는 구체적 요건에 대하여 밝히고 있다.

Ⅱ. 침해의 성립 요건

중국 특허법 제11조에 의하면, 특허권이 수여된 후에는 중국 특허법에 별도의 규정이 있는 경우를 제외하고 어떠한 단위 또는 개인도 특허권자의 허락을 받지 않고는 생산경영의 목적으로 그 특허제품을 제조, 사용, 판매의 청약, 판매, 수입하거나 또는 그 특허방법을 사용하거나 당해 특허방법에 의하여 직접 획득한 제품을 사용, 판매의 청약, 판매, 수입할 수 없다. 따라서 중국 특허법상 침해가 성립되기 위해서는 i) 특허권이 수여된 후일 것, ii) 특허권자의 허락을 받지 않은 상태일 것, iii) 생산경영의 목적일 것, iv) 중국 특허법 제11조의 실시행위에 속할 것, v) 중국 특허법에 별도의 규정이 없을 것이라는 요건을 만족하여야 한다.

Ⅲ. 침해 성립 요건의 구체적 판단 방법

1. 특허권이 수여된 후일 것

침해가 성립하기 위해서는 '특허권이 수여된 후'이어야 한다. 중국에서의 특허권의 효력은 공고일로부터 발생[1]하기 때문에, 여기서 '특허권이 수여된 후'란 실질심사 결과 거절이유를 발견하지 못하여 심사관이 특허권 수여를 결정하고 이후 출원인이 규정된 기한 내에 등록절차를 밟아 유효하게 특허권이 공고된 후를 의미한다.[2]

1) 중국 특허법 제39조.

2) 다만 출원 공개 후 특허권 공고 전 타인의 실시행위에 대해서 중국은 한국 특허법의 보상금청구권과 유사한 규정을 두어 발명을 임시로 보호할 수 있는 제도를 마련하고 있다. 구체적으로 중국 특허법 제13조에 따르면, 출원이 공개된 후에 출원인은 그 발명을 실시하는 단위 또

2. 특허권자의 허락을 받지 않은 상태일 것

특허권자의 허락을 받지 않은 타인의 실시행위는 정당한 권한이 없는 것이므로 특허권의 침해를 구성한다. 다만, 특허권자로부터 실시의 허락을 받은 실시권자가 다시 제3자에게 실시를 허여하는 경우에 제3자의 실시행위는 정당한 권한이 있는 것으로 볼 수 있는지 문제된다. 중국 특허법 제12조에 따르면, 계약에 규정한 경우를 제외하고 실시권자는 제3자에게 특허의 실시를 허여할 권리가 없다. 따라서 특허권자가 아닌 실시권자로부터 실시의 허락을 받은 제3자의 실시행위는 원칙상 침해를 구성한다. 다만 실시권자가 약정을 통하여 이미 특허권자로부터 실시권 수여의 권한을 갖고 있는 경우는 예외로 한다.[3)]

3. 생산경영의 목적일 것

타인의 실시행위는 생산경영(生产经营)을 목적으로 하는 경우에만 특허권의 침해를 구성하며, 생산경영을 목적으로 하지 않는 실시행위, 예를 들어 과학 연구나 개인의 취미활동을 위한 실시행위는 침해를 구성하지 않는다.

4. 중국 특허법 제11조 제1항의 실시행위에 속할 것

중국 특허법 제11조 제1항에 따르면, 특허권의 침해를 구성하는 실시행위란 i) 물건특허의 경우에는 해당 특허제품을 제조, 사용, 판매의 청약, 판매, 수입하는 행위, ii) 방법특허의 경우에는 해당 특허방법을 사용하는 행위, iii) 물건을 생산하는 방법특허의 경우에는 해당 특허방법에 의하여 직접 획득한 물품을 사용, 판매의 청약, 판매, 수입하는 행위를 말한다. 이 경우에 각 실시행위의 구체적 태양의 해석이 문제된다.

는 개인에게 적당한 비용의 지급을 요구할 수 있다.

3) 다만 판례에 따르면, 특허권자가 타인에게 본안 특허도면을 제공하여 널리 퍼뜨리도록 하는 행위는, 타인에게 본안 특허의 실시를 허여하는 의사표시에 당연히 해당하지는 않는다[최고인민법원(2013)민제자제223호].

(1) 제조(制造)

'제조'란 특허를 이용하여 물건을 만들어내는 행위를 말한다. 중국 특허법은 제조의 실시행위는 다른 실시행위에 비하여 강력하게 보호하는 태도를 취한다. 구체적으로, 합법적으로 제조하여 판매한 제품을 이후 사용, 판매, 판매의 청약, 수입하는 행위는 권리소진 이론에 의하여 특허권의 침해를 구성하지 않으나(중국 특허법 제75조 제1호), 해당 제품을 다시 제조하는 행위는 권리소진 이론의 적용을 받지 않는다. 또한 특허를 침해하는 제품인 것을 모르고 해당 제품을 사용, 판매의 청약, 판매하는 행위에 대하여는 손해배상책임이 면제되나(중국 특허법 제77조), 해당 제품을 제조하는 행위는 이에 해당하지 않는다.

중국 사법실무에서는, '제조'란 청구항에 기재된 제품의 기술방안이 실현되는 것을 의미하며, 제품의 양이나 품질은 '제조'의 인정에 영향을 미치지 않는 것으로 본다. 또한, ⅰ) 다른 제조방법을 이용하여 제품을 제조하는 행위(단, 제조방법으로 한정된 제품 청구항은 제외)와 ⅱ) 부품을 조립하여 제품을 제조하는 행위는 특허제품을 제조하는 행위로 본다.

(2) 사용(使用)

'사용'이란 특허의 기술적 효과를 달성하도록 그 특허를 이용하는 행위를 말한다. 사용 행위와 관련해서는 만약 특허제품을 부품으로 하여 다른 제품을 제조하는 경우에 해당 제조 행위를 중국 특허법 제11조의 제조로 볼 것인지 또는 사용으로 볼 것인지가 문제되는데, 중국 최고인민법원은 사법해석을 통하여 이를 사용 행위로 규정하였다.[4)]

중국 사법실무에서는, '특허제품의 사용'이란 청구항에 기재된 제품의 기술방안의 기술적 기능이 실현 가능하도록 적용되었거나 효과가 달성된 것을 의미한다. '특허방법의 사용'이란 청구항에 기재된 특허방법의 기술방안의 각 단계가 구현되는 것을 의미하며, 그 방법을 사용한 결과는 특허침해여부의 판정에 영향을 미치지 않는 것으로 본다.

4) 2009년 공포된 「최고인민법원 특허권 침해분쟁 사건 심리에 적용하는 법률에 관한 약간의 문제해석(最高人民法院关于审理侵犯专利权纠纷案件应用法律若干问题的解释)」 제12조 제1항.

(3) **판매의 청약**(许诺销售)

'판매의 청약'이란 특허품을 판매하기 위하여 계약을 성립시킬 것을 목적으로 하는 의사표시를 말한다. 이는 WTO/TRIPs 제28조 제1항에서 규정된 특허의 실시행위인 'offering for sale'을 반영하기 위하여 도입된 것이다. 중국 최고인민법원의 사법해석에 따르면, 중국 특허법 제11조의 판매의 청약이란 광고를 하거나 상점 진열대에 진열하거나 전시 판매회에서 전시하는 등의 방식으로 상품을 판매하는 의사표시를 의미한다.[5)]

중국 사법실무에서는, 타인의 특허권을 침해하는 제품의 실제 판매가 이루어지기 전에 피소 침해자가 타인의 특허권을 침해하는 제품을 판매하겠다는 의사를 표현하였다면, 이는 판매의 청약으로 본다.

(4) **판매**(销售)

'판매'란 매매교역 당사자 사이의 일종의 교역행위로, 제품의 소유권이 판매자로부터 구매자에게로 이전되는 행위를 의미한다. 판매와 관련해서는, 만약 특허제품을 부품으로 하여 다른 제품을 제조하고 이를 판매한 경우에 해당 다른 제품의 판매행위를 특허제품의 판매행위로 인정할 수 있는지가 문제되는데, 중국 최고인민법원은 사법해석을 통하여 이를 긍정하고 있다.[6)]

중국 사법실무에서는, ⅰ) 특허권을 침해하는 제품의 판매 계약이 법률에 의하여 성립된 경우, 또는 ⅱ) 특허권을 침해하는 제품의 소유권을 묶음으로 판매하여 상업적 이익을 얻은 경우는 특허제품의 판매로 본다.

(5) **수입**(进口)

'수입'이란 외국에서 생산된 물건을 국내로 들여오는 행위를 말한다. 다만, 외국에서 특허권자 또는 정당한 권한이 있는 자로부터 이를 구입한 후에 이를 수입하는 행위는 소위 '진정상품의 병행수입'에 해당하여 특허권의 침해를 구성하지 않는다(중국 특허법 제75조 제1호).

---

5) 2001년 공포된「최고인민법원 특허분쟁사건 심리의 법률적용 문제에 대한 약간의 규정(最高人民法院关于审理专利纠纷案件适用法律问题的若干规定)」제24조.

6) 2009년 공포된「최고인민법원 특허권 침해분쟁 사건 심리에 적용하는 법률에 관한 약간의 문제해석(最高人民法院关于审理侵犯专利权纠纷案件应用法律若干问题的解释)」제12조 제1항.

중국 사법실무에서는, '수입'이란 제품 특허권의 보호범위에 속하는 제품 및 특허 방법에 의거하여 직접 획득한 제품을 국외로부터 국경을 넘어 국내로 수송하는 행위로 본다.

(6) 특허방법에 의하여 "직접 획득"한 제품의 의미

중국 특허법 제11조 의하면, 물건을 생산하는 방법특허의 경우에는 해당 특허방법에 의하여 직접 획득한 제품을 사용, 판매의 청약, 판매, 수입하는 행위는 침해를 구성한다고 하여 방법특허의 보호범위가 제품에 대해서도 확대됨을 규정하고 있다. 다만 여기서 해당 특허방법에 의하여 "직접 획득"한 제품의 의미가 무엇인지 문제가 된다. 이에 대하여 중국 최고인민법원은 특허방법을 사용하여 획득한 원시제품(原始产品)뿐만 아니라 해당 원시제품을 가공하여 획득한 후속제품(后续产品) 모두 중국 특허법 제11조의 직접 획득한 제품에 해당한다고 밝히고 있다.[7]

중국 사법실무에서는, '특허방법에 의하여 직접 획득한 제품'이란 원료 또는 물품은 방법특허의 청구항에 기재된 모든 단계 및 특징에 따라 가공하여, 원료 또는 물품의 구조나 물리화학적 특성에 실질적 변화가 생긴 후에 획득한 원시제품을 의미하는 것으로 본다. 다만, 중국 최고인민법원은 상기 후속제품에 대해서 다시 가공이나 처리를 진행하는 경우, 중국 특허법 제11조에 규정된 '특허방법에 따라 직접 획득한 제품'에 속하지 않는 것으로 본다.[8] 중국 사법실무 역시 그러하다.

Ⅳ. 침해 예외에 대한 규정

타인의 실시행위가 중국 특허법 제11조의 요건을 만족한다고 할지라도 중국 특허법에 이에 대한 예외 규정이 있다면 타인의 실시행위는 침해를 구성하지 않는다. 구체적으로, ⅰ) 중국 특허법 제49조에 따라 특허발명이 국가이익 또는 공공

7) 2009년 공포된 「최고인민법원 특허권 침해분쟁 사건 심리에 적용하는 법률에 관한 약간의 문제해석(最高人民法院关于审理侵犯专利权纠纷案件应用法律若干问题的解释)」 제13조.

8) 2016년 공포된 「최고인민법원 특허권 침해분쟁 사건 심리에 적용하는 법률에 관한 약간의 문제해석」 제20조.

이익에 중대한 이의가 있어 국무원의 비준하에 국무원 관련부서와 성 · 자치구 · 직할시 정부가 지정한 단위에 실시를 허여하는 경우, ii) 중국 특허법 제53조에 따라 국무원 특허행정부서가 실시조건을 구비한 단위 또는 개인의 신청에 의하여 특허의 강제허가를 결정하는 경우, iii) 중국 특허법 제75조의 비침해 사유에 해당하는 경우, iv) 기타 중국 특허법 제54조 내지 제58조에 따라 강제허가를 결정하는 경우에 타인의 실시행위는 침해를 구성하지 않는다.

제3절 특허침해로 보지 않는 행위

중국 특허법 제75조【특허침해로 보지 않는 행위】

아래에 열거된 사항의 하나에 해당하는 경우, 특허권 침해에 해당하지 아니한다.

1. 특허제품 또는 특허방법에 의하여 직접 획득한 제품을 특허권자 또는 그가 허락한 단위 또는 개인이 판매한 후, 해당 제품을 사용, 판매의 청약, 판매 또는 수입하는 경우
2. 특허출원일 전에 이미 동일한 제품을 제조, 동일한 방법을 사용, 혹은 이미 제조 또는 사용에 필요한 준비를 완료한 경우에 있어서, 원래의 범위 내에서 계속하여 제조 또는 사용하는 경우
3. 일시적으로 중국의 영토 · 영해 · 영공을 통과하는 외국의 운송도구는 그 소속 국가와 중국이 체결한 협의, 공동 참가한 국제조약 또는 호혜원칙에 의하여 운송도구 자체에 사용하기 위하여 그 장치 및 설비 중에 관련 특허를 사용하는 경우
4. 전문적으로 과학연구 및 실험을 목적으로 관련 특허를 사용하는 경우
5. 행정심사에 필요한 정보제공을 위하여 특허약품 또는 특허의료기기를 제조 · 사용 · 수입하는 경우, 그리고 이를 위하여 특허약품 또는 특허의료기기를 전문적으로 제조 · 수입하는 경우

专利法第七十五条 条 有下列情形之一的,不视为侵犯专利权:

(一)专利产品或者依照专利方法直接获得的产品,由专利权人或者经其许可的单位、个人售出后,使用、许诺销售、销售、进口该产品的;

(二)在专利申请日前已经制造相同产品、使用相同方法或者已经作好制造、使

用的必要准备,并且仅在原有范围内继续制造、使用的;
(三)临时通过中国领陆、领水、领空的外国运输工具,依照其所属国同中国签订的协议或者共同参加的国际条约,或者依照互惠原则,为运输工具自身需要而在其装置和设备中使用有关专利的;
(四)专为科学研究和实验而使用有关专利的;
(五)为提供行政审批所需要的信息,制造、使用、进口专利药品或者专利医疗器械的,以及专门为其制造、进口专利药品或者专利医疗器械的。

Ⅰ. 서 언

특허권자의 허락을 받지 않고 생산경영의 목적으로 특허발명을 실시하는 행위는 중국 특허법 제11조에 따라 해당 특허권에 대한 침해를 구성한다. 다만 특허권자의 이익과 공중의 이익이 조화를 위해서는 일정한 경우에 특허권의 효력을 제한할 필요가 있으며, 이에 따라 중국 특허법 제75조는 특허침해로 보지 않는 예외적 상황에 대하여 규정하고 있나. 중국 특허법 제75조는 특허권의 효력을 제한하는 한국 특허법 제96조 및 선사용권에 관한 한국 특허법 제103조의 규정과 유사하나, 그 구체적인 내용에 있어서는 다소 차이가 있다.

Ⅱ. 권리소진의 원칙(专利权用尽原则)

1. 권리소진(专利权用尽)

(1) 의 의

중국 특허법 제75조 제1호에 따르면, 특허권자 또는 그가 허락한 단위 또는 개인이 특허제품 또는 특허방법에 의하여 직접 획득한 제품을 판매한 경우, 이 후 해당 제품을 사용, 판매의 청약, 판매 또는 수입하는 행위는 특허권의 침해에 해당하지 않는다. 이는 소위 권리소진(专利权用尽) 에 관하여 규정한 것으로, 그 취지는 특허권자가 이미 판매한 물품을 사용하거나 재판매할 때 다시 특허권자의 허락을 받는 것은 특허제품의 유통을 방해할 뿐만 아니라 일반 사회 통념에도 반하기 때문이다.

(2) 판단방법

중국 특허법 제75조 제1호에 따르면, 특허권자에 의하여 이미 판매된 제품과 동일한 제품에 대하여만 특허권의 효력이 소진된다. 따라서 판매된 제품 자체가 아닌 판매된 제품으로부터 파생된 다른 실시행위는 실시행위 독립의 원칙상 여전히 특허권의 침해에 해당할 수 있다는 것이 중국 학계의 일반적 견해이다. 또한 이미 판매한 제품에 대해서는 다시 특허권의 효력을 주장할 수 없는 것일 뿐, 특허권 자체의 효력이 소멸하는 것은 당연히 아닌 것으로 본다.

2. 국제적 권리소진(专利权的国际用尽)

(1) 의 의

'국제적 권리소진(专利权的国际用尽)'이란 병행수입(平行进口)이라고도 하며, 정당한 권리자에 의하여 일국에서 판매된 제품이 타국으로 수입되는 경우에 해당 제품에 대한 특허권의 효력은 소진되어 타국(수입국) 특허권의 침해에 해당하지 않는다는 것이다. 중국은 2008년 특허법 개정 시 제75조 제1호에 적법하게 판매된 제품을 "수입(进口)"하는 행위도 침해에 해당하지 않는 것으로 하여, 국제적 권리소진이론을 명문으로 도입하였다.[9)]

(2) 판단방법

1) 중국 특허법 제75조 제1호는 "제품의 수입"이 특허권의 침해에 해당하지 않는다고 규정하고 있을 뿐, 수입한 제품을 생산 경영의 목적으로 사용하는 경우에 이를 침해로 볼 수 있는지 명확히 규정하지 않아 논란이 있다. 이에 대하여 제품을 수입하는 경우뿐만 아니라 수입한 제품을 생산 경영의 목적으로 사용하는 것 역시 특허권의 침해에 해당하지 않는다고 보는 것이 중국 학계의 일반적인 견해이

---

9) 다만 2008년 개정 시 중국 특허법 제75조 제1호에 단지 "수입(进口)"이라는 단어를 추가하였을 뿐 국제적 권리소진의 요건 등에 대하여는 규정하지 않아, 그 해석에 대해서는 논란이 있다.

다. 중국 사법실무 역시 수입한 제품을 생산 경영의 목적으로 사용하거나, 판매하거나, 판매의 청약을 하는 것은 특허권의 침해에 해당하지 않는 것으로 본다.

2) 중국 특허법 제75조 제1호는 특허권자가 수출국과 수입국(중국)에서 모두 특허권을 가지고 있을 것을 요구하고 있지는 않다. 이에 특허권이 수출국과 수입국(중국)에 모두 있는 경우뿐만 아니라, 특허권이 수입국(중국)에만 있는 경우에도 국제적 권리소진이 적용된다고 보는 것이 중국의 일반적 견해이다.

Ⅲ. 선사용권(先用权)

1. 의 의

중국 특허법 제75조 제2호는 "특허출원일 전에 이미 동일한 제품을 제조하였거나, 동일한 방법을 사용하였거나, 또는 이미 제조 및 사용에 필요한 준비를 완료한 경우에, 원래의 범위 내에서만 계속하여 제조 또는 사용한다면 해당 실시행위는 특허권의 침해에 해당하지 않는다"고 규정하고 있다. 이는 소위 '선사용권(先用权)'에 대하여 규정한 것으로, 그 취지는 선출원주의 하에서 먼저 발명하여 실시한 자의 실시권을 보장하여 선출원주의의 단점을 보완하기 위함이다.

2. 선사용권의 성립요건

(1) "실시행위" 또는 "실시준비행위"가 있을 것

중국 특허법 제75조 제2호에 따르면, 선사용권이 인정되기 위해서는 특허출원일 전에 ⅰ) 제품을 제조(制造)하거나, ⅱ) 방법을 사용(使用)하거나, ⅲ) 제조 및 사용에 필요한 준비를 이미 완료하여야 한다. 여기서, "제조" 및 "사용"의 실시태양의 의미는 중국 특허법 제11조 제1항의 제조 및 사용과 동일하다.[10] 한편, 2009년 공포된 최고인민법원의 사법해석[11]에 따르면, ⅰ) 발명을 실시하는 데 필수적

10) 제조 및 사용의 실시행위에 대하여는 이 책의 제8편 제4장 제2절 참조.

11) 2009년 공포된 「최고인민법원 특허권 침해분쟁 사건 심리에 적용하는 법률에 관한 약간의

인 주요 기술도면 또는 기술문서를 이미 완성한 경우, 또는 ii) 발명을 실시하는 데 필수적인 주요한 설비 또는 원재료를 이미 제조하거나 구매한 경우에 중국 특허법 제75조 제2호의 "제조 및 사용에 필요한 준비가 이미 완료"된 것으로 본다.

(2) "출원일 전"일 것

선사용권이 인정되기 위해서는 "출원일 전"에 실시행위 또는 실시준비행위가 있어야 한다. 여기서 출원일 전에 실시행위 또는 실시준비행위가 있어야 한다는 것은 출원일 전에 실시행위 또는 실시준비행위를 시작하여 출원일까지 계속되고 있어야 한다는 것을 의미한다. 만약 출원일 전에 실시행위를 하였으나 출원 당일에는 실시행위를 중단하였다면, 이후 실시행위를 재개한다고 하여도 선사용권을 인정받을 수 없다.

(3) "원래의 범위" 내에서 실시할 것

선사용권이 인정되기 위해서는 "원래의 범위" 내에서 실시행위를 하여야 한다. 2009년 공포된 최고인민법원의 사법해석[12]에 따르면, 중국 특허법 제75조 제2호의 "원래의 범위"는 출원일 전에 이미 가지고 있는 생산규모 및 이미 가지고 있는 생산설비를 이용하거나 이미 있는 생산준비에 근거하여 도달할 수 있는 생산규모를 포함한다.

(4) 불법적으로 획득한 기술이 아닐 것

중국 특허법 제75조 제2호는 불법적으로 획득한 특허기술에 대하여도 선사용권이 인정되는지에 대하여는 규정하고 있지 않다.[13] 이에 대하여, 2009년 공포된 최고인민법원의 사법해석[14]은 "침해자가 불법으로 획득한 기술 또는 디자인으로 선사용권의 항변을 주장하는 경우, 법원은 지지하지 않는다"라고 규정하여 불법적으로 획득한 특허기술에 대해서는 선사용권을 인정하지 않는다. 여기서, "불법적으로 획득한 기술"의 해석과 관련하여, 중국 사법실무에서는 출원일 전에 표절, 도

문제해석(最高人民法院关于审理侵犯专利权纠纷案件应用法律若干问题的解释)」 제15조 제2항.

12) 상기 2009년 공포된 최고인민법원의 사법해석 제15조 제3항.

13) 참고로, 한국 특허법 제103조는 선의로 기술을 지득한 경우에만 선사용권을 인정하고 있다.

14) 상기 2009년 공포된 최고인민법원의 사법해석 제15조 제1항.

용 등에 의해 획득한 기술은 불법적으로 획득한 것으로 본다.

3. 선사용권의 효력

중국 특허법 제75조 제2호의 요건을 만족하는 경우, 그 실시행위는 선사용권이 있는 것으로 보아 특허권의 침해를 구성하지 않는다. 다만 선사용권의 남용을 방지하기 위하여, 최고인민법원은 해당 기술과 기업이 함께 양도되거나 승계되는 경우를 제외하고는, 선사용권의 양도를 허용하지 않는다.[15)]

Ⅳ. 일시적으로 중국을 통과하는 운송수단

중국 특허법 제75조 제3호에 따르면, 일시적으로 중국의 영토・영해・영공을 통과하는 외국의 운송수단은 특허권을 침해하지 않는 것으로 본다. 만약 일시적으로 중국의 영역을 통과하는 것에 대하여 중국의 특허권자가 그 운송수단에 사용되는 특허를 금지할 권리를 갖는다면, 이는 항행의 자유에 큰 불편을 초래할 수 있다. 이에 따라 파리조약은 선박, 항공기 또는 차량이 일시적으로 일국의 영토를 진입할 때는 해당 국가의 특허권을 침해하지 않는 것으로 인정하고 있으며, 중국은 국제협약과 관례를 따르기 위해 중국 특허법 제75조 제3호에 동일한 규정을 정하였다. 다만, 중국 사법실무에서는, 하나의 운송수단에서 다른 운송수단으로 교체하는 행위는 일시적으로 통과하는 것이 아닌 것으로 본다.

15) 상기 2009년 공포된 최고인민법원의 사법해석 제15조 제4항은 "선사용권자가 출원일 이후에 이미 실시 또는 실시에 필요한 준비를 완료한 기술 또는 디자인을 양도하거나 타인에게 실시를 허락하고, 피소 침해자가 해당 실시행위가 원래 범위 내에서 계속적으로 실시하는 것이라고 주장하는 경우에, 법원은 지지하지 않는다. 다만, 당해 기술 또는 디자인과 원래의 기업이 함께 양도되거나 승계되는 경우는 제외한다"라고 규정하고 있다.

Ⅴ. 전문적 과학연구 및 실험

1. 의 의

중국 특허법 제75조 제4호에 따르면, 전문적으로 과학연구 및 실험을 목적으로 관련 특허를 사용하는 경우에는 특허권의 침해에 해당하지 않는다. 이는 중국 특허법 본연의 목적인 과학기술의 발달을 촉진하기 위함이다.

2. 판단방법

중국 특허법 제75조 제4호의 "과학연구 및 실험"이란 특허기술 자체에 대한 과학연구 및 실험을 의미한다. 따라서 다른 기술을 개발하기 위한 목적으로 특허기술을 이용하는 과학연구 및 실험은 중국 특허법 제75조 제4호에 해당하지 않는다. 예를 들어, 측량기구 자체의 성능을 시험하기 위하여 특허기술인 측량기구를 사용하는 것은 중국 특허법 제75조 제4호에 해당하여 특허권의 침해를 구성하지 않으나, 다른 기술을 개발하기 위한 목적으로 특허기술인 측량기구를 사용하는 것은 중국 특허법 제75조 제4호에 해당하지 않아 특허권의 침해를 구성할 수 있다.

Ⅵ. 행정심사를 위한 특허약품 및 특허의료기기

1. 의 의

중국 특허법 제75조 제5호에 따르면, 행정심사에 필요한 정보제공을 위하여 특허약품 또는 특허의료기기를 제조 · 사용 · 수입하는 경우, 그리고 이를 위하여 특허약품 또는 특허의료기기를 전문적으로 제조 · 수입하는 경우에는 특허권의 침해에 해당하지 않는다.

2. 도입취지

일반적으로 약품 또는 의료기기를 상업화할 목적으로 관련 기관의 허가를 얻기 위해서는 그 행정심사에 수년의 시간이 필요하다. 따라서 만약 행정심사를 위하여 필요한 특허약품 또는 특허의료기기의 실시행위가 침해에 해당한다면, 특허권의 존속기간이 만료된 후에야 비로소 행정심사를 통과하기 위한 시험 등을 시작할 수 있고, 이는 결과적으로 행정심사를 통과하기까지 해당 특허의 존속기간이 부당하게 연장되는 것과 마찬가지인 불합리를 초래한다. 이에 중국 특허법 제75조 제5호는 행정심사를 위한 특허약품 및 특허의료기기의 실시행위는 침해에 해당하지 않는 것으로 규정하여, 이러한 불합리를 제거하였다.[16)]

제4절 공지기술의 항변(现有技术抗辩)

> 중국 특허법 제67조 【공지기술의 항변】
> 특허권의 침해분쟁 중 피소된 침해자가 그가 실시하는 기술 또는 디자인이 공지기술 또는 공지 디자인에 속한다는 것을 증거를 들어 증명하는 경우에 특허권 침해행위를 구성하지 아니한다.
>
> 专利法第六十七条: 在专利侵权纠纷中,被控侵权人有证据证明其实施的技术或者设计属于现有技术或者现有设计的,不构成侵犯专利权。

Ⅰ. 서 언

공지기술의 항변(现有技术抗辩)이란 피소된 침해자가 실시하는 기술이 이미

16) 참고로, 이는 미국의 Bolar사와 Roche사 간의 특허분쟁으로부터 도출된 Hatch-Waxman Act의 Bolar 조항을 중국 특허법에서 받아들인 것이다.

공중에게 알려진 공지기술(现有技术)[17]인 경우에 피소된 침해자의 실시행위는 특허권의 침해를 구성하지 않는다는 것이다.[18] 중국 특허법 제67조는 공지기술의 항변에 대하여 규정하고 있으며, 이는 한국 사법실무상 인정되는 자유기술의 항변과 유사하다.

II. 중국 특허법 제67조의 개정 연혁

중국에서 공지기술의 항변은 2001년 최고인민법원의 사법해석[19]을 통하여 처음으로 도입되었다. 해당 사법해석에서 최고인민법원은 "법원에서 수리한 실용신안, 디자인 침해분쟁 사건에서 피고가 답변기한 내에 해당 실용신안권, 디자인권에 대해 무효선고 청구를 제기하는 경우에 법원은 소송을 중지해야 하지만, 피고가 제출한 증거를 통하여 피고가 실시한 기술이 공지된 것임을 증명하는 데 충분한 경우에는 소송을 중지하지 않을 수 있다"고 하여 실질적으로 공지기술의 항변을 도입하는 태도를 취하였다. 이에 따라 중국 각 지역의 중급인민법원 및 고급인민법원은 공지기술의 항변을 판결에 적극적으로 인용하여 중국에 공지기술의 항변이 실무상 전면적으로 도입되었다.

그러나 2001년 최고인민법원의 사법해석은 "소송을 중지하지 않을 수 있다"고만 규정했을 뿐 공지기술로 인하여 침해가 성립하지 않는다고 규정한 것은 아니었다. 더욱이 2001년 최고인민법원의 사법해석은 실용신안권 및 디자인권에 관해서만 규정했을 뿐 특허권에 관한 것이 아니어서 특허권 분쟁에서 공지기술의 항변을 적용하는 것에 대한 법적 근거로는 미약하였다. 이에 중국은 2008년 특허법 개정 시에 제67조를 신설하고 공지기술의 항변을 명문으로 도입하여, 중국 특허법

17) 중국 특허법 제67조의 "공지기술"의 중국어 원문은 "현유기술(现有技术)"로 이는 신규성 및 진보성 판단과 관련된 중국 특허법 제22조 제5항의 "현유기술(现有技术)"과 동일하다. 이 책에서는 중국어와 한국어의 차이로 인한 혼란을 방지하기 위하여 한국 특허법의 용어를 기준으로 서술하였으며, 이에 따라 중국 특허법 제22조의 현유기술(现有技术)은 "선행기술"로 중국 특허법 제67조의 현유기술(现有技术)은 "공지기술"로 번역하였다.

18) 최고인민법원(2020)최고법지민종1568호.

19) 2001년 공포된 「최고인민법원 특허분쟁사건 심리의 법률적용 문제에 대한 약간의 규정(最高人民法院关于审理专利纠纷案件适用法律问题的若干规定)」 제9조.

이 공지기술의 항변을 지지함을 명확하게 하였다.

Ⅲ. 공지기술 항변의 요건 및 판단

중국 특허법 제67조에 따르면, 공지기술의 항변을 주장하기 위해서 피소된 침해인은 그 실시하는 기술이 ⅰ) 공지기술에 속하며, ⅱ) 이를 증거를 들어 증명하여야 한다.

1. 실시기술이 공지기술에 속할 것

(1) 공지기술의 정의

중국 특허법 제67조의 '공지기술(现有技术)'이란 특허권 침해사건에서 해당 특허권의 출원일 이전에 국내외에서 공중이 알고 있는 기술을 말한다.[20] 한편, 중국은 2008년 특허법 개정을 통하여 '공지기술'의 범위를 국내주의에서 국제주의로 전환하였으므로, '공지기술'을 확정할 때에는 특허 출원일에 시행된 중국 특허법을 기준으로 한다.[21]

(2) 공지기술의 범위

이론상 공지기술은 자유공지기술(自由现有技术)과 비자유공지기술(非自由现有技术)로 나눌 수 있다. 자유공지기술이란 어느 누구도 특허권 또는 기타 권리를 가지고 있지 않아 공중이 자유롭게 사용할 수 있는 기술을 의미하며, 비자유공지기술이란 특정인이 공개된 기술에 대한 특허권 또는 기타 권리를 가지고 있어 해

20) 중국 특허법 제67조의 공지기술(现有技术)과 중국 특허법 제22조 제5항의 선행기술(现有技术)의 중국 원문은 "현유기술(现有技术)"로 동일하다. 본래 중국 학계에서는 공지기술의 항변에서의 공지기술을 공지기술(公知技术)이라 칭했으나, 2008년 공지기술의 항변을 도입 시에 제67조의 공지기술과 제22조의 선행기술을 실질적으로 동일한 것으로 보아 현유기술(现有技术)이라는 명칭으로 통일하였다. 이에 제67조의 공지기술에 대한 정의는 제22조의 선행기술에 대한 정의 규정의 내용을 차용한다.

21) 2016년 공포된「최고인민법원 특허권 침해분쟁 사건 심리에 적용하는 법률에 관한 약간의 문제해석 2(最高人民法院关于审理侵犯专利权纠纷案件应用法律若干问题的解释)(二)」제22조.

당 권리자의 허가를 받은 자 외에는 자유롭게 사용할 수 없는 기술을 의미한다. 중국 특허법 제67조의 신설 전에는 공지기술의 항변으로 자유공지기술뿐만 아니라 비자유공지기술도 주장할 수 있는지 중국 학계의 논쟁이 있었다. 이에 중국 특허법 제67조는 자유공지기술과 비자유공지기술의 차이를 두지 않고 모두 '공지기술(现有技术)'로 정의함으로써 비자유공지기술도 공지기술에 포함시키는 태도를 취하여 이에 대한 논쟁을 입법적으로 정리하였다. 중국 사법실무에서도, 자유공지기술과 비자유공지기술 모두 공지기술에 포함되는 것으로 본다. 다만, 중국 특허법 제24조에 따른 신규성 상실의 예외의 기간을 향유하는 기술을 이용하여 공지기술의 항변을 주장하는 것은 허용되지 않는 것으로 본다.

(3) 공지기술의 기술특징의 확장

2009년 공포된 중국 최고인민법원의 사법해석[22]에 따르면, "피소된 침해자가 실시하는 전체 기술특징과 어느 하나의 공지기술의 상응하는 기술특징과 동일하거나 실질적인 차이가 없는 경우, 법원은 피소된 침해자가 실시하는 기술이 중국 특허법 제67조 규정의 공지기술에 속한다고 인정하여야 한다"고 규정하고 있다. 이에 따라 공지기술의 항변은 공지기술(现有技术)의 기술특징과 피소된 침해자의 실시기술의 기술특징이 동일한 경우뿐만 아니라 실질적으로 차이가 없는 경우[23]까지 확대 적용된다.

(4) 단독 대비의 원칙

2009년 공포된 최고인민법원의 사법해석[24]에 따르면, 피소된 침해자의 실시기술과 비교할 수 있는 공지기술은 하나로 한정된다. 즉, 공지기술의 항변 시에는 하나의 공지기술과 실시기술을 비교하여야 하며, 복수의 공지기술들을 결합한 후 이를 침해자의 실시기술과 비교하여서는 안 된다.[25]

---

22) 2009년 공포된「최고인민법원 특허권 침해분쟁 사건 심리에 적용하는 법률에 관한 약간의 문제해석(最高人民法院关于审理侵犯专利权纠纷案件应用法律若干问题的解释)」제14조.

23) 명문의 규정이 있는 것은 아니나, 중국 학계에서 "실질적으로 차이가 없는 경우"란 신규성의 영역보다 큰 균등 영역으로 보는 것이 일반적이다.

24) 2009년 공포된「최고인민법원 특허권 침해분쟁 사건 심리에 적용하는 법률에 관한 약간의 문제해석(最高人民法院关于审理侵犯专利权纠纷案件应用法律若干问题的解释)」제14조.

25) 최고인민법원(2021)최고법민신5727호.

2. 피소된 침해자가 증거로써 증명할 것

중국 특허법 제67조에 따르면, 실시하는 기술이 공지기술에 속한다는 입증책임은 피소된 침해자가 부담한다. 따라서 비록 법원 스스로 공지기술을 확보하고 있다고 하더라도 피소된 침해자의 항변이 없다면 이를 고려할 필요가 없다.

제5절 손해배상책임의 면제

중국 특허법 제77조 【손해배상책임의 면제】 특허권자의 허락을 받지 않고 제조하여 판매된 특허침해제품인 것을 모르고, 생산경영을 위한 목적으로 그 제품을 사용, 판매의 청약 또는 판매를 한 경우, 그 제품의 합법적 출처를 증명할 수 있는 경우에는 배상책임을 부담하지 아니한다. 专利法第七十七条: 为生产经营目的使用、许诺销售或者销售不知道是未经专利权人许可而制造并售出的专利侵权产品,能证明该产品合法来源的,不承担赔偿责任。

Ⅰ. 서 언

중국 특허법 제77조는 특허침해제품인 것을 모르고 그 제품을 사용, 판매한 자는 그 제품의 합법적 출처를 증명할 수 있는 경우에 손해배상책임을 면제하도록 규정하고 있다. 이는 소상공인과 같은 일반인의 특허제도에 대한 이해가 높지 않는 점을 고려하여 선의의 판매자 또는 사용자를 일정부분 보호하기 위한 것이다. 고의 또는 중과실이 없는 경우에 이를 참작하여 손해배상액을 산정하는 한국[26]과 달리, 중국 특허법 제77조는 손해배상책임을 전면적으로 면제한다는 점에서 그

26) 한국 특허법 제128조.

특징이 있다. 다만 중국 특허법 제77조는 손해배상책임만을 면제할 뿐 침해행위의 정지까지 면제하는 것은 아니라는 것에 주의할 필요가 있다.

Ⅱ. 중국 특허법 제77조의 개정 연혁

1984년 중국 특허법 제정 당시의 규정은 "특허권자의 허락을 받지 않고 제조하여 판매한 특허침해제품인 것을 모르고, 그 제품을 사용 또는 판매한 행위는 침해로 보지 않는다"라고 하여 현재의 규정과 다소 차이가 있었다. 즉, ⅰ) 현 규정은 '합법적 출처'를 요구하는 데 반하여 당시의 규정은 이를 요구하지 않았으며, ⅱ) 현 규정은 그 효과로 '손해배상책임'이 면제되는 것으로 규정하고 있으나 당시의 규정은 '침해' 자체가 성립되지 않는 것으로 보았다. 이러한 특허법 제정 초기의 규정은 침해제품의 사용자 또는 판매자로 하여금 침해제품의 출처를 밝힐 필요도 없이 "침해제품인 것을 몰랐다"고 항변하는 것을 허용하여 특허권의 보호에 미흡할 뿐만 아니라 사용자 또는 판매자의 손해배상만이 면제되는 것인지, 침해행위의 정지와 같은 민사책임도 면제되는 것인지 불분명하다는 비판이 있었다. 이에 2000년 특허법의 개정 시에 사용자 또는 판매자에게 해당 침해제품의 '합법적인 출처'의 증명을 추가로 요구하여 특허권의 보호를 강화하였으며, 동시에 '침해'의 예외가 아닌 '손해배상책임'의 면제임을 분명히 하여 침해행위의 정지 등과 같은 민사 책임은 여전히 부담함을 명확하게 하였다.

Ⅲ. 중국 특허법 제77조의 요건 및 판단 방법

중국 특허법 제77조에 따라 손해배상책임을 면제받기 위해서는, ⅰ) 물품의 사용, 판매의 청약 또는 판매 행위 시에 ⅱ) 해당 물품이 침해제품인 것을 몰라야 하며 ⅲ) 해당 물품의 합법적 출처를 증명할 수 있어야 한다.

1. 사용, 판매의 청약 또는 판매일 것

중국 특허법 제77조가 적용되는 실시태양은 특허물품을 사용, 판매의 청약 또는 판매하는 경우에 한정된다. 다시 말하면, 특허물품을 제조하거나 수입하는 행위는 중국 특허법 제77조의 규정을 받지 않아 여전히 손해배상책임을 부담한다. 또한 물건을 생산하는 방법특허의 경우, 해당 방법특허의 사용은 직접적으로 특허물품의 제조를 초래하므로 중국 특허법 제77조의 적용을 받지 않아 손해배상책임을 부담한다.

2. 해당 물품이 침해제품일 것을 모를 것

중국 특허법 제77조는 사용 또는 판매하는 제품이 특허권자의 허락을 받지 않고 제조한 것임을 모르는 경우에 한하여 배상책임을 면제하는데, 여기서 "모른다"는 것은 "실제로 알았다"의 반대 의미로써 알 수 없었던 경우 뿐만 아니라 마땅히 알 수 있었음에도 불구하고 몰랐던 경우를 포함한다.[27)]

3. 합법적인 출처를 증명할 것

중국 특허법 제77조에 의하면, 손해배상책임을 면제받기 위해서는 사용 또는 판매하는 제품의 합법적인 출처를 증명하여야 한다. 만약 사용자 또는 판매자가 관련 증명을 제공할 수 없거나 또는 제공하려고 하지 않으면 손해배상책임을 부담한다.[28)] 중국 사법실무에서는, 합법적인 출처란 합법적인 판매 채널, 통상적인 판매 계약 등의 정상적인 상업 방식을 통하여 피소 침해제품을 획득하는 것을 의미한다.

---

27) 2016년 공포된「최고인민법원 특허권 침해분쟁 사건 심리에 적용하는 법률에 관한 약간의 문제해석 2」제25조 제2항.

28) 최고인민법원(2021)최고법지행종1138호.

Ⅳ. 중국 특허법 제77조의 효과

중국 특허법 제77조에 해당하는 경우에 사용자 또는 판매자는 손해배상책임을 면제받는다. 다만 손해배상책임만을 면제받을 뿐 원칙적으로는 침해행위에 해당하기 때문에 사용자 또는 판매자는 침해행위의 정지와 같은 민사 책임을 여전히 부담한다.

제5장

침해에 대한 구제방법

제1절 행정적 구제(行政救济)

중국 특허법 제65조 【침해행위에 대한 행정적 구제】
특허권자의 허가를 얻지 아니하고 그 특허를 실시하여 특허권 침해 분쟁이 발생한 경우에 당사자가 협상하여 해결하며, 협상을 원하지 아니하거나 협상이 성공하지 못한 경우에 특허권자 또는 이해관계인은 법원에 소를 제기하거나 특허업무를 관리하는 부서에 처리를 청구할 수 있다. 특허업무를 관리하는 부서는 처리 시 침해행위가 성립된다고 인정될 경우에 침해자에게 침해행위의 즉시정지를 명령할 수 있다. 당사자가 이에 불복하는 경우, 처리통지를 받은 날로부터 15일 내에 「중화인민공화국 행정소송법」에 따라 법원에 소를 제기할 수 있다. 침해자가 기한 내에 소를 제기하지도 않고 침해행위를 정지하지도 않는 경우, 특허업무를 관리하는 부서는 법원에 강제집행을 신청할 수 있다. 처리를 진행하는 특허업무를 관리하는 부서는 당사자의 청구에 의하여 특허권 침해에 대한 배상액의 조정을 진행할 수 있으며, 조정이 이루어지지 않을 경우 당사자는 「중화인민공화국 민사소송법」에 근거하여 법원에 소를 제기할 수 있다.

专利法第六十五条: 未经专利权人许可,实施其专利,即侵犯其专利权,引起纠纷的,由当事人协商解决;不愿协商或者协商不成的,专利权人或者利害关系人可以向人民法院起诉,也可以请求管理专利工作的部门处理。管理专利工作的部门处理时,认定侵权行为成立的,可以责令侵权人立即停止侵权行为,当事人不服的,可以自收到处理通知之日起十五日内依照〈中华人民共和国行政诉讼法〉向人民法院起诉；侵权人期满不起诉又不停止侵权行为的,管理专利工作的部门可以申请人民法院强制执行。进行处理的管理专利工作的部门应当事人的请求,可以就侵犯专利权的赔偿数额进行调解；调解不成的,当事人可以依照«中华人民共和国民事诉讼法»向人民法院起诉。

중국 특허법 제70조【침해행위에 대한 행정적 구제】

① 국무원 특허행정부서는 특허권자 또는 이해관계자의 청구에 따라 전국적으로 중대한 영향을 미치는 특허권 침해분쟁을 처리할 수 있다.
② 지방인민정부 특허업무 관리부서는 특허권자 또는 이해관계자의 청구에 따라 특허권 침해분쟁을 처리하고, 해당 행정구역 내에서 그의 동일한 특허권을 침해한 사건에 대하여 병합처리를 할 수 있다; 지역경계를 넘어 그의 동일한 특허권을 침해한 사건에 대하여 상급 인민정부 특허업무 관리부서에 처리를 청구할 수 있다.

专利法第七十条： 国务院专利行政部门可以应专利权人或者利害关系人的请求处理在全国有重大影响的专利侵权纠纷。
地方人民政府管理专利工作的部门应专利权人或者利害关系人请求处理专利侵权纠纷,对在本行政区域内侵犯其同一专利权的案件可以合并处理； 对跨区域侵犯其同一专利权的案件可以请求上级地方人民政府管理专利工作的部门处理。

Ⅰ. 서 언

"행정적 구제(行政救济)"란 행정보호라고도 하며, 법원이 아닌 특허업무 관리부서(管理专利工作的部门)에서 침해의 성립여부를 판정하고 침해행위에 대한 정지명령을 내리는 등의 행정적 조치를 취하는 것을 말한다. 중국은 1984년 특허법의 제정 시에 각 법원의 특허제도에 대한 역량 및 기술에 대한 이해가 부족하다는 것을 고려하여 행정적 구제를 사법적 구제와 병행하는 쌍궤제(双轨制)를 채택하였다. 이 후 중국의 특허역량이 상승함에 따라 2000년 및 2008년 중국 특허법 개정 시에 행정적 구제의 폐지여부에 대한 논란이 있었으나, 행정적 구제의 유효성을 고려하여 행정적 구제를 유지하였다. 나아가 2020년 중국 특허법 개정 시에는 제70조를 신설하여 중요한 영향을 미치는 특허침해분쟁에 대한 국가지식재산권국의 관할권을 규정하였고, 국가지식재산권국은 2021년 「중대 특허침해분쟁 행정재결방법(重大专利侵权纠纷行政裁决办法)」을 공포하고 개정 중국 특허법과 동일하게 2021년 6월부터 시행한다고 규정함으로써 전국적으로 중요한 특허침해분쟁 사건의 행정적 구제에 대한 법적 근거 및 진행절차를 명확히 하였다. 실무상 행정적 구제는 사법적 구제에 비해 신속[1]하고, 절차가 간편하다는 점에서 활용의 의미가 있다.

II. 행정적 구제의 관리부서

1. 특허업무 관리부서의 종류

중국 특허법 제65조에 따르면 행정적 구제는 특허업무 관리부서(管理专利工作的部门)에서 담당하며, 중국 특허법 제70조에 따르면 전국적으로 중대한 영향을 미치는 특허침해분쟁 사건은 국무원 특허행정부서가 처리하고, 이외의 특허침해분쟁 사건은 지방인민정부 특허업무 관리부서가 처리한다. 또한, 중국 특허법 제3조 제2항에 따르면 성 · 자치구 · 직할시 정부에서 특허업무 관리부서(管理专利工作的部门)는 해당 행정구역 내의 특허관리업무에 대한 책임이 있다. 따라서, 전국적으로 중대한 영향을 미치는 특허침해분쟁 사건에 대한 행정적 구제를 담당하는 특허업무 관리부서는 국가지식재산권국(즉, 중국 특허청)을 가리키고, 이외의 일반적인 특허침해분쟁 사건에 대한 행정적 구제를 담당하는 특허업무 관리부서는 각급 지방정부의 지식재산권국을 가리킨다. 이 경우, 전국적으로 중대한 영향일 미치는 사건인지의 여부는 국가지식재산권국이 결정한다.[2]

1) 중대 특허침해분쟁 행정재결방법 제25조에 따르면, 국가지식재산권국은 입안일(立案日)로부터 3개월 내에 처리하는 것을 원칙으로 하며, 특별한 경우에 1개월의 연장이 가능하다. 또한, 특허행정집행방법(专利行政执法办法) 제19조에 따르면, 지방정부의 국가지식재산권국은 입안일로부터 4개월 내에 처리하는 것을 원칙으로 하며, 특별한 경우에 1개월의 연장이 가능하다.

2) 중대 특허침해분쟁 행정재결방법 제26조 참조.

2. 특허업무 관리부서의 역할

당사자는 특허업무 관리부서에 특허분쟁을 처리하거나 조정하는 것을 청구하여 자신의 합법적 권익을 보호할 수 있다. 특허업무 관리부서는 특허권에 대한 침해행위의 정지명령, 배상액의 조정 등의 역할을 수행하며, 기타 특허사칭행위, 특허허위표시행위에 대한 처리 업무를 담당한다. 전국적으로 중대한 영향을 미치는 특허침해분쟁 사건과 관련한 행정처리절차는 2021년 6월 1일 시행된 「중대 특허침해분쟁 행정재결방법」에서 자세히 규정하고 있고, 일반적인 특허침해분쟁 사건과 관련한 행정처리절차는 2011년 2월 1일 시행된 「특허행정집행방법(专利行政执法办法)」에서 자세히 규정하고 있다.

Ⅲ. 전국적으로 중대한 영향을 미치는 특허침해분쟁 사건에 대한 행정적 구제

1. 적용 요건

1) 중대 특허침해분쟁 행정재결방법 제3조에 따르면, i) 중대한 공공 이익과 관련되는 사건, ii) 업계 발전에 심각한 영향을 미치는 사건, iii) 성(省)급 행정구역을 초월하는 중대 사건, iv) 기타 중대한 영향을 미칠 수 있는 특허침해분쟁 사건은 "중대 특허침해분쟁" 사건에 해당할 수 있다. 이 경우, 전국적으로 중대한 영향일 미치는 사건인지의 여부는 국가지식재산권국이 결정한다.[3)]

2) 중대 특허침해분쟁 행정재결방법 제4에 따르면, 중대 특허침해분쟁에 대한 행정재결을 청구하기 위해서는 i) 청구인은 특허권자 또는 이해관계자이어야 하고, ii) 명확한 피청구인이 있어야 하며, iii) 청구내용이 명확하고 구체적 사실과 이유가 있어야 하고, iv) 해당 특허침해분쟁 사건에 대해 법원이 사건을 입안(立案)하지 않은 상태이어야 한다.

---

3) 중대 특허침해분쟁 행정재결방법 제26조.

2. 절차 및 침해중지명령

1) 청구인은 피청구인 소재지 또는 침해행위지 지방정부의 지식재산권국으로부터 행정재결 청구가 상기 실질적 요건에 부합한다는 증명서를 발급받고, 청구서 및 증거자료와 함께 제출해야 한다.[4] 즉, 국가지식재산권국에 중대 특허침해분쟁 행정재결을 청구하기 위해서는 지방정부의 지식재산권국의 사전 심사를 먼저 받아야 하고, 중대 특허침해분쟁 사건에 해당하지 않는 경우에는 지방정부의 지식재산권국에서 처리한다.

2) 청구인의 청구가 중대 특허침해분쟁 행정재결방법 제4조의 규정을 충족하는 경우, 국가지식재산권국은 청구서를 접수한 날로부터 5일 이내에 사건을 입안(立案)하고 청구인에게 통지하며, 3명 이상으로 합의부를 구성하여 사건을 처리한다. 사건이 특히 복잡하거나 기타 특수한 상황이 있는 경우, 입안 기한을 최대 5일 연장할 수 있다. 청구인의 청구가 중대 특허침해분쟁 행정재결방법 제4조의 규정을 충족하지 않는 경우, 국가지식재산권국은 5일 내에 청구인에게 입안하지 않음을 통지하고 그 이유를 설명한다. 중대 특허침해 분쟁에 해당하지 않는 청구에 대해서는 사건을 접수하지 않으며, 관할권을 가진 지방정부의 지식재산권국에서 처리할 수 있음을 청구인에게 통지한다.[5]

3) 국가지식재산권국은 입안일로부터 5일 이내에 피청구인에게 청구서 및 그 첨부서류의 사본을 송달하며, 피청구인은 송달받은 날로부터 15일 이내에 답변서를 제출한다. 피청구인이 답변서를 제출한 경우, 국가지식재산권국은 5일 이내에 답변서 사본을 청구인에게 송달한다.[6]

4) 조사 시에, 국가지식재산권국의 사건 처리 인원은, ⅰ) 관련 당사자 및 기타 관련 단체와 개인을 조사하여 의심되는 특허침해행위와 관련된 상황을 확인할 수 있고, ⅱ) 당사자의 의심되는 특허침해행위가 이루어진 장소를 현장 조사할 수 있으며, ⅲ) 의심되는 특허침해행위와 관련된 제품을 검사할 수 있다.[7]

5) 특허 침해가 성립한다고 판단된 경우, 국가지식재산권국은 즉시 침해행위

---

4) 중대 특허침해분쟁 행정재결방법 제5조.
5) 중대 특허침해분쟁 행정재결방법 제6조.
6) 중대 특허침해분쟁 행정재결방법 제10조.
7) 중대 특허침해분쟁 행정재결방법 제13조.

를 중지하도록 명령하며, 필요에 따라 관련 감독 기관 및 지방정부의 관련 부서에 통지하여 침해행위를 즉각 중단하도록 협조를 요청할 수 있다. 당사자가 행정재결에 불복하는 경우, 행정재결서를 받은 날로부터 15일 이내에 법원에 소송을 제기할 수 있다. 피청구인이 기한 내에 소송을 제기하지 않고 침해 행위를 중단하지도 않는 경우, 국가지식재산권국은 법원에 강제집행을 신청할 수 있다.[8)]

3. 손해배상

행정적 구제에서는, 국가지식재산권국은 피청구인에게 특허침해 행위를 중지하도록 명령할 수 있을 뿐이고, 손해배상을 명령할 수는 없다. 따라서, 손해배상까지 청구하고자 하는 당사자 또는 이해관계인은 법원에 별도의 소를 제기해야 한다.

Ⅳ. 일반적인 특허침해분쟁 사건에 대한 행정적 구제

1. 적용 요건

특허행정집행방법 제8조에 따르면, 지방정부의 지식재산권국에 행정적 구제를 신청하기 위해서는 명확한 피청구인이 있어야 하며, 특허권자 또는 이해관계인[9)]은 명확한 청구사항과 구체적 사실 및 이유를 제시하여야 한다. 또한 당사자는 인민법원에 관련 소를 제기하지 않았어야 한다.

---

8) 중대 특허침해분쟁 행정재결방법 제23조.

9) 여기서 이해관계인은 실시권자 및 특허권의 합법적 계승자를 포함한다. 특허실시허가계약의 실시권자 중 독점실시허가계약(独占实施许可合同)의 실시권자는 단독으로 청구를 제기할 수 있으며, 배타적 실시허가계약(排他实施许可合同)의 실시권자는 특허권자가 청구하지 않는 상황하에서 단독으로 청구를 제기할 수 있다. 또한 계약에 별도의 약정이 있는 경우를 제외하고 통상 실시권자는 단독으로 청구를 제기할 수 없다(특허행정집행방법 제8조).

2. 절차 및 침해중지명령

1) 청구인은 청구서 및 특허 등록증 등의 관련 증거자료를 제출하여야 하며, 실용신안의 경우 특허관리업무부분은 평가보고서의 제출을 요구할 수 있다.[10)]

2) 청구인의 청구가 특허행정집행방법 제8조의 조건에 부합하는 경우, 지방정부의 지식재산권국은 청구서 접수일부터 5일 이내 입안(立案)하고 이를 청구인에게 통지한다. 한편 청구가 상기 조건에 부합하지 않는 경우, 특허업무 관리부서는 청구서 접수일로부터 5일 이내에 청구인에게 불수리를 통지하고 그 이유를 설명하여야 한다.[11)]

3) 지방정부의 지식재산권국은 입안일로부터 5일 이내에 청구서 및 그 첨부서류의 부본을 우송, 직접송달 또는 기타 방식을 통해 피청구인에게 송달하며, 피청구인에게 접수일로부터 15일 이내에 답변서를 제출하도록 요구한다. 피청구인이 답변서를 제출할 경우, 지방정부의 지식재산권국은 답변서 접수일로부터 5일 이내에 답변서 부본을 우송 및 직접송달 또는 기타 방식을 통해 청구인에게 송달한다.[12)]

4) 심사 후 침해가 성립된다고 인정하는 경우, 지방정부의 지식재산권국은 침해자에게 즉시 침해행위를 중지하도록 명령할 수 있다. 당사자가 이에 불복할 경우에는 그 통지서의 접수일로부터 15일 이내 법원에 소를 제기할 수 있다. 침해자가 기한만료 후에 제소하지도 않고 침해행위도 중지하지 않을 경우, 지방정부의 지식재산권국은 법원에 강제집행을 신청할 수 있다.[13)]

3. 배상액 조정 및 손해배상

지방정부의 지식재산권국은 당사자의 청구에 의하여 특허권 침해에 대한 배상액의 조정을 진행할 수 있다. 조정이 성립하지 않을 경우, 당사자는 「중화인민공화국 민사소송법」에 근거하여 법원에 소를 제기함으로써,[14)] 별도의 손해배상을

10) 특허행정집행방법 제9조.
11) 특허행정집행방법 제11조.
12) 특허행정집행방법 제12조.
13) 중국 특허법 제65조.

요구할 수 있다.

V. 행정적 구제와 사법적 구제의 신청 순서

침해에 대한 법적 조치를 취할 때, 법원에 소를 제기하는 사법적 구제와 특허업무 관리부서에 처리를 요청하는 행정적 구제를 모두 이용할 수 있는지가 문제된다. 이와 관련하여, 중대 특허침해분쟁 행정재결방법 제4조 제4호 및 특허행정집행방법 제5조 제1항 제5호는 행정적 구제를 신청할 수 있는 자격에 대해 '당사자가 문제가 되는 특허분쟁에 대해 법원에 소를 제기하지 않았을 것'을 요구하고 있다. 따라서, 먼저 특허권 침해소송을 제기하고, 이 후 행정적 구제를 신청하는 것은 허용되지 않는다. 한편, 행정적 구제 신청 이후에 법원에 소를 제기하는 것은 금지되지 않으므로,[15] 행정적 구제와 사법적 구제를 모두 이용하고 싶다면, 행정적 구제를 먼저 수행하여야 한다.

VI. 기타 행정보호 제도

1. 전시회에서의 보호

2006년 1월 반포된 「전시회지재권보호방법(展会知识产权保护办法)」에 따르면, 3일 이상 지속되는 전시회에서 필요한 경우에 전시회주관부서는 지재권 신고기구를 설치할 수 있으며, 지식산권국은 직원을 파견하여 침해사건을 처리할 수 있다. 전시회에서 특허침해가 발견되면, 권리자는 침해를 입증할 수 있는 증거서류를 준비한 후 지재권 신고기구에 신고할 수 있다. 지재권 신고기구는 신고서류를 접수한 후에 현장조사, 증거취득 등의 방식으로 조사를 할 수 있다. 조사결과

14) 중국 특허법 제65조 후단.

15) 이전에는 "일단, 행정조치를 제기한 때는, 인민법원에 동일한 소송을 제기할 수 없다"는 취지를 규정한 '전리분쟁안건에 관한 법률적용의 규정'이 있었으나, 2001년 12월 28일에 폐지되었다.

침해로 판정되면, 해당 침해제품을 전시회에서 철회하여야 하며, 침해홍보 자료 역시 처분하여야 한다.

2. 세관에서의 보호

「지식재산세관보호조례(知识产权海关保护条例)」에 따라 세관의 지식재산권에 대한 보호는 신청에 의한 경우와 직권에 의한 경우를 포함한다. 신청에 의한 보호는 세관이 지식재산권자의 신청에 의해 발견한 침해혐의 물품에 대하여 압류조치를 취하는 것을 가리킨다. 신청에 의한 보호는 사전에 해당 지식재산권을 세관총서에 등기할 필요가 없으며, 권리자는 침해혐의 물품의 가치에 상당하는 담보를 제공하여야 한다. 또한 세관에서 침해혐의 물품을 압류한 후 권리자는 법원에 소전 임시 조치를 신청하여야 한다. 만약 법원이 세관의 물품 압류 후 20일 내에 세관에 압류협조 조치를 통지하지 않는다면, 세관은 압류된 물품을 통관시킨다. 직권에 의한 보호는 세관이 수출입물품에 대한 감독관리과정에서 발견한 지식재산권 침해의 수출입물품에 대하여 자발적으로 취하는 압류와 조사처리의 조치를 가리킨다. 직권에 의한 보호는 신청에 의한 보호와 달리 사전에 해당 지식재산권을 세관총서에 등기하여야 한다.

제2절 사법적 구제(司法救济)

중국 특허법 제71조 【손해배상】

① 특허권 침해의 배상액은 권리자가 침해행위로 인하여 받은 실제 손실 또는 침해자가 침해행위로 인하여 얻은 이익에 따라 확정한다; 권리자의 손실 또는 침해자가 얻은 이익의 확정이 곤란한 경우, 해당 특허허가사용료의 배수를 참고하여 합리적으로 확정한다. 고의적인 특허권 침해에 대해서, 상황이 심각한 경우, 위의 방법으로 확정된 액수의 1배 이상 5배 이하의 배상액을 확정할 수 있다.

② 권리자의 손실 · 침해자가 얻은 이익 및 특허허가사용료 모두 확정하기 곤란한 경

우, 인민법원은 특허권의 종류 · 침해행위의 성질 및 상황 등의 요소에 근거하여 3만 위안 이상 500만 위안 이하의 배상을 확정할 수 있다.
③ 배상액에는 권리자가 침해행위를 제지하기 위하여 지급한 합리적 비용도 포함되어야 한다.
④ 인민법원은 배상액 확정을 위하여, 권리자가 입증책임을 다하고, 침해행위와 관련된 장부 · 자료가 주로 침해자가 장악하고 있는 상황하에서, 침해자에게 침해행위와 관련된 장부 · 자료의 제출을 명령할 수 있다; 침해자가 제출하지 않거나 또는 허위 장부 · 자료를 제출하는 경우, 인민법원은 권리자의 주장과 제공된 증거를 참고하여 배상액을 판정할 수 있다.

专利法第七十一条: 侵犯专利权的赔偿数额按照权利人因被侵权所受到的实际损失或者侵权人因侵权所获得的利益确定; 权利人的损失或者侵权人获得的利益难以确定的,参照该专利许可使用费的倍数合理确定。对故意侵犯专利权,情节严重的,可以在按照上述方法确定数额的一倍以上五倍以下确定赔偿数额。
权利人的损失、侵权人获得的利益和专利许可使用费均难以确定的,人民法院可以根据专利权的类型、侵权行为的性质和情节等因素,确定给予三万元以上五百万元以下的赔偿。
赔偿数额还应当包括权利人为制止侵权行为所支付的合理开支。
人民法院为确定赔偿数额,在权利人已经尽力举证,而与侵权行为相关的账簿、资料主要由侵权人掌握的情况下,可以责令侵权人提供与侵权行为相关的账簿、资料; 侵权人不提供或者提供虚假的账簿、资料的,人民法院可以参考权利人的主张和提供的证据判定赔偿数额。

Ⅰ. 서 언

'사법적 구제(司法救济)'란 사법보호라고도 하며, 법원에 민사소송을 제기하여 민사분쟁을 해결하려는 방식의 구제수단을 말한다. 중국 특허법 제65조는 단지 "특허권자 또는 이해관계인은 법원에 소를 제기할 수 있다"고만 규정하고 있을 뿐 사법적 구제에 대해서 자세히 규정하고 있지는 않다. 그러나 중국 민법전(民法典) 제1167조[16]는 재산의 안전이 위험에 처한 경우에 피침해자는 침해자에게 침해행

16) 第一千一百六十七条: 侵权行为危及他人人身, 财产安全的,被侵权人 有权请求侵权人承担停

위의 중지, 장애의 제거, 위험의 제거 등을 청구할 권리가 있다고 규정하고 있고, 제1185조[17]에서는 고의로 타인의 지식재산권을 침해한 경우에는 피침해자는 징벌적 손해배상을 청구할 권리가 있다고 규정하고 있어 사법적 구제의 법적 근거를 제공하고 있다. 이에 특허권자는 특허침해의 발견 시에 법원에 침해행위의 중지 및 손해배상을 청구함으로써 그 합법적 권익을 보호할 수 있으며, 징벌적 손해배상도 청구할 수 있다.

Ⅱ. 침해행위의 중지

피고의 행위가 특허권에 대해 침해를 구성하고, 권리자가 침해행위를 중지할 것을 청구할 경우, 법원은 이를 지지해야 한다. 단 국가이익, 공공이익을 고려하여, 법원은 침해행위의 중지를 명령하지 않고 이에 상응하는 합리적인 비용을 지급할 것을 명령할 수 있다.[18]

Ⅲ. 손해배상

중국에서 손해배상액은 권리자의 손실 또는 침해자가 얻은 이익, 실시료 상당액, 법정 손해배상액의 순서로 확정된다. 구체적으로, 중국 특허법 제71조에 따라 손해배상액은 권리자가 침해로 인하여 받은 실제 손해 또는 침해자가 얻은 이익으로 확정된다.[19] 권리자의 손실 또는 침해자가 얻은 이익을 확정하기 곤란한

止侵害, 排除妨碍, 消除危险等侵权责任.

17) 第一千一百八十五条: 故意侵害他人知识产权, 情节严重的, 被侵权人有权请求相应的惩罚性赔偿.

18) 2016년 공포된「최고인민법원 특허권 침해분쟁 사건 심리에 적용하는 법률에 관한 약간의 문제해석 2[最高人民法院关于审理侵犯专利权纠纷案件应用法律若干问题的解释(二)]」 제26조.

19) 개정 전 중국 특허법은 권리자의 손실로 먼저 손해배상액을 확정하고, 그것이 곤란한 경우에 침해자가 얻은 이익으로 확정한다고 규정하여, 권리자의 손실을 먼저 고려하도록 하였다. 2021년 개정 중국 특허법에서는 권리자의 손실 또는 침해자가 얻은 이익으로 확정한다고 개정하여, 권리자의 손실과 침해자가 얻은 이익 사이의 고려 순서에 대한 제한을 삭제하였다.

경우, 손해배상액은 특허 허가의 실시료를 참조하여 확정된다. 권리자의 손실, 침해자가 얻은 이익, 특허 허가의 실시료에 의해서도 손해배상액을 확정하기 곤란한 경우, 법원은 특허권의 종류, 침해행위의 성질 및 상황 등을 고려하여 손해배상액을 확정한다.

1. 권리자의 손실

침해로 인한 권리자의 손실은 특허권자의 특허제품이 침해로 인하여 감소한 판매량 총수에 특허제품 건당의 합리적 이윤을 곱한 값으로 계산될 수 있다. 다만 침해로 인하여 감소한 판매량의 총수를 확정하기 어려운 경우, 침해제품이 시장에서 판매된 총수에 대당 특허제품의 합리적인 이윤을 곱한 값을 권리자의 손실로 볼 수 있다.[20)]

2. 침해자가 얻은 이익

침해행위로 인하여 침해자가 얻은 이익은 침해제품이 시장에서 판매한 총수에 침해제품의 건당 합리적인 이윤을 곱한 값으로 계산될 수 있다. 침해자가 얻은 이익은 보통 침해자의 경영이익(营业利润)에 따라 계산되나 침해를 업으로 하는 침해자에게는 매출이윤(销售利润)에 따라 계산될 수 있다.[21)]

한편, 침해자가 얻은 이익을 확정할 때에는 특허권 침해로 인해 침해자가 얻은 이익에 한정하여야 하며, 기타 권리로 얻은 이익은 합리적으로 공제해야 한다. 만약 침해품이 다른 제품의 부품인 경우에 부품 자체의 가치 및 완성품의 이윤을 실현하는 데 있어서 부품의 작용 등의 요소를 합리적으로 고려하여야 한다.[22)]

---

20) 2001년 공포된 「최고인민법원 특허분쟁사건 심리의 법률적용 문제에 대한 약간의 규정(最高人民法院关于审理专利纠纷案件适用法律问题的若干规定)」 제20조 제2항.

21) 2001년 공포된 「최고인민법원 특허분쟁사건 심리의 법률적용 문제에 대한 약간의 규정」 제20조 제3항.

22) 2009년 공포된 「최고인민법원 특허권 침해분쟁 사건 심리에 적용하는 법률에 관한 약간의 문제해석(最高人民法院关于审理侵犯专利权纠纷案件应用法律若干问题的解释)」 제16조.

3. 실시료 상당액

권리자의 손실 및 침해자가 얻은 이익으로부터 손해배상액을 확정하기 곤란하나 특허권자가 제3자와 체결한 실시계약으로부터 해당 특허의 실시료를 참조할 수 있는 경우, 법원은 해당 실시계약의 실시료를 참조하여 손해배상액을 계산할 수 있다. 이 경우에 법원은 특허권의 유형, 침해의 성질 및 구체적 정황, 실시료 금액, 실시 허가의 성격, 범위, 시간 등 요소에 따라 실시료의 배수(예를 들어 1~3배)를 참조하여 손해배상금액을 합리적으로 확정할 수 있다.

4. 법정 손해배상액

권리자의 손실, 침해자가 얻은 이익 및 실시료 상당액 모두 확정하기 곤란한 경우, 법원은 특허권의 종류, 침해행위의 성질 및 상황 등의 요소를 고려하여 3만 위안 이상 500만 위안 이하의 손해배상을 확정할 수 있다(중국 특허법 제71조).[23]

5. 징벌적 손해배상

2021년 개정 중국 특허법에는 징벌적 손해배상제도가 도입되었다. 개정 중국 특허법에 따르면, ⅰ) 고의적인 특허권 침해에 있어서, ⅱ) 상황이 엄중한 경우에, 위의 1 내지 3의 방법으로 확정된 액수의 1배 이상 5배 이하의 배상액을 확정할 수 있다. 최고인민법원의 사법해석[24]에 따르면, 다음의 경우에 '고의'가 있다고 해석할 수 있다.

1) 피고가 원고 또는 이해관계인의 통지, 경고를 받은 이후에도 여전히 침해행위를 계속하는 경우
2) 피고 또는 그 법정대리인, 관리인이 원고 또는 이해관계인의 법정대리인,

---

23) 2001년 사법해석에서는 법정 손해배상액의 최고한도를 50만 위엔으로 규정하였으나, 2008년 개정 특허법에서는 이를 100만 위안으로 상향하였고, 2021년 개정 특허법에서는 500만 위안으로 더욱 상향하였다.

24) 2021년 공포된「최고인민법원 지식재산권 침해 민사사건심리에서 징벌적 배상적용에 관한 해석(最高人民法院关于审理侵害知识产权民事案件 适用惩罚性赔偿的解释)」제3조.

관리인인 경우

3) 피고와 원고 또는 이해관계인 간에 노동·노무·합작·허가·프랜차이즈·대리·대표 등 관계가 존재하고, 또한 침해된 지식재산권을 접촉한 적이 있는 경우
4) 피고와 원고 또는 이해관계인 간에 업무교류가 있거나 또는 계약을 체결하기 위하여 협상했으며, 또한 침해된 지식재산권을 접촉한 적이 있는 경우
5) 피고가 등록상표를 불법 복제하거나 위조한 경우

또한, 최고인민법원의 사법해석[25]에 따르면, 다음의 경우에 '상황이 엄중'하다고 볼 수 있다.

1) 불법행위로 인하여 행정처벌을 받거나 또는 법원의 재판에 의해서 책임을 부담한 이후, 재차 동일 또는 유사한 침해행위를 실시한 경우
2) 지식재산권 침해를 업으로 하고 있는 경우
3) 침해증거를 위조, 훼손 또는 은닉한 경우
4) 보전 결정의 이행을 거절하는 경우
5) 침해행위로 인한 수익 또는 권리자의 손실이 큰 경우
6) 침해행위가 국가안전, 공공이익 또는 인신건강에 위해를 끼칠 가능성이 있는 경우
7) 기타 정황이 엄중하다고 인정할 수 있는 상황인 경우

6. 손해배상책임의 면제

침해자의 침해행위가 중국 특허법 제77조의 비고의 침해에 해당하며 합법적 출처를 증명할 수 있다면, 손해배상책임이 면제된다. 다만, 이 경우에도 침해행위의 중지 의무까지 면제되는 것은 아니다.[26]

---

25) 2021년 공포된 「최고인민법원 지식재산권 침해 민사사건심리에서 징벌적 배상적용에 관한 해석」 제4조.

26) 자세한 내용은 이 책 제8편의 제4장 제5절 참고.

7. 자료제출 명령

2021년 개정 중국 특허법에서는 사법해석[27]에서 인정되었던 자료제출 명령을 법문으로 도입하였다. 따라서, 권리자가 입증책임을 다하였으나 침해행위와 관련된 장부 · 자료가 주로 침해자가 장악하고 있는 상황이라면, 법원은 배상액 확정을 위하여 침해자에게 침해행위와 관련된 장부 · 자료의 제출을 명령할 수 있다. 침해자가 제출하지 않거나 또는 허위 장부 · 자료를 제출하는 경우, 법원은 권리자의 주장과 제공된 증거를 참고하여 배상액을 판정할 수 있다.

27) 2016년 공포된「최고인민법원 특허권 침해분쟁 사건 심리에 적용하는 법률에 관한 약간의 문제해석 2」제27조.

부 록

중화인민공화국 전리법(中华人民共和国专利法)

제1장 총 칙

제1조 특허권자의 합법적 권익을 보호하고, 발명창조를 장려하며, 발명창조의 응용을 추진하고, 혁신능력을 제고하며, 과학기술진보 및 경제사회발전의 촉진을 위하여, 본 법을 제정한다.

제2조 ① 본 법에서 발명창조라 함은 발명 · 실용신안 및 디자인을 말한다.

② 발명이란, 제품 · 방법 또는 그 개량에 대하여 제안된 새로운 기술방안을 말한다.

③ 실용신안이란, 제품의 형상 · 구조 또는 그 결합에 의하여 도출된 실용에 적합한 새로운 기술방안을 말한다.

④ 디자인이란, 제품의 전체 또는 일부분의 또는 그 결합 및 색채와 형상 · 도안의 결합에 의하여 만들어신 풍부한 미감이 있고 공업응용에 적합한 새로운 설계를 말한다.

제3조 ① 국무원 특허행정부서는 전국의 특허업무관리에 대한 책임이 있다; 특허출원을 통일적으로 접수 및 심사하며, 법에 의하여 특허권을 수여한다.

② 성 · 자치구 · 직할시 인민정부의 특허업무 관리부서는 본 행정구역 내의 특허관리업무에 대한 책임이 있다.

제4조 특허 출원한 발명창조가 국가의 안전 또는 중대한 이익에 관련되어 비밀유지가 필요한 경우, 국가의 관련규정에 의하여 처리한다.

제5조 ① 법률 · 사회공중도덕에 위반되거나 공공이익을 방해하는 발명창조에 대해서는, 특허권을 수여하지 아니한다.

② 법률 · 행정법규의 규정을 위반하여 유전자원을 획득 또는 이용하고, 해당 유전자원에 의존하여 완성한 발명창조는, 특허권을 수여하지 아니한다.

제6조 ① 본 단위의 임무를 수행하거나 또는 주로 본 단위의 물질기술조건을 이용하여 완성한 발명창조는 직무발명창조이다. 직무발명창조의 특허출원 권리는 해당 단위에 속하고, 출원이 비준된 후에는, 해당 단위가 특허권자이다. 해당 단

위는 그 직무발명창조의 특허출원 권리와 특허권을 법에 의하여 처분하여, 관련 발명창조의 실시와 활용을 촉진할 수 있다.

② 비직무발명창조는, 특허출원 권리가 발명자 또는 설계자에 속한다; 출원이 비준된 후에는, 해당 발명자 또는 설계자가 특허권자이다.

③ 본 단위의 물질기술조건을 이용하여 완성한 발명창조는, 단위와 발명자 또는 설계자가 체결한 계약이 있고, 특허출원 권리와 특허권의 귀속에 대한 약정이 있을 경우, 그 약정에 따른다.

제7조 발명자 또는 설계자의 비직무발명창조의 특허출원에 대해서, 어떠한 단위나 개인도 제한할 수 없다.

제8조 둘 이상의 단위 또는 개인이 협력하여 완성한 발명창조나 하나의 단위 또는 개인이 기타 단위 또는 개인의 위탁을 받아 완성한 발명창조는, 별도의 협의가 있는 경우를 제외하고는, 특허출원 권리는 완성 또는 공동 완성한 단위 또는 개인에 속하며, 출원이 비준된 후에는, 출원한 단위 또는 개인이 특허권자가 된다

제9조 ① 동일한 발명창조는 하나의 특허권만 수여한다. 다만, 동일 출원인이 동일한 날 동일한 발명창조에 대하여 실용신안특허와 발명특허를 출원하여, 먼저 취득한 실용신안특허권이 아직 종료하지 않았고, 출원인이 해당 실용신안특허권의 포기를 성명할 경우, 발명특허권을 수여할 수 있다.

② 둘 이상의 출원인이 각자 동일한 발명창조에 대하여 특허 출원하는 경우, 특허권은 가장 먼저 출원한 자에게 수여한다.

제10조 ① 특허출원권과 특허권은 양도할 수 있다.

② 중국의 단위 또는 개인이 외국인 · 외국기업 또는 외국의 기타 조직에게 특허출원권 또는 특허권을 양도하는 경우, 관련 법률 · 행정법규의 규정에 따라 절차를 밟아야 한다.

③ 특허출원권 또는 특허권을 양도하는 경우, 당사자는 서면으로 계약을 체결하고, 국무원 특허행정부서에 등기해야 하며, 국무원 특허행정부서는 공고해야 한다. 특허출원권 또는 특허권의 양도는 등기한 날부터 효력이 발생한다.

제11조 ① 발명 및 실용신안특허권이 수여된 후에는, 본 법에 별도의 규정이 있는 경우를 제외하고, 어떤 단위 또는 개인도 특허권자의 허가를 받지 아니하고 그 특허를 실시할 수 없다. 즉, 생산경영의 목적으로 해당 특허제품을 제조 · 사용 · 판매의 청약 · 판매 · 수입하거나, 또는 그 특허방법의 사용 및 해당 특허방

법에 의하여 직접 획득된 제품을 사용 · 판매의 청약 · 판매 · 수입을 해서는 아니 된다.

② 디자인특허권이 수여된 후, 어떤 단위 또는 개인도 특허권자의 허가를 받지 아니하고, 그 특허를 실시할 수 없다. 즉, 생산경영의 목적으로 그 디자인 특허제품을 제조 · 판매의 청약 · 판매 · 수입해서는 아니 된다.

제12조 어떤 단위 또는 개인이 타인의 특허를 실시하는 경우, 특허권자와 실시허가 계약을 체결하고, 특허권자에게 특허사용료를 지급해야 한다. 피허가인은 계약규정 이외의 어떠한 단위 또는 개인에게도 해당 특허의 실시를 허가할 권리가 없다.

제13조 발명특허가 출원공개된 후, 출원인은 그 발명을 실시하는 단위 또는 개인에게 적당한 비용의 지급을 요구할 수 있다

제14조 ① 특허출원권 또는 특허권의 공유자가 권리행사에 대하여 약정한 경우, 그 약정에 따른다. 약정이 없는 경우, 공유자는 단독으로 실시하거나 보통허가 방식으로 타인에게 해당 특허의 실시를 허가할 수 있다; 타인에게 해당 특허의 실시를 허가한 경우, 취득한 사용료는 공유자 간에 분배해야 한다.

② 전항 규정의 상황을 제외하고, 공유의 특허출원권 또는 특허권의 행사는 공유자 전원의 동의를 얻어야 한다.

제15조 ① 특허권을 수여받은 단위는 직무발명 창조의 발명자 또는 설계자에게 장려를 해야 한다; 발명창조특허를 실시한 후에는, 응용확산의 범위 및 취득한 경제적 이익에 근거하여, 발명자 또는 설계자에게 합리적인 보수를 지급하여야 한다.

② 국가는 특허권을 수여받은 단위가 재산권을 통한 격려를 시행하고, 지분권 · 선물옵션 · 배당 등의 방식을 취하여, 발명자 또는 설계자가 혁신의 이익을 합리적으로 공유하도록 장려한다.

제16조 ① 발명자 또는 설계자는 특허문서 중에 자기가 발명자 또는 설계자임을 명기할 권리가 있다.

② 특허권자는 그 특허제품 또는 해당 제품의 포장에 특허를 표기할 권리가 있다.

제17조 중국에 상시적인 거소나 영업소가 없는 외국인 · 외국기업 또는 외국의 기타 조직이 중국에서 특허출원을 하는 경우, 그 소속 국가와 중국이 체결한 협의 또는 공동 참가한 국제조약, 또는 호혜원칙에 따라, 본 법에 근거하여 처리한다

제18조 ① 중국에 상시적인 거소나 영업소가 없는 외국인 · 외국기업 또는 외국의

기타 조직이 중국에서 특허출원을 하거나 기타 특허사무를 처리하는 경우, 법에 의하여 설립된 특허대리기관에 위탁하여 처리해야 한다.

② 중국의 단위 또는 개인이 국내에서 특허출원을 하거나 기타 특허사무를 처리하는 경우, 법에 의하여 설립된 특허대리기관에 위탁하여 처리할 수 있다.

③ 특허대리기관은 법률 · 행정법규를 준수해야 하고, 피대리인의 위탁에 따라 특허출원 또는 기타 특허사무를 처리해야 한다; 피대리인의 발명창조 내용에 대하여, 특허출원이 공개 또는 공고된 경우를 제외하고, 비밀 유지의 책임이 있다. 특허대리기관의 구체적인 관리방법은 국무원이 규정한다.

제19조 ① 어떤 단위 또는 개인이 중국에서 완성한 발명 또는 실용신안을 외국에 특허출원을 할 경우, 사전 보고하여 국무원 특허행정부서의 비밀유지심사를 거쳐야 한다. 비밀유지심사의 절차 · 기한 등은 국무원의 규정에 따라 집행한다.

② 중국의 단위 또는 개인은 중국이 참가한 관련 국제조약에 근거하여 특허국제출원을 할 수 있다. 출원인이 특허국제출원을 하는 경우, 전항의 규정을 준수해야 한다.

③ 국무원 특허행정부서는 중국이 참가한 관련 국제조약 · 본 법 및 국무원 관련 규정에 의하여 특허국제출원을 처리한다.

④ 제1항 규정을 위반하여 외국에 특허를 출원한 발명 또는 실용신안에 대하여 중국에 특허를 출원한 경우, 특허권을 수여하지 아니한다.

제20조 ① 특허출원과 특허권 행사는 성실신용 원칙을 준수해야 한다. 특허권을 남용하여 공공이익 또는 타인의 합법적 권익에 손해를 끼쳐서는 안된다.

② 특허권을 남용하고, 경쟁을 배제하거나 제한하여, 독점행위에 해당하는 경우, 반독점법에 따라 처리한다.

제21조 ① 국무원 특허행정부서는 객관 · 공정 · 정확 · 즉시의 요구에 따라, 법에 의하여 관련 특허의 출원 및 청구를 처리해야 한다.

② 국무원 특허행정부서는 특허정보 공공서비스체계 건설을 강화하고, 완전 · 정확 · 즉시 특허정보를 전파하며, 특허 기초 데이터를 제공하고, 정기적으로 특허공보를 출판하여, 특허정보의 전파와 이용을 촉진해야 한다.

③ 특허출원의 공개 또는 공고 전에, 국무원 특허행정부서의 직원 및 관련 근무자는 그 내용에 대하여 비밀유지책임이 있다.

제2장 전리권 수여조건

제22조 ① 특허권이 수여되는 발명과 실용신안은, 신규성 · 창조성 및 실용성을 구비해야 한다.

② 신규성이란, 해당 발명 또는 실용신안이 종래기술에 속하지 않는 것을 말한다; 어떤 단위 또는 개인이 동일한 발명 또는 실용신안에 대하여 출원일 이전에 국무원 특허행정부서에 출원하지 않았고, 출원일 이후 공개된 특허출원서류 또는 공고된 특허서류 중에 기재되지 않은 것이다.

③ 창조성이란, 종래기술과 비교하여, 해당 발명이 특출한 실질적 특징과 현저한 진보를 구비하고 있고, 해당 실용신안이 실질적 특징과 진보를 구비하고 있는 것을 말한다.

④ 실용성이란, 해당 발명 또는 실용신안이 제조 또는 사용될 수 있고, 적극적인 효과를 나타낼 수 있는 것을 말한다.

⑤ 본 법의 선행기술이란, 출원일 이전 국내외에서 공중에게 알려진 기술을 말한다.

제23조 ① 특허권이 수여되는 디자인은, 종래설계에 속하지 않아야 한다; 어떤 단위 또는 개인이 동일한 디자인에 대하여 출원일 이전에 국무원 특허행정부서에 출원하지 않았고, 출원일 이후에 공고된 특허서류 중에 기재되지 않아야 한다.

② 특허권이 수여되는 디자인은 종래설계 또는 종래설계의 특징적 조합과 상호 비교하여, 명백한 구별이 있어야 한다.

③ 특허권이 수여되는 디자인은 타인이 출원일 이전에 이미 취득한 합법적인 권리와 서로 충돌해서는 안 된다.

④ 본 법의 종래설계란, 출원일 이전 국내외에서 공중에게 알려진 설계를 말한다.

제24조 특허 출원된 발명창조가 출원일 이전 6개월 내에, 아래에 열거한 사항 중의 하나에 해당되는 경우, 신규성을 상실하지 아니한다.

1. 국가에 긴급상황 또는 비상사태 출현 시, 공공이익의 목적을 위해 최초로 공개한 경우
2. 중국정부가 주관하거나 또는 승인한 국제전람회에 최초로 전시한 경우
3. 규정된 학술회의 또는 기술회의에 최초로 발표한 경우

4. 타인이 출원인의 동의를 얻지 아니하고 그 내용을 누설한 경우

제25조 ① 아래에 열거된 각 호에 대하여, 특허권을 수여하지 아니한다.

1. 과학발견
2. 지적 활동의 규칙과 방법
3. 질병의 진단 및 치료방법
4. 동물 및 식물의 품종
5. 원자핵 변환방법 및 원자핵 변환방법을 이용하여 획득한 물질
6. 평면인쇄물의 모양 · 색채 또는 양자의 결합에 의하여 만들어진 것으로 주로 표시 기능을 하는 설계

② 전 항 제4호에 열거한 제품의 생산방법에 대해서는 본 법의 규정에 따라 특허권을 수여할 수 있다.

제3장 전리출원

제26조 ① 발명 또는 실용신안특허를 출원하는 경우, 청구서 · 설명서 및 그 요약과 권리요구 등의 서류를 제출해야 한다.

② 청구서는 발명 또는 실용신안의 명칭, 발명자의 성명, 출원인 성명 또는 명칭 · 주소 및 기타사항을 명확히 기재해야 한다.

③ 설명서는 발명 또는 실용신안에 대하여 명확 · 완전한 설명을 해야 하고, 해당 기술분야의 기술자가 실현할 수 있는가를 기준으로 한다; 필요한 경우, 도면을 첨부해야 한다. 요약은 발명 또는 실용신안의 기술요점을 간단명료하게 설명해야 한다.

④ 권리요구서는 설명서에 근거해야 하고, 명확 · 간단명료하게 특허보호를 요구하는 범위를 한정해야 한다.

⑤ 유전자원에 의존하여 완성된 발명창조는, 출원인이 특허출원서류에 해당 유전자원의 직접적인 출처와 최초의 출처를 설명해야 한다; 출원인이 최초의 출처를 설명할 수 없는 경우, 이유를 설명해야 한다.

제27조 ① 디자인특허를 출원하는 경우, 청구서 · 해당 디자인의 도면 또는 사진 및 해당 디자인에 대한 간단명료한 설명 등의 서류를 제출해야 한다.

② 출원인이 제출한 관련 도면 또는 사진은 특허보호를 요구하는 물품의 디자인을 명확하게 표현해야 한다.

第28条 국무원 특허행정부서가 특허출원서류를 접수한 날을 출원일로 한다. 출원서류가 우편으로 제출된 경우, 발송 소인일을 출원일로 한다.

第29条 ① 출원인이 발명 또는 실용신안을 외국에 제1차로 특허 출원한 날로부터 12개월 내에 또는 디자인을 외국에 제1차로 특허 출원한 날로부터 6개월 내에, 중국에 동일한 주제로 특허 출원하는 경우, 해당 외국과 중국이 체결한 협의 또는 공동 참가한 국제조약에 따라, 또는 상호 승인한 우선권 원칙에 따라, 우선권을 향유할 수 있다.

② 출원인이 발명 또는 실용신안을 중국에 제1차로 특허 출원한 날로부터 12개월 내에, 또는 디자인을 중국에 제1차로 특허 출원한 날로부터 6개월 내에, 다시 국무원 특허행정부서에 동일한 주제로 특허 출원하는 경우, 우선권을 향유할 수 있다.

第30条 ① 출원인이 발명 · 실용신안특허의 우선권을 요구하는 경우, 출원 시 서면성명을 제출해야 하고, 제1차로 출원한 날로부터 16개월 내에, 제1차로 제출된 특허출원서류의 부본을 제출해야 한다.

② 출원인이 디자인특허의 우선권을 요구하는 경우, 출원 시 서면성명을 제출해야 하고, 3개월 내에 제1차로 제출된 특허출원서류의 부본을 제출해야 한다.

③ 출원인이 서면성명을 제출하지 않거나 기간이 경과하여도 특허출원서류 부본을 제출하지 않는 경우, 우선권을 요구하지 않는 것으로 간주한다.

第31条 ① 1건의 발명 또는 실용신안특허출원은 하나의 발명 또는 실용신안에 한정해야 한다. 하나의 총괄적인 발명사상에 속하는 2 이상의 발명 또는 실용신안은, 1건의 출원으로 제출할 수 있다.

② 1건의 디자인특허출원은 하나의 디자인에 한정해야 한다. 동일 제품의 2 이상의 유사한 디자인 또는 동일 류이고 한 벌로 판매 또는 사용되는 제품의 2 이상의 디자인은, 1건의 출원으로 제출할 수 있다.

第32条 출원인은 특허권이 수여되기 전에 언제든지 그 특허출원을 취하할 수 있다.

第33条 출원인은 그 특허출원 서류에 대하여 보정할 수 있으나, 발명과 실용신안특허출원 서류에 대한 보정은 원설명서 및 권리요구서에 기재된 범위를 초과해서는 안 되고, 디자인특허출원 서류에 대한 보정은 원도면 또는 사진에 표시된

범위를 초과해서는 안 된다.

제4장 전리출원의 심사와 비준

제34조 국무원 특허행정부서는 발명특허출원을 접수한 후, 초보심사를 거쳐 본 법의 요구에 부합한다고 판단하는 경우, 출원일로부터 만 18개월에, 즉시 공개한다. 국무원 특허행정부서는 출원인의 청구에 근거하여 그 출원을 조기에 공개할 수 있다.

제35조 ① 발명특허출원은 출원일로부터 3년 내에, 국무원 특허행정부서는 출원인이 수시로 제출한 청구에 근거하여, 그 출원에 대한 실질심사를 진행할 수 있다; 출원인이 정당한 이유 없이 기간을 경과하여 실질심사를 청구하지 않는 경우, 해당 출원은 취하된 것으로 간주한다.

② 국무원 특허행정부서가 필요하다고 판단하는 때에는, 스스로 발명특허출원에 대하여 실질심사를 진행할 수 있다.

제36조 ① 발명특허의 출원인이 실질심사를 청구할 때에는, 출원일 이전의 그 발명과 관련된 참고자료를 제출해야 한다.

② 발명특허가 이미 외국에 출원된 경우, 국무원 특허행정부서는 출원인에게 지정기한 내에 해당 국가가 그 출원을 심사하기 위하여 검색한 자료 또는 심사결과 자료를 제출하도록 요구할 수 있다; 정당한 이유 없이 기한을 경과하여 제출하지 않는 경우, 해당 출원은 취하된 것으로 간주한다.

제37조 국무원 특허행정부서는 발명특허출원에 대하여 실질심사를 진행한 후, 본 법의 규정에 부합하지 않는다고 판단하는 경우, 출원인에게 통지하고, 지정기한 내에 의견진술을 요구하거나, 그 출원에 대하여 보정하도록 요구해야 한다; 정당한 이유 없이 기한을 경과하여 답변이 없는 경우, 해당 출원은 취하된 것으로 간주한다.

제38조 국무원 특허행정부서는 출원인의 의견진술 또는 보정 후에도 발명특허출원이 여전히 본 법의 규정에 부합하지 않는다고 판단하는 경우, 거절해야 한다.

제39조 발명특허출원이 실질심사를 거쳐 거절이유를 발견하지 못한 경우, 국무원 특허행정부서는 발명특허권 수여를 결정하고, 발명특허증서를 발급하며, 동시

에 등기 및 공고한다. 발명특허권은 공고일로부터 효력이 발생한다.

第40조 실용신안과 디자인특허출원은 초보심사를 거쳐 거절이유를 발견하지 못한 경우, 국무원 특허행정부서는 실용신안특허권 또는 디자인특허권 수여를 결정하고, 상응한 특허증서를 발급하며, 동시에 등기 및 공고한다. 실용신안특허권과 디자인특허권은 공고일로부터 효력이 발생한다.

第41조 ① 특허출원인이 국무원 특허행정부서의 출원거절결정에 불복하는 경우, 통지받은 날로부터 3개월 내에, 국무원 특허행정부서에 복심을 청구할 수 있다. 국무원 특허행정부서는 복심 후, 결정을 하고, 특허출원인에게 통지한다.

② 특허출원인이 국무원 특허행정부서의 복심결정에 불복하는 경우, 통지받은 날로부터 3개월 내에 인민법원에 소를 제기할 수 있다.

제5장 전리권의 기간 · 종료 및 무효

第42조 ① 발명특허권의 존속기간은 20년, 실용신안특허권의 존속기간은 10년, 디자인특허권의 존속기간은 15년으로 하며, 모두 출원일로부터 계산한다.

② 발명특허 출원일로부터 만 4년, 실질심사 청구일로부터 만 3년 후에 발명특허권이 수여된 경우, 국무원 특허행정부서는 특허권자의 청구에 따라, 발명특허의 권리수여 과정에서의 불합리한 지연에 대하여 특허권 존속기간의 보상을 부여하나, 출원인이 초래한 불합리한 지연은 제외된다.

③ 신약의 시장판매를 위한 심사평가 · 심사비준에 들어간 시간을 보상하기 위하여, 중국에서 시장판매 허가를 획득한 신약 관련 발명특허에 대해서, 국무원 특허행정부서는 특허권자의 청구에 따라 특허권 존속기간 보상을 부여한다. 보상기간은 5년을 초과하지 않고, 신약의 시장판매 비준 이후 전체 유효 특허권 존속기간은 14년을 초과하지 않는다.

第43조 특허권자는 특허권을 수여받은 해당 연도부터 연차등록료를 납부해야 한다.

第44조 ① 아래 열거된 사항 중 하나에 해당하는 경우, 특허권은 존속기간 만료 전에 종료한다.

1. 규정에 의한 연차등록료를 납부하지 않은 경우
2. 특허권자가 서면으로 특허권 포기를 성명한 경우

② 특허권이 존속기간 만료 전에 종료된 경우, 국무원 특허행정부서는 등기 및 공고한다.

제45조 국무원 특허행정부서가 특허권 수여를 공고한 날로부터, 어떤 단위 또는 개인도 해당 특허권의 수여가 본 법의 관련규정에 부합되지 않는다고 판단하는 경우, 국무원 특허행정부서에 해당 특허권의 무효선고를 청구할 수 있다.

제46조 ① 국무원 특허행정부서는 특허권의 무효선고 청구에 대하여 즉시 심사와 결정을 하고, 청구인과 특허권자에게 통지해야 한다. 특허권 무효선고의 결정은, 국무원 특허행정부서가 등기 및 공고한다.

② 국무원 특허행정부서의 특허권 무효 또는 유지선고의 결정에 불복하는 경우, 통지받은 날로부터 3개월 내에 인민법원에 소를 제기할 수 있다. 인민법원은 무효선고 청구절차의 상대방 당사자에게 제3자로서 소송에 참가하도록 통지해야 한다.

제47조 ① 무효선고된 특허권은 처음부터 존재하지 않은 것으로 간주한다.

② 특허권 무효선고의 결정은, 특허권 무효선고 전에 인민법원이 결정하여 이미 집행된 특허권 침해의 판결 · 조정서, 이미 이행 또는 강제 집행된 특허권침해분쟁의 처리결정 및 이미 이행된 특허실시허가계약과 특허권양도계약에 대하여, 소급력을 갖지 않는다. 다만, 특허권자의 악의로 타인에게 초래한 손해는, 배상해야 한다.

③ 전항의 규정에 따라 특허권침해 배상액 · 특허사용료, 특허권 양도료를 반환하지 않는 것이, 명백히 공정원칙에 위반되는 경우, 전부 또는 일부를 반환해야 한다.

제6장 전리실시의 강제허가

제48조 국무원 특허행정부서 · 지방인민정부 특허업무 관리부서는 동급 관련 부서와 함께 조치를 취하여, 특허 공공서비스를 강화하고, 특허 실시와 활용을 촉진해야 한다.

제49조 국유기업 사업단위의 발명특허가, 국가이익 또는 공공이익에 대하여 중대한 의의가 있는 경우, 국무원 관련 주관부서와 성 · 자치구 · 직할시 인민정부는

국무원에 보고하여 비준을 받아, 비준의 범위 내에서 응용확산을 결정하고, 지정한 단위의 실시를 허락하며, 실시하는 단위가 국가규정에 따라 특허권자에게 사용료를 지급하도록 할 수 있다.

제50조 ① 특허권자가 자원하여 서면방식으로 국무원 특허행정부서에 어떤 단위 또는 개인에게 그 특허를 실시하도록 허가하기를 원한다는 성명을 제출하고, 허가사용료 지불방식 · 기준을 명확히 하는 경우, 국무원 특허행정부서는 공고하고, 개방허가를 시행한다. 실용신안, 디자인특허에 대한 개방허가 성명을 제출하는 경우, 특허권 평가보고서를 제출해야 한다.

② 특허권자가 개방허가 성명을 철회하는 경우, 서면방식으로 제출해야 하고, 국무원 특허행정부서는 공고한다. 개방허가 성명이 공고로 철회되는 경우, 이전에 부여된 개방허가의 효력에는 영향을 미치지 않는다.

제51조 ① 어떤 단위나 개인이 개방 허가된 특허의 실시를 원하는 경우, 서면방식으로 특허권자에게 통지하고, 공고된 허가사용료 지불 방식 · 기준에 따라 허가사용료를 지불한 후에, 특허실시허가를 획득한다.

② 개방허가 실시기간은, 특허권자가 납부하는 특허 연차등록료에 대하여 상응하게 감면한다.

③ 개방허가를 실시하는 특허권자는 피허가자와 허가사용료에 대하여 협상을 진행 후에 보통허가를 할 수 있으나, 해당 특허에 대해 독점 또는 전용허가를 해서는 안 된다.

제52조 당사자는 개방허가 실시에 대하여 분쟁이 발생된 경우, 당사자의 협상으로 해결한다; 협상을 원하지 않거나 협상이 성립되지 않는 경우, 국무원 특허행정부서에 조정의 진행을 청구할 수 있고, 인민법원에 소송을 제기할 수도 있다.

제53조 아래의 상황 중 하나에 해당하는 경우, 국무원 특허행정부서는 실시조건을 구비한 단위 또는 개인의 신청에 근거하여, 발명특허 또는 실용신안특허를 실시할 수 있는 강제허가를 부여할 수 있다.

1. 특허권자가 특허권을 수여받은 날로부터 만 3년, 특허출원일로부터 만 4년까지, 정당한 이유 없이 그 특허권을 실시하지 않거나 또는 충분하게 실시하지 않는 경우
2. 특허권자의 특허권 행사행위가 법에 의하여 독점행위로 인정되고, 그 행위가 경쟁에 대하여 초래한 불리한 영향을 해소 또는 감소시키기 위한 경우

제54조 국가에 긴급상황 또는 비상사태 출현 시, 또는 공공이익의 목적을 위하여, 국무원 특허행정부서는 발명특허 또는 실용신안특허를 실시할 수 있는 강제허가를 부여할 수 있다.

제55조 공공건강의 목적을 위하여, 특허권을 취득한 의약품에 대하여, 국무원 특허행정부서는 제조 및 그것을 중국이 참가한 관련 국제조약 규정에 부합하는 국가 또는 지역에 수출할 수 있는 강제허가를 부여할 수 있다.

제56조 ① 특허권을 취득한 하나의 발명 또는 실용신안이 이전에 이미 특허권을 취득한 발명 또는 실용신안에 비하여 현저한 경제적 의의의 중대한 기술진보가 있고, 그 실시가 전(前) 발명 또는 실용신안 실시에 의존하는 경우, 국무원 특허행정부서는 후(后) 특허권자의 신청에 근거하여, 전(前) 발명 또는 실용신안을 실시할 수 있는 강제허가를 부여할 수 있다.

② 전항의 규정에 따라 실시의 강제허가가 부여된 상황하에서, 국무원 특허행정부서는 전(前) 특허권자의 신청에 근거하여, 후(后) 발명 또는 실용신안을 실시할 수 있는 강제허가를 부여할 수도 있다.

제57조 강제허가와 관련된 발명창조가 반도체 기술인 경우, 그 실시는 공공이익의 목적 및 본 법 제53조 제2호에 규정된 상황에 한정된다.

제58조 본 법 제53조 제2호 또는 제55조 규정에 의하여 부여된 강제허가를 제외하고, 강제허가의 실시는 주로 국내시장의 공급을 위해서 해야 한다.

제59조 본 법 제53조 제1호, 제56조 규정에 의하여 강제허가를 신청하는 단위 또는 개인은 증거를 제출하여, 합리적인 조건으로 특허권자에게 그 특허실시의 허가를 청구하였으나, 합리적인 시간 내에 허가를 획득할 수 없었다는 것을 증명해야 한다.

제60조 ① 국무원 특허행정부서는 실시의 강제허가를 부여하는 결정을 한 경우, 즉시 특허권자에게 통지하고, 등기 및 공고해야 한다.

② 실시의 강제허가를 부여하는 결정은, 강제허가의 이유에 근거하여 실시범위 및 시간을 규정해야 한다. 강제허가의 이유가 해소되고 다시 발생하지 않는 경우, 국무원 특허행정부서는 특허권자의 청구에 근거하여, 심사를 거친 후 실시의 강제허가를 종료하는 결정을 해야 한다.

제61조 실시의 강제허가를 취득한 단위 또는 개인은 독점적 실시권을 향유할 수 없고, 타인에게 실시를 허락할 권한이 없다.

제62조 실시의 강제허가를 취득한 단위 또는 개인은 특허권자에게 합리적인 사용료를 지급하거나, 또는 중국이 참가한 관련 국제조약의 규정에 따라 사용료 문제를 처리해야 한다. 사용료를 지급하는 경우, 그 액수는 쌍방이 협상하여 정한다; 쌍방이 협의에 도달하지 못한 경우, 국무원 특허행정부서가 재결(裁決)한다.

제63조 특허권자가 국무원 특허행정부서의 실시의 강제허가 결정에 관하여 불복하거나, 특허권자와 실시의 강제허가를 취득한 단위 또는 개인이 국무원 특허행정부서의 실시의 강제허가 사용료 재결에 불복하는 경우, 통지받은 날로부터 3개월 내에 인민법원에 소를 제기할 수 있다.

제7장 전리권 보호

제64조 ① 발명 또는 실용신안특허권의 보호범위는 그 권리요구의 내용을 기준으로 하고, 설명서 및 첨부 도면은 권리요구의 내용을 해석하는 데 이용할 수 있다.
② 디자인특허권의 보호범위는 도면 또는 사진에 표시된 해당 제품의 디자인을 기준으로 하고, 간단명료한 설명은 도면 또는 사진에 표시된 해당 제품의 디자인을 해석하는 데 이용할 수 있다.

제65조 특허권자의 허가를 받지 아니하고, 그 특허를 실시하여, 즉 특허권을 침해하여, 분쟁이 발생한 경우, 당사자가 협상하여 해결한다; 협상을 원하지 않거나 협상이 이루어지지 않는 경우, 특허권자 또는 이해관계자는 인민법원에 소를 제기하거나, 특허업무 관리부서에 처리를 청구할 수 있다. 특허업무 관리부서는 처리 시, 침해행위가 성립된다고 인정될 경우, 침해자에게 침해행위의 즉시정지를 명령할 수 있고, 당사자가 불복하는 경우, 처리통지를 받은 날로부터 15일 내에 〈중화인민공화국 행정소송법〉에 따라 인민법원에 소를 제기할 수 있다; 침해자가 기한 내에 소를 제기하지도 아니하고 침해행위를 정지하지도 않는 경우, 특허업무 관리부서는 인민법원에 강제집행을 신청할 수 있다. 처리를 진행하는 특허업무 관리부서는 당사자의 청구에 따라, 특허권 침해에 대한 배상액의 조정을 진행할 수 있다; 조정이 이루어지지 않는 경우, 당사자는 〈중화인민공화국 민사소송법〉에 따라 인민법원에 소를 제기할 수 있다.

제66조 ① 특허권 침해분쟁이 신제품 제조방법과 관련된 발명특허인 경우, 동일한

제품을 제조하는 단위 또는 개인은 그 제품의 제조방법이 특허방법과 동일하지 않다는 증명을 제출해야 한다.

② 특허권 침해분쟁이 실용신안 또는 디자인과 관련된 경우, 인민법원 또는 특허 업무 관리부서는 특허권자 또는 이해관계자에게 국무원 특허행정부서가 관련 실용신안 또는 디자인에 대하여 검색·분석 및 평가를 실시하고 작성한 특허권 평가보고서를 요구할 수 있고, 특허권 침해분쟁을 심리·처리하는 증거로 할 수 있다; 특허권자·이해관계자 또는 고발된 침해자도 주동적으로 특허권 평가보고서를 제출할 수 있다.

제67조 특허권 침해분쟁 중, 고발된 침해자가 그 실시한 기술 또는 설계가 선행기술 또는 선행디자인에 속한다는 것을 증명하는 증거가 있는 경우, 특허권 침해에 해당하지 않는다.

제68조 특허위조의 경우, 법에 의하여 민사책임을 지는 이외에, 특허 법집행 담당부서는 시정을 명령하고 공고하며, 위법소득을 몰수하고, 위법소득의 5배 이하의 과태료를 부과할 수 있다; 위법소득이 없거나 위법소득이 5만 위안 이하인 경우, 25만 위안 이하의 과태료를 부과할 수 있다; 범죄를 구성하는 경우, 법에 의하여 형사 책임을 추궁한다.

제69조 ① 특허 법집행 담당부서가 이미 취득한 증거에 근거하여, 특허위조 혐의 행위에 대하여 조사·처리할 때에는, 아래 열거된 조치를 취할 권한을 갖는다.

1. 관련 당사자 심문, 위법 혐의행위와 관련된 상황의 조사
2. 당사자의 위법 혐의행위와 관련된 장소에 대한 현장검사 실시
3. 위법 혐의행위와 관련된 계약·영수증·장부 및 기타 관련 자료의 조사·열람 및 복사
4. 위법 혐의행위와 관련된 제품의 검사
5. 특허위조를 증명하는 증거가 있는 제품에 대하여, 조사·봉인 또는 압류를 할 수 있음

② 특허업무 관리부서가 특허권자 또는 이해관계자의 청구에 따라 특허권 침해분쟁을 처리하는 경우, 전항의 제1, 2, 4호 조치를 취할 수 있다.

③ 특허 법집행 담당부서·특허업무 관리부서가 법에 의하여 전 2개항 규정의 직권을 행사하는 경우, 당사자는 협조·협력해야 하고, 거절·방해해서는 안 된다.

제70조 ① 국무원 특허행정부서는 특허권자 또는 이해관계자의 청구에 따라 전국적으로 중대한 영향을 미치는 특허권 침해분쟁을 처리할 수 있다.

② 지방 인민정부 특허업무 관리부서는 특허권자 또는 이해관계자의 청구에 따라 특허권 침해분쟁을 처리하고, 해당 행정구역 내에서 그의 동일한 특허권을 침해한 사건에 대하여 병합처리를 할 수 있다; 지역경계를 넘어 그의 동일한 특허권을 침해한 사건에 대하여 상급 인민정부 특허업무 관리부서에 처리를 청구할 수 있다.

제71조 ① 특허권 침해의 배상액은 권리자가 침해행위로 인하여 받은 실제 손실 또는 침해자가 침해행위로 인하여 얻은 이익에 따라 확정한다; 권리자의 손실 또는 침해자가 얻은 이익의 확정이 곤란한 경우, 해당 특허허가사용료의 배수를 참고하여 합리적으로 확정한다. 고의적인 특허권 침해에 대해서, 상황이 심각한 경우, 위의 방법으로 확정된 액수의 1배 이상 5배 이하의 배상액을 확정할 수 있다.

② 권리자의 손실 · 침해자가 얻은 이익 및 특허허가사용료 모두 확정하기 곤란한 경우, 인민법원은 특허권의 종류 · 침해행위의 성질 및 상황 등의 요소에 근거하여 3만 위안 이상 500만 위안 이하의 배상을 확정할 수 있다.

③ 배상액에는 권리자가 침해행위를 제지하기 위하여 지급한 합리적 비용도 포함되어야 한다.

④ 인민법원은 배상액 확정을 위하여, 권리자가 입증책임을 다하고, 침해행위와 관련된 장부 · 자료를 주로 침해자가 장악하고 있는 상황하에서, 침해자에게 침해행위와 관련된 장부 · 자료의 제출을 명령할 수 있다; 침해자가 제출하지 않거나 또는 허위 장부 · 자료를 제출하는 경우, 인민법원은 권리자의 주장과 제공된 증거를 참고하여 배상액을 판정할 수 있다.

제72조 특허권자 또는 이해관계자는 타인이 특허권을 침해하거나 그 권리실현을 방해하는 행위를 실시하고 있거나 또는 곧 실시하려고 한다는 것을 증명하는 증거가 있고, 이를 즉시에 제지하지 아니하면 그의 합법적 권익에 보충하기 어려운 손해가 발생할 경우, 소를 제기하기 전에 법에 의하여 인민법원에 재산보존, 일정 행위의 실시 또는 일정 행위 실시 금지 명령의 조치 채택을 신청할 수 있다.

제73조 특허권 침해행위를 제지하기 위하여, 증거가 멸실 또는 이후에 취득하기 곤란한 상황하에서, 특허권자 또는 이해관계자는 소를 제기하기 전에 법에 의하

여 인민법원에 증거보전을 신청할 수 있다.

제74조 ① 특허권 침해에 대한 소송시효는 3년이고, 특허권자 또는 이해관계자가 침해 행위 및 침해자를 안 날 또는 당연히 알아야 하는 날로부터 계산한다.

② 발명특허출원이 공개된 후 특허권이 수여되기 전까지 해당 발명을 사용하고 적당한 사용료를 지급하지 아니한 경우, 특허권자가 사용료 지급을 요구할 수 있는 소송시효는 3년이고, 특허권자가 타인이 그 발명을 사용한 것을 안 날 또는 당연히 알아야 하는 날로부터 계산하나, 다만, 특허권자가 특허권 수여일 전에 이미 알았거나 당연히 알아야 하는 경우, 특허권 수여일로부터 계산한다.

제75조 아래에 열거된 사항의 하나에 해당하는 경우, 특허권 침해로 보지 아니한다.

1. 특허제품 또는 특허방법에 따라 직접 획득한 제품을, 특허권자 또는 그가 허가한 단위 · 개인이 판매한 후, 해당 제품을 사용 · 판매의 청약 · 판매 또는 수입하는 경우
2. 특허출원일 전에 이미 동일한 제품을 제조 · 동일한 방법을 사용 또는 이미 제조 · 사용에 필요한 준비를 완료하고, 단지 원래의 범위 내에서 계속 제조 · 사용하는 경우
3. 일시적으로 중국 영토 · 영해 · 영공을 통과하는 외국의 운송도구가, 그 소속국가와 중국이 체결한 협의 또는 공동 참가한 국제조약, 또는 호혜원칙에 따라, 운송도구 자체의 수요를 위하여 그 장치 및 설비 중에 관련 특허를 사용하는 경우
4. 전문적으로 과학연구 및 실험을 위하여 관련 특허를 사용하는 경우
5. 행정심사비준에 필요한 정보제공을 위하여, 특허 의약품 또는 특허 의료기기를 제조 · 사용 · 수입하는 경우 및 이를 위하여 특허 의약품 또는 특허 의료기기를 전문적으로 제조 · 수입하는 경우

제76조 ① 의약품의 시장판매 심사평가 · 심사비준 과정 중에, 의약품의 시장판매 허가 신청인이 관련 특허권자 또는 이해관계자와, 등록 신청된 의약품과 관련된 특허권으로 인해 분쟁이 발생한 경우, 관련 당사자는 인민법원에 소송을 제기할 수 있고, 등록 신청된 의약품과 관련된 기술방안이 타인의 의약품 특허권 보호범위에 속하는지 여부에 대한 판결을 청구할 수 있다. 국무원 의약품 감독관리부서는 규정된 기한 내에, 인민법원의 효력이 발생된 재정판결(裁判)에 근거하여 관련 의약품의 시장판매 비준의 임시정지 여부를 결정할 수 있다.

② 의약품의 시장판매 허가 신청인은 관련 특허권자 또는 이해관계자와의 등록 신청된 의약품과 관련된 특허분쟁에 대하여, 국무원 특허행정부서에 행정재결(行政裁决)을 신청할 수도 있다.

③ 국무원 의약품 감독관리부서는 국무원 특허행정부서와 함께 의약품 시장판매 허가 심사비준과 의약품 시장판매 허가신청 단계의 특허분쟁 해결의 구체적인 연계방법을 제정하고, 국무원에 보고하여 동의 후 시행한다.

제77조 특허권자의 허가를 받지 않고 제조 및 판매된 특허권 침해제품인 것을 모르고 생산 경영의 목적으로 사용·판매의 청약 또는 판매를 하고, 해당 제품의 합법적 출처를 증명할 수 있는 경우, 배상책임을 지지 아니한다.

제78조 본 법 제19조 규정을 위반하여 외국에 특허출원하고, 국가기밀을 누설한 경우, 소속 단위 또는 상급 주관기관이 행정처분을 한다; 범죄를 구성하는 경우, 법에 의하여 형사책임을 추궁한다.

제79조 ① 특허업무 관리부서는 사회에 특허제품을 추천하는 등의 경영활동에 참여해서는 안 된다.

② 특허업무 관리부서가 전항의 규정을 위반한 경우, 그의 상급기관 또는 감찰관이 시정을 명하고, 영향을 해소하며, 위법수입이 있을 경우 몰수한다; 상황이 심각한 경우, 직접 책임이 있는 주관자와 기타 직접 책임자에 대하여 법에 의하여 처분을 한다.

제80조 특허관리업무에 종사하는 국가기관 직원 및 기타 유관 국가기관 직원이 직무소홀·직권남용·사리사욕을 추구하고, 범죄를 구성하는 경우, 법에 의하여 형사책임을 추궁한다; 범죄를 구성하지 아니한 경우, 법에 의하여 처분을 한다.

제 8장 부 칙

제81조 국무원 특허행정부서에 특허출원하거나 기타 절차를 처리하는 경우, 규정에 따라 비용을 납부해야 한다.

제82조 본 법은 1985년 4월 1일부터 시행한다.

중화인민공화국 전리법 실시세칙(中华人民共和国专利法实施细则)

제1장 총 칙

제1조 중화인민공화국특허법(이하 '특허법'이라 함)에 근거하여 이 세칙을 제정한다.

제2조 특허법 및 이 세칙 규정의 각종 절차는 서면형식 또는 국무원 특허행정부서가 규정한 기타형식으로 처리한다. 전자 데이터 교환 등의 방식으로 기재된 내용을 유형적으로 표현할 수 있고, 언제든지 검색할 수 있는 데이터 메시지(이하, '전자형식'이라 통칭함)는, 서면 형식으로 간주한다.

제3조 ① 특허법 및 이 세칙 규정에 의하여 제출하는 각종 서류는 중문을 사용해야 하고, 국가가 통일적으로 규정한 과학기술용어가 있는 경우에는 규범된 용어를 사용해야 한다. 외국인명 · 지명 및 과학기술용어에 통일된 중문 번역어가 없을 경우 원문을 명확히 기재해야 한다.

② 특허법 및 이 세칙 규정에 의하여 제출하는 각종 증거 및 증명서류가 외국어인 경우, 국무원 특허행정부서가 필요하다고 판단할 때에는 당사자에게 지정기한 내에 중문 번역문의 제출을 요구할 수 있다. 기한 내에 제출하지 아니한 경우, 증거 및 증명서류는 제출하지 아니한 것으로 간주한다.

제4조 ① 국무원 특허행정부서에 우편으로 송부한 각종 서류는 송부일의 우편 소인일을 제출일로 하고, 우편 소인일이 불명확한 경우 당사자가 증명할 수 있는 경우를 제외하고 국무원 특허행정부서에서 받은 날을 제출일로 한다.

② 전자형식으로 국무원 특허행정부서에 제출한 각종 서류는, 국무원 특허행정부서가 지정한 특정 전자 시스템에 진입한 일자를 제출일로 한다.

③ 국무원 특허행정부서의 각종 서류는 전자형식, 우편, 직접 교부 또는 기타 방식으로 당사자에게 송달할 수 있다. 당사자가 특허대리기구에 위임한 경우 서류는 특허대리기구에 송부하고, 특허대리기구에 위임하지 아니한 경우 서류는 청구서 중에 명확히 지정한 연락인에게 송부한다.

④ 국무원 특허행정부서가 우편으로 송부한 각종 서류는 서류 발송일로부터 만 15일이 되면 당사자가 서류를 받은 날로 추정한다. 당사자가 제출한 증거로 실

제 서류를 받은 날을 충분히 증명할 수 있는 경우, 실제 수신일을 기준으로 한다.

⑤ 국무원 특허행정부서의 규정에 의하여 직접 교부해야 하는 서류는 교부일이 송달일이다.

⑥ 서류의 송부주소가 불명확하여 우편으로 송부할 수 없는 경우, 공고방식으로 당사자에게 송달할 수 있다. 공고일로부터 만 1개월이 되면 문서는 송달한 것으로 간주한다.

⑦ 국무원 특허행정부서가 전자형식으로 송달한 각종 문서의 경우, 당사자가 전자 시스템에 입력한 날을 송달일로 한다.

제5조 특허법과 이 세칙 규정의 각종 기한의 시작 당일(日)은 기한 내에 산입하지 않고, 그 다음날부터 기산한다. 기한을 연 또는 월로 계산하는 경우 마지막 월의 상응한 일(日)이 없을 경우 해당 월의 마지막 일(日)을 기한만료일로 한다. 기한 만료일이 법정휴일인 경우 휴일 후의 첫째 근무일을 기한만료일로 한다.

제6조 ① 당사자가 불가항력적인 사유로 인하여 특허법 또는 이 세칙 규정의 기한 또는 국무원 특허행정부서가 지정한 기한을 지체하여 권리의 상실을 초래한 경우, 장애가 소멸한 날로부터 2개월 내, 기한만료일로부터 2년 내에 국무원 특허행정부서에 권리회복을 청구할 수 있다.

② 전항의 규정 외에 당사자가 기타 정당한 이유로 특허법 또는 이 세칙 규정의 기한 또는 국무원 특허행정부서가 지정한 기한을 지체하여 권리의 상실을 초래한 경우, 국무원 특허행정부서의 통지를 받은 날로부터 2개월 내에 국무원 특허행정부서에 권리회복을 청구할 수 있다. 단, 복심 청구 기한이 지연된 경우, 복심 청구 기한 만료일로부터 2개월 내에 국무원 특허행정부서에 권리 회복을 청구할 수 있다.

③ 당사자가 이 조 제1항 또는 제2항 규정에 의하여 권리회복을 청구한 경우, 권리회복청구서를 제출하고 이유를 설명해야 하며 필요 시 관련 증명서류를 첨부해야 하고, 권리상실 전에 처리했어야 하는 상응한 절차를 밟아야 한다. 이 조 제2항 규정에 의하여 권리회복을 청구한 경우 권리회복 청구비용을 납부해야 한다.

④ 당사자가 국무원 특허행정부서가 지정한 기한연장을 신청할 경우, 기한이 만료되기 전에 국무원 특허행정부서에 연장 기한 신청서를 제출하고, 이유를 설명하며, 관련 절차를 밟아야 한다.

⑤ 이 조 제1항 및 제2항 규정은 특허법 제24조, 제29조, 제42조 및 제74조 규정의 기한에는 적용하지 아니한다.

제7조 ① 특허출원이 국방이익에 관련되어 비밀유지가 필요한 경우 국방 특허기구가 수리하여 심사하고, 국무원 특허행정부서가 수리한 특허출원이 국방이익에 관련되어 비밀유지가 필요한 경우 즉시 국방특허기구에 이송하여 심사하게 해야 한다. 국방특허기구가 심사하여 거절이유를 발견하지 못한 경우 국무원 특허행정부서는 국방특허권 수여를 결정한다.

② 국무원 특허행정부서는 수리한 발명 또는 실용신안 특허출원이 국방이익 외의 국가안전 또는 중대한 이익에 관련되어 비밀유지가 필요한 경우, 즉시 비밀유지 특허출원에 의하여 처리할 것을 결정하고 출원인에게 통지해야 한다. 특허출원의 비밀유지 심사, 거절불복 및 비밀유지 특허권의 무효선고의 특수절차는 국무원 특허행정부서가 규정한다.

제8조 ① 특허법 제19조 규정의 중국에서 완성한 발명 또는 실용신안이란 기술의 실질적 내용이 중국 내에서 완성된 발명 또는 실용신안을 말한다.

② 누구든지 중국에서 완성한 발명 또는 실용신안을 외국에 특허출원을 할 경우, 아래 방식 중의 하나에 의하여 국무원 특허행정부서에 비밀유지 심사를 청구하여야 한다.

1. 직접 외국에 특허를 출원하거나 또는 관련 외국기구에 특허국제출원을 하는 경우, 먼저 국무원 특허행정부서에 청구하고 그 기술방안에 대한 상세한 설명을 제출해야 한다.
2. 국무원 특허행정부서에 특허출원을 한 후 외국에 특허를 출원하거나 또는 관련 외국기구에 특허국제출원을 할 경우, 외국에 특허를 출원하거나 또는 관련 외국 기구에 특허국제출원을 하기 전에 국무원 특허행정부서에 청구해야 한다.

③ 국무원 특허행정부서에 특허국제출원을 한 경우, 비밀유지심사를 청구한 것으로 간주한다.

제9조 ① 국무원 특허행정부서는 이 세칙 제8조 규정에 의한 청구를 받은 후 심사하여 그 발명 또는 실용신안이 국가의 안전 또는 중대한 이익에 관련되어 비밀유지가 필요할 수 있다고 판단한 경우, 청구를 받은 날로부터 2개월 내에 출원인에게 비밀유지심사를 통지해야 한다. 상황이 복잡한 경우, 2개월 연장할 수

있다.

② 국무원 특허행정부서는 전항의 규정에 의하여 비밀유지심사를 통지한 경우, 청구를 제출한 날로부터 4개월 내에 비밀유지가 필요한지 여부에 대해 결정하고, 출원인에게 통지해야 한다. 상황이 복잡한 경우, 2개월 연장할 수 있다.

第10조 특허법 제5조 규정의 법률을 위반하는 발명창조는 단지 그 실시가 법률이 금지하는 발명창조를 포함하지 아니한다.

第11조 특허출원은 신의성실의 원칙에 기초해야 한다. 각종 특허출원은 실제 발명창조활동을 기초로 해야 하며, 허위 행위는 허용되지 않는다.

第12조 ① 특허법 제28조 및 제42조 규정의 상황을 제외하고, 특허법 규정의 출원일은 우선권이 있을 경우 우선권일을 말한다.

② 이 세칙 규정의 출원일이란 별도의 규정을 제외하고, 특허법 제28조 규정의 출원일을 말한다.

第13조 ① 특허법 제6조 규정의 본 단위의 임무를 집행하여 완성한 직무발명창조란 아래의 발명창조를 말한다.

1. 자기 직무 중에 한 발명창조
2. 본 단위가 부여한 자가 직무 외의 임무수행 중에 한 발명창조
3. 퇴직 · 원래의 단위를 이직하거나 노동 또는 인사관계 종료 후 1년 내에 한 경우, 원래의 단위에서 담당한 자기 직무 또는 원래의 단위가 부여한 임무와 관련 있는 발명창조

② 특허법 제6조 규정의 본 단위란 임시적으로 근무하는 단위를 포함하고, 특허법 제6조 규정의 본 단위의 물질기술조건이란 본 단위의 자금 · 설비 · 부속품 · 원재료 또는 대외로 공개되지 아니한 기술정보 및 자료 등을 말한다.

第14조 특허법 규정의 발명자 또는 설계자란 발명창조의 실질적 특징에 대하여 창조적 공헌을 한 자를 말한다. 발명창조의 완성 과정에서 단지 조직의 업무를 책임진 자, 물질기술조건의 이용을 위하여 편리를 제공한 자 또는 기타 보조업무에 종사한 자는 발명자 또는 설계자가 아니다.

第15조 ① 특허법 제10조 규정의 특허권 양도를 제외하고 특허권이 기타 사유로 인하여 이전이 발생한 경우, 당사자는 관련 증명서류 또는 법률문서에 근거하여 국무원 특허행정부서에 특허권자 이전절차를 밟아야 한다.

② 특허권자와 타인이 체결한 특허실시허가 계약은 계약효력 발생일로부터 3개

월 내에 국무원 특허행정부서에 등기해야 한다.

③ 특허권으로 질권을 설정할 경우, 피질권자와 질권자는 공동으로 국무원 특허행정부서에 질권등기를 하여야 한다.

제16조 ① 특허업무는 당과 국가의 지식재산권의 전략적 배치를 관철하고, 자국의 특허창조, 운용, 보호, 관리 및 서비스 수준을 향상시키며, 전면적인 혁신을 지원하여 혁신적인 국가 건설을 촉진해야 한다.

② 국무원 특허행정부서는 특허정보 공공서비스 능력을 향상시키고, 완전하고 정확하며 적시에 특허정보를 공개하고 특허기본데이터를 제공하여, 특허관련 데이터 자원의 개방공유와 상호연결을 촉진해야 한다.

제2장 특허출원

제17조 ① 특허를 출원한 경우, 국무원 특허행정부서에 출원서류를 제출해야 하며, 출원서류는 규정된 요건에 부합해야 한다.

② 출원인이 특허대리기구에 위임하여 국무원 특허행정부서에 특허를 출원하거나 기타 특허사무를 처리할 경우, 위임장을 제출하고 위임권한을 명확히 기재해야 한다.

③ 출원인이 2인 이상이고 특허대리기구에 위임하지 아니한 경우, 청구서에 별도의 성명이 있는 경우를 제외하고 청구서 중에 명확히 지정한 첫 번째 출원인을 대표자로 한다.

제18조 특허법 제18조 제1항의 규정에 따라 특허대리기구에 위탁하여 중국에서 특허출원 및 기타 특허업무를 처리하는 경우, 출원인 또는 특허권자는 다음 사항을 스스로 처리할 수 있다.

1. 출원이 우선권을 요구하는 경우, 제1차 특허출원(이하 선행출원이라 함) 서류의 부본의 제출
2. 비용의 납부
3. 국무원 특허행정부서가 규정한 기타 사무

제19조 발명 · 실용신안 또는 디자인 특허출원의 청구서에는 아래의 사항을 명확하게 기재하여야 한다.

1. 발명 · 실용신안 또는 디자인의 명칭
2. 출원인이 중국의 단위 또는 개인인 경우, 그 명칭 또는 성명 · 주소 · 우편번호 · 통일된 사회신용코드 또는 신분증 번호, 출원인이 외국인 · 외국기업 또는 외국의 기타 조직인 경우 그 성명 또는 명칭, 국적 또는 등록된 국가 또는 지역
3. 발명자 또는 설계자의 성명
4. 출원인이 특허대리기구에 위임한 경우, 위임기구 명칭, 기구번호 및 그 기구가 지정한 특허대리인 성명, 자격증 번호, 연락 전화번호
5. 우선권을 요구하는 경우, 출원인이 제1차로 제출한 특허출원(이하, '선출원'이라 함)의 출원일 · 출원번호 및 원수리기구의 명칭
6. 출원인 또는 특허대리기구의 서명 또는 날인
7. 출원서류 목록
8. 첨부서류 목록
9. 기타 명확한 기재가 필요한 관련 사항

제20조 ① 발명 또는 실용신안 특허출원의 설명서에는 발명 또는 실용신안의 명칭을 명확히 기재해야 하고, 그 명칭은 청구서 중의 명칭과 일치해야 한다. 설명서는 아래의 내용이 포함되어야 한다.

1. 기술영역: 보호를 요구하는 기술방안이 속하는 기술영역을 명확히 기재
2. 배경기술: 발명 또는 실용신안에 대한 이해 · 검색 · 심사에 유용한 배경기술을 명확히 기재하고, 가능한 경우 이러한 배경기술을 반영하는 서류를 인용하여 증명
3. 발명내용: 발명 또는 실용신안이 해결하고자 하는 기술문제 및 그 기술문제를 해결하는 데 채용한 기술방안을 명확히 기재하고, 선행기술과 대비하여 발명 또는 실용신안의 유익한 효과를 명확히 기재
4. 첨부도면 설명: 설명서에 첨부도면이 있는 경우, 각 도면에 대한 간략한 설명
5. 구체적인 실시방법: 출원인이 발명 또는 실용신안을 실현하는 데 알고 있는 최적의 방법을 상세하고 명확하게 기재하고, 필요 시 예를 들어 설명하고, 첨부도면이 있을 경우 첨부도면을 대조

② 발명 또는 실용신안 특허출원인은 전항에 규정된 방식과 순서에 따라 설명서

를 작성하고, 설명서의 각 일부분의 전면에 표제를 명확히 기재해야 한다. 그러나 그 발명 또는 실용신안 성질이 기타 방식 또는 순서를 이용하여 작성하면 설명서의 지면을 절약할 수 있고, 타인이 그 발명 또는 실용신안을 정확하게 이해할 수 있을 경우는 제외한다.

③ 발명 또는 실용신안의 설명서에는 규범적 단어를 사용해야 하고 어구가 명확해야 하며, "권리요구에 … 설명한 … 바와 같이"와 같은 인용어를 사용해서는 아니 되고, 영업성 선전용어를 사용해서는 아니 된다.

④ 발명특허출원이 하나 또는 여러 개의 아미노산 또는 누클레오시드 배열을 포함하고 있는 경우, 설명서에 국무원 특허행정부서의 규정에 부합하는 서열표가 포함되어야 한다.

⑤ 실용신안특허출원 설명서는 보호를 요구하는 물품의 형상 · 구조 또는 그 결합을 표시한 첨부도면이 있어야 한다.

제21조 ① 발명 또는 실용신안의 몇 개의 첨부도면은 "도1, 도2, …" 순서에 따라 번호를 배열한다.

② 발명 또는 실용신안 설명서의 문자부분 중에 언급되지 아니한 첨부도면의 표기는 첨부도면 중에 나타나서는 아니 되며, 첨부도면 중에 나타나지 아니한 첨부도면의 표기는 설명서의 문자부분에 언급되어서는 아니 된다. 출원서류 중 동일한 구성부분을 표시하는 첨부도면 표기는 일치해야 한다.

③ 첨부도면 중 필수적인 단어를 제외하고는 기타 주석을 포함하고 있지 않아야 한다.

제22조 ① 권리요구서는 발명 또는 실용신안의 기술특징을 기재해야 한다.

② 권리요구서에 여러 항의 권리요구가 있는 경우, 아라비아 숫자를 사용하여 순서를 매겨야 한다.

③ 권리요구서에 사용한 과학기술용어는 설명서에 사용한 과학기술용어와 일치해야 하고, 화학식 또는 수학식은 있을 수 있으나 삽화는 있어서는 아니 된다. 반드시 필요한 경우를 제외하고 "설명서 … 부분에 설명한 바와 같이" 또는 "도면 … 표시된 바와 같이"와 같은 용어를 사용해서는 아니 된다.

④ 권리요구 중의 기술특징은 설명서의 첨부도면 중의 상응한 표기를 인용할 수 있고, 그 표기를 상응한 기술특징 다음의 괄호 안에 기재하여 권리요구를 이해하는 데 편리하게 해야 한다. 첨부도면의 표기를 권리요구에 대한 제한으로 해

석해서는 아니 된다.

제23조 ① 권리요구서는 독립권리요구가 있어야 하고, 종속권리요구는 있을 수 있다.

② 독립권리요구는 전체적으로 발명 또는 실용신안의 기술방안을 반영해야 하고, 기술문제를 해결하는 데 필요한 기술특징을 기재해야 한다.

③ 종속권리요구는 부가의 기술특징을 사용하여 인용한 권리요구에 대하여 한층 더 한정해야 한다.

제24조 ① 발명 또는 실용신안의 독립권리요구는 전술부분과 특징부분을 포함하고 있어야 하며 아래의 규정에 따라 작성해야 한다.

1. 전술부분: 보호를 요구하는 발명 또는 실용신안 기술방안의 주제 명칭과 발명 또는 실용신안의 주제와 가장 가까운 선행기술 공유의 필요한 기술특징을 명확히 기재
2. 특징부분: "그 특징은 … " 또는 유사한 용어를 사용하여 발명 또는 실용신안과 가장 가까운 선행기술의 기술특징을 구별하여 명확히 기재해야 한다. 이러한 특징 및 전술부분에 명확히 기재한 특징과 함께 발명 또는 실용신안이 보호를 요구하는 범위를 한정

② 발명 또는 실용신안의 성질상 전항의 방식을 사용하여 서술하는 것이 적합하지 아니한 경우, 독립권리요구는 기타방식을 사용하여 작성할 수 있다.

③ 하나의 발명 또는 실용신안은 하나의 독립권리요구만 있어야 하고, 동일한 발명 또는 실용신안의 종속권리요구 앞에 기재되어야 한다.

제25조 ① 발명 또는 실용신안의 종속권리요구는 인용부분과 한정부분을 포함하고 있어야 하며, 아래의 규정에 따라 작성해야 한다.

1. 인용부분: 인용한 권리요구의 번호 및 그 주제 명칭을 명확히 기재
2. 한정부분: 발명 또는 실용신안에 부가된 기술특징을 명확히 기재

② 종속권리요구는 단지 앞의 권리요구만 인용해야 한다. 2항 이상의 권리요구를 인용하는 다항의 종속권리요구는 단지 하나의 방식을 선택하여 앞의 권리요구를 인용해야 하고, 다른 1항으로 다항의 종속권리요구의 기초로 해서는 아니 된다.

제26조 ① 설명서 요약은 발명 또는 실용신안특허출원을 공개하는 내용의 개요, 즉 발명 또는 실용신안의 명칭 및 소속 기술영역을 명확히 기재하고, 해결하고

자 하는 기술문제, 그 문제를 해결하려는 기술방안의 요점 및 주요 용도를 명확하게 반영해야 한다.

② 설명서 요약에는 발명을 가장 잘 설명할 수 있는 화학식을 포함할 수 있으며, 첨부도면이 있는 특허출원은 해당 발명 또는 실용신안의 기술특징을 가장 잘 설명할 수 있는 첨부도면을 요약서 도면으로써 청구서 중 1부를 지정해야 한다. 요약 중에는 상업성 선전용어를 사용해서는 아니 된다.

제27조 특허를 출원한 발명이 새로운 생물재료에 관련되고, 공중이 그 생물재료를 얻을 수 없을 뿐만 아니라, 그 생물재료에 대한 설명으로는 소속영역의 기술자가 그 발명을 실시하기에 충분하지 아니한 경우, 특허법과 이 세칙의 관련 규정에 부합해야 하는 것 외에도 출원인은 아래의 절차를 밟아야 한다.

1. 출원일 전 또는 늦어도 출원일(우선권이 있는 경우, 우선권일)까지 해당 생물재료의 견본을 국무원 특허행정부서가 인가한 보존기구에 제출하고, 출원 시 또는 늦어도 출원일로부터 4개월 내에 보존기구가 발급한 기탁증명과 생존증명을 제출해야 한다. 기한 내에 증명을 제출하지 아니한 경우 그 견본은 기탁을 제출하지 아니한 것으로 간주한다.
2. 출원서류 중 해당 생물재료의 특징과 관련 있는 자료를 제공해야 한다.
3. 생물재료의 견본 보존과 관련된 특허출원은 청구서와 설명서 중에 그 생물재료의 분류명(라틴어 명칭), 그 생물재료의 견본을 기탁하고 있는 기구명칭, 주소, 기탁 일시, 기탁번호를 명확히 기재해야 한다. 출원 시 명확히 기재하지 않은 경우 출원일로부터 4개월 내에 보정해야 하고, 기한 내에 보정하지 아니한 경우 기탁을 제출하지 아니한 것으로 간주한다.

제28조 발명특허출원인이 이 세칙 제27조 규정에 의하여 생물자료 견본을 기탁한 경우, 발명특허출원의 공개 후 누구든지 그 특허출원과 관련된 생물재료를 실험목적으로 사용하고 하는 경우, 국무원 특허행정부서에 아래 사항을 명확히 기재하여 청구해야 한다.

1. 청구인의 성명 또는 명칭, 주소
2. 기타 누구에게도 해당 생물재료를 제공하지 않겠다는 보증
3. 특허권 수여 전에 단지 실험목적으로만 사용하겠다는 보증

제29조 ① 특허법에서의 유전자원이란 인체, 동물, 식물 또는 미생물 등으로부터 채취한 유전기능의 단위를 함유하고 있는 실질적 또는 잠재적 가치를 구비한 재

료 및 이러한 재료를 이용하여 생산된 유전 정보를 말하며, 특허법에서의 유전자원에 의하여 완성한 발명창조란 유전자원의 유전기능을 이용하여 완성한 발명창조를 말한다.

② 유전자원에 의하여 완성한 발명창조에 대하여 특허를 출원할 경우 출원인은 청구서에 설명을 하고 국무원 특허행정부서가 제정한 형식을 작성해야 한다.

제30조 ① 출원인은 각 디자인 제품이 보호해야 할 내용에 대해 관련 도면 또는 사진을 제출해야 한다.

② 부분디자인을 출원하는 경우, 전체 제품의 투시도를 제출해야 하고, 점선과 실선의 결합 또는 기타 방식을 이용하여 보호해야 하는 부분의 내용을 표시해야 한다.

③ 출원인은 보호가 필요한 매건 디자인 제품의 내용에 대하여 관련 도면 또는 사진을 제출해야 한다.

제31조 ① 디자인의 간단한 설명에는 디자인 제품의 명칭, 용도, 디자인의 디자인 요점을 명확히 기재하고, 디자인 요점을 가장 잘 표현한 도면 또는 사진 1부를 지정해야 한다. 투시도 또는 색채보호 청구를 생략한 경우 간단한 설명서에 명확히 기재하여야 한다.

② 동일 제품에 대한 다항의 유사한 디자인을 1건 디자인특허로 출원할 경우, 간단한 설명에 그중 하나를 기본설계로 지정해야 한다.

③ 부분디자인을 출원하는 경우, 전체 제품의 투시도 중에 점선과 실선의 결합에 의하여 표시된 경우는 제외하고, 요약 설명 중에 보호를 요청하는 부분을 설명해야 한다.

④ 간단한 설명에는 상업성 선전용어를 사용할 수 없고, 제품의 성능을 설명해서는 안 된다.

제32조 국무원 특허행정부서는 필요한 경우, 디자인 특허출원인에게 디자인을 사용한 제품의 견본 또는 모형 제출을 요구할 수 있다. 견본 또는 모형의 체적은 30cm X 30cm X 30cm 를 초과할 수 없고, 중량은 15kg을 초과할 수 없다. 용이하게 부패 또는 파손되거나 위험품은 견본 또는 모형으로 제출할 수 없다.

제33조 ① 특허법 제24조 제2호 규정의 중국정부가 승인한 국제전람회란 국제전람회조약에 규정된 국제전람국에 등록 또는 그가 인가한 국제전람회를 말한다.

② 특허법 제24조 제3호 규정에 학술회의 또는 기술회의란 국무원 관련 주관부

서 또는 전국성의 학술단체가 조직하여 개최한 학술회의 또는 기술회의, 그리고 국무원 관련 주관부서가 인정하는 국제기구에서 개최하는 학술회의 또는 기술회의를 말한다.

③ 특허를 출원한 발명창조가 특허법 제24조 제2호 또는 제3호 규정에 해당할 경우, 출원인은 특허출원 시 성명해야 하고 출원일로부터 2개월 내에 관련 발명창조가 이미 전시 또는 발표되었고, 전시 또는 발표의 일자에 대한 증명 서류를 제출해야 한다.

④ 특허를 출원한 발명창조가 특허법 제24조 제1호 또는 제4호의 규정에 해당할 경우, 국무원 특허행정부서는 필요 시 출원인에게 지정기한 내에 증명서류의 제출을 요구할 수 있다.

⑤ 출원인이 이 조 제3항 규정에 의한 성명과 증명서류를 제출하지 아니한 경우, 또는 이 조 제4항 규정에 의한 지정기한 내에 증명서류를 제출하지 아니한 경우 그 출원은 특허법 제24조 규정을 적용하지 아니한다.

제34조 ① 출원인이 특허법 제30조 규정에 의하여 국외우선권을 요구한 경우, 출원인이 제출하는 선 출원서류 부본은 원수리기관의 증명을 받아야 한다. 국무원 특허행정부서와 해당 수리기관과 체결한 협의에 의하여 국무원 특허행정부서가 전자교환 등의 경로를 통하여 선출원서류 부본을 취득한 경우, 출원인이 해당 수리기관이 증명한 선출원서류 부본을 제출한 것으로 간주한다. 국내우선권의 요구는 출원인이 청구서에 선출원일과 출원번호를 명확히 기재한 경우 선출원 서류 부본을 제출한 것으로 간주한다.

② 우선권을 요구하였으나 청구서에 선출원의 출원일, 출원번호 및 원수리기관의 명칭 중 하나 또는 두 개의 내용을 누락하였거나 잘못 기재한 경우, 국무원 특허행정부서는 출원인에게 지정기한 내에 보정하도록 통지하여야 한다. 지정기한 내에 보정하지 아니한 경우 우선권을 요구하지 아니한 것으로 본다.

③ 우선권을 요구한 출원인의 성명 또는 명칭이 선출원서류의 부본에 기재된 출원인의 성명 또는 명칭과 불일치하는 경우 우선권 양도 증명서류를 제출해야 하고, 해당 증명서류를 제출하지 아니한 경우 우선권을 요구하지 아니한 것으로 간주한다.

④ 디자인특허출원의 출원인이 국외우선권을 요구하고 그 선출원에 디자인의 간단한 설명이 포함되지 않았고, 출원인이 이 세칙 제28조 규정에 의하여 제출

한 간단한 설명에 선출원의 도면 또는 사진에 표시된 범위를 초과하지 아니한 경우 그의 우선권 향유에는 영향을 미치지 아니한다.

제35조 ① 출원인은 1건 특허출원 중 1항 또는 다항의 우선권을 요구할 수 있다. 다항의 우선권을 요구한 경우, 해당 출원의 우선권 기한은 가장 빠른 우선권일로부터 계산한다.

② 발명 또는 실용신안 특허의 출원인이 국내우선권을 요구하고, 선출원이 발명특허출원인 경우, 동일한 주제에 대하여 발명 또는 실용신안특허를 출원할 수 있다. 선출원이 실용신안특허출원인 경우, 동일한 주제에 대하여 실용신안 또는 발명특허를 출원할 수 있다. 디자인 출원이 국내우선권을 요구하고 선출원이 발명 또는 실용신안인 경우, 첨부된 도면에 표시된 설계에 대해 동일한 주제의 디자인 출원을 제출할 수 있다. 선출원이 디자인 출원인 경우, 동일한 주제의 디자인 출원을 제출할 수 있다. 다만, 후출원 시 선출원의 주제가 아래의 하나에 해당할 경우 국내우선권 요구의 기초로 할 수 없다.

1. 이미 국외우선권 또는 국내우선권을 요구한 경우
2. 이미 특허권을 수여받은 경우
3. 규정에 따라 제출된 분할출원에 속하는 경우

③ 출원인이 국내우선권을 요구한 경우, 디자인 출원인이 발명 또는 실용신안특허 출원을 국내 우선권의 기초로 요구하는 경우를 제외하고, 그 선출원은 후의 출원일로부터 취하한 것으로 간주한다.

제36조 출원인이 특허법 제29조에 규정된 기한을 초과하고, 국무원 특허행정부서에 동일한 주제로 발명 또는 실용신안 특허를 출원하였으며, 정당한 사유가 있는 경우, 기한 만료일로부터 2개월 내에 우선권의 회복을 요청할 수 있다.

제37조 발명 또는 실용신안 특허출원인이 우선권을 주장하는 경우, 우선일로부터 16개월 이내 또는 출원일로부터 4개월 이내에 청구서 중에 우선권 주장의 추가 또는 수정을 요청할 수 있다.

제38조 중국에 계속적인 거소 또는 영업소가 없는 출원인이 특허를 출원하거나 국외우선권을 요구한 경우, 국무원 특허행정부서는 필요 시 아래의 서류제출을 요구할 수 있다.

1. 출원인이 개인인 경우 그 국적증명
2. 출원인이 기업 또는 기타 조직인 경우, 등록한 국가 또는 지역의 증명서류

3. 출원인의 소속국가가 중국의 단위 또는 개인에게 그 국가의 국민과 동등한 조건으로 그 국가에서 특허권, 우선권 및 기타 특허관련 권리의 향유를 인정하는 증명서류

제39조 특허법 제31조 제1항 규정에 의하여, 1건 특허로 출원할 수 있는 하나의 총괄적 발명사상에 속하는 2항 이상의 발명 또는 실용신안은 기술상 상호 관련이 있어야 하고, 하나 또는 다수의 동일 또는 상응한 특정 기술의 특징을 포함하고 있어야 하며, 그중에 특정 기술의 특징이란 매 1항 발명 또는 실용신안이 전체로서 선행기술에 대하여 공헌하는 기술특징을 말한다.

제40조 ① 특허법 제31조 제2항 규정에 의하여 동일제품의 다항의 유사한 디자인을 1건으로 출원하는 경우, 그 제품에 대한 기타 설계는 간단한 설명 중에 지정한 기본 설계와 유사해야 한다. 1건의 디자인 출원 중 유사한 디자인은 10항을 초과할 수 없다.

② 특허법 제31조 제2항 규정의 동일 류이고 한 벌로 판매 또는 사용되는 제품의 2항 이상 디자인이란 각 제품이 분류표 중 동일한 대분류에 속하고 습관상 동시에 판매 또는 사용되며, 각 제품의 디자인이 동일한 설계 구성을 구비한 것을 말한다.

③ 2항 이상의 디자인을 1건 출원으로 제출하는 경우, 매건 디자인 제품의 각 도면 또는 사진의 명칭 앞에 각 항 디자인의 순서번호를 표시하여야 한다.

제41조 ① 출원인이 특허출원을 취하할 경우, 국무원 특허행정부서에 성명을 제출하고 발명창조의 명칭, 출원번호 및 출원일을 명확하게 기재해야 한다.

② 특허출원을 취하하는 성명을 국무원 특허행정부서가 특허출원서류를 공개하는 인쇄준비업무가 완료된 후 제출된 경우, 출원서류는 공개한다. 다만, 특허출원을 취하하는 성명은 후에 출판된 특허공보에 공고해야 한다.

제3장 특허출원의 심사와 비준

제42조 초보심사, 실질심사, 복심 및 무효선고 과정 중 심사와 심리를 담당하는 자가 아래의 상황 중 하나에 해당할 경우, 스스로 회피해야 하고 당사자 또는 기타 이해관계자는 그의 회피를 요구할 수 있다.

1. 당사자 또는 그 대리인과 가까운 친척인 경우
2. 특허출원 또는 특허권과 이해관계가 있는 경우
3. 당사자 또는 그 대리인과 기타의 관계가 있어, 공정한 심사 및 심리에 영향을 미칠 가능성이 있는 경우
4. 복심 또는 무효선고의 절차 중, 원출원의 심사에 참여한 경우

제43조 국무원 특허행정부서는 발명 또는 실용신안특허출원의 청구서, 설명서(실용신안은 반드시 첨부도면을 포함) 및 권리요구서, 또는 디자인특허출원의 청구서, 디자인 도면 또는 사진, 간단한 설명을 접수한 후, 출원일을 명확히 하고 출원번호를 부여하여 출원인에게 통지해야 한다.

제44조 특허출원서류가 아래의 상황 중 하나에 해당할 경우, 국무원 특허행정부서는 수리를 하지 아니하고 출원인에게 통지한다.

1. 발명 또는 실용신안 특허출원이 청구서, 설명서(실용신안에 첨부도면이 없는 경우) 또는 권리요구서가 부족한 경우, 또는 디자인 특허출원이 청구서, 도면 또는 사진, 간단한 설명이 부족한 경우
2. 중문을 사용하지 아니한 경우
3. 출원 문건의 양식이 규정에 부합하지 않는 경우
4. 청구서에 출원인의 성명 또는 명칭, 주소가 기재되지 아니한 경우
5. 특허법 제17조 또는 제18조 제1항의 규정에 현저하게 부합하지 아니한 경우
6. 특허출원의 종류(발명, 실용신안 또는 디자인)가 불명확하거나 확정하기 곤란한 경우

제45조 발명 또는 실용신안 특허출원이 청구범위, 명세서, 또는 청구범위와 명세서의 일부를 누락하거나 잘못 제출하였으나 출원인이 제출일에 우선권을 요구한 경우, 제출일로부터 2개월 이내에 또는 국무원 특허행정부서가 지정한 기한 내에 선출원 문서를 인용하는 방식으로 추가 제출할 수 있다. 추가 제출 서류가 관련 규정을 충족하는 경우, 최초 제출 서류의 제출일을 출원일로 한다.

제46조 설명서 중에 첨부도면에 대한 설명이 있으나 첨부도면이 없거나 부분적인 첨부도면이 부족한 경우, 출원인은 국무원 특허행정부서가 지정한 기한 내에 첨부도면을 보충 제출하거나 첨부도면에 대한 설명을 취소하는 성명을 해야 한다. 출원인이 첨부도면을 보충 제출한 경우, 국무원 특허행정부서에 제출한 날

또는 우편으로 첨부도면을 송부한 날을 출원일로 하고, 첨부도면에 대한 설명을 취소한 경우 원출원일을 유지한다.

제47조 ① 2 이상의 출원인이 동일한 날(출원일을 말함. 우선권이 있는 경우 우선권일) 동일한 발명창조에 대하여 각각 특허를 출원한 경우, 국무원 특허행정부서의 통지를 받은 후 스스로 협상하여 출원인을 확정해야 한다.

② 동일한 출원인이 동일한 날(출원일을 말함) 동일한 발명창조에 대하여 실용신안특허를 출원하고 발명특허도 출원한 경우, 출원 시 동일한 발명창조에 대하여 다른 특허도 출원하였음을 각각 설명해야 한다. 설명하지 아니한 경우, 특허법 제9조 제1항의 동일한 발명창조에 관하여 단지 1항의 특허권만 수여한다는 규정에 따라 처리한다.

③ 국무원 특허행정부서는 실용신안특허권 수여를 공고할 때 출원인이 이미 이 조 제2항의 규정에 의하여 동시에 발명특허도 출원했다는 설명을 공고하여야 한다.

④ 발명특허출원이 심사를 거쳐 거절이유를 발견하지 못한 경우, 국무원 특허행정부서는 출원인에게 규정기한 내에 실용신안특허권을 포기하는 성명을 하도록 통지해야 한다. 출원인이 포기를 성명한 경우, 국무원 특허행정부서는 발명특허권의 수여를 결정하고 발명특허권의 수여 공고 시 출원인이 실용신안특허를 포기했다는 성명을 함께 공고하여야 한다. 출원인이 포기에 동의하지 아니한 경우, 국무원 특허행정부서는 그 발명특허출원을 거절해야 한다. 출원인이 기한 내 답변하지 아니한 경우 그 발명특허출원은 취하한 것으로 간주한다.

⑤ 실용신안 특허권은 발명특허권 수여를 공고한 날로부터 종료한다.

제48조 ① 1건 특허출원이 2항 이상의 발명, 실용신안 또는 디자인을 포함하고 있는 경우, 출원인은 이 세칙 제60조 제1항 규정의 기한 만료 전에 국무원 특허행정부서에 분할출원을 제출할 수 있다. 다만, 특허출원이 이미 거절, 취하 또는 취하된 것으로 간주하는 경우, 분할출원을 제출할 수 없다.

② 국무원 특허행정부서가 1건 특허출원이 특허법 제31조와 이 세칙 제39조 또는 제40조 규정에 부합하지 아니한 것으로 인정할 경우, 출원인에게 지정기한 내에 그 출원에 대하여 보정하도록 통지해야 한다. 출원인이 기한 내에 답변이 없을 경우 그 출원은 취하한 것으로 간주한다.

③ 분할된 출원은 원출원의 종류를 변경할 수 없다.

제49조 ① 이 세칙 제48조 규정에 의하여 제출된 분할출원은 원출원일을 유지할 수 있으며, 우선권을 향유하는 경우 우선권일을 유지할 수 있으나 원출원에 기재된 범위를 초과할 수 없다.

② 분할출원은 특허법 및 이 세칙의 규정에 의한 관련절차를 밟아야 한다.

③ 분할출원의 청구서에는 원출원의 출원번호와 출원일을 명확하게 기재해야 한다.

제50조 ① 특허법 제34조 및 제40조 규정의 초보심사란 특허출원이 특허법 제26조 또는 제27조 규정의 서류와 기타 필요한 서류를 구비했는지 여부와 이러한 서류가 규정된 형식에 부합하는 지를 심사하고, 아래의 각 사항을 심사하는 것을 말한다.

1. 발명특허출원이 특허법 제5조 및 제25조에 규정된 상황에 속하는지 여부, 특허법 제17조, 제18조 제1항, 제19조 제1항 또는 본 세칙 제11조, 제19조, 제29조 제2항의 규정에 부합하지 않는지 여부, 특허법 제2조 제2항, 제26조의 제5항, 제31조의 제1항 및 제33조의 규정에 부합하지 않는지 여부 또는 이 세칙의 제20~24조의 규정에 부합하는지 여부
2. 실용신안 특허출원이 특허법 제5조 및 제25조의 규정에 명백히 부합하는지 여부, 특허법 제17조, 제18조 제1항, 제19조 제1항 또는 본 세칙 제11조, 제19조~제22조, 제24조~제26조의 규정에 부합하지 않는지 여부, 특허법 제2조 제3항, 제22조의 규정, 제26조 제3항, 제26조 제4항 및 제31조 제1항 또는 제33조의 규정에 부합하지 않는지 여부. 제49조 제1항의 규정에 의하여 특허법 제9조의 규정에 의하여 특허권을 취득할 수 없는지의 여부
3. 디자인 특허출원이 특허법 제5조 및 제25조 제1항 제6호의 규정에 명백히 부합하는지 여부, 특허법 제17조, 제18조 제1항 또는 본 세칙 제11조, 제19조, 제30조, 제31조의 규정에 부합하지 않는지 여부, 특허법 제2조 제4항, 제23조 제1항, 제23조 제2항, 제27조 제2항 및 제31조 제2항, 제33조 또는 본 세칙 제49조 제1항의 규정에 따라 특허권을 취득할 수 없는지 여부
4. 지원 서류가 이 세칙의 제2조 및 제3조 제1항의 규정을 준수하는지 여부

② 국무원 특허행정부서는 심사의견을 출원인에게 통지하고 지정기한 내에 의견을 진술하거나 보정하도록 요구해야 하고, 기한 내에 답변이 없을 경우 그 출원은 취하한 것으로 간주한다. 출원인의 의견진술 또는 보정 후에도 국무원 특

허행정부서가 여전히 전항에 열거한 각항의 규정에 부합하지 아니하는 것으로 인정하는 경우 거절해야 한다.

제51조 ① 특허출원서류를 제외하고, 출원인이 국무원 특허행정부서에 제출한 특허출원과 관련되는 기타 서류가 아래의 상황 중 하나에 해당할 경우, 제출하지 아니한 것으로 간주한다.

1. 규정된 형식을 사용하지 아니하였거나, 양식의 작성이 규정에 부합하지 아니한 경우
2. 규정에 의한 증명서류를 제출하지 아니한 경우

② 국무원 특허행정부서는 제출하지 아니한 것으로 간주하는 심사의견을 출원인에게 통지해야 한다.

제52조 출원인이 조기에 자신의 발명특허출원의 공개를 청구할 경우, 국무원 특허행정부서에 성명해야 한다. 국무원 특허행정부서는 그 출원에 대하여 초보심사를 한 후, 거절하는 경우를 제외하고 즉시 출원을 공개해야 한다.

제53조 출원인이 디자인을 사용하는 제품 및 그 소속류를 기재할 경우, 국무원 특허행정부서가 공포한 디자인 제품 분류표를 사용해야 한다. 디자인을 사용하는 제품의 소속류를 명확히 기재하지 아니하거나 기재한 류가 정확하지 아니한 경우, 국무원 특허행정부서는 보충 또는 보정할 수 있다.

제54조 발명특허출원의 공개일로부터 특허권 수여의 공고일까지, 누구든지 특허법 규정에 부합하지 아니하는 특허출원에 대하여 국무원 특허행정부서에 의견을 제출하고 이유를 설명할 수 있다.

제55조 발명특허출원인은 정당한 이유로 인하여 특허법 제36조의 검색자료 또는 심사결과자료를 제출할 수 없는 경우, 국무원 특허행정부서에 성명하고 관련 자료를 취득한 후 보충 제출할 수 있다.

제56조 ① 국무원 특허행정부서가 특허법 제35조 제2항 규정에 의하여 특허출원에 대하여 스스로 심사를 진행할 경우, 출원인에게 통지해야 한다.

② 출원인은 특허출원에 대하여 심사지연의 청구를 제출할 수 있다.

제57조 ① 발명특허출원인은 실질심사 청구 시 및 국무원 특허행정부서가 발송한 발명특허출원이 실질심사단계에 진입한다는 통지서를 받은 날로부터 3개월 내에 발명특허출원에 대한 보정을 제출할 수 있다.

② 실용신안 또는 디자인특허출원인은 출원일로부터 2개월 내에 실용신안 또는

디자인특허출원에 대한 보정을 제출할 수 있다.

③ 출원인이 국무원 특허행정부서가 발송한 심사의견 통지서를 받은 후 특허출원서류에 대하여 보정을 할 경우, 통지서가 지적한 결함에 대하여 보정해야 한다.

④ 국무원 특허행정부서는 특허출원서류 중의 문자와 부호의 명백하고 현저한 착오에 대하여 수정할 수 있다. 국무원 특허행정부서가 수정한 경우 출원인에게 통지해야 한다.

第58조 발명 또는 실용신안특허출원의 설명서 또는 권리요구서의 수정부분은 개별문자의 정정 또는 증가, 삭제를 제외하고 규정된 형식에 따라 페이지를 교체해야 한다. 디자인특허출원의 도면 또는 사진에 대한 보정은 규정에 따라 페이지를 교체해야 한다.

第59조 특허법 제38조 규정에 의하여 발명특허출원이 실질심사를 거쳐 거절해야 하는 경우는 아래와 같다.

1. 출원이 특허법 제5조, 제25조 규정에 속하거나, 특허법 제9조 규정에 의하여 특허권을 취득할 수 없는 경우
2. 출원이 특허법 제2조 제2항, 제19조 1항, 제22조, 제26조 3항, 제26조 4항, 제26조 5항, 제31조 1항 또는 본 세칙 제11조, 제23조 2항 규정에 부합하지 아니한 경우
3. 출원의 보정이 특허법 제33조 규정에 부합하지 아니하거나, 분할된 출원이 이 세칙 제49조 제1항 규정에 부합하지 아니한 경우

第60조 ① 국무원 특허행정부서가 특허권을 수여하는 통지를 발송한 후, 출원인은 통지를 받은 날로부터 2개월 내에 등록절차를 밟아야 한다. 출원인이 기한에 따라 등록절차를 밟은 경우, 국무원 특허행정부서는 특허권을 수여하고 특허증서를 발급해야 하며 공고해야 한다.

② 기한 내에 등록절차를 밟지 아니한 경우, 특허권을 취득할 권리를 포기한 것으로 간주한다.

第61조 비밀유지 특허출원인 심사를 거쳐 거절이유를 발견하지 못한 경우, 국무원 특허행정부서에 비밀유지 특허권의 수여를 결정하고 비밀유지 특허증서를 발급해야 하며, 비밀유지 특허권의 관련 사항을 등록해야 한다.

第62조 ① 실용신안 또는 디자인특허권의 수여의 결정 공고 후, 특허법 제66조 규

정의 특허권자, 이해관계인 또는 피소 침해자는 국무원 특허행정부서에 특허권 평가보고 작성을 청구할 수 있다. 출원인은 특허권 등록 절차를 밟을 때 국무원 특허행정부서에 특허권 평가 보고서를 작성하도록 요청할 수 있다.

② 특허권 평가보고 작성을 청구할 경우, 특허권평가보고청구서를 제출하고 특허출원번호 또는 특허번호를 명확히 기재해야 한다. 매 항의 청구는 1항의 특허권에 한정한다.

③ 특허권평가보고청구서가 규정에 부합하지 아니한 경우, 국무원 특허행정부서는 청구인에게 지정기한 내에 보정할 것을 통지해야 한다. 청구인이 기한 내에 보정하지 아니한 경우 청구하지 아니한 것으로 간주한다.

제63조 ①국무원 특허행정부서는 특허권평가보고청구서를 받은 날로부터 2개월 내에 특허권 평가보고를 작성해야 한다. 다만, 출원인이 특허권 등록 절차를 밟을 때 특허권 평가 보고서를 요청한 경우, 국무원 특허행정부서는 특허권 수여를 공고한 날부터 2개월 이내에 특허권 평가 보고서를 작성해야 한다.

② 동일 항의 실용신안 또는 디자인 특허권에 대하여 여러 명의 청구인이 특허권 평가보고 작성을 청구한 경우, 국무원 특허행정부서는 단지 1부의 특허권 평가보고만 작성한다. 누구든지 그 특허권 평가보고를 열람 또는 복사할 수 있다.

제64조 국무원 특허행정부서는 특허공고 및 특허단행본 중 발생한 착오에 대하여 발견하는 즉시 정정해야 하고, 정정한 것을 공고해야 한다.

제4장 특허출원의 복심과 특허권의 무효선고

제65조 ① 특허법 제41조 규정에 의하여 국무원특허행정부서에 복심을 청구할 경우, 복심청구서를 제출하고 이유를 설명해야 하며 필요 시 관련 증거를 첨부해야 한다.

② 복심청구가 특허법 제18조 제1항 또는 제41조 제1항의 규정에 부합하지 아니한 경우, 국무원특허행정부서는 수리하지 아니하며 복심청구인에게 서면으로 통지하고 이유를 설명한다.

③ 복심청구서가 규정된 형식에 부합하지 아니한 경우 복심청구인은 국무원특허행정부서가 지정한 기한 내에 보정해야 하고, 기한 내에 보정하지 아니한 경

우 그 복심청구는 제출하지 아니한 것으로 간주한다.

제66조 청구인은 복심청구 또는 국무원특허행정부서의 복심통지서에 대한 답변 시 특허출원서류를 보정할 수 있다. 다만, 보정은 거절결정 또는 복심통지서가 지적한 결함을 해소하는 데 한정되어야 한다.

제67조 ① 국무원 특허행정부서는 복심을 진행한 후 복심청구가 특허법 및 이 세칙의 관련 규정에 부합하지 아니하다고 인정하거나, 또는 특허출원에 기타 특허법 및 본 세칙의 관련 규정을 명백하게 위반하는 정황이 있는 경우, 복심청구인에게 통지하여 지정 기한 내에 의견진술을 요구해야 한다. 기한 내 답변이 없을 경우 그 복심청구는 취하한 것으로 간주한다. 의견진술 또는 보정 후에도 국무원 특허행정부서가 여전히 특허법 및 이 세칙 관련 규정에 부합하지 아니한다고 인정할 경우, 복심청구를 거절하는 복심결정을 해야 한다.

② 국무원 특허행정부서는 복심을 진행한 후 원거절결정이 특허법 및 이 세칙의 관련 규정에 부합하지 아니한다고 인정하거나, 보정한 특허출원서류를 통하여 원거절결정 및 복심통지서가 지적한 결함을 해소했다고 인정하는 경우, 거절결정을 취소하고, 원심사부서가 심사절차를 계속 진행하도록 해야 한다.

제68조 ① 복심청구인은 국무원 특허행정부서의 결정 전에 복심청구를 취하할 수 있다.

② 복심청구인이 국무원 특허행정부서의 결정 전에 복심청구를 취하한 경우, 복심절차는 종료한다.

제69조 ① 특허법 제45조 규정에 의하여 특허권 무효 또는 부분무효 선고를 청구하는 경우, 국무원 특허행정부서에 특허권무효선고청구서와 필요한 증거 2부를 제출해야 한다. 무효선고청구서는 제출한 모든 증거와 결합하여 구체적으로 무효선고청구의 이유를 설명하고, 매 항의 이유가 근거하고 있는 증거를 명확히 지적해야 한다.

② 전항 규정의 무효선고청구의 이유란 특허권을 수여받은 발명창조가 특허법 제2조, 제19조 제1항, 제22조, 제23조, 제26조 제3항, 제26조 제4항, 제27조 제2항, 제33조 또는 본 세칙 제11조, 제23조 제2항, 제49조 제1항의 규정에 부합하지 않거나, 특허법 제5조, 제25조의 규정에 속하거나, 또는 특허법 제9조의 규정에 따라 특허권을 취득할 수 없음을 의미한다.

제70조 ① 특허권무효선고청구서가 특허법 제18조 제1항 또는 이 세칙 제69조 규

정에 부합하지 아니할 경우, 국무원 특허행정부서는 수리하지 아니한다.

② 국무원 특허행정부서가 무효선고청구에 대하여 결정을 한 후, 또 동일한 이유와 증거로 무효선고를 청구한 경우, 국무원 특허행정부서는 수리하지 아니한다.

③ 특허법 제23조 제3항의 규정에 부합하지 않음을 이유로 디자인특허권의 무효선고를 청구하였으나, 권리 충돌을 증명하는 증거를 제출하지 아니한 경우, 국무원 특허행정부서는 수리하지 아니한다.

④ 특허권무효선고청구서가 규정된 형식에 부합하지 아니할 경우 무효선고청구인은 국무원 특허행정부서가 지정한 기한 내에 보정해야 하고, 기한 내에 보정하지 아니한 경우 그 무효선고청구는 제출하지 아니한 것으로 간주한다.

제71조 국무원 특허행정부서가 무효선고청구를 수리한 후, 청구인은 무효선고청구일로부터 1개월 내에 이유를 추가하거나 증거를 보충할 수 있다. 기한을 초과하여 이유를 추가하거나 증거를 보충한 경우, 국무원 특허행정부서는 고려하지 아니할 수 있다.

제72조 ① 국무원 특허행정부서는 특허권무효선고청구서와 관련 서류부본을 특허권자에게 송부하고 지정기한 내에 의견을 진술하도록 요구해야 한다.

② 특허권자와 무효선고청구인은 지정기한 내 국무원 특허행정부서가 발송한 전달서류통지서 또는 무효선고청구심사통지서에 답변해야 하며, 기한 내에 답변을 하지 아니한 경우 국무원 특허행정부서의 심리에 영향을 미치지 아니한다.

제73조 ① 무효선고청구의 심사과정 중, 발명 또는 실용신안특허권자는 그 권리요구서를 정정할 수 있으나, 원특허의 보호범위를 확대할 수 없다. 국무원 특허행정부서가 수정된 청구항에 기초하여 특허권이 유효하다고 유지하거나 특허권의 일부를 무효로 선언하는 결정을 내린 경우, 수정된 청구항을 공고해야 한다.

② 발명 또는 실용신안특허권자는 설명서 또는 첨부도면을 정정할 수 없고, 디자인특허권자는 도면, 사진 및 간단한 설명을 정정할 수 없다.

제74조 ① 국무원 특허행정부서는 당사자의 청구 또는 사건의 필요에 의하여 무효선고청구에 대한 구두심리를 진행할 수 있다.

② 국무원 특허행정부서가 무효선고청구에 대한 구두심리 진행을 결정한 경우, 당사자에게 구두심리통지서를 발송하고 구두심리 일시와 장소를 통지해야 한

다. 당사자는 통지서에 지정된 기한 내에 답변을 작성하여 제출해야 한다.

③ 무효선고청구인이 국무원 특허행정부서가 발송한 구두심리통지서에 대하여 지정기한 내에 답변을 제출하지 아니하고 구두심리에 출석하지 아니한 경우, 그 무효선고청구는 취하한 것으로 간주한다. 특허권자가 구두심리에 출석하지 아니한 경우, 결석 심리를 할 수 있다.

第75조 무효선고청구 심사과정 중에는 국무원 특허행정부서가 지정한 기한은 연장할 수 없다.

第76조 ① 국무원 특허행정부서가 무효선고의 청구에 대한 결정을 하기 전에 무효선고청구인은 그 청구를 취하할 수 있다.

② 국무원 특허행정부서가 결정을 하기 전에 무효선고청구인이 그 청구를 취하하거나 그 무효선고청구가 취하로 간주된 경우 무효선고청구의 심사절차는 종료한다. 다만, 국무원 특허행정부서가 이미 진행한 심사업무에 근거하여 특허권 무효 또는 부분무효를 선고할 수 있는 경우 심사절차는 종료하지 아니한다.

제5장 특허권 기한의 보상

第77조 특허법 제42조 제2항의 규정에 따라 특허권 기한 보상을 요청하는 경우, 특허권자는 특허권 부여를 공고한 날로부터 3개월 이내에 국무원 특허행정부서에 제출해야 한다.

第78조 ① 특허법 제42조 제2항의 규정에 따라 특허권의 기한에 대한 보상이 주어지는 경우, 보상 기한은 특허 부여 과정에서 발명 특허가 부당하게 지연된 실제 일수에 따라 계산된다.

② 전항에서 언급한 발명특허의 등록과정에서 불합리하게 지연된 실제 일수란, 발명특허출원일로부터 4년을 경과하고 실질심사청구일로부터 3년을 경과한 날부터 특허권 수여 공고일까지의 간격 일수에서, 합리적인 지연 일수와 출원인으로 인한 불합리한 지연 일수를 차감한 일수를 말한다.

③ 아래의 상황은 합리적인 지연에 속한다.

1. 본 세칙 제66조의 규정에 따라 특허출원서류를 수정한 후 특허권을 부여받은 경우, 복심절차로 인한 지연

2. 본 세칙 제103조 및 제104조에 규정된 상황으로 인한 지연
3. 기타 합리적인 상황으로 인한 지연

④ 동일한 출원인이 같은 날 동일한 발명에 대해 실용신안특허와 발명특허를 모두 출원하고 본 세칙 제47조 제4항의 규정에 따라 발명특허권을 취득한 경우, 해당 발명특허권의 기한에는 특허법 제42조 제2항의 규정을 적용하지 않는다.

第79조 특허법 제42조 2항에 규정된 출원인에 의한 불합리한 지연에는 다음 상황이 포함된다.

1. 지정된 기한 내에 국무원 특허행정부서가 발행한 통지에 응답하지 않는 경우
2. 심사 지연 신청한 경우
3. 본 세칙 제45조에 규정된 상황으로 인한 지연의 경우
4. 기타 출원인으로 인한 불합리한 지연의 경우

第80조 특허법 제42조 제3항에서 언급된 신약 관련 발명 특허는 규정에 부합하는 신약 제품 특허, 제조 방법 특허 및 의약 용도 특허를 가리킨다.

第81조 특허법 제42조 제3항의 규정에 따라 신약 관련 발명에 대한 특허권의 기한 보상을 요청하는 경우 다음 요건을 충족해야 하며, 중국에서 판매 허가를 받은 날부터 3개월 이내에 국무원 특허 행정 부서에 제출해야 한다.

1. 상기 신약에 여러 개의 특허가 동시에 존재하는 경우, 특허권자는 그중 하나에 대해서 특허권 기한 보상을 청구할 것
2. 하나의 특허가 동시에 여러 신약과 관련된 경우, 상기 특허에 대한 특허권 기한 보상은 단지 하나의 신약에 대해서만 청구할 것
3. 상기 특허는 유효기간 내에 있고, 신약 관련 발명 특허권에 대한 기한 보상을 아직 받은 적이 없을 것

第82조 특허법 제42조 제3항의 규정에 따라 특허권 기한 보상이 제공되는 경우, 보상 기간은 특허 출원일로부터 중국에서 신약의 판매 허가를 받은 날까지의 간격 일수에서 5년을 차감하고, 특허법 제42조 제3항의 규정에 부합하는 기초에서 결정된다.

第83조 신약 관련 발명특허에 대한 특허기간 보상기간 동안, 해당 특허의 보호범위는 신약 및 승인된 적응증 관련 기술방안으로 제한되며, 보호범위 내에서 특허권자가 향유하는 권리와 의무는 특허권 기간 보상 전과 동일하다.

第84조 국무원 특허행정부서는 특허법 제42조 제2항 및 제3항의 규정에 따라 제출된 특허권의 기한보상청구를 심사한 후, 보상 조건에 부합한다고 판단되는 경우 기한보상결정을 하고 등록 및 공고하며, 보상 조건에 부합하지 않는 경우 기한보상을 하지 않기로 결정하고 요청한 특허권자에게 통지한다.

제6장 특허실시의 특별허가

第85조 ① 특허권자가 자발적으로 특허에 대한 개방 허가를 선언하는 경우, 특허권 수여의 공고 후에 제출되어야 한다.

② 개방 허가 선언에는 다음 사항이 명시되어야 한다.

1. 특허번호
2. 특허권자의 성명 또는 명칭
3. 특허 라이선스 사용료 지불 방식 및 표준
4. 특허 허가 기간
5. 기타 명확할 필요가 있는 사항

③ 개방 허가 선언의 내용은 정확하고 명확해야 하며 상업적 홍보 문구가 없어야 한다.

第86조 특허권이 다음 상황 중 하나에 해당하는 경우, 특허권자는 이에 대해 개방 허가를 실행할 수 없다.

1. 특허권이 독점 또는 배타적 허가의 유효기간 내에 있는 경우
2. 본 세칙 제103조 및 제104조에 규정된 정지 상황에 속하는 경우
3. 규정에 따른 연차료를 납부하지 않은 경우
4. 특허권에 질권이 설정되어 있고, 질권자의 동의가 없는 경우
5. 기타 특허권의 효과적인 이행이 방해되는 상황인 경우

第87조 개방 허가를 통해 특허 실시 허가가 달성된 경우, 특허권자 또는 피허가자는 허가 달성을 증명할 수 있는 서면 문서를 국무원 특허행정부서에 제출해야 한다.

第88조 특허권자는 허위 자료를 제출하거나 사실을 은폐하는 등의 수단을 통해 개방 허가를 선언하거나 개방 허가를 시행하는 동안 연간 특허 연차료 감면을 받

아서는 안 된다.

제89조 ① 특허법 제53조 제1호 규정의 그 특허를 충분하게 실시하지 아니한 경우란 특허권자 및 그 피허가자가 그 특허를 실시하는 방식 또는 규모가 국내에서 특허제품 또는 특허방법의 수요를 만족시킬 수 없는 것을 말한다.

② 특허법 제55조 규정의 특허권을 취득한 약품이란 공공의 건강문제 해결에 필요한 의약영역 중의 어떤 특허약품 또는 특허방법에 의하여 직접 획득한 제품을 말하며, 여기에는 특허권을 취득한 그 제품의 제조에 필요한 활성성분 및 그 제품에 필요한 진단용품을 포함한다.

제90조 ① 강제허가 수여를 청구할 경우, 국무원 특허행정부서에 강제허가청구서를 제출하고 이유를 설명하고 관련 증명서류를 첨부하여야 한다.

② 국무원 특허행정부서는 강제허가청구서의 부본을 특허권자에게 송부하고, 특허권자는 국무원 특허행정부서가 지정한 기한 내에 의견을 진술해야 한다. 기한 내에 답변하지 아니할 경우 국무원 특허행정부서의 강제허가에 관한 결정에는 영향을 미치지 아니한다.

③ 국무원 특허행정부서는 강제허가청구를 거절하거나 강제허가를 수여하는 결정을 하기 전에 청구인과 특허권자에게 결정 및 그 이유초안을 작성하여 통지해야 한다.

④ 국무원 특허행정부서의 특허법 제55조 규정의 강제허가를 수여하는 결정은 중국이 체결했거나 참가한 관련 국제조약의 공공의 건강문제 해결을 위하여 강제허가를 수여하는 데 관한 규정에 동시에 부합해야 한다. 단 중국이 유보한 경우는 제외한다.

제91조 특허법 제62조 규정에 의하여 국무원 특허행정부서에 사용료 금액의 재결을 청구할 경우, 당사자는 재결청구서를 제출하고 쌍방이 협의에 달성할 수 없었던 증명서류를 첨부해야 한다. 국무원 특허행정부서는 청구서를 받은 날로부터 3개월 내에 재결을 하고 당사자에게 통지해야 한다.

제7장 직무발명창조의 발명자 또는 설계자에 대한 장려와 보수

제92조 ① 특허권을 수여받은 단위는 발명자 또는 설계자와 약정하거나 또는 단위

가 법에 의하여 제정한 규정 중 특허법 제15조 규정의 장려, 보수의 방식과 금액을 규정할 수 있다. 발명자 또는 설계자가 혁신 수익을 합리적으로 공유할 수 있도록, 특허권을 받은 단위가 재산권 장려를 실현하여, 지분, 옵션, 배당의 방법을 채택하도록 권장한다.

② 기업, 사업단위가 발명자 또는 설계자에게 지급하는 장려 및 보수는 국가의 관련 재무제도 및 회계제도의 규정에 따라 처리한다.

제93조 ① 특허권을 수여받은 단위가 발명자 또는 설계자와 약정하지 아니하고 단위가 법에 의하여 제정한 규정 중에도 특허법 제15조 규정의 장려의 방식과 금액을 규정하지 아니한 경우, 특허권 수여의 공고일로부터 3개월 내에 발명자 또는 설계자에게 장려금을 지급해야 한다. 하나의 발명특허의 장려금은 최소 4,000위안보다 적어서는 아니 되고, 하나의 실용신안특허 또는 디자인특허의 장려금은 최소 1,500위안보다 적어서는 아니 된다.

② 발명자 또는 설계자의 건의를 그의 소속단위가 채택하여 완성한 발명창조에 대하여 특허권을 수여받은 단위는 우대하여 장려금을 지급해야 한다.

제94조 특허권을 수여받은 단위가 발명자 또는 설계자와 약정하지 아니하고 단위가 법에 제정한 규정 중에도 특허법 제15조 규정의 장려의 방식과 금액을 규정하지 아니한 경우, 〈중화인민공화국 과학기술 성과의 전환 촉진에 관한 법률〉의 규정에 따라 발명자 또는 설계자에게 합리적인 보수를 지급해야 한다.

제8장 특허권의 보호

제95조 성, 자치구, 직할시 인민정부의 특허업무를 관리하는 부서와 특허관리업무량이 많고 실질적인 처리능력이 있는 현급시, 자치주, 맹, 지역, 직할시 구 인민정부의 특허업무를 관리하는 부서는, 특허분쟁을 처리하고 조정할 수 있다.

제96조 ① 다음 상황 중 하나에 해당하는 경우 특허법 제70조에 언급된 국가에서 중대한 영향을 미치는 특허 침해 분쟁에 속한다.

1. 중대한 공익에 관한 경우
2. 산업 발전에 중대한 영향을 미치는 경우
3. 성, 자치구, 직할시 지역을 초월한 중대한 사건의 경우

4. 국무원 특허행정부서가 중대한 영향을 미칠 수 있다고 판단하는 기타 상황의 경우

② 특허권자 또는 이해관계인이 국무원 특허행정부서에 특허침해분쟁 처리를 요청하고 관련 사건이 전국적으로 중대한 영향을 미치는 특허침해분쟁에 해당하지 않는 경우, 국무원 특허행정부서는 관할 지방 인민정부를 지정하여 특허업무를 관리할 수 있다.

제97조 ① 당사자가 특허권 침해분쟁의 처리 또는 특허분쟁의 조정을 청구한 경우, 피청구인 소재지 또는 특허권 침해행위지의 특허업무를 관리하는 부서가 관할한다.

② 둘 이상의 특허업무를 처리하는 부서가 모두 특허분쟁에 대한 관할권이 있는 경우, 당사자는 그중 하나의 특허업무를 관리하는 부서에 청구할 수 있다. 당사자가 둘 이상의 관할권이 있는 특허업무를 관리하는 부서에 청구한 경우, 먼저 수리한 특허업무를 처리하는 부서가 관할한다.

③ 특허업무를 관리하는 부서가 관할권에 대하여 쟁의가 발생한 경우, 공동의 상급 인민정부의 특허업무를 관리하는 부서가 관할을 지정하고, 공동의 상급 인민정부가 특허업무를 관할하는 부서가 없을 경우 국무원 특허행정부서가 관할을 지정한다.

제98조 ① 특허권 침해분쟁의 처리 과정 중, 피청구인이 무효선고청구를 하고 국무원 특허행정처리부서가 수리한 경우, 특허업무를 관리하는 부서에 처리의 중지를 청구할 수 있다.

② 특허업무를 관리하는 부서는 피청구인이 제출한 중지이유가 현저하게 성립할 수 없다고 판단할 경우, 처리를 중지하지 아니할 수 있다.

제99조 ① 특허권자는 특허법 제16조 규정에 의하여 그 특허제품 또는 그 제품의 포장에 특허표기를 하는 경우, 국무원 특허행정부서가 규정한 방식에 따라 표기해야 한다.

② 특허표시가 전항의 규정에 부합하지 아니하는 경우, 특허업무를 관리하는 부서가 시정명령을 한다.

제100조 출원인 또는 특허권자가 본 세칙 제11조 및 제88조의 규정을 위반한 경우 현급 이상 특허 집행 담당 부서에서 경고하고 10만 위안 이하의 벌금을 부과할 수 있다.

제101조 ① 아래의 행위는 특허법 제68조 규정의 허위의 특허표시에 해당한다.

1. 특허권을 수여받지 아니한 제품 또는 그 포장에 특허표시를 하거나, 특허권이 무효선고가 된 후 또는 종료 후에 계속하여 제품 또는 그 포장에 특허표시를 하거나, 또는 허가를 받지 아니하고 제품 또는 제품의 포장에 타인의 특허번호를 표기하는 행위
2. 제1호의 제품을 판매하는 행위
3. 제품설명서 등의 자료에 특허권을 수여받지 아니한 기술 또는 설계를 특허기술 또는 특허설계로 칭하거나 특허출원을 특허로 칭하거나 또는 허가받지 아니하고 타인의 특허번호를 사용하여, 공중으로 하여금 관련된 기술 또는 설계가 특허기술 또는 설계로 오인하도록 하는 행위
4. 특허증서, 특허서류 또는 특허출원서류를 위조 또는 변조하는 행위
5. 기타 공중을 혼동하게 하거나, 특허권을 수여받지 아니한 기술 또는 설계를 특허기술 또는 특허설계로 오인하게 하는 행위

② 특허권 종료 전에 법에 의하여 특허제품, 특허방법에 의하여 직접 획득한 제품 또는 그 포장에 특허표시를 하고, 특허권 종료 후에 그 제품을 허락판매 및 판매를 한 경우 허위의 특허표시에 속하지 아니한다.

③ 판매가 허위의 특허표시 제품이라는 것을 몰랐고 그 제품의 합법적 출처를 증명할 수 있는 경우, 현급 이상의 특허 집행을 담당하는 부서는 판매정지 명령을 한다.

제102조 ① 특허법 제65조 규정을 제외하고 특허업무를 관리하는 부서는 당사자의 청구에 의하여 아래의 특허분쟁에 대한 조정을 진행할 수 있다.

1. 특허출원권과 특허권 귀속분쟁
2. 발명자 또는 설계자 자격분쟁
3. 직무발명의 발명자 또는 설계자의 장려, 보수분쟁
4. 발명특허출원 공개 후 특허권 수여 전, 발명을 사용하고 적당한 비용을 지급하지 아니한 분쟁
5. 기타 특허분쟁

② 전항 제4호 규정의 분쟁에 대하여, 당사자가 특허업무를 관리하는 부서에 조정을 청구할 경우 특허권을 수여받은 후 제출해야 한다.

제103조 ① 당사자가 특허출원권 또는 특허권의 귀속으로 인한 분쟁이 발생하여

특허업무를 관리하는 부서에 조정을 청구했거나 법원에 소를 제기한 경우, 국무원 특허행정부서에 관련 절차의 중지를 청구할 수 있다.

② 전항의 규정에 의하여 관련절차의 중지를 청구하는 경우, 국무원 특허행정부서에 청구서를 제출하고 특허업무를 관리하는 부서 또는 인민법원의 출원번호 또는 특허번호가 기재된 관련 수리문서 부본을 첨부해야 한다. 국무원 특허행정부서는 당사자가 제기한 정지 사유가 명백히 성립될 수 없다고 판단하는 경우 관련 절차를 중지하지 않을 수 있다.

③ 특허업무를 관리하는 부서가 결정한 조정서 또는 인민법원의 판결이 효력을 발생한 후, 당사자는 국무원 특허행정부서에 관련 절차를 회복시키는 절차를 밟아야 한다. 중지를 청구한 날로부터 1년 내에 관련 특허출원권 또는 특허권 귀속에 관한 분쟁이 결론나지 아니하고, 관련 절차를 계속 중지할 필요가 있는 경우, 청구인은 해당 기한 내에 중지를 연장하는 청구를 해야 한다. 기한 내에 연장청구를 하지 아니한 경우 국무원 특허행정부서는 스스로 관련 절차를 회복한다.

제104조 인민법원이 민사사건의 심리 중 특허출원권 또는 특허권에 대하여 보전조치를 채택하는 재정을 한 경우, 국무원 특허행정부서는 신청번호 또는 특허번호가 기재된 재정서를 받고 집행통지서일에 피보전 특허출원권 또는 특허권을 중지시키는 관련 절차에 협조해야 한다. 보전기한이 만료하였으나 인민법원은 계속하여 보전조치를 채택하는 재정이 없는 경우, 국무원 특허행정부서는 스스로 관련 절차를 회복한다.

제105조 국무원 특허행정부서의 이 세칙 제103조 및 제104조 규정에 의한 관련 절차의 중지란 특허출원의 초보심사, 실질심사, 복심절차, 특허권 수여 및 특허권 무효선고절차를 잠시 중지하는 것을 말하며, 특허권 또는 특허출원권의 포기, 변경, 이전, 특허권 질권 및 특허권 기간 만료 전 절차 등을 잠시 중지하는 것을 말한다.

제9장 특허등록과 특허공보

제106조 국무원 특허행정부서는 특허등록부를 작성하고, 아래의 특허출원과 특허

권 관련 사항을 등기한다.

1. 특허권의 수여
2. 특허출원권, 특허권의 이전
3. 특허권의 질권, 보전 및 그 해제
4. 특허실시허가계약의 등록
5. 국방특허, 비밀특허의 비밀 해제
6. 특허권 무효선고
7. 특허권 종료
8. 특허권 회복
9. 특허권 기한의 보상
10. 특허의 실시를 위한 개방 허가
11. 특허실시의 강제허가
12. 특허권자의 성명 또는 명칭, 국적과 주소의 변경

제107조 국무원 특허행정부서는 정기적으로 특허공보를 출판하고, 아래 내용을 공개 또는 공고한다.

1. 발명특허출원의 서지사항 및 설명서 요약
2. 발명특허출원의 실질심사 청구 및 국무원 특허행정부서가 발명특허출원에 대하여 스스로 진행한 실질심사의 결정
3. 발명특허출원공개 후의 거절, 취하, 취하간주, 포기간주, 회복 및 이전
4. 특허권의 수여 및 특허권의 서지사항
5. 실용신안특허의 설명서 요약, 디자인특허의 도면 또는 사진 1부
6. 국방특허, 비밀유지특허의 비밀해제
7. 특허권의 무효선고
8. 특허권의 종료, 회복
9. 특허권 기한의 보상
10. 특허권의 이전
11. 특허실시허가계약의 등록
12. 특허권의 질권, 보전 및 그 해제
13. 특허의 실시의 개방허가사항
14. 특허권의 강제허가의 수여

15. 특허권자의 성명 또는 명칭, 국적 및 주소의 변경
16. 서류의 공시송달
17. 국무원 특허행정부서가 실시한 수정
18. 기타 관련 사항

제108조 국무원 특허행정부서는 특허공보, 발명특허출원 단행본 및 발명특허, 실용신안특허, 디자인특허, 실용신안특허, 디자인특허 단행본을 무료로 공중의 열람에 제공해야 한다.

제109조 국무원 특허행정부서는 호혜원칙에 의하여 기타 국가, 지역의 특허기관 또는 지역성 특허조직과 특허문서를 교환할 책임이 있다.

제10장 비 용

제110조 ① 국무원 특허행정부서에 특허출원 및 기타 절차를 처리할 경우 아래의 비용을 납부해야 한다.

1. 출원료, 출원부가료, 공보인쇄료, 우선권 요구비용
2. 발명특허출원의 실질심사료, 복심료
3. 연차등록료
4. 권리회복청구료, 기한연장청구료
5. 서지사항변경료, 특허권평가보고청구료, 무효선고청구료, 특허문건 부본증명료

② 전항에 열거된 각종 비용의 지급 기준은 국무원 발전개혁부서와 재정부서가 국무원 특허행정부서와 합동으로 책임 분담에 따라 규정한다. 국무원 재정부서와 발전개혁부서는 국무원 특허행정부서와 함께 실제 상황에 따라 특허출원 및 기타 수속을 위해 지급해야 하는 수수료의 종류와 기준을 조정할 수 있다.

제111조 ① 특허법 및 이 세칙에 규정된 각종 수수료는 규정에 따라 엄격하게 지급해야 한다.

② 직접 국무원 특허행정부서에 비용을 납부하는 경우 납부 당일을 비용 납부일로 한다. 우체국을 통하여 비용을 납부한 경우 우체국의 환 지출 소인일을 비용 납부일로 한다. 은행을 통하여 비용을 납부한 경우 은행에서 실제로 환이 지출

된 날을 비용 납부일로 한다.

③ 특허비용을 많이 납부하였거나 중복납부 또는 착오로 특허비용을 납부한 경우, 당사자는 비용 납부일로부터 3년 내에 국무원 특허행정부서에 반환청구를 할 수 있고, 국무원 특허행정부서는 반환하여야 한다.

제112조 ① 출원인은 출원일로부터 2개월 내 또는 수리통지서를 받은 날로부터 15일 이내에 출원료, 공보인쇄료 및 필요한 출원부가료를 납부해야 하고, 기한 내에 비용을 납부하지 아니하거나 또는 부족하게 납부한 경우 그 출원은 취하한 것으로 간주한다.

② 출원인이 우선권을 요구한 경우 출원료 납부와 동시에 우선권 요구료를 납부해야 하고, 기한 내에 비용을 납부하지 아니하거나 또는 부족하게 납부한 경우 우선권을 요구하지 아니한 것으로 간주한다.

제113조 당사자가 실질심사 또는 복심을 청구한 경우 특허법 및 이 세칙 규정이 관련 기한 내에 비용을 납부해야 하고, 기한 내에 비용을 납부하지 아니하거나 또는 부족하게 납부한 경우 신청을 하지 않은 것으로 간주한다.

제114조 출원인은 등록절차를 밟을 경우 특허권 수여의 당해 연도 연차등록료를 납부해야 하고, 기한 내에 비용을 납부하지 아니하거나 또는 부족하게 납부한 경우 등록 수속을 하지 아니한 것으로 간주한다.

제115조 특허권 수여의 당해 연도 이후의 연차등록료는 전 1년도의 기한 만료 전에 납부해야 한다. 특허권자가 비용을 납부하지 아니하거나 또는 부족하게 납부한 경우 국무원 특허행정부서는 특허권자에게 연차등록료 납부 기한 만료일로부터 6개월 내에 보충 납부와 동시에 연체료를 납부하도록 통지해야 한다. 연체료 금액은 규정을 초과한 비용납부기한 1개월마다 그 연도 연차등록료의 5%를 계산하여 부가 수납한다. 기한 내에 비용을 납부하지 아니한 경우 특허권은 연차등록료 납부기한 만료일로부터 종료한다.

제116조 ① 권리회복청구료는 이 세칙 규정의 관련 기한 내에 납부하여야 하고, 기한 내에 비용을 납부하지 아니하거나 또는 부족하게 납부한 경우 청구를 하지 아니한 것으로 간주한다.

② 기한연장청구료는 상응한 기한 만료일 전에 납부해야 하고, 기한 내에 비용을 납부하지 아니하거나 또는 부족하게 납부한 경우 청구를 하지 아니한 것으로 간주한다.

③ 서지사항변경료, 특허권평가보고청구료, 무효선고청구료는 청구일로부터 1개월 내에 납부해야 하고, 기한 내에 비용을 납부하지 아니하거나 또는 부족하게 납부한 경우 청구하지 아니한 것으로 간주한다.

제117조 출원인 또는 특허권자가 이 세칙 규정의 각종 비용을 납부하기가 곤란한 경우, 규정에 따라 국무원 특허행정부서에 비용의 감면 또는 완화를 청구할 수 있다. 지급 감면 조치는 국무원 재정부서가 국무원 발전개혁부서, 국무원 특허행정부서와 합동으로 제정한다.

제11장 발명, 실용신안의 국제출원에 관한 특별규정

제118조 ① 국무원 특허행정부서는 특허법 제19조 규정에 근거하여 특허협력조약에 의하여 제출한 특허국제출원을 수리한다.

② 특허협력조약에 의하여 제출하고 중국을 지정한 특허국제출원(이하에서는 '국제출원'이라 함)이 국무원 특허행정부서의 처리단계(이하에서는 '중국 국가단계'라 함)에 진입하는 조건과 절차는 이 장의 규정을 적용한다. 이 장에 규정이 없는 경우, 특허법 및 이 세칙 기타 각 장의 관련 구정을 적용한다.

제119조 특허협력조약에 의하여 국제출원일이 확정되고 중국을 지정한 국제출원은 국무원 특허행정부서에 제출한 특허출원으로 간주하고, 그 국제출원일을 특허법 제28조 규정의 출원일로 간주한다.

제120조 국제출원의 출원인은 특허협력조약 제2조 규정의 우선권일(이 장에서는 '우선권일'이라 함)로부터 30개월 내에 국무원 특허행정부서에 국제출원이 중국 국가단계에 진입하는 절차를 밟아야 한다. 출원인이 기한 내에 절차를 밟지 아니한 경우 기한추가비용을 납부한 후 우선권일로부터 32개월 내에 중국 국가단계에 진입하는 절차를 밟을 수 있다.

제121조 ① 출원인이 이 세칙 제120조 규정의 중국 국가단계에 진입하는 절차를 밟는 경우 아래의 요구에 부합해야 한다.

1. 중문으로 중국 국가단계에 진입한다는 서면성명을 제출하고 국제출원번호와 특허권의 유형을 기재해야 한다.
2. 이 세칙 제110조 제1항 규정의 출원료, 공개인쇄료를 납부하고, 필요 시 이

세칙 120조 규정의 기한추가비용을 납부해야 한다.

3. 국제출원이 외국어로 제출된 경우, 원시국제출원의 설명서와 권리요구의 중문 번역문을 제출해야 한다.
4. 중국 국가단계에 진입하는 서면성명에는 발명창조의 명칭, 출원인의 성명 또는 명칭, 주소와 발명자의 성명을 명확하게 기재하고, 상술한 내용은 세계지적소유권기구 국제국(이하에서는 '국제국'이라 함)의 기록과 일치해야 하며, 국제출원에서 발명자를 기재하지 아니한 경우 상술한 성명 중에 발명자의 성명을 기재해야 한다.
5. 국제출원이 외국어로 제출된 경우 요약의 중문 번역문을 제출해야 하고, 첨부도면 및 요약의 첨부도면이 있을 경우 첨부도면 부본과 요약의 첨부도면 부본을 제출해야 하며, 첨부도면에 문자가 있을 경우 문자를 상응한 중문으로 교환하여 제출해야 한다. 국제출원이 중문으로 제출된 경우 국제공개서류의 요약과 요약의 첨부도면 부본을 제출해야 한다.
6. 국제단계에서 국제국에 출원인 변경수속을 한 경우, 필요 시에 변경 후의 출원인이 출원권을 향유하는 증명지료를 제출해야 한다.
7. 필요 시, 이 세칙 제110조 제1항 규정의 출원부가료를 납부해야 한다.

② 이 조 제1항 제1호 내지 제3호의 요구에 부합하는 경우, 국무원 특허행정부서는 출원번호를 부여하고 국제출원이 중국 국가단계에 진입한 날짜(이하에서는 '진입일'이라 함)를 명확히 하여 출원인에게 국제출원이 이미 중국 국가단계에 진입했음을 통지한다.

③ 국제출원이 이미 중국 국가단계에 진입했으나 이 조 제1항 제4호 내지 제7호 요구에 부합하지 아니한 경우, 국무원 특허행정부서는 출원인에게 지정기한 내에 보정하도록 통지하고 기한 내에 보정하지 아니한 경우 그 출원은 취하한 것으로 간주한다.

第122조 ① 국제출원이 아래의 상황 중 하나에 해당하는 경우 그 국제출원의 중국에서의 효력은 종료한다.

1. 국제단계에서 국제출원이 취하되거나 취하로 간주 또는 국제출원의 중국 지정이 취하된 경우
2. 출원인이 우선일로부터 32개월 내에 이 세칙 제120조 규정에 의하여 중국 국내단계 진입절차를 밟지 아니한 경우

3. 출원인이 중국 국내단계 진입절차를 밟았으나, 우선일로부터 32개월까지 이 세칙 제121조 제1호 내지 제3호 요구에 부합하지 아니한 경우

② 전항 제1호 규정에 의하여 국제출원의 중국에서의 효력이 종료된 경우 이 세칙 제6조 규정을 적용하지 아니하고, 전항 제2호 및 3호 규정에 의하여 국제출원이 중국에서의 효력이 종료된 경우 이 세칙 제6조 제2항의 규정을 적용하지 아니한다.

제123조 국제출원이 국제단계에서 보정을 하고 출원인이 보정된 출원서류를 기초로 심사를 요구한 경우 진입일로부터 2개월 내에 보정부분의 중문 번역문을 제출해야 한다. 동 기간 내에 중문 번역문을 제출하지 아니한 경우 출원인이 국제단계에서 제출한 보정에 대하여 국무원 특허행정부서는 고려하지 아니한다.

제124조 국제출원에 관련된 발명창조가 특허법 제24조 제2호 또는 제3호 규정의 하나에 해당하고 국제출원 시 성명을 한 경우, 출원인은 중국 국가단계에 진입하는 서면성명에 설명을 하고 진입일로부터 2개월 내에 이 세칙 제33조 제3항 규정의 관련 증명서류를 제출해야 한다. 성명을 하지 아니하였거나 기한 내에 증명서류를 제출하지 아니한 경우 그 출원은 특허법 제24조 규정을 적용하지 아니한다.

제125조 ① 출원인이 특허협력조약 규정에 의하여 생물재료 견본의 보존에 대하여 이미 설명을 한 경우, 이 세칙 제27조 제3호의 요구에 만족한 것으로 간주한다. 출원인은 중국 국가단계의 진입성명 중 생물재료 견본 보존사항의 서류 및 그 서류 중에 구체적 기재 위치를 명확히 지정해야 한다.

② 출원인이 처음 제출한 국제출원의 설명서에 이미 생물재료의 견본에 대한 보존사항을 기재하였으나, 중국 국가단계의 진입성명 중에 명확히 지정하지 아니한 경우 진입일로부터 4개월 내에 보정해야 한다. 기한 내에 보정하지 아니한 경우 그 생물재료는 보존을 제출하지 아니한 것으로 간주한다.

③ 출원인이 진입일로부터 4개월 내에 국무원 특허행정부서에 생물재료 견본 보존증명과 생존증명을 제출한 경우, 이 세칙 제27조 제1호(생물재료에 관한 발명-기탁) 규정의 기한 내에 제출한 것으로 간주한다.

제126조 국제출원에 관련된 발명창조가 유전자원에 의존하여 완성한 경우, 출원인은 국제출원이 중국 국가단계에 진입하는 서면성명 중에 설명을 하고 국무원 특허행정부서가 제정한 양식을 작성하여야 한다.

제127조 ① 출원인이 국제단계에서 1항 또는 다항의 우선권을 요구하고 중국 국가단계에서 진입 시 해당 우선권의 요구가 계속 유효한 경우, 특허법 제30조 규정에 의하여 서면성명을 제출한 것으로 간주한다.

② 출원인은 진입일로부터 2개월 내에 우선권 주장 수수료를 납부해야 하고, 기한 내에 납부하지 아니하였거나 부족하게 납부한 경우 그 우선권을 요구하지 아니한 것으로 간주한다.

③ 출원인이 국제단계에서 특허협력조약 규정에 의하여 선출원서류의 부본을 제출한 경우, 중국 국가단계에 진입하는 절차를 밟을 때 국무원 특허행정부서에 선출원서류의 부본을 제출할 필요가 없다. 출원인이 국제단계에서 선출원서류의 부본을 제출하지 아니한 경우, 국무원 특허행정부서는 필요 시 출원인에게 기한 내에 보충 제출하도록 통지할 수 있다. 출원인이 기한 내에 보충 제출하지 아니한 경우, 그 우선권 요구는 제출하지 아니한 것으로 간주한다.

제128조 국제출원의 출원일이 우선권 기간이 만료된 후 2개월 이내이고, 국제단계 접수국이 우선권 회복을 승인한 경우, 이 세칙 제36조의 규정에 따라 우선권 회복을 이미 요청한 것으로 간주된다. 국제 단계에서 출원인이 우선권 회복을 요청하지 않았거나, 우선권 회복을 요청했지만 접수국이 승인하지 않았으나, 출원인은 정당한 사유가 있는 경우, 진입일로부터 2개월 이내에 국무원 특허 행정부서에 우선권 회복을 요청할 수 있다.

제129조 우선권일로부터 30개월 만료 전에 국무원 특허행정부서가 국제출원을 심사. 처리한 경우, 출원인은 중국 국가단계에 진입하는 절차를 밟는 것 외에 특허협력조약 제23조 제2항 규정의 청구를 해야 한다. 국제국이 국무원 특허행정부서에 국제출원을 이관하지 아니한 경우, 출원인은 확인을 받은 국제출원 부본을 제출해야 한다.

제130조 ① 실용신안특허권의 취득을 요구하는 국제출원의 경우, 출원인은 진입일로부터 2개월 내에 전리출원서류에 대해 주동적으로 보정을 제출할 수 있다.

② 발명특허권의 취득을 요구하는 국제출원은 이 세칙 제57조 제1항의 규정을 적용한다.

제131조 ① 출원인은 제출한 설명서. 권리요구서 또는 첨부도면의 문자에 대한 중문 번역문의 착오를 발견한 경우, 아래의 규정 기한 내에 원래의 국제출원문건에 따라 보정할 수 있다.

1. 국무원 특허행정부서가 발명특허출원의 공개 또는 실용신안특허권의 공고 준비업무를 완료하기 전
2. 국무원 특허행정부서가 송부한 발명특허출원이 실질심사단계에 진입한다는 통지서를 받은 날로부터 3개월 내

② 출원인이 번역문의 착오를 수정할 경우, 서면으로 청구하고 규정된 보정료3를 납부해야 한다.

③ 출원인이 국무원 특허행정부서의 통지서 요구에 따라 번역문을 보정할 경우, 지정기한 내에 이 조 제2항 규정의 절차를 밟아야 한다. 기한 내에 규정된 절차를 밟지 아니한 경우, 그 출원은 취하된 것으로 간주한다.

제132조 ① 발명특허권 취득을 요구하는 국제출원에 대하여 국무원 특허행정부서는 초보심사를 거쳐 특허법과 이 세칙의 관련 규정에 부합하는 것으로 판단할 경우, 특허공보에 공개해야 한다. 국제출원이 중문 이외의 문자로 제출된 경우, 출원서류의 중문 번역문을 공개해야 한다.

② 발명특허권 취득을 요구하는 국제출원이 국제국에서 중문으로 국제공개를 한 경우, 국제공개일 또는 국무원 특허행정부서가 공개한 날로부터 특허법 제13조 규정을 적용한다. 국제국이 중문 이외의 문자로 국제공개를 한 경우 국무원 특허행정부서가 공개한 날로부터 제13조 규정을 적용한다.

③ 국제출원에 대한 특허법 제21조 및 제22조 규정의 공개란 이 조 제1항 규정의 공개를 말한다.

제133조 ① 국제출원이 2항 이상의 발명 또는 실용신안을 포함하고 있는 경우, 출원인은 진입일로부터 이 세칙 제48조 제1항 규정에 의한 분할출원을 제출할 수 있다.

② 국제단계에서 국제검색기구 또는 국제초보심사기구가 국제출원이 특허협력조약 규정의 단일성 요구에 부합하지 아니한다고 판단하고, 출원인은 규정에 의한 부가비용을 납부하지 아니하여 국제출원의 어떤 부분이 국제검색 또는 국제초보심사를 거치지 못하고, 중국 국가단계에 진입 시 출원인이 상기 부분을 심사의 기초로 요구하고, 국무원 특허행정부서는 국제검색기구 또는 국제초보심사기구가 한 발명의 단일성에 대한 판단이 정확하다고 판단할 경우, 출원인에게 지정기한 내에 단일성 회복비용을 납부하라고 통지해야 한다. 기한 내에 비용을 납부하지 아니하거나 부족하게 납부한 경우, 국제출원 중에 검색 또는 초보

심사를 하지 아니한 부분은 취하된 것으로 간주한다.

제134조 국제출원이 국제단계에서 관련 국제기구에 의하여 국제출원일 부여를 거절당하거나 또는 선포가 취하로 간주된 경우, 출원인은 통지를 받은 날로부터 2개월 내에 국제국에 국제출원서류 중의 어떤 서류의 부본이라도 국무원 특허행정부서에 이관할 것을 청구할 수 있고, 그 기한 내에 국무원 특허행정부서에 이 세칙 제120조 규정의 절차를 밟을 수 있으며, 국무원 특허행정부서는 국제국이 이관한 문서를 접수한 후, 국제기구가 결정한 것에 대하여 정확한지 여부에 대하여 다시 심사해야 한다.

제135조 국제출원에 기초하여 수여받은 특허권이 번역문의 착오로 인하여 특허법 제64조 규정에 의하여 확정된 보호범위가 국제출원의 원문에 표시된 범위를 초과한 경우, 원문에 의한 제한 후의 보호범위를 기준으로 한다. 보호범위가 국제출원의 원문에 표시된 것보다 좁을 경우 권리허여 시의 보호범위를 기준으로 한다.

제12장 디자인국제출원의 특별규정

제136조 ①국무원 특허행정부서는 특허법 제19조 제2항 및 제3항의 규정에 따라 공산품 디자인 국제 등록 헤이그 협정(1999년 텍스트)(이하 헤이그 협정)에 따라 제출된 디자인 국제 등록 신청서를 처리한다.

② 국무원 특허행정부서가 헤이그협정에 따라 제출하고 지정한 중국의 국제디자인등록출원(국제디자인출원이라 함)의 조건과 절차는 이 장의 규정에 따른다. 이 장에 규정이 없는 경우 특허법 및 이 규칙의 다른 장의 관련 규정이 적용된다.

제137조 헤이그 협정에 따라 국제 등록일을 결정하고 중국의 디자인을 지정한 국제 출원은 국무원 특허 행정 부서에 제출된 디자인 특허 출원으로 간주되며 국제 등록일은 특허법 제28조에 언급된 출원일로 간주된다.

제138조 국제국이 국제 디자인 출원을 발표한 후 국무원 특허행정부서는 국제 디자인 출원을 검토하고 심사 결과를 국제국에 통지한다.

제139조 ① 국제사무국이 공표한 디자인 국제출원에 하나 이상의 우선권이 포함된

경우 특허법 제30조의 규정에 따라 서면 성명을 제출한 것으로 간주된다.

② 국제디자인출원 출원인이 우선권을 주장하는 경우, 국제디자인출원 공고일로부터 3개월 이내에 출원서류 사본을 제출하여야 한다.

제140조 국제 디자인 출원이 관련된 디자인이 특허법 제24조 제2호 또는 제3호에 열거된 경우, 국제 디자인 출원 시 선언하고 국제 디자인 출원일로부터 2개월 이내에 이 규칙 제33조 제3항에 규정된 관련 증명 문서를 제출해야 한다.

제141조 국제디자인출원이 둘 이상의 디자인을 포함하는 경우, 출원인은 국제디자인출원 발표일로부터 2개월 이내에 국무원 특허행정부서에 분할출원을 제출하고 수수료를 지불할 수 있다.

제142조 국제사무국이 발표한 디자인 국제출원에 디자인 요점을 포함하는 설명서가 포함된 경우 이 세칙 제31조의 규정에 따라 간략한 설명을 제출한 것으로 간주된다.

제143조 ① 국제 디자인 출원이 국무원 특허행정부서의 심사를 거친 후 거절 사유가 발견되지 않은 경우 국무원 특허행정부서는 보호 결정을 내리고 국제국에 통지한다.

② 국무원 특허행정부서는 보호 결정을 내린 후 이를 공고하며, 디자인 특허권은 공고일부터 효력이 발생한다.

제144조 국제사무국에서 권리변경 절차를 거친 경우 출원인은 국무원 특허행정부서에 관련 증명자료를 제공해야 한다.

제13장 부 칙

제145조 ① 국무원 특허행정부서의 동의를 얻어 누구든지 이미 공개 또는 공고된 특허출원서류와 특허등록부를 조사 · 열람하거나 복제할 수 있으며, 국무원 특허행정부서에 특허등기부 부본발급을 청구할 수 있다.

② 취하간주, 거절 및 취하된 특허출원서류는 그 특허출원의 효력 상실일로부터 만 2년 후에는 보존하지 아니한다.

③ 포기, 전부무효선고 및 종료된 특허권 서류는 그 특허권의 효력 상실일로부터 만 3년 후에는 보존하지 아니한다.

제146조 ① 국무원 특허행정부서에 출원서류를 제출하거나 또는 각종 절차를 밟을 경우 출원인, 특허권자, 기타 이해관계자 또는 그 대표자가 서명 또는 날인해야 하고, 특허대리기구에 위임한 경우 특허대리기구가 날인한다.

② 발명자의 성명, 특허출원인 및 특허권자의 성명 또는 명칭, 국적 및 주소, 특허대리기구의 명칭, 주소 및 대리인의 성명 변경을 청구하는 경우, 국무원 특허행정부서에 서지사항 변경절차를 밟아야 하고 변경이유에 대한 증명자료를 첨부해야 한다.

제147조 ① 국무원 특허행정부서에 관련 출원 또는 특허권 서류를 우편으로 송부하는 경우, 등기우편을 사용해야 하고 소포를 사용해서는 아니 된다.

② 처음 출원서류를 제출하는 경우를 제외하고, 국무원 특허행정부서에 각종 서류를 제출하거나 또는 각종 절차를 밟을 경우, 출원번호 또는 특허번호, 발명창조 명칭 및 출원인 또는 특허권자의 성명 또는 명칭을 명확하게 기재해야 한다.

③ 1건 우편에는 단지 동일 출원의 서류만 포함되어야 한다.

제148조 국무원 특허행정부서는 특허법 및 이 세칙에 근거하여 심사지침을 정한다.

▪ 참고문헌 ▪

全国人民代表大会常务委员会法制工作委员会, 《中华人民共和国专利法释义》, 法律出版社, 2009.

吴汉东, 《知识产权法》, 法制出版社, 2011.

刘春田, 《知识产权法》, 中国人民大学出版社, 2009.

许春明, 王勉青, 《知识产权矛与盾》, 上海大学出版社, 2012.

汤宗舜, 《专利法教程》, 法律出版社, 2003.

崔国斌, 《专利法–原理与案例》, 北京大学出版社, 2012.

陶希普, 《中国民法学》, 中国人民公安大学出版社, 1990.

李永军, 《合同法》, 中国法制出版社, 2009.

重少谋, 《民事诉讼法学》, 中国政法大学, 2007.

崔健远, 《继续性债权与诉讼时效》, 人民法院报, 2003.

王黎萤, 《知识产权战略管理》, 电子工业出版社, 2011.

中国国家知识产权局条法司, 《2011年专利代理人考试用书》, 知识产权出版社, 2011.

中国国家知识产权局条法司, 《新专利法详解》, 知识产权出版社, 2007.

尹新天, 《中国专利法详解》, 知识产权出版社, 2012.

张玉敏, 《知识产权法》, 中国检察出版社, 2002.

陶鑫良, 《专利技术转移》, 知识产权出版社, 2011.

袁真富, 《专利经营管理》, 知识产权出版社, 2011.

中国国家知识产权局, 《中国专利法审查指南》, 知识产权出版社, 2001.

中国国家知识产权局, 《中国专利法审查指南》, 知识产权出版社, 2006.

中国国家知识产权局, 《中国专利法审查指南》, 知识产权出版社, 2010.

김원준, 『특허법원론』, 박영사, 2009.

김태수, 최정, 정옥, 권순학, 『중국특허법』, 한빛지적소유권센터, 2011.

임병웅, 『이지특허법』, 한빛지적소유권센터, 2011.

■ 색　인 ■

■ 저자 소개 ■

이기성 변리사

연세대학교 전기전자공학과 졸업
제44회 변리사시험 합격
중국 푸단대학교 법학원 민상법학과 법학석사
전) 중국 KING & WOOD MALLESONS (Shanghai), LIU SHEN 특허법률사무소
전) 특허법인 고려
현) 특허법인 주연 KRP 대표 변리사

김수진 변리사

한양대학교 정보통신공학과 졸업
제45회 변리사시험 합격
중국 푸단대학교 법학원 민상법학과 법학석사
전) 중국 KING & WOOD MALLESONS (Shanghai)
전) 김&장 법률사무소, 특허법인 코리아나
전) 삼성전자 종합기술원 IP팀
현) 특허법인 주연 KRP 파트너 변리사

[제2판] 중국 특허법

2014년 2월 15일 초 판 발행
2025년 11월 14일 제2판 발행

저 자 이기성 · 김수진
발행인 이 방 원
발행처 세창출판사
서울 서대문구 경기대로 58 경기빌딩 602호
전화 723-8660 팩스 720-4579
E-mail: edit@sechangpub.co.kr
Homepage: www.sechangpub.co.kr
신고번호 제1990-000013호

ISBN 979-11-6684-464-5 93360